权威·前沿·原创

皮书系列为
"十二五""十三五"国家重点图书出版规划项目

山东社会科学院创新工程重大项目

山东蓝皮书

BLUE BOOK OF
SHANDONG

山东文化发展报告（2018）

ANNUAL REPORT ON SHANDONG'S CULTURE
(2018)

打造中国区域性文化中心

主　编／涂可国
副主编／张　伟　徐建勇　赵迎芳

社会科学文献出版社
SOCIAL SCIENCES ACADEMIC PRESS（CHINA）

图书在版编目（CIP）数据

山东文化发展报告.2018：打造中国区域性文化中
心／涂可国主编. -- 北京：社会科学文献出版社，
2018.7
（山东蓝皮书）
ISBN 978 - 7 - 5201 - 2673 - 1

Ⅰ.①山… Ⅱ.①涂… Ⅲ.①文化发展 - 研究报告 -
山东 - 2018 Ⅳ.①G127.52

中国版本图书馆 CIP 数据核字（2018）第 092135 号

山东蓝皮书
山东文化发展报告（2018）
——打造中国区域性文化中心

主　　编／涂可国
副 主 编／张　伟　徐建勇　赵迎芳

出 版 人／谢寿光
项目统筹／宋月华　韩莹莹
责任编辑／韩莹莹　王春梅

出　　版／社会科学文献出版社·人文分社（010）59367215
　　　　　地址：北京市北三环中路甲29号院华龙大厦　邮编：100029
　　　　　网址：www. ssap. com. cn
发　　行／市场营销中心（010）59367081　59367018
印　　装／三河市龙林印务有限公司

规　　格／开本：787mm × 1092mm　1/16
　　　　　印 张：23　字 数：380 千字
版　　次／2018 年 7 月第 1 版　2018 年 7 月第 1 次印刷
书　　号／ISBN 978 - 7 - 5201 - 2673 - 1
定　　价／99.00 元

皮书序列号／PSN B - 2014 - 406 - 3/5

《山东文化发展报告（2018）》
专家咨询委员会

（以姓氏笔画排序）

王　侠　王韶兴　方　辉　孙丽君　李国琳
张友臣　张振鹏　商志晓　魏　建

主要编撰者简介

涂可国　山东社会科学院文化研究所所长、二级研究员，资深专家，主要专业方向为儒学、哲学和文化研究。兼任山东孔子学会副会长、山东省哲学学会副会长、国际儒学联合会理事等。入选山东省首批"齐鲁文化英才"，享受国务院特殊津贴，为山东社会科学院儒学哲学重点学科带头人。先后主持、参与完成国家、省部级重点课题20余项，主持完成2005年度国家社科基金项目"儒学对人发展的影响研究"，主持2014年度国家社科基金项目"中西伦理学比较视阈中的儒家责任伦理思想研究"。

张　伟　南开大学文学硕士，美国得克萨斯南方大学访问学者，现为山东社会科学院文化研究所副所长、研究员，主要从事文学与文化方面的研究。出版专著7部，编著10余部。主持省社科规划课题5项，参与国家社科规划重点课题和文化部重点课题多项。获山东省社会科学优秀成果一等奖1项、三等奖1项、山东省刘勰文艺评论奖2项。在《文史哲》《明清小说研究》等重要刊物发表论文百余篇。被评为"山东省社会科学学科新秀"，入选山东省理论人才"百人工程"。

徐建勇　山东社会科学院文化研究所副研究员，山东省文化经济研究会、山东省旅游协会常务理事，长期从事文化改革、文化产业、文化旅游研究，承担文化、旅游项目的创意策划、规划编制工作。多年以来，共发表学术论文60余篇，主持或参与各类课题50多项，编制行业和地方发展规划10多个，成果多次获得各类奖项，许多文化发展对策建议被政府有关部门采纳。

赵迎芳　山东社会科学院文化研究所助理研究员，长期从事中国文化发展、公共文化服务、文化体制改革、文化产业发展等研究，参与制定规划10多个，主持或参加国家和省社科规划项目10余项，发表学术论文、研究报告100余篇，多项成果被采纳或转载。

摘　要

2017年，山东在建设区域性文化中心方面取得了巨大成就，社会主义核心价值体系建设进一步深化，公民道德建设向纵深拓展，社会志愿服务迅速发展，"四德工程"建设扎实推进，精神文明创建取得新进展；公共文化服务体系更加完善，构建了新的公共文化服务网络，完善了"图书馆＋书院"模式，重点文化建设工程不断推进，公共文化服务机制不断发展，文化遗产保护实现了跨越式发展，文艺创作成绩喜人；优秀传统文化创造性转化、创新性发展迈出新步伐，编制发布了《曲阜优秀传统文化传承发展示范区建设规划》；文化产业规模稳步扩大，据不完全统计，2017年山东文化产业增加值约3120亿元，文化服务业发展迅速，固定资产投资快速增长，文化产业园区建设速度加快，重点文化产业发展迅速。

山东建设区域性文化中心也面临一些挑战，主要有公共文化服务效能不够高，艺术创作有高原缺高峰，文化产业大而不强、发展不平衡等。要尽快把山东打造成区域性文化中心，就必须认真落实省委"三个走在前列"的目标要求，着力提升公共文化服务效能，着力繁荣文艺精品创作，着力扩大文化消费，着力传承、弘扬优秀传统文化，着力推动齐鲁文化走出去，着力深化改革，继续保持山东文化建设走在全国前列，为满足人民日益增长的美好生活需要、奋力开创经济文化强省建设新局面做出新的更大贡献。

打造山东区域性文化中心、再造齐鲁文化的新辉煌，务必做好以下工作。一是加快推进文化强省建设步伐，形成充满活力、富有效率的文化体制新优势，让一切文化创造源泉充分涌流、文化创造活力持续迸发、社会文化生活更加丰富多彩，加快构建覆盖城乡、惠及全民的公共文化服务体系，推动山东文化产业走规模化、集约化、专业化和融合化的发展道路，着力打造齐鲁文化系列品牌，加强山东文化的对外交流。二是建设中国文化高地，加快推进曲阜优秀传统文化传承发展示范区建设，加强济南市中国非物质文化遗产博览会永久举办地建设，把潍水文化生态保护实验区建设提到文化强省建设的高度，深入挖掘泰山丰富的历史文化内涵和文化象征符号，把山东建设成为黄河文化的聚居区。三是实施重大文化工程，积极参与实施国家文化精品创作工程，加快推进山东出版品牌打造工程、"山东舞台艺术精品工程"、"山东地方戏曲振兴工程"；提高山东文化创新工程、文化品牌培育工程、文化产业园区（基地）建设工程、文化产业项目培育工程、非物质文化遗产保护工程、数字出版突破工程和"齐鲁文化走出去"工程、对外文化服务标准化工程的实效性；继续实施好"文化大师引进"工程、"齐鲁文化英才"工程、"齐鲁文化名家"工程和"齐鲁文化之星"工程，把山东建设成为全国重要的文化人才高地。

Abstract

Shandong is expected to be developed into an important regional cultural center in China in the new era. It is based on the fact that Shandong possesses an abundant historical cultural advantage and realist cultural spots. As an important cradle of Chinese civilization, Shandong is a big province with cultural resources. Shandong not only has abundant virtue resources but also has many contemporary ideological and moral education advantages, such as, implementing "Civilized Shandong" construction creatively; boosting "countryside civilization" holistically; strengthening spiritual civilization building. The overall number of advanced socio-cultural county in Shandong province is listed in the front rank. The public cultural service system has been continuously improved. "The Construction of Qufu Excellent Traditional Cultural Inheritance Demonstration" has been upgraded into a national strategy. The development of cultural industry has been ranked as the top three. It belongs to the first square with Shanghai, Beijing, Guangdong and Jiangsu, etc, which provides strong economic foundation for forming regional cultural center.

In 2017, Shandong cultural construction has achieved great achievements in building regional cultural center. The construction of socialist core value system has been deepened further. The construction of civic morality has been spread into a further step. Social voluntary service is developing in a quick pace. The construction of "Four Virtues" progresses steadily. The construction of spiritual civilization has made new progress. Public cultural service system is much more perfect. The net of new public cultural service has been established. The "Library and Academy" pattern and the important cultural construction have been improved constantly. Public cultural service organism has developed also and the cultural heritage protection has made leap-forward development. Excellent traditional culture has made progress in creative transformation and development. "The construction project of Qufu excellent traditional cultural inheriting developmental demonstration region" has been edited and issued. The gross and scale of cultural industry have been enlarged stably.

The added value of Shandong cultural industry is about 312 billion yuan in 2017. Cultural service and the investment of fixed property have made rapid progress. The construction of cultural industry area is developing much faster than before.

The construction of regional cultural center in Shandong also faces some challenges. They are mainly inefficient public cultural service, artistic creation lacking peak, big but not strong cultural industry and unbalanced development. To make Shandong a regional cultural center, we should practice the "Three Tops" objective proposed by provincial committee. We should promote efficiency of public cultural service, aim to boost artistic creation and enlarge cultural consumption. We should inherit and propagate excellent traditional culture and promote Qilu culture step out. We should deepen reform and assure Shandong culture to be among the top and satisfy people's increasing need of beautiful life. We should make more contribution to create a new situation of constructing an economic and cultural province.

前　言
建设中国区域性文化中心：新时代
艰巨的历史使命文化

　　山东是全国比较早提出建设中国区域性文化中心的省份之一，由此表明山东具有较强的文化自信和文化自觉。在 2008 年提出建设文化强省战略目标的基础上，2012 年山东又提出，到 2015 年，全省公共文化服务体系基本建成，文化产品创作生产更加活跃，文化遗产得到有效保护；文化产业实力和竞争力明显增强，文化产业增加值翻两番，占 GDP 的比重超过 5%，成为国民经济支柱性产业；现代文化市场体系基本建成，城乡居民文化消费支出达到总支出的20%；有利于文化科学发展的体制机制基本形成，经济文化一体化发展格局基本建成，文化软实力和综合竞争力大幅提升；全省文化发展的主要指标、文化事业整体水平、文化产业综合实力走在全国前列，初步建设成为全国重要的区域性文化中心。

　　随着新一轮文化竞争－合作的不断加强，全国一些省区市也提出了建设全国重要的区域性文化中心的战略目标。新的时代，山东应当根据十九大报告关于"要坚持中国特色社会主义文化发展道路，激发全民族文化创新创造活力，建设社会主义文化强国"的指示精神，把建设全国重要的区域性文化中心提高到"五位一体"的现代化建设高度加以认知、加以谋划、加以推进。

一

　　山东不仅在省级层面提出要建设成为全国重要的区域性文化中心，在市级层面，2014 年济南市也提出建设区域文化中心城市的构想；2017 年潍坊市提出全力打造"文化名市"，争取到 2021 年成为全国、全省重要的区域性文化中心。在大力推进文化强国建设的历史背景下，将山东建设成为全国重要的区域性文化中心到底有无必要？其价值和意义何在？

一是对文化强省的深化。无论是文化强省还是区域性文化中心，都表明在文化竞争中抢得先机、占有优势。然而，文化强省侧重于文化力量的较量和文化实力的竞争，说明在文化竞争格局中位于前列。文化中心或区域性文化中心侧重于文化要素的空间聚集，它是指特定文化区内一个地区处于文化的核心地带，其他则为边缘地带。我们设想，山东作为全国重要的区域性文化中心，大致与北京、河南形成品字形的格局，它以华北平原为核心区，主要包括北京、天津、河北、河南、山东，以及山西东部、江苏北部和辽宁南部。通过构建全国重要的区域性文化中心，必将推动各种文化特质向山东汇聚，进一步激发文化创造活力，增强山东文化整体实力，从而深化山东文化强省建设。

二是再造齐鲁文化新辉煌。从先秦一直到汉代，齐鲁文化上承三代，下启后世，影响中国文化两千多年，汉代齐鲁文化作为核心更是上升为主流文化。只是魏晋南北朝以后，随着战乱和政权的迁移，齐鲁文化开始走向衰落，逐渐失去了中心地位。改革开放以来，山东不断挖掘传统优秀齐鲁文化资源，加强历史文化的保护、传承和开发利用，使之融入新型山东文化体系中；努力吸收国外的文化产品、文化要素、文化经验，并对其进行改造，将其熔铸到山东文化系统中；尤其是山东人民注重发挥文化的创造性、积极性和主动性，结合国情、省情进行文化创造、文化创新，为山东文化增添了新的色彩、新的生命、新的特质。正是借助于文化强省建设和文化中心地位的不断提升，齐鲁文化活力十足，出现了新的振兴。

三是促进山东社会协调发展。文化中心意味着山东文化更加繁荣，更有活力，更有影响，也更具优势。社会的协调发展，本质上就是经济建设、政治建设、文化建设、社会建设和生态文明建设的协调发展，就是物质文明和精神文明的协调发展，就是山东本土文明和外来文明的协调发展。当今社会，文化与经济、政治、社会交融程度不断加深，文化与经济一体化程度不断加深。加强全国重要的区域性文化中心建设，必将极大地提高山东精神文明总体水平，推动山东在愈加激烈的文化竞争中占有更多的文化资源、文化市场、文化品牌、文化人才，改变山东文化与经济之间的落差现象，从而实现社会整体的全面协调发展。

二

在以华北平原为核心的区域，北京是中华人民共和国的首都，是当然的政治、文化中心；作为中原地带的河南，是古代帝王一统江山的核心地带，是华夏文明的发源地，它最具中华民族传统文化色彩，中原文化是中华文化的重要象征和典型形态，将它作为全国重要的区域性文化中心无可争议。把山东建设成为全国重要的区域性文化中心，同样具有多种优势和条件。

一是传统文化资源优势突出。文化中心的一个重要含义即文化赖以兴起和发展的发祥地，而齐鲁大地曾经是中华文化的重要发祥地之一。山东是中华文明的重要发祥地，是文化资源大省，文化资源富集。山东先人创造了历史悠久、源远流长的东夷文化，在春秋战国的"人类文明轴心期"，齐鲁大地涌现出诸子百家，齐文化与鲁文化经过整合后在汉代上升为中华文化的主流，山东蕴藏着丰富多样的文化资源，非物质文化遗产资源十分丰富，数量位居全国前列。尤其是以儒学、墨学、道学、法学、兵学等为代表的古典思想文化资源不仅是全国最多的，影响也是最大的。

二是当代文化成就辉煌。21 世纪以来，"文明山东"建设成效突出，社会文明程度显著提高；文化体制改革深入推进，文化发展活力显著增强；公共文化服务体系建设更加完善，公共文化设施总体数量居全国前列，重点文化建设工程不断推进，公共文化服务机制不断发展，文化遗产保护实现了跨越式发展；科教事业蓬勃发展，无论是高校数量还是在校学生人数均位于全国前列；哲学社会科学强势崛起，2017 年国家课题立项突破 200 项；文化创意产业实现快速发展，2017 年山东文化产业增加值约 3120 亿元，文化产业发展规模进入了全国三强，与上海、北京、广东、江苏等省份一样处于第一方阵，为打造区域性文化中心创造了较为雄厚的经济实力。

三是社会基础较为扎实。山东地区生产总值列全国第三，是中国最具综合竞争力的省份之一，青岛已经进入"万亿元俱乐部"，经济基础雄厚；山东位于东部沿海、黄河下游，既有广阔的陆地又有漫长的海岸线，既有大陆文明又有海洋文明，属于环渤海圈的重要增长极，是中国的缩影，区位优势明显；山东是我国交通比较发达的省份，公路、铁路、海运、内河水运、航空等运输方式齐全，尤以高速公路运输最为突出，郑济高铁已经列入议事日程；山东人口众多，有近一亿人，文化消费潜力、消费市场巨大。总之，山东省具有吸纳先进文化发展理念、承接文化项目、促进文化贸易的区位优势，能够从不同方面为山东建设区域性文化中心提供良好的社会基础。

三

山东全省人民应当以强烈的文化责任感和使命感，切实承担建设中国重要区域性文化中心的历史使命，再造齐鲁文化的新辉煌。

一是加快推进文化强省建设步伐。进一步深化文化体制改革，创新宏观文化管理体制，解放和发展文化生产力，形成充满活力、富有效率的文化体制新优势；充分发扬学术民主、艺术民主，使一切文化创造源泉充分涌流、文化创造活力持续迸发、社会文化生活更加丰富多彩；加快构建覆盖城乡、惠及全民的公共文化服务体系，全面提高公共文化产品与服务的供给能力；推动山东文化产业走规模化、集约化、专业化和融合化的发展道路，提升文化创意水平，增强文化产业竞争力；提升文化发展的效益和质量，实现经济效益和社会效益最大化；着力打造齐鲁文化系列品牌，培植一批富有鲜明齐鲁特色和中国气派的知名文化品牌；加强山东对外文化交流，注重区域内文化合作、流通，实施齐鲁文化"走出去"和"请进来"的双向驱动战略，扩大齐鲁文化的影响力、辐射力和吸引力。

二是建设中国文化高地。提高山东文化在国家层面的影响力和竞争力，加快推进曲阜优秀传统文化传承发展示范区建设，建设全国道德礼仪首善之区、国家记忆工程先行区、国家干部政德教育基地和全国文化经济融合发展示范区。加强济南市中国非物质文化遗产博览会永久举办地建设，做大做强中国非物质文化遗产博览会品牌。潍水文化生态保护实验区是文化部批准设立的第九个国家级文化生态保护区，应当把潍水文化生态保护实验区建设提到文化强省建设的高度，带动全省非物质文化遗产的活态性、整体性保护。深入挖掘泰山丰富的历史文化内涵和文化象征符号，力争把泰山定为"国山"。利用国务院原则同意《山东新旧动能转换综合试验区建设总体方案》的契机，积极推动济南早日实现北跨，构建新旧动能转换先行区，以振兴黄河文明，把山东建设成为黄河文化的聚居区。提升山东文化的国际知名度、美誉度，打造国际儒学研究创新中心、世界文明交流互鉴高地、世界儒家文化修学中心和国际儒家文化体验目的地，举办好世界儒学大会和尼山世界文明论坛。

三是实施重大文化工程。积极参与实施国家文化精品创作工程，加快推进山东出版品牌打造工程、"山东舞台艺术精品工程"、"山东地方戏曲振兴工程"。提高山东文化创新工程、文化品牌培育工程、文化产业园区（基地）建设工程、文化产业项目培育工程、非物质文化遗产保护工程、数字出版突破工程和"齐鲁文化走出去"工程、对外文化服务标准化工程的实效性。建立健全文化人才激励机制，继续实施好"文化大师引进"工程、"齐鲁文化英才"工程、"齐鲁文化名家"工程和"齐鲁文化之星"工程，把山东建设成为全国重要的文化人才高地。在现有规划基础上，参照河南的做法，设立"全球华人文化圣地建设工程""中国文化遗产保护传承示范基地建设工程""中华文化'走出去'重要基地建设工程"等。

山东社会科学院院长　张述存

2018 年 3 月 21 日

目 录

Ⅰ 总报告

Ⅱ 文化事业篇

Ⅲ 文化产业篇

皮书数据库阅读**使用指南**

CONTENT

I General Report

II Cultural Business

Ⅲ   Cultural Industry

Ⅳ   Special Topics

Ⅴ　Cases Column

Ⅵ　Cultural Events

总 报 告

General Report

B.1

打造中国区域性文化中心：
2017年山东文化发展分析报告

涂可国　赵迎芳*

摘　要： 2012年山东省就明确提出，到2015年，山东初步成为全国重要的区域性文化中心。新时代提出把山东打造成全国重要的区域性文化中心，是基于山东具有雄厚的历史文化优势和现实文化基础。当前，山东已经成为文化大省，只要全省人民以一种强烈的历史使命感和责任感充分激发自己的文化创造潜能，继续推进文化的改革、传承、创新，深入实施各类文化工程，借鉴、吸收省外文化建设先进经验，致力于文化的融合发展、综合创新，那么到2020年全面建成小康社会之时，山东就必将基本成为全国重要的区域性文化中心。

* 涂可国，山东社会科学院文化研究所所长、研究员，资深专家，山东社会科学院儒家文化研究中心主任、文化产业研究中心副主任；赵迎芳，山东社会科学院文化研究所助理研究员。

关键词： 山东 区域性文化中心 思想道德建设 公共文化服务体系 对外文化交流

早在 2008 年，山东就提出了要建设文化强省的战略目标。在此基础上，2012 年《山东省"十二五"时期文化改革发展规划》明确提出，到 2015 年，山东初步成为全国重要的区域性文化中心。可以充满文化自信地说，到 2015 年，山东已经初步发展成为全国重要的区域性文化中心之一，已经成为文化大省。只要全省人民以一种强烈的历史使命感和责任感充分激发自己的文化创造潜能，继续推进文化的改革、传承、创新，深入实施各类文化工程，借鉴、吸收省外文化建设先进经验，致力于文化的融合发展、综合创新，那么，相信到 2020 年全面建成小康社会之时，山东就不仅会成为一个名副其实的文化强省，也将基本成为全国重要的区域性文化中心。

一 山东打造中国区域性文化中心的历史优势和现实基础

新时代进一步提出把山东打造成全国重要的区域性文化中心，并不是空想，而是基于山东具有雄厚的历史文化优势和现实文化基础。

（一）文化资源基础

山东是中华文明的重要发祥地，是文化资源大省，文化资源富集，文化资源优势突出，为创建全国重要的区域性文化中心提供了良好的基础。这大致表现为以下方面。

1. 历史悠久

山东文化历史悠久、源远流长。距今 8000 年到 4000 年，山东地区创造了东夷文化。东夷文化大致经历了后李文化、北辛文化、大汶口文化、龙山文化和岳石文化五个前后相继的阶段。在春秋战国"人类文明轴心期"，齐鲁大地涌现出诸子百家，例如管子、孔子、墨子、孟子等，这在世界文明史上也是仅见的。鲁国和齐国先后成为中华文化的中心，齐文化与鲁文化经过整合后在汉代上升为中华文化的主流。齐鲁文化上承三代，下启后世，经过长期整合，它们将中华数千年文化传统连为一个大系统。尔后，齐鲁文化作为一种特定区域文化资源，在秦汉延续了几百年，特别是其中的孔孟儒学影响中国文化两千多年。虽然自魏晋南北朝以后，齐鲁地区文化开始向域外流出，逐渐走向衰落，例如书法家王羲之、诸葛亮家族南迁，中国文化中心向南方转移，但在漫长的历史时期，山东文化也有一定的发展和小高潮，如魏晋时期以后出过思想家王弼、农圣贾思勰、文学家李清照等。

2. 丰富多样

自古以来，山东人杰地灵，人文荟萃，这里是中华文化的重要发祥地，蕴藏着极为丰富的文化资源。一是历史文化资源，既具有儒家文化、墨家文化、兵家文化、道家文化等精神文化，也具有如汉画像石、陶瓷、孔府、孔庙、孔林等历史文化遗迹；二是自然人文资源，包括运河文化、海疆文化和名山文化等；三是宗教文化资源，包括各种寺庙、塔窟、摩崖、佛像、道观等；四是民间文化资源，山东不仅有潍坊风筝、杨家埠年画、高密剪纸、淄博美陶、博山琉璃、周村丝绸等民间工艺品，也有各种祖神祭祀、婚礼丧礼、年节习惯、衣食住行等方面的民风民俗。

3. 特色鲜明

山东文化特色较为鲜明，影响面大。这突出表现在：一是以儒学、兵学、墨学等为核心的传统齐鲁文化不仅一度成为中华主流文化，还传播到日本、韩国、越南、新加坡等邻国，甚至还影响到欧美国家，目前在国际上还掀起了一股儒学热、兵学热；二是以济南的泉水、泰安的泰山为代表的山水文化在国内外具有较高的知名度；三是以青岛、烟台等地为代表的海洋文化、工业文化和国外建筑文化驰名中外。

4. 蕴藏丰富

山东非物质文化遗产资源十分丰富，截至2018年1月，全省共有联合国教科文组织认定的"人类非遗代表作名录"项目8个，国家级名录项目173个，省级名录项目751个；国家级传承人51名，省级传承人296名；14个项目入选第一批中国传统工艺振兴目录，共有68个省级非遗生产性保护示范基地，1个国家级文化生态保护实验区，9个省级文化生态保护实验区，数量位居全国前列。

在上述各种传统文化资源中，山东所拥有的古典精神文化资源不仅是全国最多的，影响也是最大的。任何人类文化资源，只有思想文化才能超越国界、区界，具有超越时空界限的普遍性价值，正因如此，中国历史上儒学、墨学、兵学等的发源地为山东当今成为中国区域性文化中心奠定了良好的基础。山东只要注重把以如此思想资源为核心的优秀传统加以创造性转换和创造性发展，就一定会在不远的将来实现成为中国以及世界区域性文化中心的梦想。

（二）思想道德发展基础

长期以来，一些人轻视思想道德建设在文化发展和文化实力中的作用，许多文化方面的蓝皮书只讲有形的文化产业而不谈无形的精神文化，似乎后者可有可无。殊不知，一个地区能不能在激烈的文化竞争中取得先机，能不能称为文化中心，很大程度上取决于思想道德水平如何。我们之所以强调把山东建设成为中国区域性文化中心，不仅是出于对思想道德的重视，也是因为山东不但具有优秀的中华美德资源积淀，还具有多方面的思想道德建设领域的优势。

1. 创新公民道德建设

21 世纪以来山东非常重视全省公民道德建设，将"四德工程"建设作为深化和拓展公民道德建设的重要举措，在全社会大力实施"四德工程"在全国公民道德建设中属于首创。为进一步健全规范公民道德行为体系，引导广大群众明确公民道德规范，养成文明行为，从 2010 年开始，山东在全省范围内实施"公民基本道德行为 40 则"普及行动。这是山东省创造性加强"四德工程"建设的重要举措，是全国公民道德建设的新成果、新举措。

2. 涌现众多道德典型

从 2012 年"学雷锋，做山东好人"活动启动以来，配合全国道德模范的评选和山东省开展的"四德工程"建设及"山东好人之星"评选，这一活动已经形成了常态化机制，充分发挥了先进典型的模范带头作用，产生了崇德向善、见贤思齐的示范效应。截至 2016 年，全省 11 人当选全国道德模范，468 人荣登中国好人榜，连续第三年上榜人数居全国第一。山东 2016 年共有 176 人上榜，入选数量居全国首位。

（三）文明创建发展基础

建设区域性文化中心的底气，同样来源于山东在精神文明创建过程中形成了自己的独特优势。

1. 创造性地实施"文明山东"建设

2005年，山东省颁布了《关于"文明山东"建设的实施意见》，提出要着重抓好十大行动，即营造环境行动、文明养成行动、繁荣文化行动、塑造品牌行动、科学普及行动、诚信友爱行动、容貌整治行动、环境保护行动、奉献爱心行动和健康成长行动。山东积极探索"文明山东"建设的长效机制，构建科学完善的"文明山东"考评指标体系，"文明山东"建设成为山东精神文明建设的一条主线；2012年又把思想道德理论建设和群众性精神文明创建活动纳入"文明山东"总体框架之中。

2. 整体推进"乡村文明行动"

为大力推进农村文明建设，促进城乡文明协调发展，2011年山东实施了"乡村文明行动"，其以村容村貌、村风民俗、乡村道德、生活方式、文化背景等建设为重点内容，以营造新环境、培育新农民、树立新风尚、建设农村美好新家园为目标，可以自豪地说，"乡村文明行动"是山东推进中国农村精神文明建设又一创举。

3. 大力推进精神文明创建活动

改革开放以来，山东精神文明创建活动始终处于全国第一方阵，济南市、青岛市都是以省会、副省级城市测评总分第一名的成绩获得全国文明城市荣誉称号，烟台市连续三届荣获全国文明城市荣誉称号，临沂市以地级市测评总分第一名的优异成绩当选全国文明城市，整体成绩居全国前列。

（四）文化事业发展基础

山东省是全国最早开展创建社会文化先进县的省份，后来这一做法被推广到全国。近几年来，山东省社会文化先进县总体数量居全国前列。覆盖城乡、结构合理、功能健全、实用高效的山东公共文化服务体系不断完善，早在2012年，山东二级以上图书馆、文化馆数量位居全国第一，农家书屋数量居全国之首。山东省文化信息资源共享工程建设一直走在全国前列，率先实现了县级以上图书馆国家数字资源的全覆盖。山东省也是全国唯一的文化信息资源共享工程建设示范省，并形成了"山东模式"。作为中华文明的重要发祥地和儒家文化发祥地，山东在推动优秀传统文化创造性转化、创新性发展方面,具有得天独厚、不可替代的优势条件。国家"十三五"规划纲要明确提出"实施国家记忆工程。推进山东曲阜优秀传统文化传承发展示范区、甘肃华夏文明传承创新区建设"。目前,国家从战略高度把甘肃省确立为"全国华夏文明的保护、传承和创新示范区","山东曲阜优秀传统文化传承发展示范区建设"则是迄今为止的第二家,这将为山东区域性文化中心的建立提供良好的机遇。

(五)文化产业发展基础

山东文化产业发展尽管不是那么显眼,但也进入了全国前三,与上海、北京、广东、江苏等省份一样处于第一方阵,为打造区域性文化中心创造了较为雄厚的经济实力。山东文化产业规模不断扩张,近年来,文化产业规模快速膨胀,进入快速增长时期,山东已成为全国文化产业大省。通过努力,山东构建了现代文化产业体系,文化产业增加值增幅和总量指标居全国前列,优势文化产业的规模不断增大,效益不断提高,文化产业接近成为国民经济的支柱产业。山东省建立、完善了文化品牌体系,打造出一批富有齐鲁特色、体现中国气派、具有广泛影响力的知名文化品牌,培育了鲁剧、鲁版图书、齐鲁画派、孔子、《齐鲁晚报》等知名品牌。山东文化消费水平和潜力更是为成为中国区域性文化中心增添了空间。山东是一个拥有近一亿人口的大省,文化消费群体庞大,GDP位居全国第三,这些为山东文化产业的发展提供了前所未有的机遇和良好的发展空间。

二 山东建设区域性文化中心的最新进展

回顾2017年,山东在建设区域性文化中心方面取得了巨大成就。全省文化战线在省委、省政府的坚强领导下,认真践行大格局、贡献度、内涵建设、融合发展的文化工作理念,锐意进取、顽强拼搏,文化建设取得丰硕成果。经过一年的共同努力,全省文化战线的总体格局明显拓展,文化发展质量和效益大幅提高,山东文化在全国的影响力全面增强,文化工作对经济社会发展的贡献度不断提升,文化强省建设迈出坚实步伐,文化事业和文化产业总体走在全国前列。

（一）思想道德建设

1. 社会主义核心价值体系建设进一步深化

迎接党的十九大，学习、宣传、贯彻党的十九大精神，理论武装工作持续深化。按照"一切围绕十九大、一切服从十九大、一切捍卫十九大"的要求，在十九大召开前，认真做好迎接十九大工作，着力抓好文化氛围营造，举办了"喜迎十九大"山东国际小剧场话剧演出季、全省优秀剧目展演、书画名家精品展等一系列专业艺术展演，以及"喜迎十九大·共筑中国梦"群众合唱展演、喜迎十九大七省市大众艺术展览展演等一系列群众文化活动。开展"忠诚卫士·2017金秋行动"等文化市场执法专项行动，为十九大召开营造了良好的文化氛围。十九大召开后，全省文化系统将学习、宣传、贯彻党的十九大精神和习近平新时代中国特色社会主义思想作为首要政治任务，努力在学懂、弄通、做实上下功夫。组织开展了"党的十九大精神集中学习月"，十九大精神宣讲辅导，参观省党史陈列馆、重温入党誓词，厅领导班子成员、支部书记讲党课等一系列学习活动，党员干部"四个意识"显著增强，自觉用习近平新时代中国特色社会主义思想武装头脑、指导实践，更加坚定地维护以习近平同志为核心的党中央权威和集中统一领导。厅直属各单位和各市文广新局也组织开展了一大批针对性、实效性很强的学习宣讲活动，努力推动学习宣传贯彻工作往深里走、往实里走、往心里走，切实引导广大干部群众把思想和行动统一到党的十九大精神上来。

2. 公民道德建设向纵深拓展

2017年8月山东省总工会开展了第十八届全省职工职业道德建设命名活动，命名了"山东省职工职业道德建设标兵单位"、"山东省职工职业道德建设标兵个人"、"山东省职工职业道德建设先进单位"和"山东省职工职业道德建设先进个人"。9月25日，威海市在第五届全国未成年人思想道德建设工作先进城市（区）评选中，进入新一届先进候选名单。12月，省文明办组织开展了第五届省级未成年人思想道德建设工作先进城市、先进县（市、区）的评选和第四届先进单位、先进工作者的评选。

3. 社会志愿服务迅速发展

在2017年全国宣传推选学雷锋志愿服务"四个100"先进典型活动评选中，最美志愿者山东4人入选，分别是安立盛（烟台市学雷锋安立盛志愿服务大队负责人），张春霞、李强夫妇（泰安市肥城市爱心公益协会负责人），李延照（青岛市红十字蓝天救援队队长）；最佳志愿服务项目3个，分别是临清市"爱心1＋1、善行365"志愿服务项目，莱阳市"五位一体"七个一社区邻里守望志愿服务项目，青岛市支教岛志愿服务项目；最佳志愿服务组织3个，分别是潍坊市国网潍坊供电公司"潍电义工"协会、济南市济南时报泉城义工联络站、烟台市学雷锋爱心使者志愿服务队；最美志愿服务社区3个，分别是青岛市市南区八大关街道太平角社区、烟台市福山区福惠社区、潍坊市奎文区北苑街道办事处金都社区。宣传推选活动从2015年开始，已经举办三届，每次都推选出100名最美志愿者、100个最佳志愿服务组织、100个最佳志愿服务项目和100个最美志愿服务社区，得到了社会各方面的高度认同和热烈反响。

4. "四德工程"建设扎实推进

十九大以来，全省各地深入学习贯彻党的十九大精神，坚持以习近平新时代中国特色社会主义思想为指导，深入学习贯彻习近平总书记视察山东重要讲话和重要指示批示精神，以建好用活善行义举四德榜为抓手，广泛开展省、市、县、乡、村善行义举四德榜"榜上有名"先模人物评选活动，深入推进"四德工程"建设，形成了崇德向善、明德惟馨的浓厚社会氛围。在各市推选出339名省级"榜上有名"候选人基础上，经过网络投票和评审，省委宣传部决定，韦昌进等48位先进个人当选2017年全省善行义举四德榜"榜上有名"先模人物。截至目前，全省善行义举四德榜共计11.7万余个，基本实现了行政村全覆盖。2017年是"榜上有名"先模人物连续第四年发布，这48位先模人物的事迹除了在济南赤霞广场立榜外，还将在泰山脚下的天地广场、青岛汇泉广场等人流密集的地方连续展出，持续一年时间，向外地游客、本地市民展示山东人的良好形象。今后发布仪式将继续在各市举行，逐步覆盖全省。

5. 精神文明创建取得新进展

2016年10月，山东省发布了《关于进一步深化乡村文明行动的实施意见》，在全省组织开展新一轮的"乡村文明行动"，提出力争到2020年，全省80%的村和乡镇达到县级及县级以上文明村镇的标准。2017年1月，山东省文明委隆重表彰了第一届全省文明家庭。2017年6月，山东省宣布"乡村文明行动"第一个五年工作目标全面完成，山东省城乡环卫一体化农村群众满意度电话调查的经验做法在全国推广，成为国家验收的必要程序。

2017 年 11 月 17 日，中央文明委发布新一届全国文明城市，文明村镇，文明单位，文明校园，未成年人思想道德建设工作先进城市、单位、工作者和全国道德模范。山东省精神文明建设再创佳绩。年底，在第五届全国文明城市评选中，济南市，日照市和莱芜市 2 个地级市，胶州市、寿光市、莱州市、荣成市、乳山市、龙口市 6 个县级市当选全国文明城市。其中，济南市在省会城市序列中排名第一，日照市在 30 个地级市中排名第二，胶州市在 50 个县级市中排名第一。青岛市、烟台市、淄博市、威海市、潍坊市、东营市 6 市经复查确认继续保留全国文明城市荣誉称号。其中，烟台市第五次荣获全国文明城市荣誉称号，是全省唯一的"五连冠"地级城市，是全国仅有的两个"五连冠"地级城市之一。

在第五届全国文明村镇评选中，济南市长清区万德街道马套村等 82 个村镇入选。在第五届全国文明单位评选中，济南市财政局等 76 个单位当选。在全国各行业系统中，山东省有 17 个单位当选全国文明单位。在第一届全国文明校园评选中，山东师范大学等 28 所学校当选，内含 2 所大学、9 所中学、17 所小学。同时，刘长城等 3 人当选第六届全国道德模范，逢秋香等 7 人获第六届全国道德模范提名奖。威海市当选全国未成年人思想道德建设工作先进城市，山东省济南外国语学校等 10 个单位当选全国未成年人思想道德建设工作先进单位，张淑红等 6 人当选全国未成年人思想道德建设工作先进工作者。

（二）公共文化服务体系更加完善

1. 构建新的公共文化服务网络

全面贯彻《中华人民共和国公共文化服务保障法》，加快推进公共文化服务标准化、均等化建设。着力加强基层综合性文化服务中心建设，全省村级综合性文化服务中心达标率在 80% 以上。突出抓好文化精准扶贫，给予全省 58 个财政困难县和沂蒙革命老区县重点补助，7005 个省扶贫工作重点村中已有 6600 个村完成综合性文化活动室建设任务，达标率为 94.22%，提前超额完成年度目标任务。东营市顺利通过第三批国家公共文化服务体系示范区创建中期督查，得到文化部督查组的充分肯定。

2. 完善"图书馆＋书院"模式和乡村（社区）儒学计划

在基层综合性文化服务中心建设中，将儒学讲堂列为建设内容，进一步发挥优秀传统文化在推进文明乡村、文明社区建设中的积极作用。2017年12月，在曲阜市召开全省尼山书院暨乡村（社区）儒学建设工作会议，交流各地工作情况，总结推广创新经验，设立了尼山书院三孔研学游基地，成立了全省尼山书院联盟，为促进全省尼山书院及儒学讲堂建设、健康发展打下坚实基础。截至12月底，全省依托公共图书馆建成尼山书院150个，建成社区尼山书院34个，乡村（社区）儒学讲堂20100个，它们成为传承、弘扬中华优秀传统文化的重要阵地。省尼山书院共举办"礼乐教化""国学新知""互动体验""公益课堂"等活动700余场次，受众3万余人次。举办公益课程482节、公益民乐演出40场次、京剧体验14场次、传统民俗体验活动5场次、礼射交流活动5场次。"阳明学公开课"通过文化共享工程直播，全省20多万人次在线收听收看。

3. 重点文化建设工程不断推进

实施数字图书馆推广工程，向国家图书馆提交读者数据18.6万条，使读者享受到国家图书馆海量资源服务。组织开展网络书香过大年、网络书香阅读等数字化读者服务活动，丰富了基层馆服务手段和内容。推进公共文化云建设，在济南、临沂、青岛建设3个公共文化云服务推广点。通过政府招标，为全省1826个乡镇配备数字文化服务平台设备，进一步提升基层公共文化服务能力。完成国家公共文化云1TB统一云目录资源上传，资源量位居全国前列。提升文化共享工程建设水平，完成93台数字渔家乐、200台中国文化网络电视接收终端的设备招标和调拨。对17市图书馆开展文化共享工程"进村入户"专项设备应用培训，提升了服务能力。以评促建，推进公共图书馆完善提升。全省参加第六次评估定级的公共图书馆150个，占全省公共图书馆总数的98%。评估定级工作启动以来，全省各级公共图书馆直接投入8900余万元，全省95%以上的图书馆进行了改建扩建、环境整治和设备更新，服务条件得到明显改善。

4. 公共文化服务机制不断完善

开展图书馆评估定级工作，全省公共图书馆建设服务水平进一步提升。出台《关于推进县级文化馆图书馆总分馆制建设的实施意见》，全面启动县级图书馆、文化馆总分馆制建设。制定《山东省文化厅关于鼓励社会资本参与公共文化设施建设运营暂行细则》，鼓励社会力量参与公共文化服务体系建设。

加强基层文化人才队伍建设，对青岛、烟台等6市600余名文化站长进行了业务轮训。大力开展文化惠民活动，在2017年冬春文化惠民季，全省举办各类活动5.5万余场（次），惠及群众2253.9万人次，57万名演职人员参演。日照市成功举办第八届中国少儿合唱节，山东赴重庆、贵州开展"春雨工程"，得到当地干部群众的热烈欢迎。

（三）文化事业日益繁荣

1. 文化遗产保护跨越发展

截至2017年底，全省共有各类传统工艺类企业和经营业户110多万个，年营业收入1267.36亿元，利税135.6亿元，从业人员300余万人，取得了显著成效。

大力推进传统工艺振兴计划，评选认定第三批省级非遗生产性保护示范基地37个，总数达68个；在淄博泰山瓷业有限公司等4个企业设立传统工艺工作站，在山东艺术学院、山东工艺美术学院设立传统工艺重点实验室。举办泥面塑、陶瓷烧制、剪纸技艺等传统工艺类传承人群培训班15期，培训650余人次。启动实施35名国家级非遗传承人的抢救性记录工作。国家级潍水文化生态保护实验区顺利通过督导评估，文化部给予充分肯定。组织开展2017年"非物质文化遗产月"，全省举办各类非遗活动830多场，参与群众1760多万人次。全面推进文化创新，组织开展第三届山东省文化创新奖评选工作，评出创新成果30个。

2. 文艺创作成绩喜人

实施舞台艺术"4+1"工程和重点选题评选资助办法，对文艺创作进行"全链条"扶持引导，一大批新作品、新人才不断涌现。省话剧院《兵道》、菏泽市山东梆子《南国之春》等一批优秀剧目先后登上舞台。话剧《家事》荣获省委宣传部"精品工程奖"，民族歌剧《马向阳下乡记》获得中宣部、文化部高度评价，被认为是一部向民族歌剧经典致敬的优秀现实题材作品。2017年，全省艺术创作投入资金1.32亿元，新创作大型剧目50余部、小型作品109部，艺术创作呈现持续繁荣态势。着力深化院团内部管理机制改革，研究制定《关于深化院团内部管理机制改革的实施意见》，重点构建绩效考核评价、人事管理、收入分配、艺术创作生产决策、市场竞争参与"五大机制"。

省杂技团等 4 个试点单位已制定出台改革方案，积极开展试点工作。美术创作继续保持良好态势，成立山东省画院联盟、山东省美术馆联盟，创作推出长卷《孔子周游列国图》等一批优秀作品。齐鲁画派加快打造，《推动形成"齐鲁画派"文化工程研究》著作正式出版，13 卷本大型系列画册《齐鲁画风大系·山东中国画》进入出版阶段。4 项美展入选全国美术馆优秀项目和馆藏精品展出季。

3. 优秀传统文化创造性转化、创新性发展迈出新步伐

编制发布《曲阜优秀传统文化传承发展示范区建设规划》，尼山圣境、孔子博物馆、孔子学院总部体验基地等一批重点工程项目扎实推进。积极推进大运河文化带建设，制定《山东省大运河文化带建设工作方案》，启动大运河沿线资源普查工作。深入推进县及县以下历史文化展示工程，全省 105 个县（市、区）、807 个乡（镇）、12808 个村（社区）建成历史文化展示场所。开展中华优秀传统文化故事会征集评选活动，出版《中华优秀传统文化故事会故事集》系列丛书和光盘，在中小学建成"蓓蕾艺术工作站"1600 所，开展故事会进校园活动 15000 余场。

4. 群众性文化活动不断丰富

召开全省群众艺术创作工作会议，总结近两年群众艺术创作整体情况，并对当前和下一步全省群众艺术创作工作进行了研究安排。建立完善群众文化艺术创作演出保障机制，在全国率先出台《山东省群众艺术优秀作品创作及评奖办法》，全省群众艺术持续繁荣。在全省组织开展群众艺术优秀作品创作、征集工作，全省各级文化部门通过严格选拔后报省 282 件新创群众文艺作品，评选出 62 件作品进行重点打造。全省群众文艺工作者不断进行生活积累和艺术提炼，新创作品总体呈现时代感强、贴近生活、取材新颖、立意深远等特点，作品水平整体有了大幅提升。组织开展宣传贯彻十九大精神，创作优秀群众文艺作品，开展"六进 +"活动，培养农村本土人才，弘扬优秀传统文化，推进文化志愿服务，流动服务和数字服务，"结对子、种文化"八个板块活动，进一步丰富了基层群众文化生活。

（四）文化产业稳步发展

把推进文化产业转型升级、引导和扩大文化消费作为实施新旧动能转换重

大工程的有力抓手，着力加强研究谋划，健全完善工作推进机制，狠抓工作落地。

1. 文化产业规模稳步扩大

规模稳步扩大。2017年第一季度，全省规模（限额）以上文化产业法人营业收入2252.1亿元，同比增长12.3%，增速比全国高1.3个百分点；营业利润122.6亿元，同比增长20.0%。前三季度，全省"三上"文化企业实现营业收入7295.4亿元、营业利润429.1亿元，分别同比增长9.3%和16.8%。据不完全统计，2017年山东文化产业增加值约3120亿元；文化产业施工项目3055个，同比增长8.4%；完成投资2521.8亿元，同比增长8%。

产业结构不断优化，新兴文化业态发展迅速。2017年第一季度，营业收入增长最快的两个大类是文化艺术服务、文化信息传输服务，分别为4.4亿元和6.8亿元，分别同比增长24.7%和19.0%。营业利润增长最快的两个大类是新闻出版发行服务、文化创意和设计服务，分别为1.7亿元和11.6亿元，分别同比增长113.6%和65.3%。

文化服务业发展迅速。2016年，全省共有规模以上文化服务业企业1288家，同比增长5.1%；营业收入525.7亿元，同比增长12.2%；营业利润达到91.6亿元，同比增长13.7%。2017年第一季度，文化服务业营业利润达到13.8亿元，同比增长63.3%；营业收入利润率（营业利润与营业收入之比）达到12.5%，分别是文化制造业、文化批零业的2.2倍和6.4倍。

固定资产投资快速增长。2016年，全省文化及相关产业固定资产投资项目3588个，同比增长13.9%，累计完成投资3303.7亿元，同比增长18%，其中亿元以上项目856个，同比增长25.3%，累计完成投资2082.8亿元，同比增长42.9%。2017年第一季度，文化产业施工项目1399个，同比增长5.4%；项目计划总投资4229.5亿元，同比增长24.5%；完成投资466.4亿元，同比增长13.4%，比2016年同期增速提高8.4个百分点，比全省固定资产投资增速高3.7个百分点。其中，亿元以上大项目完成投资323.7亿元，同比增长26.7%，占全省文化产业投资的比重达到69.4%。

2. 文化产业园区建设速度加快

截至2017年底，山东有1家国家级文化产业示范园区——曲阜新区文化产业园，2008年被文化部评为第二批国家级文化产业示范园区；1家国家级文化产业试验园区——台儿庄古城文化产业园，2012 年被评为国家级文化产业试验园区，2017 年进入第一批国家级文化产业示范园区创建资格名单；14 家国家级文化产业示范基地，其中集聚类基地 4 家，分别是青岛市文化街、淄博东夷齐文化发展有限公司、山东周村古商城旅游发展有限公司、嘉祥石雕文化产业园。另外，山东省先后分三批挂牌了 14 家文化产业示范园区。

台儿庄古城文化产业园到 2017 年共有各类企业 403 家，其中文化企业 240 家，占比为 60%，各企业手续完备，效益良好。2016 年，园区文化产业产值达 25 亿元，较 2015 年增长 15%。2015 年以来，园区营业收入超过 15 亿元，文化产业营业收入占总收入的 65% 以上。2015 年以来，园区签约重大文化产业项目（20 亿元及以上项目）3 个，分别是迪趣欢乐谷、华辰人人健康城、涛沟河及小季河湿地综合开发项目，其他文化产业项目 10 余个，吸引投资 5 亿余元。园区可提供就业岗位 1 万余个，文化产业从业人员 1.1 万余人，带动周边 3 万余人就业。其中，管理运营企业大专及以上学历员工占 80% 以上，其他文化经营企业大专及以上学历员工占 60% 以上。

淄博东夷齐文化发展有限公司成立于 2002 年 9 月，在淄博市张店区工商管理局注册，荣宝斋大厦项目于 2003 年 3 月经淄博市规划局审定、批准，由其建设，总占地面积 3720 平方米，共 25 层，2008 年淄博东夷齐文化发展有限公司被文化部评为"国家级文化产业示范基地"。公司所属淄博荣宝斋书画古玩城于 2005 年 9 月正式开业，位于荣宝斋大厦一楼至五楼，经营面积近 20000 平方米，其是山东最具规模、档次最高的专业艺术品市场之一，含有高标准的拍卖大厅、展览大厅、学术报告厅等，集艺术品经营、展览、交流、拍卖于一体，截至 2016 年底，来自北京、天津、福州、苏州、温州、哈尔滨、济南、潍坊、青州及淄博周边县市的 130 余家文化商铺入驻，直接及间接从业人员 500 余人。2016 年基地内各类型企业年营业收入总额 2 亿多元，利润总额约 4000 万元，在基地公共服务及基础设施方面，公司投入经营扶持资金及设施建设资金约 300 万元，吸引了全国的经营业者前来投资，形成了省内最具影响力的艺术品交易中心，产业集聚效应明显。

3. 重点文化产业发展迅速

2017 年山东共举办展览会 862 个，展览面积 1033.25 万平方米，较 2016 年分别增长 19% 和 4%。根据中国贸促会发布的《中国展览经济发展报告（2017）》，山东已经投入使用的会展中心数量为21个，在全国排名第1；可用展览面积114万平方米，在全国排名第2。2017年共举办主要展览342场次，位列全国第4；展出面积1082万平方米，位列全国第3。这两项数据均占全国的9%。海名国际会展集团在展览数量和展览面积上分列全国第1和第8位。青岛、济南在中国城市办展数量中位列第7、第9，办展面积位列第7、第12。以济南、青岛为龙头，以潍坊、烟台、临沂、东营为梯次的地域布局初步形成。

2016年以来，山东省新闻出版业继续保持强劲增长势头，各项指标总体向好，整体实力和竞争力有了较大提升，在全国同行业中的影响力不断扩大。截至2016年底，山东省共有新闻出版单位20179家，较2015年增长2.13%。2016年，山东省新闻出版产业实现主营业务收入1974.82亿元，较2015年增加147.78亿元，增长8.09%；营业利润171.32亿元，较2015年增加11.61亿元，增长7.27%。从全国各地区营业收入增长额对全国新闻出版产业增长的贡献来看，2016年山东省新闻出版全行业营业收入增长额为169.05亿元，增长贡献率为27.1%，在2016年全国新闻出版产业增长贡献地区排名中位居第1。山东省新闻出版业总体经济规模在全国新闻出版产业总体经济规模综合评价排名中，从2015年的第5位上升至2016年的第2位，实现了历史性突破。

受经济发展速度放缓、产业结构调整的影响以及新媒体市场的冲击，山东广播影视业主要经济指标出现下滑趋势。2016年，山东省广播影视业总收入159.79亿元，较2015年减少12.52亿元，下降7.27%。实际创收142.91亿元，较2015年减少12.07亿元，下降7.79%。增加值121.31亿元，较2015年增加38.08亿元，增长45.75%。2017年1～8月，山东省广播影视业实际创收89.45亿元，同比增长1.94%。从全国广播影视业发展的情况来看，山东广播影视业发展压力较大。2016年山东广播影视业总收入居全国第8位，排名在山东省之前的分别是北京、上海、浙江、江苏、湖南、广东、四川；资产总额411.94亿元，居全国第8位。

2017年山东演出业整体发展态势向好，整体经济规模稳步提升。2017年7月，山东启动文化惠民消费季，历时100天，举办5万场活动，17地市协同推进，城乡联动开展。消费季期间，山东省举办了山东地方戏曲剧目展演和首届山东国际小剧场话剧演出季。首届山东国际小剧场话剧演出季邀请了中国国家话剧院、上海话剧艺术中心、辽宁人民艺术剧院、天津人民艺术剧院、江苏演艺集团、广东省话剧院、孟京辉话剧工作室、台湾家书话剧工作坊等知名话剧表演团体，以及匈牙利、意大利、丹麦等国家选送的23台戏剧作品，共计演出48场次，观众达1.3万人次，演出总票房70多万元，实现了社会效益和经济效益的双丰收。《徐龙铡子》、柳琴戏《白玉楼》等一大批地方戏名剧展示，表明这是近年来山东戏曲艺术的一次最高水平展示。消费季的举办，让群众享受到了实实在在的文化实惠，有力地拉动了内需，促进了经济增长，实现了社会效益和经济效益的双赢。

2017年山东旅游消费总额9200亿元，比2016年增长14.6%；接待国内游客7.8亿人次，同比增长10%；旅游投资2231.8亿元，同比增长11.2%。山东省青州古城旅游区和威海华夏城旅游景区等新晋国家5A级旅游景区。山东旅游逐渐由高速增长转向高质量发展，山东省启动旅游产业质量大提升行动计划：结合新旧动能转换与供给侧结构性改革，建设一批世界级、国际化的重大旅游项目；实施"旅游+"和乡村振兴战略，大力推进旅游新业态，全方位提升旅游各要素品质，打造旅游金牌产品体系；促进文明旅游建设，优化旅游环境，让游客体验当地百姓的美好生活；旅游质量督察进一步常态化、标准化和制度化，部门联合形成监管联动机制，推行窗口全覆盖的标准化服务，倡导个性化和细微化服务，提升游客满意度。2017年2月，山东省人民政府办公厅发布了《关于印发加快推进十大文化旅游目的地品牌建设实施方案的通知》，提出加快建设东方圣地、仙境海岸、平安泰山、泉城济南、齐国故都、鲁风运河、水浒故里、黄河入海、亲情沂蒙、鸢都龙城十大文化旅游目的地品牌。

2017年7月，《山东省文化厅"十三五"时期文化改革发展规划》印发，提出实施数字文化产业发展工程，丰富数字文化内容和形式，创新数字文化技术和装备。提高我省网络文化产品的原创能力和文化品位，打造在国内具有较强竞争力和影响力的动漫品牌和骨干动漫企业。提出实施文化金融创新工程，积极推进国家文化艺术金融试验区建设。山东省新闻出版广电局发布《关于组织申报2017年度山东省新闻出版广播影视产业项目库重点项目、重点基地（园区）的通知》，其中也包括动画项目和动漫基地。2017 年 4 月，由山东省扶持动漫产业发展联席会议办公室指导，山东省动漫行业协会主办，青岛市高新区管委会、青岛市动漫创意产业协会承办的"2017·山东动漫产业品牌成长峰会暨青岛动漫创意产业园揭牌仪式"在青岛高新区举行。峰会公布了《神奇的种子》等 20 部动漫作品首批入选山东省优秀原创动漫项目资源库，表彰了《齐鲁优秀传统文化传承创新系列动画》等 6 部优秀原创动漫项目，以及山东广电呀咔咔动漫产业有限公司等 10 家优秀动漫企业。

据不完全统计，山东每年流向艺术品市场的资金有数十亿元，艺术品市场的规模和交易额均排在全国前列。尤其是在当代书画市场，山东市场占到了全国 50% ~60% 的份额。无论从哪个层面来说，山东的艺术品市场在全国都是首屈一指的。荣宝斋（济南）拍卖有限公司 2017 年春季艺术品拍卖会在济南喜来登酒店举办，共设 2 个拍卖专场，成交率为 85.1%，成交额重新过亿元，达到 1.3 亿元人民币。2017 年秋季艺术品拍卖会以"冬去春来，国画的再生"为主题，于 12 月 8 日在济南喜来登酒店圆满收槌，"中国书画·当代水墨""中国近现代书画一""中国近现代书画二"3 个专场的拍卖活动成交率达到 89%，成交额为 1.02 亿元人民币，其中"中国近现代书画一"专场的冠军由齐白石的《持菊做寿》以 747 万元人民币夺得，齐白石的《荔枝蝴蝶》以 316 万元人民币的成交价紧随其后。

4. 文化产业市场日益壮大

骨干文化企业发展壮大。文化企业上市进程加快，青岛城市传媒股份有限公司等转制文化企业在主板上市，舜网传媒等 16 家文化企业在新三板挂牌。2017 年第一季度，省属国有文化企业完成营业收入 36.8 亿元，同比增长 0.9%，实现利润 1.3 亿元，同比增长 30%。其中，山东出版集团实现利润 1.5 亿元，同比增长 200%。

小微文化企业蓬勃发展。实施文化产业"金种子"计划，在全省范围内分两批规划建设了 11 家文化产业孵化器，注入 6700 万元"种子"扶持资金，带动引导社会资金多元化投入，探索建立以市场为导向、体制健全、机制灵活、政策完备的小微文化企业孵化培育体系。首批 6 家孵化器合计投入使用孵化空间 18.52 万平方米，在孵企业 619 家，引进转化文化创意创新成果 32 项，获得知识产权 93 个，吸纳就业人员 7044 人，吸引社会资金投入 3780 万元，实现总产值 96835 万元，辐射带动效应初步显现。

5. 文化消费增长势头强劲

2016 年，全省人均教育文化娱乐支出 1755 元，同比增长 12.7%；限额以上单位书报杂志类商品零售额同比增长 23.1%，文化办公用品类商品零售额同比增长 14.9%，电子出版物及音像制品类商品零售额同比增长 10.4%，增速分别较第一季度提高 3.4 个、8.6 个、5.3 个百分点。截至 2017 年 4 月，全省累计票房 7.41 亿元，同比增长 8.3%，共有影院 435 家，银幕数 2360 块。

2017 年山东成功举办"首届山东文化惠民消费季"，省市县乡村五级联动，29 个省直部门、单位协同推进，推出了艺术精品欣赏、新兴时尚采撷等六大活动板块，开展 1000 余项文化惠民消费活动，探索建立"一券、三平台"（文化惠民消费券，银联钱包 APP、齐鲁艺票通和山东文化消费服务大数据平台）的促进机制，省市两级财政投入文化消费引导资金 1 亿元，直接拉动文化消费超过 3 亿元，累计实现消费总额 206.7 亿元，取得了"四两拨千斤"的效果，成为全国开展范围最大、企业参与最多、消费者分布最广、平台模式最新的文化消费促进行动。文化部给予高度评价、充分肯定，认为山东在促进文化消费工作中取得的成效最明显，探索了新模式，创造了新经验，确定 2018 年在我省召开现场会，将其向全国推广。

6. 文化产业发展环境得以改善

深化文化市场综合执法改革，文化市场监管执法水平进一步提升。省委办公厅、省政府办公厅印发《关于进一步深化文化市场综合执法改革的实施意见》，举办专题培训班，多次召开工作推进会，赴各地开展联合督导，推动多项改革任务落地。目前，改革工作已取得阶段性成果。加大文化市场执法监管力度，部署开展"忠诚卫士·2017 金秋行动"、校园周边文化市场专项检查等净化文化市场环境专项行动，为省第十一次党代会、党的十九大胜利召开提供了良好的环境。积极推进上网服务场所、文化娱乐行业转型升级，得到文化部表彰和奖励。

（五）对外文化贸易稳步增长

2016 年，全省文化产品进出口总额达 411.5 亿元，同比增长 23.6%，其中出口额为 379.9 亿元，同比增长 24.2%，进口额为 31.6 亿元，同比增长 16.6%。从出口来看，文化产品出口额占全省外贸出口额比重为 4.2%，同比提高 0.8 个百分点，拉动全省外贸出口率提高 0.8 个百分点。外向型文化企业明显增多，截至 2016 年底，全省文化产品出口企业 3393 家，比 2015 年增加 64 家。2017 年第一季度，全省文化产品进出口总额达 88.96 亿元，同比增长 93.19%，其中出口额为 86.3 亿元，同比增长 94.83%，进口额为 2.66 亿元，同比增长 51.83%。

对接融入"一带一路"倡议，齐鲁文化走出去取得新成效。围绕全省性外事活动，2017 年组织 3 场文艺演出和 7 场展览展示等活动，彰显了齐鲁文化魅力，得到了省领导及国际友人的好评。制定《山东省"融入'一带一路'大战略，齐鲁文化丝路行"实施意见》，成功举办阿斯塔纳世博会山东周、第四届"跨越太平洋—中国艺术节"暨山东文化周、文化中国走进东盟等一系列重大对外文化交流活动。积极参加海外"欢乐春节"活动，2017 年共派出 10 批 131 人次，得到当地群众广泛好评。文化部与山东省政府合作共建贝尔格莱德中国文化中心项目稳步推进。对港澳台文化交流力度不断加大，文化入岛工作取得丰硕成果。成功举办第八届世界儒学大会，到会学者代表 253 人，涉及 34 个国家和地区，全国人大常委会副委员长王胜俊、省委书记刘家义、文化部部长雒树刚等领导出席活动，取得丰硕的理论成果。2017 中国（曲阜）国际孔子文化节取得圆满成功。

三 山东建设区域性文化中心面临的挑战

以党的十九大召开为标志，包括文化工作在内的党和国家事业站在了新的历史起点上，我们迎来了社会主义文化繁荣兴盛的新时代。新的形势对山东省文化建设提出了新的要求，也为全省建设区域性文化中心创造了更充分的条件。面对新形势、新要求，我们应重新审视山东文化发展定位，重新聚焦文化发展短板，清醒地看到全省文化发展还存在许多不平衡、不充分的问题，主要如下。

1. 公共文化服务效能不够高

一些基层文化服务设施供给不足与浪费并存，文化服务质量不高、针对性不强。基层文化人才匮乏，文化干部专职不专干，经费保障不足。2016年山东省文化事业费总量居全国第7位，但是人均事业费仅为32.27元，列全国第27位，比全国平均水平55.74元少23.47元。

2. 艺术创作有高原缺高峰

近年来，全省创作加工剧目数量多，但是有影响的作品不多，真正叫得响、传得开的精品更少。山东省文艺界领军人物匮乏，中青年人才青黄不接，形势严峻。文艺院团改革还存在"夹生饭"问题，亟须进一步深化、推动、创新以焕发活力。

3. 文化产业大而不强、发展不平衡

虽然2016年全省文化产业增加值居全国第3位，但占GDP比重为4.17%，仅比全国平均值高0.03个百分点，居全国第8位，与北京、上海、广东、江苏等省份相比，还存在明显差距。文化产业结构不合理，文化制造业、批零业、服务业比为53.1∶9.8∶37.1，文化制造业仍占大头。区域之间发展不平衡，青岛、烟台、潍坊三市的文化产业产值占据山东近"半壁江山"。城乡之间发展不平衡，乡村两级文化市场主体偏少，县以下文化市场经营单位仅占全省的16.41%，从业人员仅占9.87%。

4. 非遗保护形势严峻

以曲艺类非物质文化遗产为例，20世纪50年代全省经常演出的曲种超过30个，而最新调查显示，现在能坚持正常演出的曲种只有10余个，技艺精湛的老艺人越来越少且收徒困难，中青年人才数量不足。

5. 对外文化交流方式、方法比较单一

存在政府举办多、社会参与少，舞台艺术多、其他载体少，浅层表现多、深层内涵少，送出去的多、卖出去的少的现象，还没有真正做到从"入眼入耳"到"入脑入心"。

四　2018年山东打造区域性文化中心的重要举措

2018年是贯彻党的十九大精神的开局之年，是改革开放40周年，是决胜全面建成小康社会承上启下的关键一年。总的工作要求是：以习近平新时代中国特色社会主义思想为指导，以学习贯彻党的十九大精神为主线，认真落实省委"三个走在前列"的目标要求，坚持稳中求进的工作总基调，按照高质量发展的要求，强化大格局、贡献度、内涵建设、融合发展的文化工作理念，着力提升公共文化服务效能，着力繁荣文艺精品创作，着力扩大文化消费，着力传承、弘扬优秀传统文化，着力推动齐鲁文化走出去，着力深化改革，继续保持山东文化建设走在全国前列，为满足人民日益增长的美好生活需要、奋力开创经济文化强省建设新局面做出新的更大贡献。

（一）加强思想道德建设

要把学习、宣传、贯彻党的十九大精神作为首要政治任务贯穿全年始终，持续在学懂、弄通、做实上下功夫，把思想和行动全面统一到党的十九大精神上来。

1. 深入学习领会习近平新时代中国特色社会主义思想

把学习领会习近平新时代中国特色社会主义思想摆在突出位置，用以武装头脑、指导实践、推动工作。特别是要认真学习领会、全面贯彻习近平总书记的文化思想和党的十九大关于文化建设的重要部署，坚持走中国特色社会主义文化发展道路，坚定文化自信，牢牢把握文化建设的总体要求、重点任务。

2. 大力培育和弘扬社会主义核心价值观

把培育和弘扬社会主义核心价值观作为根本任务，贯穿到公共文化服务体系建设、艺术创作、文化产业发展等文化建设各领域、全过程。

3. 严格落实意识形态工作责任制

加强文化阵地建设，强化文化产品内容监管和文化活动导向管理，旗帜鲜明反对和抵制各种错误观点，牢牢掌握意识形态领域领导权、主导权，切实做到守土有责、守土负责、守土尽责。

（二）加快推进现代公共文化服务体系建设

把2018年作为公共文化服务效能提升年，坚持设施建设与效能建设并举，将工作重心由设施建设向效能建设转变。

1. 进一步完善文化设施

加快基层综合性文化服务中心建设，到年底，全省基本完成村（社区）基层综合性文化服务中心建设任务。着力推进省级重点文化设施项目建设，推动山东画院创作基地加快建设、山东文化艺术职业学院建设取得实质性进展，加快推进省美术馆装修改造工程，积极推动省图书馆新馆建设。各级也要有计划、有步骤地推进重点文化设施建设。

2. 加强服务效能建设

召开全省公共文化服务效能建设现场会，推广"淄川文化云"建设经验，加快公共文化服务云平台建设。开展公共文化机构法人治理结构改革试点工作，推进县级文化馆、图书馆总分馆制建设。深入推进东营市创建第三批国家公共文化服务体系示范区工作，抓好威海市创建第四批国家公共文化服务体系示范区工作。探索实行省、市、县三级联合购买公共文化服务机制，提高财政资金使用效率。

3. 大力推进文化精准扶贫

推进省扶贫工作重点村综合性文化活动室建设，重点聚焦"4个2"，到年底全部完成文化行业扶贫任务。加快推进黄河滩区脱贫迁建文化建设任务。充分发挥"非遗扶贫"的积极作用，实施一批传统工艺项目，助力贫困户脱贫致富。按照中央和省委、省政府的安排部署，将援建工作与业务建设相结合，统筹做好援疆、援藏、援青、援渝等各项工作。广泛开展文化惠民活动。深入开展冬春文化惠民季活动，广泛动员广大群众文艺工作者、志愿者开展"六进"等文化活动。围绕庆祝改革开放40周年，策划、举办一系列群众文化活动。继续开展"一村一年一场戏"、戏曲进校园、百姓大舞台等品牌活动。

（三）着力繁荣艺术精品创作

着力加强艺术创作扶持和引导，实施文艺精品"两个效益"落地工程，加快推动艺术创作由"高原"向"高峰"迈进。

1. 举办第十一届山东文化艺术节

2018年9～10月举办第十一届山东文化艺术节，这是全省文化系统重点打造的文化品牌。第十一届山东文化艺术节不仅是第二届山东文化惠民消费季的"重头戏"，还是检验全省艺术创作成果、冲刺第十二届中国艺术节的系统备战。此次艺术节包括新创作剧目展演、小型剧节目展演、全省美术大展、优秀群众艺术作品会演、优秀农村文艺作品展演五大主要板块，以及非遗展演、网络演出等一些外围活动。优秀农村文艺作品展演板块贯穿于其他四个板块，在小型剧节目展演、优秀群众艺术作品会演中开辟专场，在其他两个板块中重点予以倾斜。对艺术节获奖作品，省里集中全力予以扶持，着力打造艺术精品。

2. 谋划重大现实题材创作

围绕改革开放40周年、新中国成立70周年、全面建成小康社会、建党100周年等重大主题，突出现实题材创作，制定实施"2018～2021年全省现实题材创作规划"，努力推出一大批"两个效益"相统一的舞台艺术精品和美术作品。特别要突出抓好农村现实题材创作，重点反映移风易俗、扶贫扶志、家教家风等内容，推出一批优秀专业艺术作品和群众文艺作品，积极传播乡村文明风尚，助力乡村振兴。要梳理征集歌剧《马向阳下乡记》、两夹弦《退彩礼》、山东梆子《家有贤妻》等一批反映农村现实题材的优秀作品，2018年率先在全省开展巡演。

3. 统筹全省购买演出服务

面向全省征集优秀舞台艺术作品，由省委宣传部和省文化厅联合向各市推荐，发布优秀剧目采购目录。各市要组织所辖县市区通过政府购买公共文化服务的方式，积极购买演出服务，省里将根据演出情况对演出团体进行"以奖代补"，鼓励多演出、多收入。积极探索建立扶持机制，鼓励文艺院团跨县、跨市、跨省演出。充分运用"齐鲁艺票通"演出交易平台，推动市场化运营。

4. 深化国有文艺院团内部机制改革

这是文化部2018年确定的一项重点任务。要以深化内部机制改革为动力，进一步提升文艺院团的组织化程度、专业化水平。制定出台"关于省直国有专业艺术院团内部管理机制改革的实施意见"，重点构建绩效考核评价、人事管理、收入分配、艺术创作生产决策、市场竞争参与"五大机制"，着力激发院团内生动力。省吕剧院、省杂技团、省歌舞剧院民族乐团、省话剧院"亲子剧场"等试点单位，要认真探索，勇于尝试，为全省全面推开国有文艺院团内部机制改革积累经验、提供借鉴。

5. 办好国家重大文化活动

要以高度的政治责任感，全力办好上合组织青岛峰会文化活动。以树品牌、创一流的境界，办好全国优秀民族乐团展演、华东六省一市戏剧小品大赛等"国字号"重大活动，当好东道主、留下好口碑。

（四）积极推进文化事业与文化产业融合发展

贯彻落实《山东省新旧动能转换重大工程实施规划》，实施《山东省文化产业发展规划》，重点发挥文化消费的拉动作用，推动文化产业高质量发展。

要在认真总结首届山东文化惠民消费季工作的基础上，精心谋划，提前行动，加快制定"第二届山东文化惠民消费季实施方案"，办好全国促进文化消费工作现场会。各市要不等不靠，抓紧谋划设计一批主题鲜明、内容丰富、形式多样、特色明显的公益文化活动和文化消费活动，及时上报文化厅消费季组委会办公室。要尽早落实财政补贴资金，2017 年由于启动比较仓促，对各市资金没有做硬性要求，2018 年每个市落实资金不低于 500 万元，而且确保投入资金不低于 2017 年水平。要着力探索机制建设，进一步健全完善促进文化消费的内在机制。济南、青岛、淄博三市要继续开展好"国家文化消费试点城市"工作，着力在全国走在前列、创造经验，组织开展省级文化消费示范县（市、区）创建工作。要进一步完善山东省文化消费服务云平台，优化资金补贴机制，提高资金使用效益。要以扩大文化消费为抓手，优化文化产品和服务供给，推动文化事业、文化产业融合发展。抓好园区基地规范化建设。实施山东省文化产业园区转型升级工程，把眼光从"数量"投向"质量"，从"低效"转向"高效"，全力推动高质量发展。开展第四批省级文化产业示范园区、第六批省级文化产业示范基地评选认定工作，支持台儿庄古城文化产业园建设。推进文化文物单位文创产品开发。积极整合社会文创开发资源，抓好试点工作，采用多种方式开发文创产品，加快文创设计成果转化和应用。大力发展文化创客空间，举办全省文化创意设计大赛。将文化创意产品纳入扩大城乡文化消费范围，适时开展全省地市级文化文物单位试点。

（五）进一步加强文化市场培育和监管

以深化改革为保障，坚持一手抓培育，一手抓监管，推动文化市场规范有序发展。

继续深化文化市场综合执法改革。认真落实《中共中央办公厅　国务院办公厅印发〈关于进一步深化文化市场综合执法改革的意见〉的通知》《山东省人民政府办公厅关于印发山东省质量技术监督局主要职责内设机构和人员编制规定的通知》精神，推动文化行政部门与文化执法部门实质性整合、参照公务员管理、同城一支队伍等各项改革任务落地到位。深入推进"放管服"改革。开展行政审批规范化示范点创建工作，创建一批全国和省级文化行政审批规范化示范点。规范行政审批文书和案卷管理，确保案卷的真实性和完整性。大力推进文化市场转型升级。抓好文化市场培育，鼓励上网服务行业、文化娱乐行业参与公共文化服务，提升服务水平。积极开展艺术品规范化经营示范点创建工作。加强文化市场监管。开展"忠诚卫士·2018春雷行动"、"忠诚卫士·2018金秋行动"及"琴岛·和谐行动"三个专项治理行动，加强重要节点、重点领域文化市场监管，确保文化市场安全有序。制定"双随机一公开"执法检查方案，推动"双随机一公开"执法项目全覆盖。加大重大案件和新兴文化市场案件查处力度，推动执法办案数量、质量"双提升"。加强执法队伍建设，推广移动执法系统应用，提升信息化水平。继续实施中西部地区文化市场综合执法能力提升行动计划。

（六）大力传承、弘扬优秀传统文化

2018年是习近平总书记视察曲阜发表重要讲话5周年，要紧紧围绕这个主题，策划开展一系列主题活动，大力推动优秀传统文化创造性转化、创新性发展。

1. 加快曲阜优秀传统文化传承发展示范区规划建设

2017年12月，省政府印发了《曲阜优秀传统文化传承发展示范区建设规划》，标志着示范区建设进入了新阶段。省委、省政府召开曲阜优秀传统文化传承发展示范区建设推进会议，对示范区建设的体制机制、重点任务、政策措施等做出顶层设计、安排部署。曲阜示范区是国家级文化建设示范区，不仅包括曲阜、邹城、泗水等核心区，还辐射到全省各市。要统筹推进齐文化传承创新示范区、大运河文化带建设，深入挖掘、弘扬沂蒙红色文化、胶东红色文化、冀鲁边抗日主题红色文化。

2. 抓好非物质文化遗产传承、保护

以《山东省非物质文化遗产条例》贯彻实施情况督导为契机，加快健全完善非遗保护工作制度。办好第五届中国非物质文化遗产博览会。公布第五批省级非遗代表性传承人。推荐第五批国家级非遗代表性项目，启动第五批省级非遗代表性项目申报工作。实施传统工艺振兴工程，公布一批工程目录，创建一批重点实验室和工作站，建好国家明府城百花洲传统工艺工作站。支持菏泽市、威海市创建国家级文化生态保护区。继续推进县及县以下历史文化展示工程。

3. 大力推动齐鲁文化走出去

组织参加文化部"欢乐春节"品牌活动。举办"2018 新西兰·中国山东文化年"、南澳洲"山东文化周"、加拿大"孔子文化周"活动，积极参加文化部"对非文化工作部省对口合作计划"及"中俄地方合作交流年"活动。大力深化与港澳台文化交流，赴香港参加"好客山东"文化旅游美食节、"香江明月夜"庆中秋演出，组织 7 家企业参加香港国际授权展。加快推进贝尔格莱德中国文化中心建设，做好运营筹备工作。

文化事业篇

Cultural Business

B.2
山东省文物资源开发利用研究报告

秦树景*

摘　要： 近年来，山东作为文物大省，在做好保护、修复工作的前提下，对全省文物资源进行了充分的开发利用。2017年，山东省文物资源的开发利用在多个领域收获骄人成绩，文物旅游项目设计开发、博物馆文物创意产品的深入研发则成为其中较具实际操作性的两个领域，各大博物馆致力于深挖馆藏文物资源内涵，不断研发具有时代创意的文创产品。目前开发还存在实际工作中文物保护不到位、创新性不够等问题，需要在专业人才队伍建设等方面下足下够功夫，不断提高文物资源开发利用的层次与效率。

关键词： 文物资源　文物旅游　文博产业

---

* 秦树景，山东社会科学院文化研究所助理研究员，博士。

一 山东省文物资源开发利用现状

（一）政策环境

2007年12月17日，山东省委办公厅、山东省人民政府办公厅向全省各单位印发《山东省文化产业发展专项规划（2007—2015）》，文件中所指文化产业主要涉及"为社会公众提供文化、娱乐产品和服务的活动，以及与这些活动有关联的活动的集合"①。涉及九个行业，划分三个层次。包括核心层的出版发行和版权服务、广播影视服务以及外围层的文化休闲娱乐服务等多个领域都与我省的文物资源保护利用相关，因为文物资源无疑能为我省现代文化产业的发展提供重要的价值内涵与文化支撑，而文化产业则是我们推进文物工作的一条有效途径。例如规划中提到重点发展的文化旅游业着力打造"文化圣地、度假天堂"的形象品牌，重塑"山水圣人、黄金海岸"两条文化旅游线路。提出"以三孔为载体，整合孔子、孟子、曾子等儒家文化旅游资源，构建儒家文化旅游区"，以古运河为载体构建运河文化旅游区，将独特的文物资源与现代旅游业结合，开发具有地域特色的文物旅游专线是我省文物资源开发利用的重要实施路径。

2016年3月8日国务院印发《关于进一步加强文物工作的指导意见》，文件指出我国的文物工作"重在保护"，在拓展利用方面，则要求为培育和弘扬社会主义价值观服务，为保障人民群众基本文化权益服务。要"为促进经济社会发展服务。发挥文物资源在文化传承中的作用，丰富城乡文化内涵，彰显地域文化特色，优化社区人文环境。发挥文物资源在促进地区经济社会发展、壮大旅游业中的重要作用，打造文物旅游品牌，培育以文物保护单位、博物馆为支撑的体验旅游、研学旅行和传统村落休闲旅游线路，设计生产较高文化品位的旅游纪念品，增加地方收入，扩大居民就业"②；要"大力发展文博创意产业。深入挖掘文物资源的价值内涵和文化元素，更加注重实用性，更多体现

---

① 《山东省文化产业发展专项规划（2007—2015）》。
② 《关于进一步加强文物工作的指导意见》。

生活气息，延伸文博衍生产品链条，进一步拓展产业发展空间，进一步调动博物馆利用馆藏资源开发创意产品的积极性，扩大引导文化消费，培育新型文化业态"①。在对文物进行保护的前提下，通过多种途径使文物活起来，重新融入人们的日常生活，不断丰富人们的精神文化生活。

2016 年 5 月 11 日，文化部、国家发改委、财政部、国家文物局四部门联合发布了《关于推动文化文物单位文化创意产品开发的若干意见》，文件要求"推动文化创意产品开发，要始终把社会效益放在首位，实现社会效益和经济效益相统一；要在履行好公益服务职能、确保文化资源保护传承的前提下，调动文化文物单位积极性，加强文化资源系统梳理和合理开发利用；要鼓励和引导社会力量参与，促进优秀文化资源实现传承、传播和共享；要充分运用创意和科技手段，注意与产业发展相结合，推动文化资源与现代生产生活相融合，既传播文化，又发展产业、增加效益，实现文化价值和实用价值的有机统一"②。文件主要关注通过文博创意产品研发的途径来推动我国文化文物资源的传承与发展。

2017 年 2 月 4 日，省文物局印发《山东省文物局 2017 年工作要点》，在促进文物合理适度利用方面，文件要求把文物保护与城乡建设、改善民生结合起来，增强服务经济社会发展的能力；拓宽社会资金进入文物保护利用渠道；促进文物与其他产业融合发展；促进文博创意产品开发。在进一步推动文物法制建设方面，要求加强文物立法及规章制度建设等。

（二）资源现状

山东是文化积淀丰厚的文物资源大省，素有"齐鲁之乡、礼仪之邦"的美誉。东夷文化、齐文化、鲁文化、莒文化、泰山文化、宗教文化等多种形式的文化交相辉映，为我们留下了丰富的文物资源。据统计，全省的国有博物馆馆藏可移动文物约为 182 万件，涵括了甲骨文、青铜器、简牍、陶瓷器、汉画像石、书画作品以及竹木器漆等多个领域。截至 2016 年底，全省登录在册的各类不可移动文物为五万余处，其中包括泰山、曲阜"三孔"、齐长城、大运

---

① 《关于进一步加强文物工作的指导意见》。
② 《关于推动文化文物单位文化创意产品开发的若干意见》。

河 4 处世界文化遗产，196 处全国重点文物保护单位，1711 处省级文保单位，将近 1 万余处市县级重点文保单位，373 处省级优秀历史建筑，10 座国家级历史文化名城（曲阜、济南、青岛、聊城、邹城、临淄、泰安、蓬莱、烟台、青州），10 座省级历史文化名城（济宁、淄博、潍坊、临沂、临清、莒县、惠民、枣庄、滕州、文登），35 处省级历史文化街区（济南市历下区芙蓉街-百花洲历史文化街区、济南市历下区将军庙历史文化街区、青岛市市南区观海山历史文化街区等）。此外，自 2010 年开始，山东全省各级各类博物馆数量逐年增加，至 2016 年"全省各级各类博物馆 451 家……其中文物部门所属博物馆 151 家，行业性国有博物馆 73 家，民办博物馆 227 家"① （见图 1），为我省文物资源的保护利用提供更好的基础性保障条件。

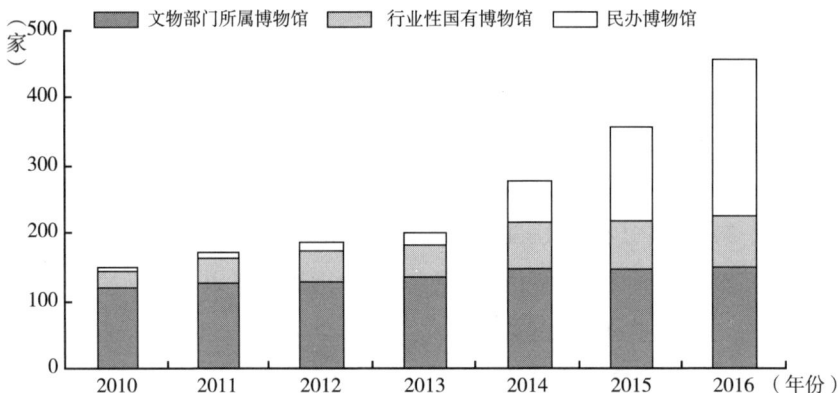

图 1　山东省 2010～2016 年各类别博物馆数量变化

资料来源：张萌《山东省文博产业创新性发展研究》，《现代商业》2017 年第 16 期。

作为传统文化的重要发源地之一，拥有如此丰厚的传统文化遗产，山东省更应该在保护文物资源、延续历史文脉方面发挥引领作用。这就要求在对现有文物资源做好保护、修复的前提下，对其充分开发利用，以优秀传统文化滋养现代经济社会的健康发展，为人们持续提供心灵的慰藉与精神的支撑。

---

① 张萌：《山东省文博产业创新性发展研究》，《现代商业》2017 年第 16 期。

二 山东省文物资源开发利用的途径

近年来，在一系列国家与省级相关政策、法规、资金的鼓励支持下，山东省文物资源的开发利用在多个领域取得骄人成绩，如利用文物资源进行图书开发出版项目，在经济效益与社会文化效益方面皆表现不俗；济南市章丘区设立了山东首个"公众考古基地"，致力于弘扬优秀传统文化，让考古资源真正走进大众；青岛市博物馆以"开放办馆，活化文物"为理念，将馆藏文物资源的保护、修复成果与公众分享，使得文物资源真正活化，进入人们的生活当中。根据省文物局印发的《山东省文物局 2017 年工作要点》，"把文物保护与城乡建设、改善民生结合起来，增强服务经济社会发展的能力"是文物资源在保护前提下合理开发利用的根本目的，即"一是按照《文物保护法》《山东省文物保护条例》基本建设'文物保护先行'要求，做好城镇化建设中文物保护工作，丰富城乡文化内涵。会同有关部门对城市尤其是历史文化名城、名镇名村和历史文化街区进行规划控制和引导，编制实施保护利用规划。二是把文物保护重点工程规划好、建设好、管理好，实现文物保护与使用功能延续、居住条件改善相统一。三是围绕文物保护和利用，发展创意产业、农家乐、乡村旅馆、非遗生产性保护等适宜产业，促进就业、增加收入，让文物保护成为促进经济社会发展、惠及民生新的增长点"。在这里，文物旅游项目设计开发、博物馆文物创意产品的深入研发则成为山东省文物资源开发利用较具实际操作性的两个领域。

（一）文物旅游项目设计开发

《山东省文物局 2017 年工作要点》中指出，"鼓励支持各地依托文物资源发展文物旅游及相关产业，培育以文保单位、博物馆为核心的体验旅游、休闲旅游和研学旅行，建设一批具有历史记忆、地域特色的旅游村镇，实现文物保护与旅游产业互利双赢"①。这与国家关于文物工作相关文件要求一致，也成为我省发展文物旅游产业的基本要求与指导方针。

---

① 《山东省文物局 2017 年工作要点》，山东省文物局，2017 年 2 月 4 日。

山东省的文物旅游开发仍以"儒学圣地"为主要品牌形象，以丰厚的"齐鲁文化"作为山东旅游产业的文化内涵和价值，同时以开放性视角开发利用齐鲁大地的丰富文物资源，不断扩大文物旅游项目的辐射范围与影响力，从而带动周边相关产业的发展。近年来主推的山东十大文化旅游目的地品牌排在第一位的便是"文化济宁"。济宁是有着7000年文明史的孔孟之乡与运河之都，济宁的曲阜则是孔子、孟子、颜子、鲁班等历史名人的故乡，儒家文化的发源地，在国内外尤其是儒家文化圈里影响巨大，被称作"东方耶路撒冷"，更是名副其实的"东方圣地"。其旅游品牌定位为"到曲阜拜谒孔子，'读论语、学六艺、习古礼、研国学'，再做一回学生"，自是独具儒家文化特色。而其他9处文化旅游目的地品牌则依据各自的文化底蕴与发展特点，将文物资源与旅游产业结合，形成了各具特色的文物旅游格调，具体可见表1。

表1 山东十大文化旅游目的地品牌

文化旅游目的地品牌	经典景区	文化特点
文化济宁（济宁）	济宁市曲阜明故城（三孔）旅游区、曲阜市孔子六艺城、汶上宝相寺景区、南旺枢纽遗址考古公园	"三孔"是孔庙、孔府、孔林的合称，举世闻名的世界文化遗产，是"世界十大文化名人"孔子的祭祀庙宇、孔氏族人的衙署及家族墓地。孔庙始建于公元前478年，是历代王朝举行孔子国祭的地方，是全球祭孔历史最久远、规模最庞大、建筑最精美的庙宇，与北京故宫、承德避暑山庄并称为中国三大古建筑群
仙境海岸（烟台、威海、青岛、日照）	崂山风景名胜区、烟台蓬莱阁（三仙山·八仙过海）旅游区	崂山是道教名山，号称"道教全真天下第二丛林"的太清宫坐落其中。蓬莱阁被称为人间仙境，因"八仙过海""徐福东渡"等传说而蒙上奇幻色彩
平安泰山（泰安、莱芜）	泰山风景名胜区、中华泰山大型实景演出封禅大典	泰山古称岱宗，历代帝王封禅祭天的地方。儒释道文化相互交融，留下丰富的文化遗存，刻石有2200多处，被誉为"中国摩崖石刻博物馆"。封禅大典是泰山独有的古老仪式，构成了泰山崇拜与信仰的重要内容
齐国故都（淄博、莱芜）	淄博周村古商城、淄博市中国陶瓷馆、淄博中国古车博物馆、淄博聊斋城、齐文化博物馆（原齐国故城遗址博物馆）	淄博周村古商城现有保存完好的明清古建筑50000余平方米，古镇内古迹众多、店铺林立，建筑风格迥异，至今仍发挥着商业功能，被誉为"中国活着的古商业建筑博物馆群"。淄博中国古车博物馆是我国第一家内容最丰富、最系统，并将考古发掘现场与文物陈列融为一体的古车博物馆。齐文化博物馆是国务院公布的首批国家重点文保单位，共有48处重点遗址，素有"地下博物馆"之美誉

文化旅游目的地品牌	经典景区	文化特点
泉城济南 （济南）	天下第一泉、千佛山风景名胜区、章丘百脉泉公园、济南灵岩寺旅游区	天下第一泉由"一河（护城河）一湖（大明湖）三泉（趵突泉、黑虎泉、五龙潭三大泉群）四园（趵突泉公园、环城公园、五龙潭公园、大明湖风景名胜区）"组成，是集独特的自然山水景观和深厚的历史文化底蕴于一体的精品旅游景区
鲁风运河 （枣庄、济宁、泰安、聊城、德州）	枣庄市台儿庄古城景区、滕州微山湖湿地红荷旅游区、中国运河文化博物馆	京杭大运河山东段，全长645公里，贯穿枣庄、济宁、泰安、聊城、德州五市，是山东省第四处世界文化遗产。台儿庄古城处于运河的中心点，古运河在这里蜿蜒3公里，古河道、古码头都保持着运河初建风貌，被誉为"活着的运河"
水浒故里 （菏泽、济宁、泰安、聊城）	水浒好汉城、梁山旅游风景区、阳谷景阳冈旅游区	景区内有精美的古代建筑与民间传统艺术表演。皆因一部《水浒传》而闻名
黄河入海 （东营、滨州、淄博、德州、济南、聊城、泰安、济宁、菏泽）	东营黄河口生态旅游区、夏津黄河故道森林公园、滨州市黄河三角洲生态文化旅游岛	黄河作为中华文明的摇篮，流经我国9省及自治区，取道济南、德州、滨州、东营等9市奔流入海，河海交汇，形成了壮美的自然景观。这里还是著名军事家孙子的故乡，兵学文化影响深远
亲情沂蒙 （临沂、枣庄、淄博、潍坊、莱芜）	临沂山东沂水天上王城景区	天上王城景区地处沂蒙腹地，以沂蒙七十二崮之首的纪王崮为中心，以商周时期纪国迁都至此的历史故事为主题，是沂蒙唯一有人居住过的崮
风筝之都 （潍坊）	青州古城、杨家埠民间艺术大观园、潍坊世界风筝博物馆	青州为古九州之一，是国家历史文化名城。青州古城是至今保存完好、山水城一体的明清故城。杨家埠是潍坊风筝、杨家埠年画的发源地，江北民俗文化的摇篮。潍坊世界风筝博物馆是世界最大、中国唯一的风筝专业博物馆，收藏陈列古今中外的风筝珍品及文物资料

资料来源：笔者根据《山东十大文化旅游目的地品牌项目手册》，山东旅游政务网，http：//www.sdta.gov.cn/news/lydt/fb017e8c5493b1d30154b37dfe7601f0，相关资料整理而成。

文物旅游开发是对文物资源进行保护、传承的重要途径，旅游产业也成为全省经济发展的重要增长点。据统计，山东省1997年的旅游经济总收入为229.9亿元，2016年增加到8030.7亿元，占全省GDP的比重也由1997年的3.52%增长到2016年的11.98%，在第三产业增加值中的占比由1997年的10.48%增长到2016年的25.36%（见图2），其中独具特色的文物旅游无疑发挥着重要作用。

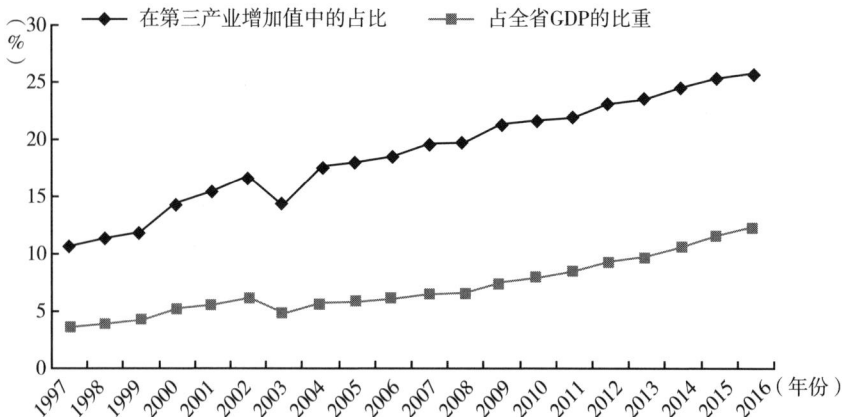

图2　山东省1997～2016年旅游经济总收入相当于GDP及第三产业增加值的比重

资料来源：《2017年山东旅游统计便览》，山东旅游政务网，http://www.sdta.gov.cn/news/lytj-bl/fb017e8c5ea1d6c7015ea7dfb7940033。

（二）博物馆文化创意产品研发

关于文博创意产品研发方面，《山东省文物局2017年工作要求》指出要"促进文博创意产品开发。组织山东博物馆、省石刻艺术博物馆、济南市博物馆、青岛市博物馆做好文博创意产品开发全国试点工作。用足用好国家关于促进文化创意产业政策，制定实施文博创意产品开发方案。依托馆藏资源，采取合作、授权、独立开发等方式开发具有齐鲁文化遗产特色的文创产品，通过众创、众包、众扶、众筹等方式，培育博物馆文化产品和服务的特色品牌"①。

山东博物馆无疑处在山东省文博创意产业领域的引领位置上，早在2008年即成立了济南鲁博文化发展有限公司，主要经营文物复制品仿制品、图书图录、工艺美术品以及家居软装饰品、文玩具等十几个品类的文化创意产品，经济收益连年增长。此外为了促进博物馆文化产品的开发与齐鲁文化的发展传播，山东博物馆于2010年9月至11月举办了首届山东博物馆文化产品设计大赛，2013年10月至2014年3月举办了第二届山东博物馆文化产品设计大赛，大赛要求"以山东博物馆元素（馆徽、藏品）为主题，由设计人员或单位根

---

① 《山东省文物局2017年工作要点》，山东省文物局，2017年2月4日。

据山东博物馆的整体形象以及藏品特色，结合山东地区人文、历史、民俗特色进行创意设计，对设计作品的概念性、市场性、功能性、系列性等方面予以综合考虑。形式新颖，主题突出，通过文化产品的形式展现山东博物馆精彩的文化内涵以及时代魅力"①。所设计创意品类包括了家居生活用品（抱枕、灯具、水杯等）、办公文具（文件夹、记事本等）、创意饰品（首饰、挂件等）、数码用品（耳机、U 盘等）、玩具公仔（益智玩具等）等多个领域，部分获奖作品在展览之后，被投入生产消费领域，最终以文创产品的形式进入民众的生活，实现了设计与市场的有效连接。

除了山东博物馆之外，近几年来，山东省文物局在调研整理全省文物资源的基础上，更深入挖掘其文化意蕴与价值内涵，不断为文物资源注入时代创意，研发出多种兼具艺术审美价值与实用价值的文博创意产品。"截至 2016 年底，山东全省60 余家博物馆研发了包括办公用品、生活用品、节日礼品等在内的二十大类千余种创意产品，社会效益和经济效益初步显现。"② 不少博物馆积极改善场馆设施，设计研发文化创意产品，还为观众提供更贴心的休闲服务，如设置特色书苑、主题咖啡厅等场所，让观众在观展中既能感受文化的熏陶，也能获得阅读、品茶等方面的享受，最终将喜爱的"文物"带回家、融入日常生活当中。

山东省各大博物馆以自身馆藏文物资源为基础，设计研发文博创意产品，以产品的附加文化信息吸引观众，在文化创意产品的消费过程中实现经济效益与社会效益的统一。

三　山东省文物资源开发利用存在的问题

丰富的文物资源只有在得到很好保护的前提下，才有可能被评估，最终进入开发利用阶段。2017 年 2 月 4 日，省文物局印发的《山东省文物局 2017 年工作要点》中强调要始终坚持"保护为主，抢救第一，合理利用，加强管理"的文物工作方针。要求加强文物保护基础性工作，包括建立文物资源总目录和

---

① 《第二届山东博物馆文化产品设计大赛指南》，创意播台，http：//pk.arting365.com/？act = news&id = 1158。

② 郭蓓蓓、钟宁、何延海：《博物馆文创：寻求历史文化的当代表达——山东省文物局系列宣传之三》，《走向世界》2017 年第 28 期。

数据资源库、加强世界文化遗产和重点文物保护单位的保护管理、做好考古工作并加强文物科技工作。在推进文物保护重点工程方面，提出要强化项目和经费管理，确保重点工程进度和质量；推进齐长城保护工程；推进"三孔"古建筑彩画修缮保护工程，推进大遗址保护及国家、省级考古遗址公园建设工程（做好第三批国家考古遗址公园立项工作，争取 1~2 个国家考古遗址公园挂牌）；推进泰山重点文物保护单位修缮保护工程；推进定陶王陵黄肠题凑汉墓整体保护工程，以推动该王陵的展示利用。在提升博物馆公共文化服务能力方面，要求强化藏品管理和保护修复工作。对于文物保护工作的重视程度不言而喻，然而在实际工作中却往往不尽如人意。

（一）实际工作中文物保护不到位

据统计，在我省国有博物馆所藏大约 182 万件可移动文物中，"从保存现状看，保存情况较好的文物占 35% 左右（63.70 万件），存在一定程度病害的文物占到 65% 左右（18.3 万件），尤其是濒危文物数量已经达到有病害文物总数的近 46%（83.72 万件）。濒危文物中，主要的文物损毁情况包括因粉状锈多发且难以防治导致青铜器存在彻底损毁的风险，字画书籍及纺织品等因保存设施设备及环境不达标导致虫蛀、霉菌滋生等情况多发，竹木漆器脱水技术难度较大导致脱水不及时或保存不当等等"[①]。文物年代久远是一方面，多数博物馆在文物保存库房等设施建设上的不足也是造成文物损毁乃至濒危的重要原因之一，更为迫切的情况还在于，目前我省的专业文物修复人员严重缺乏，导致一些濒危文物无法得到及时修复。

据统计，截止到 2016 年底，全省国有文博单位总共有 192 名文物保护修复人员，其中具有 10 年以上从业经验的人员仅有 102 人，其余人员从业时间都在 10 年以下，甚至有一些是临时招聘的员工；其中具有硕士研究生学历者 29 人，本科学历者 105 人，其他学历者 58 人。他们在技术水平、职称、学历方面都存在较大差距，这些问题都不利于我省文物保护修复工作的实际展开，自然也无从谈起对文物资源的开发利用。

---

① 《山东馆藏文物调查：濒危文物近 150 万件》，华夏收藏网，http://news.cang.com/infos/201703/501075.html，2017 年 3 月 24 日。

考古遗址、文物遗迹等不可移动文物的保护可能会是一个更为复杂的问题，《国际古迹遗址保护与修复宪章》指出，"古迹的保护包含着对一定规模环境的保护。凡传统环境存在的地方必须予以保存，绝不允许任何导致改变主体和颜色关系的新建、拆除或改动"。[1] 对于不可移动的文物来说，其保护应涉及周围环境的维持等方面，因而需要更为专业的考察与规划设计保护方案，在实际保护工作中难免有不到位的情况发生。

（二）创新性不够，文创产品缺创意

目前市场上常见的基于文物资源所开发的文创产品缺乏独特性，一些博物馆盲目跟风，所谓的创意产品结构单一，有些甚至沦落到旅游纪念品的层次，既无法体现特定馆藏文物资源的独特性，也对市场变化漠不关心，因而更无法满足民众对高品质文化产品的消费需求。如此恶性循环，自然也就导致了市场竞争力的缺乏，不仅造成博物馆各项资源的浪费，也在实质上阻碍了博物馆的持续健康发展，降低了其在经济社会发展方面的贡献率。

四 山东省文物资源开发利用的思路与对策建议

（一）思路

1. 强化文物资源梳理与共享工作

推进各文博单位文物资源的系统梳理、分类整理与数字平台建设，明确可供开发利用的资源名录。[2] 面向社会提供知识产权许可服务，促进文物资源的社会共享与深入挖掘。

2. 充分调动文博相关单位的积极性

在充分保护的前提下，具备条件的文博单位应结合自身情况，依托馆藏资源、形象品牌、陈列展览、主题活动和人才队伍等要素，不断推进文博创意产

---

① 孙洪波：《浅论文化遗产的旅游资源有效保护与合理利用》，《辽宁高职学报》2007 年第 3 期。

② 《国务院办公厅转发文化部等部门关于推动文化文物单位文化创意产品开发若干意见的通知》，国办发〔2016〕36 号。

品的设计研发，促进文物资源的合理利用与传承传播。鼓励文博相关单位与社会力量合作，建立优势互补、互利共赢的合作机制，促进文物资源与优秀创意的市场共享。

3. 深入挖掘文物资源文化内蕴与价值内涵，提升开发利用水平

通过现代化的艺术载体与表现形式，开发审美与实用价值兼具的文博创意产品，以满足观众多样化的文化消费需求。推动文博单位与创意设计单位以及高等院校等机构开展合作，最大限度发挥文物资源在当代社会经济发展中的作用。

4. 在文博创意产品研发方面，还应注意不断完善产品营销体系

在推广理念、销售渠道等领域不断创新，促进电商平台与线下销售的有效结合。"支持有条件的文化文物单位在保证公益服务的前提下，将自有空间用于文化创意产品展示、销售，鼓励有条件的单位在国内外旅游景点、重点商圈、交通枢纽等开设专卖店或代售点。"[①] 鼓励文博单位通过举办主题展览等活动推广相关产品，开展体验式营销活动。

5. 重视各类市场主体在文物资源开发利用过程中的作用

以文物资源为基础，以创意设计为动力，以文博创意企业为主体，打造文博创意品牌，为社会力量参与到文博产品研发、流通等各领域提供条件。

（二）对策建议

1. 加强人才队伍建设

文物资源开发利用方面急需的人才资源包括文物保护修复专业人才、文物旅游项目规划设计人才、文博创意产品设计开发人才、创意产品经营管理人才等。文博单位可通过与科研院所、高等院校、相关职业院校的相关专业合作，以产学研结合探索现代学徒制，培养专业技能人才，并为学徒提供具有针对性与专业性的实习岗位，提高人才培养的有效性。通过与企业合作，培养文博产业的专门经营管理人才。通过多种形式引进各领域专业优秀人才，从而建立集文物保护修复专业人员、文博创意产品设计开发人员、文物旅游项目规划设计

---

① 《国务院办公厅转发文化部等部门关于推动文化文物单位文化创意产品开发若干意见的通知》，国办发〔2016〕36 号。

人员与创意产品经营管理人员于一体的专业人才团队，以促进文物资源合理开发利用的持续健康开展。

2. 推进文物资源与其他领域的跨界融合

在文物资源的开发利用过程中，将其与创意设计、旅游项目开发等相关产业领域结合，不断提升文物旅游产品创新性，开发独具地方文化特色的旅游品牌。将优秀文物资源的开发利用与当前的新型城镇化建设结合起来，融入公共空间与公共设施的规划设计当中，不断丰富城乡文化发展的内涵，使我们的城镇化建设更具人文底蕴。

3. 促进文物资源开发利用相关品牌的建设与保护

在文物旅游方面，山东省已经形成了相关的文化旅游目的地品牌，如文化济宁、平安泰山、齐国故都等，使游客在游览过程中感受到浓郁的历史文化底蕴，既促进了地方经济社会发展，也促进了我省优秀传统文化的传播。在文博创意产品设计研发方面，也应着意提升文博单位的品牌培育意识以及知识产权创造、保护能力，最终形成具有较高知名度的文博创意领军单位和文化创意品牌。建立健全品牌授权机制，在保护好知识产权的前提下，加快优秀品牌产品进入文化市场消费领域的步伐。

4. 落实完善文物资源开发利用的相关支持政策

中央和地方各级政府对于文物资源的开发利用都有相关政策与资金支持，通过现有资金渠道，不断完善资金的投入方式，加大对文物资源创造性转化发展的政策与资金支持力度，推动文物工作的持续健康发展。

B.3
山东省革命文物保护利用调研报告

宋　暖*

摘　要： 山东有丰富的革命遗址、遗迹、烈士纪念设施以及可移动革命文物，把这些革命文物保护好、利用好、展示好，是实施中华优秀传统文化传承发展工程的应有之义。调研组通过深入调查以临沂为代表的山东红色历史文化遗迹、文物的保护利用开发状况，就革命遗迹、遗址、革命烈士纪念设施、可移动革命文物保护利用中存在的问题、采取的措施、取得的主要经验以及尚需解决的难题等，进行了较为系统的深入调研，并与山西抗战革命文物的保护利用进行比较研究，为山东革命文物的保护利用提出可供借鉴的经验。

关键词： 山东　革命文物　红色文化　可移动革命文物

革命文物主要指在革命战争时期所遗留的有形文化遗产及无形文化遗产、重要历史见证和物质载体，包括各类与重大历史事件、革命运动或者英烈人物有关的，具有重要的教育意义和纪念意义的有一定史料价值的近现代重要史迹、实物及代表性建筑等。资源类型主要有军事遗址、会议旧址、名人故居、墓园、历史文物、文献资料等物质类遗产，也包括如革命传说故事、革命事迹及革命文学等口头和非物质文化遗产，以及在不同时期形成的革命精神。革命文物是我国文物资源的重要组成部分，是中国革命的重要历史见证，是宝贵的历史文化遗产，也是以史育人、以文化人，继承优良传统的重要载体。

---

* 宋暖，山东社会科学院历史研究所副研究员。

党的十八大以来，习近平总书记强调要把理想信念的火种、红色传统的基因一代代传下去，让革命事业薪火相传、血脉永续。红色基因来自我们党带领人民进行革命、建设和改革的伟大实践，保护好、利用好我们党伟大实践的历史足迹、革命文物，是传承红色基因的重要载体。中共中央办公厅、国务院办公厅印发的《关于实施中华优秀传统文化传承发展工程的意见》中提出，要加强革命文物工作，实施革命文物保护利用工程，做好革命遗址、遗迹、烈士纪念设施的保护和利用，推动红色旅游持续健康发展，深入开展"爱我中华"主题教育活动，充分利用重大历史事件和中华历史名人纪念活动、国家公祭仪式、烈士纪念日，充分利用各类爱国主义教育基地、历史遗迹等，展示爱国主义深刻内涵，培育爱国主义精神。

抗日战争时期，我们党在山东建立了许多党组织机构，领导各地人民开展斗争，进行抗日游击战。八路军分兵山东后，在山东沂蒙地区建立了抗日根据地，今天留下了许多革命文物，如革命遗址、遗迹、烈士纪念设施以及可移动革命文物等。把这些革命文物保护好、利用好、展示好，是实施中华优秀传统文化传承发展工程的应有之义。对这些革命文物作为重要的历史文物保护状况如何、发挥着什么样的作用等问题进行深入调研，不仅有助于我们深化抗战历史的研究，而且对于传承红色基因，培育爱国主义精神，推动红色旅游持续健康发展，有着重要的现实指导意义。

为了深入考察山东红色革命文化遗迹、文物的保护利用开发状况，山东社会科学院历史研究所于 2017 年 6～8 月组织力量对沂蒙山地区和太行山地区的红色历史文化做了较为系统的调查和比较研究。调研组分赴山东革命老区临沂和山西太行革命老区长治，就革命遗址、遗迹、烈士纪念设施、可移动革命文物的保护利用现状，保护利用中存在的问题、采取的措施、取得的主要经验以及尚需解决的难题等，进行了较为系统的深入调研。

之所以选择山东临沂和山西长治两地作为调研对象，是因为我们党领导的八路军在这两个地方长期战斗，并建立了抗日革命根据地，两地都有厚重的革命历史文化资源，都把红色旅游作为发展重点，并在工作中取得显著成绩，有许多经验值得总结。通过比较可以找出山东这方面工作的不足，借鉴外省的经验和做法，更好地从高点谋划，打造自身特色，全面提升山东革命文物保护利用水平。

一 革命文物调研的主要内容

调研组根据课题设计要求，制定了周密的调研内容，主要调研内容有：两地革命文物的挖掘保护与总体分布状况；两地革命文物保护开发过程中采取的主要措施，取得的主要成绩、经验和面临的主要困难；临沂市可移动革命文物的搜集利用状况；革命文物在实施中华优秀传统文化传承发展工程、进行爱国主义教育以及推动红色旅游发展等方面发挥的重要作用等。

调研采取的主要形式是，实地调研和与当地相关部门、学者座谈会相结合，获得了大量第一手材料，对革命文物保护利用状况有了更直观的认识，本次调研的行程遍及山东临沂和山西长治两地。

在山东临沂，实地调研了华东革命烈士陵园、沂蒙革命纪念馆，临沂河东区新四军局部旧址暨华东军区、华东野战军诞生地纪念馆，兰陵县鲁南革命烈士陵园，临沭县滨海红色文化纪念园，莒南县一一五师司令部暨山东省政府旧址、渊子崖抗日保卫战遗址，费县大青山胜利突围纪念馆，蒙阴县孟良崮战役纪念馆，沂南县沂蒙红嫂纪念馆等。其间，多次与市委宣传部、市社科联、临沂大学、市委党史研究室、市文广新局、市史志办、市民政局等单位的学者、专家召开座谈会。

在山西长治，实地调研了潞城市八路军总部北村纪念馆、黄崖洞兵工厂、冀南银行旧址、百宝峧八路军军火生产遗址、八路军总部砖壁旧址、八路军总部王家峪旧址、八路军太行纪念馆、八路军文化园等。在调研过程中，当地有关部门、专家详细介绍了革命文物保护利用采取的措施以及遇到的困难、取得的经验等，使我们的调研活动能够顺利进行。

我们的目的就是通过对山东沂蒙、山西太行红色文物的调查和比较研究，概括分析山东省文物保护利用（以临沂为例）的发展现状、成果经验及存在的问题，在此基础上提出相应的对策建议。

二 山东革命文物保护利用总体状况

1. 革命文物的保护状况

据山东省文物局统计，截至 2016 年 12 月，山东不可移动革命文物 931

处，其中全国重点文物保护单位 8 处、省级文物保护单位 146 处、市县级文物保护单位 316 处，全省各级各类革命博物馆、纪念馆有 50 多个。如何保护好、利用好、传承好这些革命文物，是各地面临的重要课题。

临沂是革命老区，革命遗址遍布全市。通过开展革命遗址普查工作，临沂市基本调查摸清了 400 余处主要革命遗址的分布情况及现状。为切实加强对遗址的保护利用工作，临沂市相关部门对全市革命遗址实行了分级管理，将全市革命遗址划分为三类，采取不同的利用保护措施。第一类为特殊保护的革命遗址。主要包括山东、华东党政军机关及领导活动旧址、重大战役遗址等。在这些遗址上，全部建立起纪念馆，纳入有关部门正规管理，成为著名的党性教育基地、红色旅游景点、党史教育基地和爱国主义教育基地，免费对外开放。临沂市共有市级以上爱国主义教育基地 47 处，其中国家级 5 处，省级 11 处，市级 31 处，各基地馆藏的实物、典籍、图片、手迹等文物翔实，史料较为充足，已基本形成层次分明、布局合理、内容丰富的教育基地网络，真实记录了临沂悠久历史文化，展现了近代沂蒙人民英勇斗争的壮丽篇章，反映了中国共产党人的丰功伟业。这些教育基地已成为干部群众培养爱国情感、弘扬沂蒙精神的重要阵地，成为广大党员干部了解党史、加强党性锻炼的重要场所，成为青少年学习革命传统、陶冶道德情操的重要课堂。第二类为重点保护的革命遗址。主要包括战略区、地区党政军驻地、重大事件发生地、重要战斗战役遗址等。在这些遗址处，由市委党史研究室、市文广新局具体组织，以市政府名义设立纪念碑，碑上刻有纪念地名称、遗址简介等，对其进行重点保护。第三类为县区级重要保护遗址。主要包括地方发生的主要党史事件遗址、一般性战斗遗址等，由县区负责采取措施维护利用。通过分级管理，突出重点，兼顾一般，一大批重要遗址得到了有效保护，一大批损坏遗址得到修缮，一大批现状遗址得到维护。

在 2015 年纪念抗日战争胜利 70 周年时，临沂市选取了全市第一批 100 处重点抗日战争遗址，以市政府名义公布，由市委党史研究室撰写碑文，市文广新局负责安排资金立碑。2016 年召开了全市抗日战争遗址保护利用现场会，总结交流了沂水、沂南、兰陵等县革命遗址保护经验，推动全市革命遗址保护利用工作的开展。2017 年是抗日战争全面爆发 80 周年，临沂市公布了第二批 100 处重点抗日战争遗址，并逐一立碑。

2. 革命文物的利用状况

临沂市将纪念场馆作为干部群众思想教育阵地、青少年爱国主义教育基地。强化服务理念，完善服务规范，在服务内容、服务方式、服务手段方面积极探索创新，在接待咨询、参观引导、讲解宣传方面尽心尽力，提供热情、文明、规范、便利的服务，做到全过程导游，坚持用公众至上的服务理念为游客提供免费服务。临沂市文物保护部门还结合纪念场馆的建设，在城市规划建设中利用重要的革命遗迹、重要的红色文化纪念设施等资源，带动周边居民休闲文化活动场所建设，并将红色文化融入旅游开发，丰富城市文旅内容。

在传承红色文化方面，临沂市红色文物保护部门以发扬红色传统、传承红色基因为核心，紧紧抓住对纪念设施、文化遗址、教育基地的建设、管理和使用等关键环节，加强对设施的维修保护和展览展示，着力改善内部日常管理和外部环境面貌，并进行课题研究以提高服务质量和教育效果；积极主动建立设施、遗址基地，以与周边学校、机关、企业事业单位、城乡社区、驻地部队达成文明共建和文化共享机制；重点围绕国家公祭仪式、重大纪念日，组织策划主题教育活动。通过种种方式，增进观众的爱国主义情怀，坚定中国特色社会主义道路自信、理论自信、制度自信和文化自信。

3. 革命遗址资料利用状况

在革命遗址史料方面，临沂市有关部门立足现实，挖掘保护革命遗址，研究编撰了大量革命遗址资料。在抗日战争和解放战争时期，众多的党政军群机构在沂蒙组建，众多的老一辈革命家在沂蒙战斗，众多的战役战斗在沂蒙发生，众多的革命故事在沂蒙涌现，留下了革命遗址富矿。为此，临沂党史部门从挖掘、保护、传承沂蒙革命历史出发，逐层加强对沂蒙革命历史遗址资料的研究编撰工作。一是挖掘整理沂蒙革命遗址资源，为遗址保护利用奠定基础。革命遗址承载着沂蒙革命的历史，在每一处遗址的历史背后都有着一个个革命故事。为挖掘好革命遗址背后承载着的革命历史，先后编撰了《临沂市革命遗址通览》《八路军第一一五师在沂蒙驻扎过的村庄》《临沂抗战纪念地》等，记录这些革命遗址所承载的历史内涵，为遗址保护利用奠定坚实的史料基础。二是挖掘整理沂蒙党史人物资源，为革命历史人物故居保护利用提供原始资料。为加强对沂蒙党史人物事迹的挖掘，先后编撰了《沂蒙抗日英烈传》、

《沂蒙中将刘兴元》、《中共沂蒙党史人物》（上、下）等，解读沂蒙党史上著名人物的活动情况。三是挖掘整理沂蒙根据地党政军群组织机构史料，为保护利用根据地党政军群机构旧址提供素材。我们党在沂蒙根据地成立了一大批党政军群机关，留下了大量活动旧址。为此，临沂有关部门组织编撰了《沂蒙根据地党政军群组织机构概览》一书，全面介绍在沂蒙山区成立的山东、华东及鲁南、鲁中、滨海、鲁中南区的县级以上党政军群机构，以及其在沂蒙活动的主要情况，填补了全省根据地组织机构研究的空白。四是挖掘整理沂蒙根据地历史史料，为沂蒙革命旧址遗迹保护提供强大史料支撑，先后编撰了《沂蒙革命故事选编》《沂蒙革命诗词选注》《侵华日军在沂蒙的暴行》《铜墙铁壁》《中共沂蒙根据地党史大事记》《沂蒙南下干部》等党史图书。2017 年临沂市启动了 20 卷本的《沂蒙根据地历史资料汇编》编辑工作，其中大革命和土地革命战争时期 2 卷，抗日战争时期 10 卷，解放战争时期 8 卷，拟 2019 年全部完成出版工作。

4. 可移动文物的保护

临沂市注重收集可移动革命文物、口述革命史的抢救保护。这些文物在弘扬沂蒙精神、传播红色文化等方面发挥着重要作用。依托山东省政府旧址、战斗战役发生地等现场，临沂打造了沂蒙根据地群众工作展馆、孟良崮战役纪念馆、沂蒙红嫂纪念馆等 18 个现场教学点，编写教材 30 多部。临沂市各级展馆按照自身的特色和历史内容，把握展出重点，挖掘和整理部分精品，充实完善陈列物品，使展馆的图片、影音资料日趋完善，具备基本的陈列和展览功能，内容也相对完善，能够正常发挥教育功能。特别是全国爱国主义教育示范基地能够按照国内一流展馆的标准定位，融合传统与现代元素，凸显沂蒙特色和时代特征，通过图片、影视资料、实物、雕塑、场景复原、声光电等多种更为直观的形式、高科技的手法进行全面展示。

三 山东革命文物保护利用的经验

针对如何保护好、利用好、传承好革命文物，把它们变成重要的红色文化遗产资源，近年来，临沂逐步探索出一条行之有效的保护利用之路，有以下若干经验值得认真总结推广。

1. 依法保护，合理利用红色资源

《中华人民共和国文物保护法》是革命文物保护的看家"法宝"，临沂当地文博部门利用法律保护文物，使文物资源得到合理利用。如在坚持"保护为主、抢救第一、合理利用、加强管理"的方针和"不改变文物现状"及"最小干预"的原则下，抗日战争纪念馆加强了对当地八路军驻地和山东抗日根据地文物的依法保护和利用。

2. 以做好文物保护规划编制为开展文物科学保护工作的前提

通过制定科学的保护利用规划，确定合理利用的内涵、办法和途径，来确保红色文化资源能够永久保存、永续利用。作为一种不可再生的文物资源，一旦红色文化资源遭到破坏，许多革命史实将缺乏应有的物质载体，必将对开展研究、宣传和利用等造成影响。因此，临沂文博部门对革命旧址、纪念设施和爱国主义教育基地均建立完善了档案资料，对其内涵（包括所处自然环境、历史沿革、文物价值、保存现状等）进行了整理、研究和记录，并初步制定了分类保护措施，为深入开展保护利用等工作奠定了基础。

3. 在革命文物保护中提炼革命精神

这种做法的本质是将物质文化与精神文化统一起来。做到实物保护与文明精神的提炼相统一，物质文化与精神文化相统一，既保护革命文物，也提炼革命精神，主要是提炼沂蒙精神与保护革命文物相统一，通过保护革命文物，弘扬沂蒙精神，而沂蒙精神又通过实体性的文物，使得人们对沂蒙精神的认识更直观、更具说服力。

4. 充分发挥革命文物作用，为当地经济社会发展服务，在保护历史文化中，提升城市与乡村文化底蕴

一是利用博物馆、纪念馆等，提升城市品位、城市的历史感、城市乡村的红色文化特点，营造城市乡村文化氛围。近几年，临沂市各级投入近20亿元对部分展馆和基地进行了维护或重修。先后对八路军一一五师司令部暨山东省政府旧址，新四军军部旧址暨华东军区、华东野战军诞生地纪念馆，孟良崮战役纪念馆，山东分局旧址，大众日报创刊地旧址，新华社山东分社旧址，山东省战时推行委员会旧址进行了修复扩建；又规划建设了山东红色抗日根据地纪念馆、沂蒙六姐妹纪念馆、滨海红色文化纪念园、大青山纪念馆、沂蒙革命纪念馆等教育基地。这些基地场馆设施水平有了明显提升，保证了基地

的正常运转。

二是将革命文物与红色旅游、爱国主义教育结合起来。红色旅游是加强革命历史文化遗产有效保护和合理利用的有效途径，在增强人们对爱国主义精神的认识和理解以及促进革命历史文化的当代传承上，红色旅游实现了红色资源的保值、增值与创新，也实现了红色旅游文化工程、政治工程和经济工程功能的有机统一。

5. 注重内容优化，突出特色教育品牌

临沂根据不同基地的不同特色，突出爱国主义教育、党性教育、廉政教育和创业教育等宣传教育内容，实行一处一主题。通过与驻军、党校、高校、中小学、大型企业等单位签订共建共育协议，许多爱国主义教育基地成为教育教学基地、革命传统教育基地、国防教育基地和党性教育基地。如重点打造的沂蒙党性教育基地，形成了具有鲜明沂蒙特色的党性教育品牌，成为全国党性教育的一张亮丽名片。自2011年以来，其已累计承接国家部委、省内外各类班次3400多个，累计培训学员18万余人，其中厅局级以上学员1.2万多人，显示出强大的教育功能，得到了广大学员的充分认可和一致好评。

6. 发挥优势，积极建设党史教育基地

挖掘保护革命遗址，既是传承、弘扬革命传统的需要，也是为了更好地发挥革命遗址的宣传教育作用。为此，临沂注重协调有关部门共同推动由党史资源富矿向党史宣传教育优势的转变。

一是积极开展革命纪念馆的陈展布展。党史部门发挥熟悉党史资料的优势，积极为各类纪念馆撰写陈展大纲，提供文物文献资料，审核把关陈展内容等，先后参与了"沂蒙革命纪念馆""山东抗日根据地纪念馆""山东抗日民主政权创建纪念馆""北海银行纪念馆"等的建设布展工作，为各类纪念馆发挥党史宣传教育作用提供全力支持。近期还将联合沂蒙革命纪念馆建设"沂蒙南下干部"和"从沂蒙走出的部队"大型展馆。

二是积极参与山东沂蒙党性教育基地建设工作。山东沂蒙党性教育基地集中涵盖了沂蒙根据地最重要的革命遗址纪念地，是省委组织部重点打造的全国党性教育基地。临沂市各部门在党史资料提供、党史史实审定、教材编写等方面全面参与，编写《沂蒙根据地十五讲》及《红色廉政耀沂蒙》等书籍。

三是用足用好沂蒙革命遗址资源，开展党史宣传教育。革命遗址是开展党史宣传教育的重要载体。近年来,临沂市通过参与拍摄电影电视剧、创作文艺作品、开展党史知识竞赛、举办重要事件人物纪念活动、进行专题纪念展览等形式,积极宣传沂蒙革命历史,传承沂蒙精神,进一步扩大了党史工作的影响力。

四 山东革命文物保护利用中存在的问题

山东红色革命文化遗产遗迹等文物的保护利用和开发在这些年是有很大发展的,成就也很突出。但是,根据对临沂市的调查,对照山西太行山革命根据地文物保护的经验,山东革命文物保护利用工作还存在若干薄弱环节和亟待解决的问题,这些问题有思想认识方面的,也有制度建设和具体实施方面的,需要借鉴外省的经验,在今后的工作中,逐步加以解决。

1. 革命文物保护意识薄弱,宣传工作不到位

部分地区和部门对做好革命文物保护工作的重大意义认识不足、重视不够,一些建设性破坏和违法行为使不少革命历史文物史迹及其周边环境风貌遭到破坏;一些博物馆、纪念馆和革命旧址、烈士陵园的基础设施较差,展示手段落后,感染力不强;资金投入不足、保护措施缺位使得部分革命遗迹自然损毁严重,甚至面临塌毁的危险;对于一些革命遗迹保护宣传不够。在一定程度上对革命遗址可以为现实经济社会的发展提供强大的人文支撑没有充分的认识和足够的重视,这导致对革命遗址缺乏宣传,群众对革命遗址知之甚少,缺乏保护革命遗址的自觉性,随意破坏、损毁革命遗址的现象时有发生。

2. 管理运行机制不完善,经费短缺、不到位

管理运行机制不完善,保护工作相对薄弱。临沂市的革命遗址数量多、分布广,部分资源的保护级别定得偏低,有的甚至没有被列入保护范围,难以形成有效的保护。甚至有些革命遗址出现多头管理或无人管理的现象,影响了革命遗址的健康发展和功能的有效发挥。遗址保护存在的关键问题是缺乏对遗址进行保护、维修的资金。据调查,除国家级、省级文物保护单位有少量维护经费外,全市多处革命遗址的保护经费基本没有被纳入当地的财政预算,致使一些革命遗址虽然被主管部门认定挂牌,但由于经费缺乏,保护只是流于形式。

对于文物、遗存、遗迹、遗址的保护、发掘、利用,在资金使用上,倾向

于投资大型场馆，而忽视对原始遗迹、遗址、遗存及其他不可移动文化的保护；在保护历史文物遗迹和建设大型场馆的问题上，未使二者有机协调地融合在一起。

3. 红色旅游整体水平不高

一是定位不独特，主题不鲜明。红色旅游内涵只有找准特色，才能独树一帜。这些年，临沂市在打造沂蒙品牌上做出了一定的努力，但缺乏定位独特的响亮口号，社会影响还不大，与其资源自身的品质还不相称。二是沂蒙精神与红色旅游的关系挖掘不深，研究不够。三是开发模式趋同现象严重，很多红色旅游景区都仅仅停留在遗址参观、简单的图片和物品展示阶段，形式单调、内容雷同，声光电等高科技手段运用不够。四是核心景区整体打造不够，缺乏规模较大、风格突出的特色景区板块。红色文化资源开发在城市建设中的主导地位不突出，游与吃、住、行、娱、购等要素综合、统筹考虑不够，没有形成具有较强震撼力的红色景区板块。

4. 专业人才匮乏，对历史挖掘不够

目前，除了全国爱国主义教育示范基地在管理机制、人员配备方面比较好之外，省、市、县级爱国主义教育基地普遍存在在编人员偏少，专业技术人才匮乏的现象，市级以下爱国主义教育基地基本没有专人管理。同时，对革命文物（包括可移动文物内含的历史故事、历史材料）挖掘不够，要更准确、更详细。搜集范围偏窄，往往忽略对重要文献档案的挖掘。许多文物的挖掘保护缺乏相应的理论支撑。

5. 红色文化资源与城市建设融合不够

在传统红色文化资源基因方面，在资源比较丰富的城市、城镇，整体设计未将这些资源有机地融合到城建中去。主要表现在最初投入修缮保护工作中，有时未按照文物保护原则来做，"修旧如旧"，只是添加了一些人为的现代化因素，更多强调它们的旅游开发价值，而忽视了保护的第一原则。

6. 宣传推介力度不够，教育功能得不到有效发挥

虽然有媒体宣传和报道，一些爱国主义教育基地知名度有所提高，但一般只集中在每年重要节点对基地活动开展情况的报道，针对基地本身的宣传推介力度不够，基地的吸引力和影响力有待进一步提高。除正常的接待外，主动开展的活动很少。多数基地只在清明节等节日、纪念日有游客，平时门庭冷落。

五 革命文物保护利用的对策建议

牢固树立正确的政治观、历史观、党史观，着力发挥革命文物的社会教育作用，充分利用创新保护的载体手段，让革命文物"活"起来，是做好今后革命文物保护利用工作的重中之重。

1. 采取灵活多样的形式保护革命文物

建设博物馆、纪念馆很有必要，但是不一定全是大型的博物馆、纪念馆，可以在重大事件发生地、革命遗址等，建立各种小型的纪念馆、纪念设施等。与此同时，应进一步推动革命旧址、革命文物场馆尽可能对公众开放，建立革命旧址、纪念馆、博物馆与周边学校、党政机关、城乡社区的共建共享机制。发展红色旅游，培育以革命文物为支撑的研学旅行和体验旅游精品线路，打造文物旅游品牌，支持革命老区振兴发展。

2. 重视革命文物文本资料建设

挖掘山东革命文物保护利用的文本资料，对革命文物的历史记载进行整理，以历史记载强化历史记忆。同时，更深入挖掘革命文物包含的丰富多彩的故事，扎实材料支撑基础，特别是可移动文物的收集与材料整理，使可移动革命文物与不可移动革命文物相互融汇支撑。

3. 革命文物的保护利用要融入城市建设中

革命文物的建设保护要防止纪念设施的雷同化，革命文物、遗迹、遗存的保护利用要同城市建设结合起来，融入城市建设中。只有将开发模式、城市发展与红色文化遗存相互融合，这个具有红色基因的城市才有持久的生命力。临沂的革命历史资源不少都位于主城核心区内或者紧邻主城区，这为红色文化与城市发展的融合创造了条件，但同时也给建筑风格和特色片区的打造带来了难度。目前临沂市区内革命历史遗址周围建筑密集，风格杂乱，没有形成较大规模的旅游特色街区。要加强周边环境整治、城市功能改造、城市风貌提升，牢固树立以红色文化为主导的城市片区规划设计理念，尽可能增加与红色文化旅游相匹配的新设施、新功能，打造独具特色、规模较大的红色文化街区。在发展城市的同时，也应加大对乡镇红色文化资源开发利用的支持，将红色资源较为集中的乡镇打造成红色小镇，努力探索红色文化遗产资源的保护利用之路。

在新增场馆及扩大规模的同时，也要防止馆藏内容、馆藏介绍的雷同，要有自己的特色。

4. 采取多种形式加大宣传力度

利用各种传媒深入宣传，使得各种红色资源、革命文物成为参观旅游的重要内容，渗透到爱国主义教育之中。着力建设智慧景区和网上纪念馆，利用互联网高速公路和数字化手段，开通纪念馆官方网站、官方微信和官方微博，全景式、立体式、延伸式、全方位传播红色文化。同时通过微访谈、微展览、微党课、微视频和微信二维码语音导览系统平台，调动观众互动积极性，努力把纪念馆建设成为文化殿堂、生态景区和精神家园。

通过设立各类国家级、省市级爱国主义和革命传统教育基地，举办一系列红色文化展览，实行免费开放，组织现场参观教学、吃农饭、做农家活等多种活动，广泛开展爱国主义教育和革命传统教育，让广大党员干部和群众自觉接受革命传统教育，自觉在思想意识中植入红色基因。

积极争取将部分革命旧址、纪念设施和旅游线路纳入国家级红色旅游路线、经典景区和4A级、5A级风景区等措施，不断扩大沂蒙山红色文化的宣传力度和影响力。努力探索属于不同所有制的革命旧址的共建共享机制，在做好保护的同时力争通过租赁、聘为业余文物看管员等形式，为革命老区的脱贫攻坚工作发挥一定的作用。

5. 加大经费投入，积极争取各级专项经费

拓宽渠道，加大资金投入。首先，加大政府财政资金的投入。对于重点革命遗址、急需抢救和修复的革命遗址以及有重大开发价值的红色景区，政府要设立专项资金进行保护，加大政府导向性投入。其次，引入市场机制，培育市场主体，让企业参与到革命遗址的保护工作中去，并利用周边区域的开发建设，形成景区产业配套。通过加大多方资金的投入，抢救濒临消失的革命旧址和重要史迹，使重要的革命遗迹得到有效保护，同时建成重要的红色文化纪念设施，为传承红色基因、弘扬革命精神提供物质基础、搭建宣传平台。

B.4
儒学在山东乡村文化建设中的作用
——以莒县为例

孙聚友　李　玉*

摘　要： 儒学作为中华优秀传统文化的重要组成部分，以其丰富的内
容和持久的影响，贯穿于传统社会生活的各领域。近些年来，
山东各地都注重将弘扬优秀传统文化作为乡村文化建设的着
力点和抓手，不断推动优秀传统文化的创造性转化和创新性
发展，其中，日照市莒县深入挖掘传统文化资源，将弘扬优
秀传统文化与培育文明乡风相结合，将弘扬优秀传统文化与
满足群众精神文化需求相结合，创新形式、搭建载体，形成
了良好的文明的乡风民俗，推动了全县乡村文化建设的发展。

关键词： 儒学思想　乡村文化建设　莒县

在社会发展中，文化建设至关重要。"坚定中国特色社会主义道路自信、
理论自信、制度自信，说到底是要坚定文化自信。文化自信是更基本、更深
沉、更持久的力量。"① 坚定文化自信，加强文化建设，要善于把弘扬优秀传
统文化和发展现实文化有机统一起来，因为"中华民族有着深厚文化传统，
形成了富有特色的思想体系，体现了中国人几千年来积累的知识智慧和理性思
辨。这是我国的独特优势"②，"优秀传统文化是一个国家、一个民族传承和发

---

* 孙聚友，山东社会科学院国际儒学研究与交流中心主任、研究员；李玉，山东社会科学院
国际儒学研究与交流中心副研究员。
① 《习近平谈治国理政》（第二卷），外文出版社，2017，第339页。
② 《习近平谈治国理政》（第二卷），第340页。

展的根本，如果丢掉了，就割断了精神命脉"①，因此，"要加强对中华优秀传统文化的挖掘和阐发，使中华民族最基本的文化基因与当代文化相适应、与现代社会相协调，把跨越时空、超越国界、富有永恒魅力、具有当代价值的文化精神弘扬起来"②。

儒学作为中华优秀传统文化的重要组成部分，以其丰富的内容和持久的影响，贯穿于传统社会生活的各领域。儒家思想以修己安人、经世致用为其核心特征，是中国传统文化形成的重要来源。它所倡导的"万物并育而不相害"③，"礼之用，和为贵"④ 等人生价值取向，所注重的相辅相成、以和为贵的道德理念，所崇尚的求实创新、奋发进取、修己安人的务实精神，所提倡的为政以德、礼法并重的管理思想，所主张的"仁民爱物""天人合一"的仁爱思想，都有利于现代社会文化建设的促进。

深受传统文化浸润的山东，拥有丰富的以儒家文化为主体内容的传统文化资源，近些年来，山东各地都注重将弘扬优秀传统文化作为乡村文化建设的着力点和抓手，不断推动优秀传统文化的创造性转化和创新性发展，进一步推动了全省文化建设。其中，日照市莒县深入挖掘传统文化资源，将弘扬优秀传统文化与培育文明乡风相结合，将弘扬优秀传统文化与满足群众精神文化需求相结合，创新形式、搭建载体，形成了良好的文明的乡风民俗，更推动了全县乡村文化建设的进一步发展。

一 以儒学思想为主体内容的传统文化与乡村文化建设

从历史发展来看，传统文化是乡村文明的文化根基，历史上在以儒家文化为主体的中国传统文化产生发展过程中，自给自足的小农经济，以乡村血缘、地缘为关系形成的熟人社会，为关注人与人关系秩序的儒家文化提供了土壤，并贯穿于传统中国社会的全部生活世界之中，成为人们普遍接受和认可的文化

---

① 《习近平谈治国理政》（第二卷），第 313 页。
② 《习近平谈治国理政》（第二卷），第 340 页。
③ 《礼记·中庸》。
④ 《论语·学而》。

心理。文化心理又引导、规范着行为习惯，"在传统中国，乡村文化以独特的秩序意义规范约束着人们的行为，维护着社会的稳定。内生于乡村社会的乡村文化，既以生态智慧建设着美好家园的'生活秩序'，也以道德交往维系着心灵家园的'精神秩序'，更用约定俗成的非制度性规范促使人们形成'自觉秩序'"①。以儒学为主体内容的传统文化历经数千年而逐渐沉积到乡民百姓的心理层面，并内化为行为规则和习惯，一方面展现出传统文化重德行、讲礼仪之价值取向与百姓生活交往心理、习惯的契合，另一方面也凸显出其在社会变迁中不断自我调适和更新的活力与能力。

在现代社会中，随着工业化、城市化进程的不断加速，乡村文化中的传统因素正在遭到破坏，但相对城市文化而言，广大乡村还是较多地蕴藏、沉淀着传统的东西，依然在自然环境、生产生活方式、习俗心理和文化精神等诸多方面展现出较多的传统因素，如传统的特色村落、传统民间文化、民间手工技艺以及融化在乡土生活中的民族传统习俗、仪式等，尤其重要的是，传统文化已渗透到乡村文化主体——农民的性格和心理之中。同时，随着社会向信息化、知识化、大众化、现代化方向发展，农民在文化接受途径和手段、文化消费方式等方面也相应出现了新的变化，这要求在乡村文化建设中积极探索创新模式，为传统文化注入现代内涵，"通过外力引导和内部启发培育传统文化与现代文明兼容的文化体系，用现代文明之长补传统文化之短，用传统文化之精弥现代文明之粗，用新文化改造民德民智"。②

基于此，在推动现代乡村文化建设过程中，各地应立足本地文化资源，深入挖掘传统文化资源，运用多种形式和载体弘扬优秀传统文化，对以儒学思想为主体内容的传统文化坚持创造性转化、创新性发展，将优秀传统文化融入社会主义核心价值观的培育，将优秀传统文化融入时代发展血脉，推动社会主义核心价值观在乡村大地落地生根，培育文明和谐乡风，提升农民幸福指数。

---

① 赵霞：《传统乡村文化的秩序危机与价值重建》，《中国农村观察》2011年第3期。
② 辛秋水等：《传统文化与现代文明相对接——新乡村建设的理论与实践》，合肥工业大学出版社，2010，自序。

二　莒县以弘扬优秀传统文化推动乡村文化建设的主要做法

莒县传统文化底蕴深厚，形成了源远流长的莒文化，春秋五霸之首齐桓公曾在莒避难并留下"毋忘在莒"的历史典故，孔子在莒以童为师，子夏、曾参仕莒讲学，刘勰著《文心雕龙》，李方膺修志葺学宫等，全县有历史遗迹1000多处，县级以上非物质文化遗产有140项。近年来，莒县在乡村文化建设中立足本地实际，将弘扬优秀传统文化与发展现实文化有机统一起来，取得了良好的成效。

（一）以宣传倡导培育风尚

培育乡村良好风尚，既需要道德约束与规范，也要有科学倡导，以正面倡导、引导村民文明科学生活。莒县各镇村以"文化墙""道德讲堂"为载体，开展多种活动正面宣传和倡导科学文明风尚，从而推动农村良好风尚的培育，树立乡村文明新风。一是传统文化墙村村全覆盖。每年投入资金用于传统文化墙建设，在点位设置、内容安排、色彩选择上都进行精心设计。在乡村出入路口、大街小巷、农家院外，处处都有以故事、漫画、浮雕、书法等形式绘制的"新二十四孝""弟子规""道德经""三字经""美德故事"等优秀传统文化墙，让村民抬眼可见、举足即观，潜移默化地影响着群众的价值取向和道德观念。二是推进未成年人传统文化教育。在未成年人中广泛开展优秀传统文化（如勤劳节俭）、礼仪教育和"家风家训"征集活动，引导未成年人讲道德、尊道德、守道德。开展经典诵读、优秀童谣传唱、"国学小名士"、"学雷锋做美德少年"等主题教育实践活动，培养学生做有理想、有道德的接班人。利用乡村学校少年宫等阵地，开展剪纸、陶艺、戏曲、书法等传统文化艺术教育，陶冶青少年的艺术情操，提高青少年的文化修养。三是开展主题宣传活动。将莒地历史名人代表、"中国好人"、"山东好人"（"道德模范"）故事，教人向上向善的民间传说和民风民俗，编制成图文并茂的书籍、展板、音像制品，利用电视、广播、报纸等广泛宣传，同时立足书画艺术优势，通过书画、剪纸、文学、摄影等文艺形式承载和表达社会主义核心价值观，印制作品集广泛发放，举办书画、剪纸、儿童画作品展。四是弘扬传统节日文化。利用传统文化节日，广泛开展群众性中华经典诵读、传统节日民俗、文体娱乐、志愿服务、走访慰问、环境卫生整治等活动。

（二）以家训家规规范行为

家规家训内容丰富，含义精深，涵括了遵纪守法、刻苦勤俭、爱国爱乡、和睦亲邻、孝敬父母、修身齐家等内容，传递着为人处世、爱国治家的良言诫语，体现着应世经务、学习态度等良好家风，不但可以励志、劝勤、勉学、诲戒、明德，而且启迪童蒙，矫正人生方向，对规范后代子孙的行为起着一定作用。莒县人形成了敦厚、诚信、朴实的人格特质，无论为官、经商还是务农，普遍都讲究孝道、崇文重教、尊敬师长，也是家风、家训、民俗代代相传的最重视的内容。对此，莒县广泛开展优秀家风家训征集活动，组织"五老"人员深入挖掘民间优秀家风家训；积极动员群众自荐、推荐身边优秀的家风家训；由村"五老"人员组织编写部分家训，或由群众认领等。同时通过媒体宣传、故事巡讲、活动传播、监督评比等形式，吸引群众开展讨论和互动，让家风家训传下来。阎庄镇依托镇内历史文化资源，探索出了家风家训一场、一馆、一牌、一条街的"四个一"典型做法。一场，即家风家训主题广场；一馆，即家风家训馆；一牌，即家风家训牌；一条街，即家风家训宣传一条街。

（三）以村规民约引领新风

村规民约是乡村社会为维护社会稳定、树立良好的乡风民俗等设立的共同约定和准则，与家训文化相得益彰，互为补充，既扩充了家训的内涵，又注入了时代要求，对规范村民行为有一定的实效。莒县一些镇村较好地保留了村志村史村规村训，各具特色，这些村镇不仅把宣传家庭美德、移风易俗等内容作为村规民约修订重点，也将志愿服务、福利公益活动等理念写入村规民约，折射出农村新风尚；对没有村志村史或不全的镇村则指导其树立村史村训，通过挖掘整理村史，归纳提炼符合本村特点和具有时代内涵的优秀训言，并以镌刻、墙绘等形式在村居显要位置展示，充分发挥村史村训的教化与激励作用，引导村民学习村史、践行村训。

（四）以传承优秀传统文化满足需求

优秀传统文化不仅"对农村社会成员的思想观念、道德情操和精神世界产生了潜移默化的影响，而且使得相对单调缓慢的乡村生活产生了趣味和意义，使农民的精神世界得到充实和提升"①。为此，莒县各地重视通过多种途径挖掘和保护本地传统文化资源，长岭镇石井村、招贤镇西宅科村等打造"乡村记忆馆""乡村博物馆"，以文字、实物、图片、影像等形式集中展示乡村的发展历程、风土人情、民俗文化；县里成立莒文化研究院，整理编撰了一批莒地历史文化丛书；重建莒国故城，复建莒城学宫、曾子书院、文学书院、城阳书院等学校书院，发掘和传承莒文化"崇文重学"的精神内涵。

三　莒县以弘扬优秀传统文化推动乡村文化建设的启示

党的十九大报告提出"乡村振兴"的战略目标，概括着乡村社会物质财富、精神文化财富的全面发展与文明进步。乡村振兴蕴含着深厚的文化内涵，而繁荣兴盛乡村文化将为实现乡村振兴提供文化支撑、树立深厚的文化自信，更将满足广大乡村群众对美好生活的需求和向往。由是而言，推动乡村文化建设，不仅是现代乡村建设的要求，还是提升农民幸福指数的重要途径。因此，挖掘优秀传统文化资源以推动乡村文化建设，要在继承中创新，在创新中提升，不断创造新的文化形态和新的文化自信。

莒县在乡村文化建设中，将弘扬优秀传统文化与发展现实文化有机统一，将传统文化资源的静态保护与活态利用有机结合，多举措多形式，卓有成效，形成了良好的启示。

（一）将"学术研究"与"大众普及"进行有效对接

莒县在弘扬优秀传统文化推动乡村文化建设过程中，着重在推进以儒家文化为主体的优秀传统文化学术研究与大众普及的有效对接中取得突破。莒县是

---

① 白蕴芳、陈安存：《构建以农民为本位的农村文化》，《唐都学刊》2010 年第 6 期。

民政部命名的千年古县，莒文化悠久，以儒家文化为主体的传统文化资源丰富，莒县各级部门一直重视莒地文化的学术研究，并专门成立了莒文化研究院，各相关单位编辑出版了大量学术成果，如《莒地历史文化简明读本》《莒地历史名人录》《莒文化与中华文明》《春秋莒国》等一系列读本，系统介绍莒地历史文化，开展市社科重点课题"莒文化资源融入旅游产业的探索与研究"，并推动莒文化研究进入国际视野，"莒文化与文明起源"被列为2015年8月第22届国际历史科学大会主题会议之一，还有很多研究者出版了莒地历史文化的相关论著。在此基础上，莒县各部门积极推动学术研究走进大众生活，突出的是举办"莒文化四进一讲"活动。通过开展莒地优秀传统文化进机关、进乡村、进校园、进企业和莒文化讲堂，聘请熟悉本地历史文化的老教师、老文化工作者及莒文化专家，讲本地历史沿革、优秀传统、历史故事，把优秀传统文化、社会主义核心价值观等内容，灌注到社会各个群体，使莒县干部群众接受了良好的传统文化教育和道德熏陶，近年来先后举办莒文化讲堂30多场，听众有1万多人次，其深受干部群众欢迎。通过这一活动，学术成果在书斋之外得到阐扬。

（二）将"道德培育"与"公共文化"进行多效互推

莒县在以弘扬优秀传统文化推动乡村文化建设的过程中，逐渐建立起"道德培育"与"公共文化"不同平台间互相联动的融合机制，实现了共同提升。其一，将现代公共图书馆和传统书院相结合，创新"图书馆＋书院"的公共文化服务模式，并在此基础上积极探索"尼山书院＋乡村儒学讲堂"模式。2015年11月莒县建成"尼山书院"，依托尼山书院围绕以儒家思想、弘扬传统美德为主要内容的传统文化，开展了一系列丰富多彩的读者活动，截止到2017年9月，尼山书院共举办百余场公益国学、传统文化课程培训，涵括书法、古筝古琴、国学诵读培训、国学讲座等，累计免费服务读者万余人，尤其是面向乡村积极探索"尼山书院＋乡村儒学讲堂"模式，在乡镇文体站建立"乡村儒学讲堂"，招募志愿服务者，其由尼山书院统一培训后，积极开展各类国学教育活动，道德培育和文化熏陶同时推进。其二，在文化活动中融入"道德＋"元素，比如跳广场舞前，唱一首道德歌，说一句道德话，看一段道德片；跳广场舞时用道德歌曲，利用节庆日开展群众性民俗、文化娱乐活动，创作推出一批以四德为内容、以最美人物为原型、来自群众身边的优秀文艺节目，宣扬四德文化，弘扬社会新风。其三，推动传扬美德与其他文化业态互相借力，重视传统文化项目的体验活动，被称为中国江北第一园的莒县丽正园将文化资源与旅游创意相融合，将剪纸、昆塑、陶艺镶嵌、捏面人、过门笺、查拳等非物质文化遗产项目——打造为体验项目，通过传承人现场制作演示、营销与游客互动交流等形式，多方位展现莒文化特色，既使非遗文化得到传承，也使人们在互动中认识"莒文化"、感知"莒文化"、传播"莒文化"，从而达到了道德培育与文化旅游、文艺演出共赢的效果。

（三）将"传统美德"与"时代精神"进行高效融合

以儒家文化为主体的传统文化中蕴含着丰富的美德资源，历经千年，适合乡民百姓的认知方式和审美习惯，容易产生共鸣。莒县既是千年古县，传统文化悠长，又属沂蒙革命老区，包括中国共产党创始人之一王尽美在内的新中国成立前老党员最多时达 13341 人，形成了一个蔚为壮观的"红色群落"，红色文化突出，对此，莒县在乡风文明建设中注重将"传统美德"与"时代精神"高效融合以探索出丰富的道德培育表达方式，使传统美德与四德工程建设、红色文化相结合，阐发传统文化讲仁爱、守诚信、崇正义、尚和合的时代价值。一是追溯红色之源。在对新中国成立前老党员的事迹汇编、事迹展览、事迹宣传的同时，注重追根溯源，挖掘莒地历代志士仁人史料和故事，例如，在招贤镇兴建"本色——建国前老党员红色群落展览馆"，展览中连同莒地历代志士仁人故事进行展览，从而将革命历史传统教育与莒县当地的历史文化教育结合起来，使红色文化有了源头和根基，历史文化有了传承和延续，增强了文化感染力。二是提炼传扬"本色"精神。莒县重视对新中国成立前老党员精神的提炼、宣传，将新中国成立前老党员的典型事迹汇编成《本色——百名建国前老党员事迹报告》，提炼概括为"一心向党、公心为民、用心实干、清心律己、热心传承"的"本色"精神，在传扬"本色"精神的基础上，结合当地实际，倡树"公心"文化，举办"公心文化节"，成立公心文化院等。三是加强农村干部队伍的学习。在农村干部队伍中实行"议事·学习日"制度，每月 25 日，由乡镇干部组织农村干部学习上级政策、村级工作规范、本地历史文化、历代名人故事以及村镇史志等，其中，城阳街道岳家村以倡导公心文化为平台，于每年的 11 月 1 日举办公心文化节，"公心节"以村干部登台述职、群众点评为主要内容，截至 2018 年，已举办了十七届，公心文化在岳家村、城阳街道、莒县被广泛推广。四是在农村开展善行义举"四德"榜张榜活动，"仁爱孝诚"与个人品德、社会公德、家庭美德和职业道德相对接，本村典型张榜公示，大张旗鼓宣传，引领崇德向善的社会风气。

（四）从"爱乡护土"到"生态自觉"，深化生态认识

乡村建设的目标是要使乡村在生态自觉意识下建设得更宜居、更富美、更具本土化、更有内涵。因此，在乡村文化建设中要着力弘扬人与自然和谐相处的理念，在传统乡村建立起尊重自然、善待自然的和谐发展秩序。莒县近年以突出生态优先，拉长城市生态环境短板为着力点，积极建设"生态名城"，并依靠莒地特有的文化资源和自然景观，开发新的地方文化活动和产业，不仅提升了村民的生态环保意识，也使村庄更富美。例如，浮来山银杏树以 4000 余年的树龄被誉为"天下银杏第一树"，在招贤镇、夏庄镇、东莞镇等镇村中还存有近十株树龄千年以上的银杏树，多年来，莒县相关部门充分利用各种宣传渠道，深入宣传地质遗迹保护知识，投资制作了大幅宣传牌立于浮来山下和重要路口交界处，向周围村庄居民发放《公开信》，并将银杏树的保护和周边自然景观的旅游有机统一起来，着力传扬"我们既要绿水青山，也要金山银山。宁要绿水青山，不要金山银山，而且绿水青山就是金山银山"[①] 的发展理念，使村民们"爱乡护土"的生态认识不断升级为爱护生态自然的"生态自觉"。

当然，以弘扬优秀传统文化推动乡村文化建设任重道远，还有许多值得关注而着力之处，比如莒县崇文重学传统悠长深厚，莒国故城曾建有莒国学宫，孔子在莒以童为师，子夏、曾参仕莒讲学，曾参建有曾子书院，孟子出游到莒地到过曾子讲学的厅堂，南朝刘勰在浮来山定林寺潜心校对经书，后莒地又建有城阳书院并形成了有名的"书院夜诵"，时人以"千秋道脉传薪火，竞夜书声彻讲帏"描写夜读盛况，清代李方膺修志葺学宫等，崇学重学之风由古而今，可以在乡村文化建设中将其作为着力推动点。

---

① 《绿水青山就是金山银山——关于大力推进生态文明建设》，《人民日报》2014 年 7 月 11 日。

B.5
山东省传统手工艺类非遗保护发展报告

李金显　赵迎芳*

摘　要： 近几年来，山东省以传统手工艺为代表的非遗保护工作取得了重大进展，随着保护传承优秀历史文化工作的不断推进，也暴露出一些问题，比如与经济融合不足、缺乏社会力量支持等。下一步，应多措并举推动传统手工艺的宣传普及，深入促进传统手工艺的整合与创新，积极号召各方社会力量加入，促进各组织之间的协调与配合，促进山东省传统手工艺类非遗保护、传承和发展。

关键词： 山东省　手工艺　非遗保护

一　传统手工艺的概念

非物质文化遗产是指各族人民世代相传并视为其文化遗产组成部分的各种传统文化表现形式，以及与传统文化表现形式相关的实物和场所。中国传统手工艺是中华艺术的重要组成部分，与我们的日常生活密切相关。根据我国非物质文化遗产名录，非遗分为 10 个类别，分别是民间文学、传统音乐、传统舞蹈、传统戏剧、曲艺、传统美术、传统体育游艺与杂技、传统技艺、传统医药和民俗。

传统美术主要包括剪纸、版画、年画、绣、雕塑等。传统技艺主要是指通过手工制作陶器、纺织、印染、镶雕、乐器、酒、食品等技艺。传统手工艺是人们生活方式、生产方式、思维方式及社会心理的一种载体，也体现了政治、

---

* 李金显，山东文化产权交易所有限公司经济师；赵迎芳，山东社会科学院文化研究所助理研究员。

经济、科技、宗教和艺术等方面的价值，既具有非遗的传承性，又有自己的独特性。

联合国教科文组织《保护非物质文化遗产公约》将非遗分为 5 个类别，传统美术和传统技艺属于传统手工艺类非物质文化遗产。由于我国历史源远流长、人口众多、文化丰富，手工艺数量众多，考虑到保护工作的实施，将其中的具有审美倾向的划为传统美术，将生活中具备实用性的划为传统技艺。

二 山东省传统手工艺保护的现状

齐鲁文化源远流长，山东省拥有"一山一水一圣人"的文化符号，具有深厚的文化底蕴、丰富的文化资源。这不仅是勤劳的山东人民的智慧结晶，还是山东灿烂历史文化的体现和延续，这些珍贵的非物质文化遗产，是我们建设经济文化强省的宝贵资源，是山东人民乃至整个中华民族的无价财富。

文化遗产是指人类创造并遗留下来的，具有历史、艺术和科学价值的文化财富，包含物质文化遗产和非物质文化遗产两大类。纵观我国五千多年的历史长河，优秀的中华儿女创造了众多弥足珍贵的文化遗产，这些文化遗产是我们中华民族的财富，是我国灿烂文明的象征。保护、传承众多优秀的文化遗产，对于促进民族团结、提高文化自觉、增强民族自信、建设中国特色社会主义优秀文化具有重要价值。

（一）山东省保护传统手工艺取得的成效

近几年来，随着山东省非物质文化遗产保护工作的不断推进，山东省非遗保护工作取得了明显成效，传统手工艺的保护取得了良好进展。首先，山东省已经形成了较为完善的国家、省、市、县四级非物质文化遗产名录体系。与此同时，2015 年 12 月 1 日，《山东省非物质文化遗产条例》正式实施。这是山东省关于非物质文化遗产保护的地方性法规。这部具有山东特色、可操作性强的地方性法规，为山东省加强新形势下传统手工艺的保护工作打下了稳固的基础，提供了坚实保障。条例规定，每年的农历腊月二十三至次年的二月初二为山东省非物质文化遗产月。山东是全国第一个以立法的形式开展"非物质文化遗产月"活动的省份。近年来，山东省非遗保护工作机制不断健全，逐步建立代表性项目、代表性传承人制度，截至 2018 年 1 月，山东拥有联合国教科文组织认定的"人类非遗代表作名录"项目 8 个，国家级名录项目 173 个，省级名录项目 751 个，有 14 个项目入选第一批中国传统工艺振兴目录，3 家企业被文化部命名为国家级非遗生产性保护示范基地，共有 68 个省级非遗生产性保护示范基地；全省现有国家级传承人 51 名，省级传承人 296 名，相关从业人员约 300 万人，在非遗保护、传承、利用上取得显著成绩。[①]

（二）山东省传统手工艺保护过程中存在的问题

山东省传统手工艺保护及传承工作进展明显，始终走在全国前列，但是在传统手工艺的保护与传承发展中也存在一些问题。

一是一些优秀的传统手工艺生存发展困难，传承面临危险。手工艺传承强调的是以人为核心的技艺、精神，其特点是活态流变。一方面，在传承与发展过程中，受"传统技艺拒绝创新、传承人不容挑战"等封建观念制约，对传统的传承方式过度依赖，创新精神缺乏，弱化了活态传承的能力；另一方面，由于自然和社会环境的快速发展，人们对于手工艺人艺术水平提出了新的要求，一些传统手工艺找不到与现代生活的结合点，逐渐失去活力，丧失生命力。同时，部分项目生产难度大，制作技艺短时间内难以掌握，加之传承人年龄结构趋向老龄化，致使这些传统技艺后继无人，随时面临失传危险。以济南为例，从评选非遗代表性传承人以来，如今仅济南就有 4 位代表性传承人去世。2016 年底，面塑大师何晓铮去世，早前山东快书传承人高绍清、赵光晨已先后去世，剪纸的传承人尚玉菊也已去世，幸而这些非遗项目都后继有人。

二是非遗传承人、传统手工艺人艺术水平、文化修养亟待提高。大多数手工艺人文化水平偏低，接受高等教育的比例较小，眼界相对保守，创新能力不足。在产品创作的过程中，只能根据自己所学，依赖于传统的方式方法，创造不出适应现代社会发展的高质量产品，由此，传统手工艺品很难实现质的飞跃。

三是传统手工艺工作与经济社会的融合有待加强，经济效益亟待提高。近年随着我国文化产业的崛起，非遗项目不断市场化、商业化，各地文化企业、

---

① 《山东非遗保护：融入现代生活　实现共享利民》，新华网，http://www.xinhuanet.com/culture/2018 - 02/09/c_ 1122390723. htm，2018 年 2 月 9 日。

营销平台、民间研发团队等载体顺势而动，"非遗热"在民间逐渐兴起，但与此相反的是，传承人显得很"冷淡"，一个原因就是利益分配的问题。目前在不少项目被列入产业开发项目后，主导权掌握在合作企业手中，而真正的传承人只能"靠边站"。同时，由于传承人本身能力有限，对于自己掌握的手工技艺，更不知如何创造更多的经济价值，索性转而寻找其他的出路。

四是传统技艺的发展缺乏社会力量的支持。与其他中小文化企业相比，传统手工艺的生产状况多呈现小、散、弱的特点，没有相应的固定资产做支撑，难以获得融资机构的支持，呈现"家族式创业"或"单打独斗"态势。由于自身发展受困，创新能力欠缺，很多优质非遗产业尚未形成完善的产业链，文化融合的广度和深度不够，产品价值未能得到有效开发和提升。

三 山东省传统手工艺保护面临巨大的挑战

（一）传统手工艺的传承后继无人

传统手工艺作为非物质文化遗产的重要组成部分，是一种活态性的文化形态，它的传承面临着巨大的挑战。首先，随着新时代的发展，社会的不断转型，生产方式的变革，现代生活方式的普及，新媒体、新文化的不断涌入，革新了传统社会以手工生产为主的生活方式，传统的生活方式既单一又重复，传统手工艺相对于现代生产生活方式的弱点不断显现。如今很多人，尤其是年轻人，对新鲜、时髦的作品，引领时代潮流的产品产生浓厚的兴趣。因此，在社会变迁的不断影响下，如何使这种传承了几千年的文化既保持原生性，又能在现代社会焕发新的生机成为急需解决的问题。

其次，随着老一辈民间手工艺传承人和艺人的相继离世，该文化遗产面临着消失的危险，由于传统手工艺存在地区相对闭塞，经济利益推动作用比较欠缺，新一代年轻人大多数不想继承先辈的手工技艺，抛弃自己年少时的文化记忆，转而走向城市，寻求更好的发展机会。随着现代生活方式的不断普及，传统手工艺失去了赖以生存的土壤，逐渐被人们遗忘，在现代生活方式的冲击下不断消失。同时，受到封建思想观念的影响，大多数人认为传统手工艺术品不能登上大雅之堂，耗时耗力，同时传统手工艺人的社会地位也比较低下，他们创造出来的手工艺术品不能得到公正客观的评价，这也在客观上使青年人不愿意学习并继承老艺术家的传统，使得传统手工艺的传承遇到了巨大的挑战。

（二）传统手工艺的发展缺乏经济效益的驱动

我国传统手工艺的发展，大多数以家庭式的作坊为主，这种传统的经营模式对于产品的开发十分有限，而且家庭手工作坊生产出的作品参差不齐，质量很难得到保证。另外，传统手工艺存在的地区一般位置较为偏远，与外界交流不够，生产的艺术品难以满足现代市场的需求，再加上宣传力度不够，使这些手工艺术品无法打开销路，无法取得较好的经济效益，限制了其经济价值的发挥。

一方面，随着现代经济的发展，生活节奏的加快，很多人尤其是青年人的思想观念受到西方思想的巨大冲击，缺乏文化自信，总以为外国的就是好的，无法认识到本民族优秀作品的价值，客观上抑制了传统手工艺术品的市场需求。另一方面，由于生活压力巨大，现代人片面追求经济效用的心理逐渐显现，而传统手工艺得到的经济回报满足不了他们生活的需要，既耗费大量时间，变现速度又慢，因此，缺乏经济利益的推动，传统手工艺的发展进入瓶颈期。

（三）民间资本的不足使传统手工艺发展缓慢

2017 年是传统手工艺非遗深化"生产性保护"的重要一年，传承人借助网络平台进行推销，提升自身的审美观念和创新意识，提升传统艺术品的现代能力，都可以推动传统技艺这种极端产品走向日常生活，但是在传承人尝试互联网模式后，频繁的订单会扰乱原来的生产节奏，与此同时，一些质量不达标、粗制滥造的产品也逐渐进入市场，这就背离了保护、传承传统手工艺术品的初衷，民间资本的欠缺使传统手工艺的发展速度变慢。

因传统手工艺自身的特点，不像其他生活用品那样，在短时间内无法创造出较大的经济效益，再加上很多企业认识不到文化产品的经济价值，也就限制了各企业资本的投入。但是，传统手工艺的保护不仅是国家和政府的事情，还应该吸引民间资本的进入，号召社会力量的加入。例如英国和意大利，它们的各种民间社会组织在文化遗产保护上与政府配合较好，在筹措经费、市场宣传等方面发挥着重要作用，但是我国的公益组织、文化企业家在传统手工艺保护方面仍然有所欠缺，各个主体之间的合作意识不强，非遗保护主体力量比较薄弱。

四 加强山东省传统手工艺保护的对策建议

（一）多措并举推动传统手工艺的宣传普及，使优秀文化深入人心

山东省拥有丰富的文化资源，尤其在传统手工艺方面拥有显著特色，因此，弘扬山东省优秀的传统手工艺，增强传统技艺的生命力与活力，具有重要的现实意义。

首先，要创新宣传普及形式，加强传统手工技艺的教育与知识传播。构建优秀传统手工艺可持续发展的良好态势，将有关传统手工艺的内容和与文化遗产有关的法律法规纳入中小学教育计划，当然这并不意味着让学生从小就掌握这项技艺，而是从小就培养他们对于本地区文化的认同和理解，从而使传统手工艺在人们心中留下良好的"文化基因"，同时，在学者的角度，要从教育体制、教育观念、知识体系上进行指导，引入新的符合时代发展需要的课程，并将其纳入大学专业课、选修课教育计划，纳入各党校和行政院校教学计划，深入推进传统手工艺进课堂，进讲台，进生活。以济宁市为例，济宁市先后在多所小学开展非遗进课堂活动，建立非遗传习传承教育基地；与济宁职业技术学院联合筹建了非遗博物馆，针对职业院校学生就业，开展非遗进课堂活动，2015年依托职业院校保护与传承非物质文化遗产的"三合六进"模式获得第二届山东省文化创新奖。山东理工学院积极打造传承人群培训基地，规划建成了非物质文化遗产传承发展基地，建设了非遗展示馆和大师工作室，被山东省文化厅授予山东省非遗传承人群培训基地，先后承担举办山东省文化厅非遗传承人群泥塑、剪纸两期培训班任务，培训从业人员60余人，为传承泥塑、剪纸等传统工艺培育了后备人才。

其次，积极举办各类宣传展示活动，提高传统手工艺的影响力，增强文化自信，树立民族自尊心、自信心，增强民族自豪感。例如，济宁市高度重视非遗宣传推广活动，先后举办了市级各类大型非遗主体活动100余场、省及全国

性大型活动 50 余场，举办"文化济宁·百姓讲堂"150 余场。一系列的宣传推广活动让大众了解非遗项目，熟悉非遗，喜欢非遗，参与非遗，让非遗不断走进大众生活。

（二）深入促进传统手工艺的整合与创新，提高传统文化质量

随着现代经济的高速发展，人们的生活方式和消费观念也发生了重大变化，对于精神文化的需求提出了更高更严格的标准，人们享有蕴含优秀传统文化内涵而又具备现代特征的文化产品的意愿越来越强烈。但是，当前传统手工艺的发展与人民群众日益增长的优秀传统文化需求之间仍存在众多矛盾，传统手工艺的发展速度缓慢，不能满足当前人民群众的文化需求，因此，我们在推动传统手工艺继承的同时，更要使其在继承的过程中创新，在创新中促进手工艺的继承与发展。

首先，对于传承人来说，要积极主动参与现代社会实践活动，开阔视野，增长见识，充分了解现代人的文化需求。在保护传统手工艺的前提下，不仅要创新手工艺的形式，也要丰富手工艺的内容，将几千年的文化与现代理念相结合，不断满足现代人们的文化需求，使传统手工艺具有明显的时代特色，赋予它时代意义。例如以非遗创新传承为主要形式，以鄄城县鲁锦工艺品责任有限公司、曹县云龙木雕有限公司、曹县绿洲工艺品有限公司、成武文润文化产业公司等非遗生产性保护企业为主体，与设计机构、高校、博物馆合作开发非遗衍生产品。通过创意转化、科技提升和市场运作，将非遗资源转化为具有浓郁地方特色的产品和服务，把非遗从儿时的记忆、橱窗中的陈列品、单一的纪念品，转化为可供大众参与享受和日常消费的"文化体验"。

其次，持续推进艺术人才培养，提高手工艺人的教育水平和理论素养。加强与院校合作，为传统手工艺传承人提供专门的进修渠道，以提升他们的审美能力和水平。继续实施非物质文化遗产记录工程、非物质文化遗产传承人群研修研习培训计划等重大项目，不断增强传承活力。例如，临沂在传承手工艺的过程中，与山东艺术学院、山东工艺美术学院等高校合作，加强衍生品的研发；同时在市级以上非遗代表传承人中聘请手艺精湛、能够开展技艺培训的非遗项目传承人和手工艺人为导师，定期举行传统手工艺加工制作培训班，在促

进传统手工艺传承的同时，提高手工艺术品的品质。济南市为加快"非遗"保护工作进展，提高"非遗"产品的创新性、与时俱进的能力，省文化厅、宣传部将山东工艺美术学院定为培训基地，2017年共举办培训班8期，在全省范围内遴选高等院校、职业院校6所，举办培训班10余期，极大地促进了"非遗"产品的创新性、现代性。

（三）积极号召各方社会力量加入，促进各组织之间的协调与配合

山东省传统手工艺种类繁多，特色鲜明。因此，在传统手工艺这类非物质文化遗产的保护传承过程中，要有多向思维，做到具体问题具体分析。

首先，就传统手工艺而言，最常见的就是将此非物质文化遗产以物质产品为依托进行开发。这种传统手工艺中可以物质化的产品的制作技艺是以"物质性"为载体展现出来的，针对此类比较注重实用性的产品，要积极引入社会各界力量，让各企业家逐渐成为非遗保护的主体，促进传统手工艺产业一体化、生产规模化，使该文化产品经济效益最大化，从而促进企业家、传承人以及社会各个方面互利共赢。例如，对于独具本地特色、传承状况良好、有一定市场前景的曹州面塑、古筝制作、蓝印花布等代表性项目，菏泽市引导传承人采用独资、参股、合作等方式注册成立公司或机构，开展非遗项目的研发设计、展示销售、品牌推广、基地建设等产业化活动，不仅取得了良好的经济效益，也促进了传统手工艺的保护和传承，更为重要的是增强了当地人的文化自信。

其次，针对那些像传统美术中无法物质化、产业化的注重审美性的传统手工艺，可以通过设立博物馆、展览馆的形式，对其产品进行收集、整理、保存，而后进行展览，博物馆、展览馆是集保存、搜索文物和标本等功能于一体的场所，这就需要国家和政府发挥更大的作用，在加大财政支持力度的同时，加大在人力资源上的投入，以济宁市为例，其依托大运河遗址保护建设，推进非遗民俗博物馆建设，开展非遗旅游体验活动，各县市区非遗责任单位积极开展非遗博物馆建设，同时推进非遗整体性保护，先后建立了微山湖民俗博物馆、汶上中都民俗博物馆、梁山民俗博物馆等民俗博物馆，定期开展非遗展演活动，将非遗保护与文物保护有机结合，将非遗与旅游结合，让运河文化得到完整的展现。

同时也要调动企业的积极性和主动性，让企业承担振兴中华优秀文化的责任。众所周知，万达集团就给各个企业家树立了良好的榜样，各地正在逐步推广万达文化旅游城，从目前已经建好的地方来看，这种模式取得的社会效应还是不错的，不仅仅带动了当地经济的发展，还促进当地人民的就业，更让公众看到了一个企业应有的社会担当，振兴国家文化的使命感和责任感。

B.6
东营市红色文化建设状况调研报告

张 虎[*]

摘 要： 近年来，为培育和践行社会主义核心价值观，东营市充分发挥红色文化的教育功能，深入挖掘红色文化资源，打造红色文化品牌，推进红色文化建设，取得了突出成效。但不可否认，该市的红色文化建设也存在规划不足、投入少、宣传力度不够等突出问题，亟须仔细研究和努力解决。下一步东营市应重点做好以下工作，即明确总体发展规划、探索多元投入机制、强化宣传推介力度和加强文艺精品创作。

关键词： 红色文化 东营 核心价值观

习近平总书记在十九大报告中指出，文化是一个国家、一个民族的灵魂。中国特色社会主义文化熔铸于党领导人民在革命、建设、改革中创造的革命文化和社会主义先进文化。而革命文化亦即通常所说的红色文化，红色文化的建设状况与坚定文化自信、推动社会主义文化繁荣兴盛密切相关。正因如此，山东社会科学院哲学研究所"山东省红色文化建设状况调查研究"课题组来到了东营市，调研该地的红色文化建设状况。

东营这座新兴的黄河三角洲中心城市，被誉为"共和国最年轻的土地"。然而这里却有着悠久的历史、丰厚的文化积淀，可算作贯穿古今的文化宝地。这里发源于20世纪20年代的红色文化，与黄河文化、海洋文化、石油文化等一起，构成了东营文化的精髓。近年来，东营市着眼于培育和践行社会主义核

---

* 张虎，山东社会科学院哲学研究所助理研究员，哲学博士。

心价值观，充分发挥红色文化的教育功能，深入挖掘红色文化资源，打造红色文化品牌，推进红色文化建设，取得了良好成效。但是不可否认，东营市的红色文化建设也存在一些问题，亟须仔细研究和努力解决。本调研报告将分四个方面介绍和分析东营市红色文化的建设状况：东营市红色文化资源概况、东营市红色文化建设成果、东营市红色文化建设存在的突出问题和东营市红色文化建设的意见和建议。

一　东营市红色文化资源概况

东营是山东省有共产党活动较早的地区之一。在这片古老而又年轻的土地上曾经诞生过延伯真、李耘生、刘子久、耿贞元、颜世彬、延安吉、李竹如等一大批早期共产党人，陈毅、许世友、袁也烈、杨国夫等也在这里战斗过。在几十年的革命斗争中东营地区留下了中共刘集支部旧址、牛庄革命烈士祠、渤海垦区革命纪念馆等一大批革命遗址。由中共刘集支部保存下来的《共产党宣言》，是全国最早的中文译本，也是全国唯一一本在农村使用并保存下来的中文译本，在中国共产党历史上具有重要的地位和作用。以下将分三个部分介绍东营市红色文化资源概况：东营红色人物、东营红色事件和东营红色遗址。

（一）东营红色人物

东营涌现了很多的红色人物，具有代表性的有颜世彬、延伯真、李耘生、刘良才、刘百贞等。

广饶县张郭村人颜世彬是山东省最早入党的共产党员之一。1922 年他在法国就加入了华工工会，不久即加入了中国共产党。1931 年 1 月任山东省委常委兼青岛市委书记，其间恢复了辖区的多个党组织并将党员迅速发展到 40 余人。大革命失败后，颜世彬领导了青岛日商钟渊纱厂的大罢工，严厉打击了青岛国民党当局的反动气焰。1931 年 8 月 19 日，颜世彬因叛徒出卖而遇害。

同颜世彬一样，广饶县大王镇延集村人延伯真也是山东省最早入党的中共党员之一。他于 1923 年底经王尽美和邓恩铭介绍入党，并于 1925 年 8 月任中共山东地方执行委员会组织委员，其间创立了山东省最早的农村党支部——中共寿（光）广（饶）支部。

广饶县大王镇西李村人李耘生 1924 年 2 月由王尽美介绍加入中国共产党。1925 年 2 月 24 日任济南团地委书记。1927 年 1 月由中共湖北区委派往汉口中共硚口特区任区委书记。1928 年和 1931 年 10 月分别任中共南京市委书记和中共南京特委书记。1932 年 4 月被捕，6 月 8 日在雨花台英勇就义。

刘良才是东营地区第一个农民党员，他是广饶县刘集村人，1925 年 2 月加入中国共产党。入党后，他在本村秘密发展党员，建立了中共刘集支部，任支部书记。1927 年，中共广饶县特别支部成立，任特支书记。1933 年 7 月 13 日，由于叛徒告密而被捕，敌人将其秘密押至潍县，在进行了惨无人道的刑讯后，其被国民党以土匪的罪名枪杀于潍县城白浪河畔。

刘百贞与刘良才一样同为广饶县刘集村人，他于 1938 年 3 月加入中国共产党。刘百贞从小练就了一副好身板儿，走起路来飞快，当地人称其为"飞毛腿"。在"太河惨案"中，他面对突发事变，英勇果断，奋力冲杀，带领尖刀排 30 余人成功脱险。同日军作战时，刘百贞因勇夺敌人的机枪而使日伪军闻声丧胆，受到了杨国夫司令员的亲临抚慰。

（二）东营红色事件

1924 年 9 月，广饶县就建立了中共寿（光）广（饶）支部，是山东省成立最早的农村党支部，也是全国成立最早的农村党支部之一。之后，东营先后涌现了中共刘集支部、中共延集支部等很多农村基层党组织，推动了农村党的事业发展。1925 年，广饶县人刘雨辉、刘子久、延伯真三人将一本由陈望道翻译、上海社会主义研究社 1920 年 8 月出版的《共产党宣言》带至刘集村，使其闪耀的真理光芒照在了这个不足百户人家的小村子里。中共刘集支部这本《共产党宣言》在 1975 年由村民刘世厚捐献政府，是全国唯一一本在农村和农民中流传、使用并发挥重要作用的历史文献。电影《大火种》等很多文艺作品都是据此改编的。

中共刘集支部成立后，刘良才组织领导群众开展了几次规模较大的斗争，如"觅汉增资""吃坡""砸木行"等，其中砸木行影响最大。为反对国民党税收人员的横征暴敛，刘良才发动党组织成员及革命积极分子，在1930 年农历九月十五的韩桥庙会上，痛打当地收税官，并组织了沿街游行，喊出了革命口号，极大地锻炼了革命队伍，提高了群众觉悟，打击了反动派的嚣张气焰。

抗日战争初期，中共清河地委（党委）机关由临淄、邹平、长山一带迁至广饶县央上村，后来长期在牛庄、北隋一带活动。1941 年 8 月垦区解放后，清河区党委、清河区行署、清河军区后勤机关陆续迁入垦区，垦区逐渐成为清河区党的领导中心和清河平原上共产党领导的最大的抗日根据地，有"鲁北小延安"之称。革命的烽火也引起了敌人的注意，他们丧心病狂地制造了震惊全国的义和庄惨案、小码头惨案等，并野蛮地实施了 21 天的大扫荡。根据地人民面对汹汹来犯的敌人，不畏牺牲，同其展开了殊死的搏斗。

1944 年，清河区与冀鲁边区合并成立辖 40 余个县市、900 多万人口的渤海区，现东营市所辖区域逐渐成为战略区稳固的大后方和机关所在地。在艰苦卓绝的革命斗争中，东营人民形成了不屈不挠、艰苦奋斗、顾全大局、无私奉献的老区精神，在仅有 60 余万人口的东营地区，先后有 3 万余人参军入伍，3000 余人献出了生命。仅解放战争时期，就抽调了 3.1 万人次组成民工团、轮战营等，子弟兵"周家连""商家连"等有口皆碑；支援前线粮食 17480 余吨；选拔干部 420 余名随军南下，参加了开辟和建设新解放区的工作。

（三）东营红色遗址

东营地区红色资源丰富，共有新民主主义革命遗址 82 处，其他遗址 13 处，遗址总数为 95 处。按遗址类别统计，重要党史事件和重要机构旧址 38 处；重要党史事件及人物活动纪念地 31 处；革命领导人故居 3 处；革命人物故居 1 处；烈士墓 4 处；革命纪念设施 18 处。按保护级别统计，省级文物保护单位 2 个，市级文物保护单位 2 个，县级文物保护单位 2 个。按利用级别统计，省级爱国主义教育基地 5 个，市级爱国主义教育基地 5 个，县级爱国主义教育基地 1 个，省级党史教育基地 5 个，市级党史教育基地 25 个。

在新民主主义革命遗址中，保存完好的东营革命遗址以中共刘集支部旧址、牛庄烈士祠等为代表，已被开辟为红色旅游景点且有专人维护的有 15 处，约占新民主主义革命遗址总数的 18%；建立了永久性标志的有 32 处，约占新民主主义革命遗址总数的 39%；处于危房状态亟须修缮的有 3 处，约占新民主主义革命遗址总数的 4%；已经拆除、倒塌或湮没的有 32 处，约占新民主主义革命遗址总数的 39%。

近年来各级党委、政府高度重视革命遗址保护利用和建设工作，新建了《共产党宣言》纪念馆、延集支部纪念馆、河口区革命烈士陵园、利津县党史国史馆、百年义和纪念馆、三里庄战斗纪念馆、广饶县党性教育馆，重建了广饶革命烈士陵园、垦区革命烈士陵园、利津县革命烈士陵园，东营市革命烈士陵园正在建设中。

二 东营市红色文化建设成果

近年来东营市积极挖掘红色文化资源，在红色文化建设方面取得了一系列成果，具体表现为以下几个方面。

（一）保护建设革命遗址

东营市对现有红色纪念设施加大投入，做好了管理维护工作。这首先体现在对革命旧址的发掘和整理上，如在中共刘集支部旧址建设了全国第一个《共产党宣言》纪念馆，其已于 2012 年 1 月营业开馆，截至 2016 年 4 月，共接待游客 1500 批 20 万余人次。红色刘集旅游景区已被认定为"山东省爱国主义教育基地""山东省青少年教育基地"，成为鲁北地区乃至全国有名的红色教育基地。渤海垦区革命纪念馆、百年义和纪念馆、东营市历史博物馆、牛庄烈士祠等都被命名为省级爱国主义教育基地。各县区革命烈士陵园均被命名为市级爱国主义教育基地。河口区整理了鲁北行署、义和庄惨案、王集兵工厂等红色文化遗址 5 处。利津县依托历史文化展示工程，利用现有闲置房屋，建设了 12 处特色文化展馆，陈设军功章、立功证书及农民自愿捐献的陈旧物品，吸引了广大干部群众参观。每年的清明节、"七一"、"八一"、"十一"等重要传统节日、纪念日前后，广大党员干部、群众和学生前来参观，通过重温入党誓词、祭扫烈士墓、开展革命史宣讲、举办红色文物展览等多种形式，教育引导广大干部群众铭记历史，传承优秀传统文化，开展理想信念教育。

（二）打造文艺精品

东营市深入挖掘革命传统和红色文化宝藏，着眼打造红色文化精品，先后创作了许多反映东营革命历史的佳作。三集电视纪录片《世纪珍藏》再现了中国最早的农村党支部之一——广饶刘集支部发展壮大的历程，在央视纪录频道播出后引起社会强烈反响。与山东广播电影电视局、中国新闻社山东分社等联合拍摄的电视连续剧《宣言》，被国家广电总局列为庆祝建党 90 周年展播的 40 部主旋律电视剧之一，2011 年 7 月在中央电视台成功播出。邀请新华社徐锦庚、著名作家铁流创作的报告文学《国家记忆》获全省文艺精品工程奖和全国第十三届"五个一工程奖"。2016 年主旋律电影《大火种》被列为中宣部和国家新闻出版广电总局庆祝建党 95 周年优秀影视剧展映展览活动影片，票房突破 1100 万元，取得了良好的社会效益和经济效益。垦利区组织撰写了《海啸》《八大组》《跟着黄河走》《红荆林》《儿子的海》等多部写实性红色文学。广饶县组织创作的长篇小说"阳河"三部曲《阳河水，清清流》《阳河畔，青青柳》已经出版，第三部《阳河月，照桥头》已完成初稿创作，成为展示地方红色历史文化的精品力作。河口区编排了舞台剧《义和庄惨案》，于 2012 年 9 月 18 日编排完成并在河口区进行了公演，获得山东省电视艺术"牡丹奖"短篇电视剧三等奖。利津县创作排演的大型吕剧《热土》，以"二十一天大扫荡"为历史背景，以革命妈妈郭景林勇救八路军女战士张林为原型进行了再创作；《热土》以郭凤英一家救治和保护八路军女伤员张云为主线展开，分为六场，演出时长 70 分钟。截至目前，已完成公演和汇报演出，取得了良好的社会反响。

打造文艺精品是一个方面，搭建红色文化传播平台，扩大红色文化覆盖面是另一个方面。东营市为使文化活动充分体现群众性特点，"组织群众演出"，激发庄户剧团和农村文艺骨干积极参与演出，使群众真正成为弘扬优秀传统文化和红色文化的实践主体。具体措施包括组织开展"欢乐黄河口"广场群众文化活动、"进千村乐万家"文化惠民巡演活动、"黄河口文化艺术月"活动，重要节日、纪念日期间，专门组织文艺团体开展专场演出、举办文艺晚会，更高层面、更高规格地宣传东营红色文化，让广大市民深入了解东营的红色底蕴。

（三）出版红色作品

近年来东营市社科联充分发挥社科研究和学术交流的重要作用，统筹、整合和协调全市社科力量，加强对全市红色文化的研究挖掘和阐释，切实加大课题规划立项力度，相继立项"东营市红色文化资源挖掘与利用研究""东营市历史文化资源挖掘及利用对策研究"等，引导广大社科工作者围绕红色文化资源挖掘、史料整理、旅游规划等开展了一系列调查研究，推出了一批研究成果，为党委、政府科学决策提供了参谋咨询。东营市还充分利用《黄河口社会科学》、"东营市社会科学界联合会官方网站"、"东营社科界"微信公众平台等多种媒介开辟红色文化专栏，多层次、多领域、多形式地开展红色文化的宣传普及工作，努力在全社会营造弘扬红色文化的良好舆论氛围。

东营日报社结合东营现有的红色文化资源、丰富的革命先烈事迹，策划、刊发过一系列相关新闻报道。譬如，2017年清明节东营日报社策划了"清明祭英烈，共筑中国梦"的专题报道，呼吁市民牢记历史、纪念英烈，引导中小学生诵读红色经典，组织师生到红色旅游景区、烈士陵园和烈士墓地祭扫、献花等；2016年由其主办的东营网组织市民开展了"红色刘集一日游"，并拍摄网络宣传片；2015年抗战胜利70周年之际，其策划了"我们的抗战"特刊，以24个版面详细介绍了黄河三角洲的抗战烽火，走村串户挖掘革命前辈的红色记忆。

多年来东营市各县区充分发掘党史资料，出版发表了大量党史作品，先后编写出版了《中共东营地方史》《烽烟滚滚唱英雄》《东营党史人物》《红色旅游概览》《南下往事》《红色印记——东营市革命遗址概览》《八大组》等多部著作，在全市范围内广泛发行、赠阅。各县区也积极挖掘本地区革命时期历史人物、历史故事和历史事件，编撰了《河口地区革命史》《中共垦区革命史》《广饶党史集萃》《清淄烽火》等红色专著。

（四）推动红色旅游发展

在东营旅游品牌建设过程中，培育红色旅游环境，打造红色旅游路线，宣传推介红色旅游品牌。出版了《东营红色旅游概览》，详细介绍了东营16个革命文化旧址、遗迹及纪念场馆，并对一些著名的旅游景区景点以及旅游服务场所进行了简要介绍。红色刘集旅游景区集中共刘集支部旧址、《共产党宣言》纪念馆、300 米观光地道等 9 个景点于一体，成为国家 4A 级旅游景区，被纳入黄河三角洲精品旅游线路，2016 年以来，共接待 510 批 36000 余人次参观学习，其中接待中组部领导团等 185 批党政团体。渤海垦区革命纪念馆成为国家 2A 级旅游景区，接待各高校、中小学、党政机关参观共 9000 多人次。

东营市还积极探索红色旅游与其他旅游业态融合发展，增强红色旅游景区发展动力。永安镇开展以"周末休闲来永安，乡村体验乐无边"为主题的乡村风情旅游活动，从挖掘红色文化、改变生活方式、增强文化惠民等方面入手，开辟了渤海垦区革命纪念馆—盛元国际拓展教育文化基地—尚慧农业采摘园—地合连藕示范区—新发饭店旅游线路，实现红色游、采摘游、体验游等多种旅游模式交织发展。红色刘集旅游景区在全国开展"两学一做"学习教育之际，一方面认真做好《共产党宣言》纪念馆、中共刘集支部旧址、延集纪念馆等"红色经典"的运营；另一方面，进一步丰富红色旅游景点，投资建设李耘生烈士陈列室，使其成为广饶县国际慢城项目的重要组成部分。

三 东营市红色文化建设存在的突出问题

当前，东营市红色文化资源发掘和利用中还存在一些问题，主要体现在以下几个方面。

（一）认识和规划不足，缺乏长远工作目标

习近平总书记指出，文化自信是一个国家、一个民族发展中更基本、更深沉、更持久的力量。而红色文化建设是实现文化自信的重要方面。红色文化的很大一部分虽然不是在社会主义公有制的经济基础上产生的，但其内涵和价值取向与社会主义核心价值观一样都带有社会主义的同质性，具有超越于其所处历史阶段的先进性，它是革命和进步的文化形态。当下树立正确的价值导向既不能完全醉心于"复古"，也不能完全醉心于"西化"，而应牢牢坚持马克思主义的基本立场、观点和方法。所以东营市应提高认识，把文化建设与经济等其他方面的建设提到同一高度上来，切实重视对红色资源的开发和利用，把红色文化建设的短期和长期规划做好，谋好篇、布好局，出台具体政策并将其落

到实处。

在《东营市文化产业发展中长期规划》的编制中，红色文化的发展得到了强调。但单纯就红色文化资源建设而言，相对整体的规划还比较缺乏，对红色文化怎么抓、怎么做的实际问题缺少明确的解决和推进办法。部分红色文化资源保护利用虽然被纳入历史文化展示工程中，但红色文化标志还不鲜明，特色不明显，印象不深刻，没有制定开发出整体的战略。

（二）投入少，开发利用不到位

东营市多数革命遗存虽落实了保护措施，但是开发利用还需要进一步加大力度。东营地区地形地貌以平原为主，盐碱地分布广泛，而革命遗址多为土木建筑，对自然侵蚀抵抗能力弱，温差、大风、降水、盐碱等破坏因素明显，众多革命遗址已荡然无存。自然因素的限制是一方面，人为因素的破坏是另一方面。在革命年代，战争、动乱频发，客观现实使得许多革命遗址遭到破坏；"文革"期间，大量文物、遗址被砸毁。改革开放以来，城市拆迁导致城区用地日益紧张，部分重要革命遗址遭到拆除，一些散居在村落的革命遗址逐步消失。

有的地方政府和部门对开发红色文化资源的重要性认识不足，并未将其提上议事日程，如渤海垦区革命纪念馆的对面本来规划建设红色文化的实景园，但新上任的县委负责人并不重视，直接导致原先的设想迟迟不能落实；位于永安镇的抗战纪念碑建于1991年，限于当时资金投入的力度，碑体的设计并不壮观，并且随周围地区的开发而逐渐被一些宾馆店铺所包围，2016年10月曾召开过一次专门的改造提升会议，但永安镇政府迄今仍未行动。除此之外，红色遗址的专职管护人员也比较匮乏，如广饶县大王镇"红色刘集"4A级景区的管理部门仅相当于股级，而且它的编制审批也经过了很长的时间；永安镇文化旅游管理人员仅有三名，而且面临着严重的人才流失风险。

对红色文化资源重视不足、开发利用不够的另一个表现是有些部门的领导认为开发红色文化资源投入较大，而眼前产生的经济效益并不大，对其所能够产生的社会效益的认识还不够深刻，还没有将红色文化资源上升到红色文化遗产的高度来认识，还没有将其上升到能够提升区域文化软实力的战略高度来认识，甚至觉得加大对红色文化资源的保护开发会加重当地的财政负担，导致全市红色文化资源开发利用的力度不够，红色文化资源蕴藏的潜能没有发挥出来。

（三）宣传力度不够，手段亟须丰富创新

总的来看，东营地区红色文化传播途径比较简单，配套开发不足。红色文化传播载体多为革命旧址、革命纪念馆等，在对这些革命文化历史资源的开发中，展示手段单一、雷同，缺乏参观者的参与性与互动性。成功的红色文化宣传需要让人们去触摸鲜活的历史，体验革命战争的悲壮色彩、革命前辈的崇高精神，搭建现代人与红色年代的情感之路，使参观者切身感受红色文化这种先进文化的熏陶。

东营利用市场经济手段运作红色旅游产业的手段还有所欠缺，红色文化、红色旅游在一定程度上还存在"坐等客来"的问题，红色旅游品牌培育打造还有较大提升空间。如广饶县以"红色刘集"为代表的红色旅游已经取得阶段性成果，"红色刘集"纳入了"好客山东"旅游线路。但与红色旅游先进地区相比，广饶的红色旅游开发还存在简单化、程式化的问题，红色旅游静态的实物展示、平面的文字加图片介绍相对较多，有温度、有故事、有体验的参与性内容和项目相对较少，影响了红色文化的宣传教育效果。推进全域旅游探索，加强现代声、光、电技术的运用，推进文化演出、文化产品、特色产业等其他业态的融合发展，成为当务之急。

同时，对于红色产业的宣传力度不够，市场推广尚需加强。东营各地的红色文化宣传普遍缺少整体性策划和制度性安排，在清明、"七一"、"八一"、"十一"等时间节点的宣传相对较少，在对未成年人、机关干部等重点群体的宣传教育上不够经常和深入，红色文化宣传还缺少常态化的机制措施。

四　东营市红色文化建设的意见和建议

（一）明确总体发展规划

当下传承和弘扬红色文化，必须创新思路、改变形式，从物质、精神和制度等多个层面着手发挥红色文化的思想价值、政治价值、历史价值以及经济价

值。其中尤其需要重视塑造红色文化品牌，实现红色文化资源的产业化开发。为实现这一目的，必须创作一批红色经典影视作品、红色文化演出精品、红色歌曲音像制品、红色文化旅游纪念品等，这些措施可以充分地展现和传播红色精神，提升城市品牌，树立有影响力的红色文化形象，最终提高红色文化的地域知名度、社会影响力和市场辐射力。

为实现这一目标，东营市应进一步加强顶层设计，理顺工作职责，编制和实施好发展规划，把红色文化建设纳入公共文化服务体系。其中尤为重要的是制定红色文化保护利用总体规划，明确成员单位的职责与管理权限，加大政策倾斜和资金支出，设置专项经费，抓好民间红色文化遗产的抢救性保护和开发。

地方政府应将对红色文化的保护开发上升到可持续发展战略的高度来认识，从提升文化软实力和保护文化遗产的角度，编制和实施好发展规划，设置专项经费，不断加大红色资源的保护和开发利用力度。相关政策应适当倾斜，把具有传承革命传统和进行爱国主义教育功能的红色文化建设纳入公共文化服务体系，加大资金和人员的投入力度，加强民间红色文化遗产的抢救性保护和开发。

（二）探索多元投入机制

红色文化是与马克思主义相一致的文化，是中华民族优秀传统文化的重要组成部分，同时也是社会主义核心价值观的重要支撑。在新形势下，要凝聚理想、凝聚共识，就必须发挥红色文化的教育功能，大力倡导不屈不挠、艰苦奋斗、敢为人先、勇挑重担的拼搏精神，使红色文化潜移默化地提升国民的精神境界。

就这一目标而言，资金等各方面的投入是保障。东营市应出台相关政策，把红色文化资源的开发保护纳入各级财政预算，同时充分发挥市场功能，通过积极的产业政策和有序的市场化运作，广泛吸收社会资金参与，增强红色产业发展活力，打造具有竞争性的红色文化产品和红色文化品牌。

（三）强化宣传推介力度

东营市应深入挖掘地方红色文化资源的内涵，在提升红色旅游产品品位上下功夫，推进与文化演出、文化产品、特色产业等其他业态融合发展。充分利用影视、旅游推介会、节庆活动等形式，扩大知名度，提升市场竞争力。出台鼓励红色旅游的扶持政策，吸引和壮大红色旅游目标群体，推动红色旅游产业快速发展。

其中应该高度重视革命遗址在特色旅游中的作用，深入挖掘红色旅游资源，开发更多的红色旅游线路。一是全方位对东营的红色旅游资源进行研究、挖掘、整理、提炼、整合，把东营的红色资源优势与历史文化、民俗风情有机地融合起来，打造独具特色的红色旅游品牌。二是积极引导民间投资者对革命遗址进行合理的开发利用。建议把红色资源开发作为招商引资的重要载体，引进民间资本参与东营红色旅游开发。三是把自然景观资源与东营红色旅游开发结合起来。黄河口独特的自然景观是人与自然的共同杰作，也是东营历史文化的借力点，是衬托红色旅游的特色自然景观，这些地方也是当年清河区、渤海区的政治经济文化军事中心，是山东抗战的大后方，二者具有天然的融合性。可以将垦区纪念馆集群与黄河入海口、垦利风情旅游共同规划打造成红色旅游线路。四是把历史文化资源与红色旅游开发结合起来。东营历史悠久、人文荟萃，是齐文化、兵圣文化的故乡，在旅游线路开发中要做到一体规划，可开辟广饶历史博物馆—孙子文化旅游区—延集支部纪念馆—刘集支部纪念馆等旅游线路，打造特色旅游线路新亮点。

另外，应该发挥主流媒体在带头宣传红色文化中的主阵地作用。媒体应联合政府相关部门创新宣传报道方式，通过专题报道、网络热门话题讨论、微电影、宣传片、线下旅游活动等多种渠道，以图片、文字、影音等多种方式推进红色文化宣传教育，增强广大市民的参与感。

（四）加强文艺精品创作

习近平总书记在十九大报告中指出，社会主义文艺是人民的文艺，必须坚持以人民为中心的创作导向，在深入生活、扎根人民中进行无愧于时代的文艺创造。东营市也应该进一步加大对红色文学作品、曲艺作品、影视作品的扶持力度，按照"储备一批、生产一批、推出一批"的思路，加大红色文艺精品创作生产力度，推出更多弘扬主旋律、传播正能量的优秀文艺作品，推动红色文化进一步融入社会主义核心价值观建设，融入群众日常生活。另外应该重视实施红色文艺上网工程，通过网络立体呈现东营红色文化的全景式内涵，让人们更方便地了解红色文化历史、领略红色文化形态、深切感受红色文化内涵。红色文艺产品要紧跟时代步伐，紧密结合现代网络文化的发展和变化，不断进行突破和创新。

　　总而言之，东营市依托市域丰富的红色文化资源在红色文化建设上取得了一定的成就，但还存在诸如规划不足、投入少和宣传力度不够等突出问题。接下来东营市应认真分析本调研揭示的问题，组织制定专门的应对政策，切实将相关政策落到实处，以实现其红色文化建设的突破性发展。

文化产业篇

Cultural Industry

B.7

2017年山东省会展业发展报告

闫　娜*

摘　要： 2017年全球经济复苏的步伐稳步推进，中国特色社会主义进入了新时代，在这样的大背景下，中国会展业面临提升的机遇和要求，也存在提升的空间。山东会展业在会展中心数量方面排名全国第一，可用展览面积排名全国第二。办展出数量和展出面积也分别位列全国第四、全国第三，这两项数据均占全国的9%。以济南、青岛为龙头，以潍坊、烟台、临沂、东营为梯次的会展业地域布局初步形成。在全国会展产业功能性日趋增强，会展走出去步伐日趋加快的趋势下，山东会展业仍面临着会展主题空间布局结构不优化、知名品牌会展缺乏、参展方式简单、营销手段少、会展行业管理明显滞后等问题。未来山东需要进一步优化会展业布局，打造山

---

* 闫娜，山东社会科学院文化研究所副研究员。
数据来源：《中国展览经济发展报告2017》和山东省会展业协会统计报告。

东会展业高端集聚区，为国际会展业界交流合作、实现共同提升提供机会，进而贡献山东力量。

关键词： 山东会展业 会展集聚区 会展产业功能

全球经济复苏的步伐正稳步推进，中国特色社会主义进入了新时代，在这样的大背景下，中国会展业面临提升的机遇和要求，也存在提升的空间。会展业是现代经济中重要的平台经济业态之一，是行业间、城市间和国家间交流与合作的桥梁，也是连接供给侧、需求侧的重要纽带，对促进供给侧结构性改革、拉动相关产业发展具有重要作用，作为国民经济发展的风向标，会展业能够集中体现国民经济发展的重点状况。2017年山东会展业在规模和效益上取得突破性进展，会展服务国际化步伐明显加快。

一 2017年山东会展业发展态势

（一）会展业规模、质量增速明显

2017年山东共举办展览会862个，展览面积1033.25万平方米，较2016年分别增长19%和4%。根据中国贸促会发布的《中国展览经济发展报告2017》，山东已经投入使用的会展中心数量为21个，数量在全国排名第一；可用展览面积114万平方米，全国排名第二。2017年共举办主要展览342场次，位列全国第四；展出面积1082万平方米，位列全国第三，这两项数据均占全国的9%。海名国际会展集团在展览数量和展览面积上分列全国第一位和第八位。青岛、济南在中国城市办展数量中位列第7、9，办展面积位列第7、12。以济南、青岛为龙头，以潍坊、烟台、临沂、东营为梯次的会展业地域布局初步形成。

1. 地区分布

从展览会举办数量和展览面积上看，青岛、济南举办展览会数量较多，展览面积较大，是山东的两个核心会展城市；此外，临沂、潍坊、东营、威海举办展览会数量也不少。2017年山东各市展览会举办情况如表1所示。

表1　2017年山东各市展览会举办情况

单位：个，万平方米

	展览会举办数量	展览面积
济南市	156	179.83
青岛市	226	298
淄博市	26	43.2
枣庄市	2	1
东营市	69	42.8
烟台市	30	43
潍坊市	102	138
济宁市	3	4
泰安市	32	28.1
威海市	58	65
日照市	10	5.6
莱芜市	25	23.82
临沂市	109	123.6
德州市	2	3
聊城市	2	2
滨州市	2	20.3
菏泽市	8	12
合计	862	1033.25

据不完全统计，青岛、济南、威海和泰安举办会议较多，其中青岛承接会议142个，威海承接会议104个，泰安承接会议53个。

2. 规模分布

通过对济南、青岛、泰安、淄博、莱芜等市的抽样调查发现，在山东展览会规模分布上，小展览会数量较多，相关情况如表2所示。

表2　2016年山东展览会规模分布情况

单位：%

展览会规模	展览会数量占比	展览会规模	展览会数量占比
10000平方米以上	38	5000~8000平方米	14
8000~10000平方米	14	5000平方米以下	34

规模较大的展览会多集中在青岛、济南、潍坊、临沂和东营，展览面积在3万平方米及以上的展览会情况如表3所示。

表3 2017年山东展览面积在3万平方米及以上的展览会情况

单位：万平方米

展览会名称	展览面积
中国寿光国际蔬菜科技博览会	16.5*
中国·厨都国际厨具博览会	15
中国(临沂)国际商贸物流博览会	14
青岛国际车展(春季)	13
青岛国际家具展	13
青岛国际车展(秋季)	10
青岛国际渔业博览会	9
青岛国际机床展	8
国际果蔬食品博览会	7.86
山东文化产业博览交易会	7.69
山东植保信息交流暨农药械交易会	7.69
中国(淄博)国际陶瓷博览会	6**
山东国际自行车电动车及零部件展览会	6
齐鲁春季汽车展示交易会	6
中国国际石材(北方)博览会	5.3
国际教育信息化创新产品与应用成果展	5
中国山东国际纺织博览会	5
中国国际工业装备(青岛)博览会	5
中国国际家具及木工机械(济南)博览会	5
山东国际节能与新能源汽车展览会	5
中国保密技术博览会	4.78
中国奶业展览会	4.6
中国(青岛)海洋科技博览会	4.5
中国广饶国际轮胎汽配展	4.5
全国肥料信息交流暨产品交易会	4.1
中国国际橡胶及轮胎工业展览会	4
第五届山东国际汽车工业展	4
全国年货精品展销会暨第十三届济南电视年货会	4
中国(山东)国际装备制造业博览会	4
中国国际医疗器械博览会(春季)	4
中国非遗博览会	4

展览会名称	展览面积
中日韩产业博览会	4
鲁台经贸洽谈会	4
中国(潍坊)文化艺术展示交易会	4
中国(临沂)汽车用品交易会	4
中国临沂国际木业博览会	4
中国(东营)国际石油石化装备与技术展览会	4
中国(临沂)新能源汽车、电动车及零部件展览会	3.5
山东省畜牧业博览会	3
中国(山东)国际糖酒会食品交易会	3
中国(临沂)太阳能·净水器春季交易会	3

注：＊中国寿光国际蔬菜科技博览会总展览面积45万平方米，本次统计只计入室内的16.5万平方米；＊＊中国（淄博）国际陶瓷博览会共设置了中国陶瓷科技城、中国财富陶瓷城和中国（淄博）陶瓷产业总部基地三大展区，总展览面积超过80万平方米，本次统计只计入主展区的6万平方米。

（二）会展服务国际化步伐加快

国际性权威会展认证对地方会展经济的长期健康发展有巨大的促进作用。享誉全球的展览项目不但能为城市和地区带来巨大的经济效益，还可以提升其国际知名度和影响力。伴随着中国会展业的快速发展，中国成为国际会展业的重要力量，获得权威性国际展览组织的认证是增强本地展览会品牌竞争力的必要条件。目前国际主流会展认证主要有国际展览业协会（UFI）、德国博览会和展览会统计自愿审核协会（FKM）、法国综合性和专业性展览会统计审计办公室（OJS）和英国发行量审计组织（ABC）的认证，其中UFI认证是国内主办机构认可度最高的国际认证。山东截至2017年底，有UFI会员7家，其中青岛3家、东营2家、济南和潍坊各1家，获得UFI认证展会项目8个，其中济南和青岛各3个、东营2个，全国排名第4。2017年通过UFI认证的展会有3个，分别是中国（东营）国际石油石化装备与技术展览会、中国（青岛）国际美容美发化妆用品博览会，中国（济南）国际建筑装饰博览会。截至2017年底，山东获得ICCA认可的会议有6个，都分布在青岛。山东获得CEM培训学员数量占全国25％，位居全国第一。

在看到成绩的同时，也要清醒地认识到会展业发展面临的问题，主要体现为五个矛盾：第一，会展场馆数量和面积提升与会展场馆结构和功能缺乏之间的矛盾；第二，会展主体整体发展较快与龙头品牌企业和办展主体发展缓慢之间的矛盾；第三，展会数量不断增加与自主品牌展会相对不足之间的矛盾；第四，会展城市梯次平稳发展与会展空间布局结构不够优化、区域优势相对弱化之间的矛盾；第五，境内外市场增大与行业管理及资源整合滞后之间的矛盾。

二 2018年会展业发展整体趋势

2018年世界经济环境呈现相对改善的趋势，世界主要经济体经济增长提速，国际贸易逐渐恢复增长动力。我国已经进入发展新时代，在全面贯彻落实党的十九大精神的发展环境下，我国经济增长速度与效率将有显著改善。展望2018年，我国会展业的发展将呈现以下四个趋势。

（一）展览业继续保持稳定增长

中国经济逐渐由追求发展速度向速度与质量并重发展阶段过渡，经济结构更加合理，与世界各国的经贸往来日益频繁和逐步规范，中国会展业发展质量进一步提高，国际影响力进一步凸显。中国会展市场将涌现一批类似"广交会"的具有较高专业化、市场化和国际化水平的国内外知名展会。"一带一路"国际合作高峰论坛、中国国际进口博览会成为中国践行新发展理念、推动新一轮高水平对外开放的标志性项目，为世界各国提供展示国家发展成就、开展国际贸易的开放型合作平台。

（二）区域展览业格局发展逐渐平衡

我国将逐渐形成以京津冀、长三角和珠三角三大经济圈为主，二、三线城市共同发展的展会格局。凭借不同的区域位置和各具特色的展会设施、现代服务业，京津冀、长三角和珠三角三大经济圈的会展业发展已经相对成熟。随着我国城市化进程的加快，会展业加速和城市发展融合，内陆城市会展设施逐渐完善、相关配套服务逐渐成熟，中国会展业的选址逐渐由沿海外贸型城市和中心型城市转向二、三线内陆城市。

（三）"一带一路"沿线成为重要区域

习近平总书记在十九大报告中指出，要紧紧围绕国家开放型经济发展和外经贸工作大局，以"一带一路"建设为重点，培育贸易新业态新模式，推进贸易强国建设。"一带一路"促进中国优势产能和产品的输出，为中国会展业转型升级带来历史机遇。"一带一路"沿线国家和地区与中国企业建立合作关系的诉求更为强烈，"一带一路"沿线国家和区域将继续成为我国出国办展的重要地区。以举办各类博览会、研讨会、论坛、峰会等为契机，有助于整合、优化不同国家和地区的资源，科学布局上下游产业链分工体系，还能进一步增进与"一带一路"沿线国家和地区的交流、理解，为合作共赢奠定基础，达成共识。

（四）与相关产业融合的深度和广度进一步增强

围绕营销、体验和创意等途径，会展业与其他产业融合加深进一步延长了会展产业链。一方面，基于互联网的新业态成为促进经济增长新动力，会展业与媒体、通信、广告等新兴传媒产业跨界融合，搭建网络展示平台，培育出全新的数字会展业经济形态。例如，借助技术融合路径可以实现线上线下会展业协调发展；通过 VR 技术、3D 技术等数字技术，增强客户体验感。另一方面，会展业与越来越多的传统产业融合，会展业逐渐与旅游、休闲、文化创意等产业融合发展，形成会展旅游、会展休闲等，会展业为文化创意提供了必要的集聚空间和氛围，一些创意园、创意展、创意会等不断涌现，发展势头迅猛。

三　2018年山东会展业展望与对策

（一）优化空间布局

结合"两区一圈一带"战略，科学编制山东省会展业中长期发展规划，统筹全省会展业发展。山东半岛蓝色经济区重点打造海洋化工、海洋医药、海洋新能源、海洋装备制造业类展会；黄河三角洲高效生态经济区重点打造高效生态农业、食品加工类展会；省会城市经济圈重点打造信息产业、新材料、新技术、新能源、现代物流、文化产业、软件服务外包类展会；西部经济隆起带重点打造能源矿产、工程机械、农资和农业机械、精细化工类展会。将具有综合优势且会展业已具一定规模的济南、青岛打造成我省的会展中心城市，培育和引进一批具有国际影响力的品牌展览和高端展会；将具有产业特点的临沂、潍坊、东营打造为次中心；其他各市培育一批专业化展会，形成各具特色、互为补充、错位发展、良性互动的发展格局。①

（二）培育壮大市场主体

培育以大型专业会展企业为龙头、中小型专业化服务企业为补充，分工明确、相互配套、链条完善的会展企业集群，提高市场竞争力。支持中小型企业在专业领域内做大做强做精；积极引进国内外知名会展企业和机构到我省发展，提高会展业国际化水平；大力发展创意策划、广告代理、展陈工程、设备租赁、物流运输等会展相关服务业，完善会展产业链条；注重引导企业加快国际质量标准体系认证，提升会展业专业化、标准化、规范化水平。

（三）着力打造品牌会展

一是整合一批。对已形成一定规模、具有较大影响力的展会，提出改造提升方案，精简整合一批"同质"展会，合理配置会展资源，创新形式内容，提升规模档次。二是扶持一批。突出山东产业优势，挖掘展会题材，培育市场定位准、专业水平高、影响面广的"山东十大潜力展会"。三是引进一批。加强与国家有关部委、国内外行业协会、会展机构的沟通联系，加大招展招会力度，积极引进更多国际国内品牌展览和高端会议落户或来山东举办。

（四）优化场馆规模结构和服务

适应会展业发展趋势和我省实际需要，着眼长远发展，综合考虑区位、产业等因素，统筹规划，合理布局，引导各地抓好会展设施建设，形成设施齐全、功能完善、分工明确、优势互补的场馆建设体系，满足不同层次、不同类

---

① 《山东省人民政府关于贯彻国发〔2015〕15 号文件促进会展业改革发展的意见》，鲁政发〔2015〕30 号。

型展会需要，为加快会展业发展提供良好的载体。对各地现有展馆设施，加快升级改造，加强智能化和信息化建设，进一步完善展馆设施和周边配套。通过政府与社会资本合作等方式，加强会展业基础设施建设。鼓励展馆"一馆多用"，开展多元化经营，提高场馆利用率，增加经济效益。提升场馆服务水平，确保会展效果，提高增值服务水平。把会展安全放到首位，坚决杜绝安全隐患。

（五）创新山东会展业的发展模式

在规范秩序、完善统计、确定标准的基础上，通过市场筛选、专业评审、扶优扶强、突出重点，发挥山东区位优势和特色产业优势，打造海洋科技、食品技术、中日韩等主题的综合性龙头展会。以在青岛举办的上海合作组织峰会为发展契机，打造具有国际影响力的高端峰会。不但优化山东会展的区域性布局，做精做实一批专业品牌展会，而且大幅提升展览中心城市和核心展馆的服务水平，形成国际化、专业化的会展业发展格局。

（六）布局省外和境外市场

依据市场需求，选出重点行业作为打造我省产业形象的领头羊，以地区品牌带动企业品牌发展、产品线上线下营销整合，因地制宜规划一系列营销组合。从展览营销、市场体验活动、世博平台促销、国际媒体采访到广告宣传、数字营销等，加强与品牌企业及产业商协会合作，提高山东优势产业和品牌在国内、国际市场的能见度与知名度，在提高山东及品牌企业在国内外市场美誉度的同时，带动经贸合作的双赢。开展"中小企业开拓国际市场直通车""展会现场视讯采购"等服务，重视对中小微企业的扶持，提高会展业发展活力。积极建设境外会展市场营销网络平台，带领和鼓励品牌企业建设海外市场营销网络、境外展示营销中心、零售网点等，扩大山东会展市场占有率和影响力。

（七）改进行业管理服务

一是加快会展业市场化进程。严格落实省委、省政府有关党政机关省内举办展会活动管理规定，规范全省党政机关省内举办展会活动，加快会展业市场化进程。二是推动会展业信息化建设。充分利用"互联网＋"、物联网，发展

"智慧会展",加强虚拟与实体会展的互动和融合。三是优化展会营收结构,确保会展组织者和场馆方、服务商之间构成合理的营收比例,保证会展组织者的利益。四是加强人才队伍建设。引导和支持高等院校与行业协会、会展企业等建立合作机制,加快专业人才培育。重点引进一批会展策划和管理方面的高层次人才。五是树立"大会展"理念,把"展、会、演、节、赛"纳入会展经济的范畴,培植会展文化,实施会展、旅游、文化、贸易、投资、物流互动战略,实现会展活动与城市建设、产业融合发展。

(八)加强对外交流合作

一是整合会展城市、场馆、品牌展会、会展企业等资源,加强整体宣传推介,吸引更多高层次的展会来我省举办、企业来我省发展。二是加强与相关商会、协会的沟通联系,广泛收集会展信息,为引进品牌会展、会展企业搭建合作平台。三是在政府对外经贸交流中,注重会展业的合作。四是深化与国际会展集团全方位合作,建立高层定期会晤机制、意见交换机制和长效工作机制。

B.8
2017年山东省新闻
出版业发展报告

徐建勇*

摘　要： 2017年，山东省新闻出版业继续保持稳中有进的良好发展态势，并呈现追求质量品牌，促进融合创新、推动转型升级、注重外向的许多新特征。针对发展中存在的质量缺失、观念缺新、体制缺陷、能力缺乏、人才缺少等沉疴痼疾，山东省新闻出版业必须向质量品牌要效益，向创新融合要动力，向国内国外要空间，力求经济效益与社会效益真正统一，力争市场竞争与政府服务无缝衔接，通过多策齐下，求真务实，加快实现"出版强省"的目标任务。

关键词： 山东新闻出版业　全融合发展　精品创作工程

互联网、信息技术、数字化催生的媒体融合发展、跨界发展已成为当前传媒产业发展的最显著特征，也是今后政府传媒政策的主要着力点。山东省新闻出版业在发挥固有优势、保持一贯强劲发展势头的基础上，逐步向全融合发展这一方向迈进，继续深化改革、优化结构、转变方式、提高质量，在多个领域和环节上形成新突破。

一　山东省新闻出版业总体发展情况分析

2017年以来，山东省新闻出版业继续保持强劲增长势头，各项指标①总体

---

* 徐建勇，山东社会科学院文化研究所副研究员。

① 本报告所涉山东省新闻出版业统计数据全部由山东省新闻出版广电局提供，后文不复注。

向好，整体实力和竞争力有了较大提升，在全国同行业中的影响力不断扩大。

截至 2016 年底，山东省共有新闻出版单位 20179 家，较 2015 年增长 2.13%。其中，法人 11465 家，较 2015 年增长 6.87%，占单位总数的 56.82%，提高 2.52 个百分点；非法人 343 家，占 1.70%，较 2015 年减少 0.04 个百分点；个体经营户 8371 家，较 2015 年下降 3.65%，占 41.48%，较 2015 年减少 2.49 个百分点（见表 1）。

表 1　2016 年山东省新闻出版单位数量与构成

类型	数量（家）	同比增长率（%）	比重（%）	比重变动（个百分点）
法人	11465	6.87	56.82	2.52
企业法人	11240	7.02	—	—
非法人	343	0.00	1.70	-0.04
个体经营户	8371	-3.65	41.48	-2.49
合　计	20179	2.13	100.00	—

注：未包括数字出版单位、版权贸易与代理单位和行业服务与从事其他新闻出版业务的单位。

2016 年，山东省新闻出版业总产出 2061.08 亿元，较 2015 年增长 9.23%；增加值 426.72 亿元，较 2015 年增长 9.11%。其中出版业总产出 76.35 亿元，实现增加值 36.99 亿元，较 2015 年分别增长 7.35%、11.58%；发行业总产出 352.24 亿元，增加值 75.92 亿元，较 2015 年分别增长 6.69%、8.58%；印刷复制业总产出 1607.19 亿元，增加值 312.66 亿元，较 2015 年分别增长 9.19%、8.60%；其他业务（含山东省出版对外贸易有限公司、山东省印刷物资公司）总产出 25.30 亿元，实现增加值 1.15 亿元（见图 1）。

2016 年，山东省新闻出版业实现主营业务收入 1974.82 亿元，较 2015 年增加 147.78 亿元，增长 8.09%；营业利润 171.32 亿元，较 2015 年增加 11.61 亿元，增长 7.27%（见图 2）。

从全国各地区营业收入增长额对全国新闻出版业增长的贡献来看，2016 年山东省新闻出版业营业收入增长额为 169.05 亿元，增长贡献率为 27.1%，

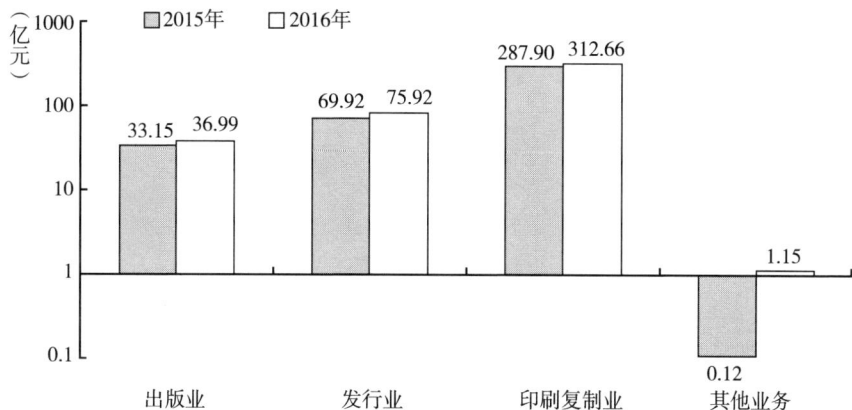

图1　2015年和2016年山东省新闻出版业增加值对比

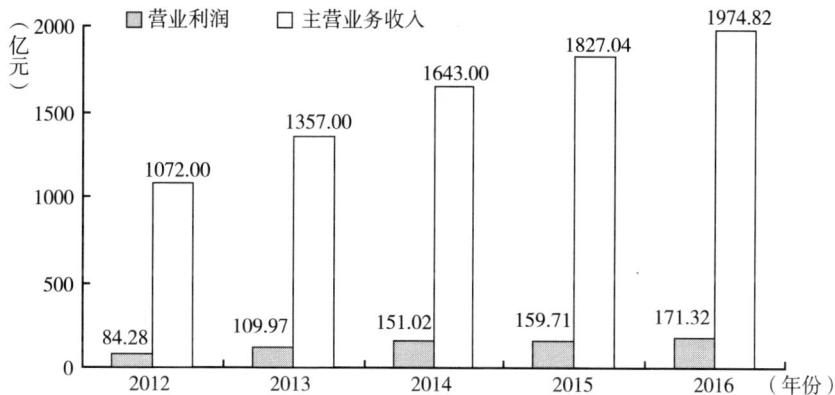

图2　2012～2016年山东省新闻出版业营业利润和主营业务收入增长情况

在2016年全国新闻出版业增长贡献率省份排名中位居第1。前10位的其他省份依次为安徽、浙江、四川、广东、河北、江苏、福建、天津和广西（见图3）。

2016年山东省新闻出版业总体经济规模①在全国新闻出版业总体经济规模综合评价排名中，从2015年的第5位上升至第2位，实现了历史性突破（见表2）。

---

① 总体经济规模指标，包括营业收入、增加值、总产出、资产总额、所有者权益（净资产）、利润总额和纳税总额7项。

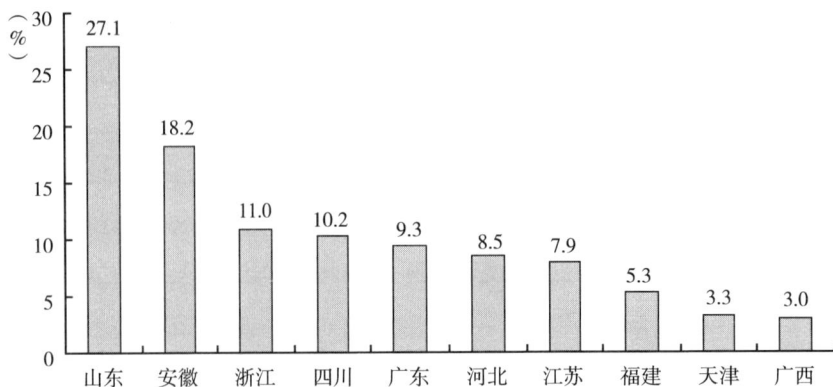

图 3　2016 年全国新闻出版业增长贡献率前 10 位的省份

表 2　2016 年全国新闻出版业总体经济规模综合评价前 10 位的地区

单位：分，位

2016 年排名	地区	综合评价得分	2015 年排名	排名变化
1	广东	2.7113	1	0
2	山东	1.8844	5	3
3	浙江	1.8284	3	0
4	江苏	1.7679	4	0
5	北京	1.7421	2	-3
6	上海	0.8656	6	0
7	河北	0.4576	7	0
8	安徽	0.4093	8	0
9	福建	0.3065	9	0
10	四川	0.2866	11	1

从各项经济指标来分析，2016 年山东省新闻出版业资产总额为 1639.06
亿元，居全国第 5 位，较 2015 年上升 1 位，占全国比重为 7.42%，排名在山
东省之前的是广东（占比为 12.12%）、浙江（占比为 10.34%）、北京（占比
为 10.14%）、江苏（占比为 8.01%）；营业收入为 2025.22 亿元，居全国第 2
位，与 2015 年名次相同，占比为 11.33%，排名在山东省之前的是广东（占
比为 12.81%）；利润总额为 178.12 亿元，居全国第 1 位，与 2015 年名次相
同，占比为 13.06%（见表 3）。

表3　2016年山东省新闻出版业各项经济指标基本情况

主要指标	金额（亿元）	占比（%）	排名（位）	与2015年相比排名变化（位）
资产总额	1639.06	7.42	5	1
营业收入	2025.22	11.33	2	0
利润总额	178.12	13.06	1	0

二　山东省新闻出版行业结构变化分析

从各行业发展情况来看，山东省图书出版继续保持稳定增长的态势，报刊出版逐步走上精品化、数字化、个性化发展道路，印刷复制业转型升级步伐加快，发行业在线上线下结合中不断推动业态创新。

（一）图书出版业实现稳步发展

图书出版业结构进一步优化，整体规模不断扩大，质量效益显著提高。2016年，山东省共有图书出版单位18家，实现营业收入28.16亿元，较2015年增加1.34亿元，增长4.99%；利润总额7.25亿元，较2015年增加0.52亿元，增长7.73%（见图4）。山东省图书出版单位通过优化出版产品结构，市场主体定位更加清晰，获利能力不断增强，品种数、总印数实现了稳定增长（见图5）。同时结合时下热点，扩大主题出版规模，提高图书精品供给，打造独具特色的品牌畅销书，提高单品种的质量和效益，实现了营业收入和利润总额的持续增长。

2017年上半年，山东省出版图书9005种，其中新出图书2313种，重印图书6692种，总印数39778.12万册，总印张2625622.8千印张，定价总金额44.51亿元。从分类统计来看，重印图书品种和总印数大幅增长，图书单品种平均印数有所增加，2017年上半年获国家级出版奖项30余种，数量居于全国前列。各出版社在控制出版规模的基础上，不断强化图书品种质量和单品种效益，图书出版结构进一步得到优化，出版领域供给侧改革效应初显。

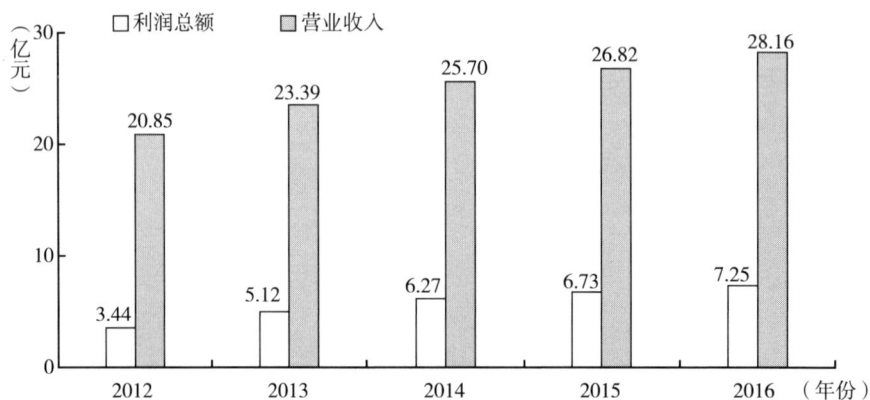

图4　2012～2016年山东省图书出版业利润总额和营业收入变化情况

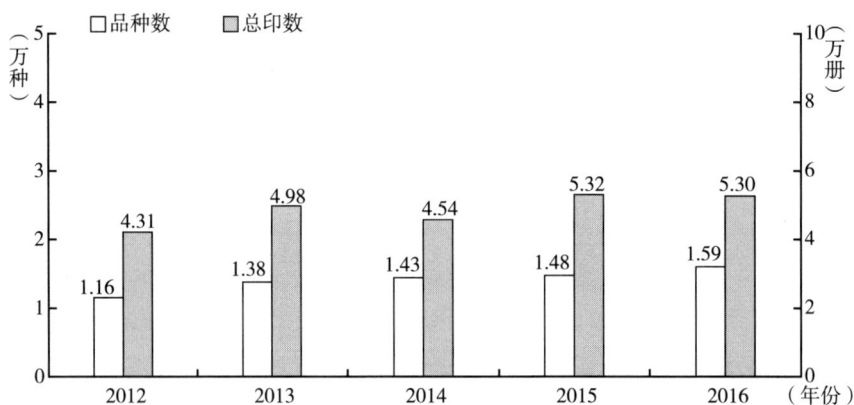

图5　2012～2016年山东省图书出版业品种数和总印数变化情况

（二）报刊出版业形势喜忧参半

报刊出版业主要指标降幅趋缓，主营业务收入实现扭亏，出现一定幅度增长，盈利能力转化初见成效。2016年，山东省共出版报纸262037.09万份，较2015年减少30405.27万份，下降10.4%；总印张11986236.51千印张，较2015年减少1799456.29千印张，下降13.05%；实现主营业务收入36.11亿元，较2015年增加3.46亿元，增长10.6%（见图6）。共出版期刊10240.70万册，较2015年减少842.65万册，下降7.6%；实现主营业务收入3.22亿元，较2015年增加0.19亿元，增长6.27%（见图7）。

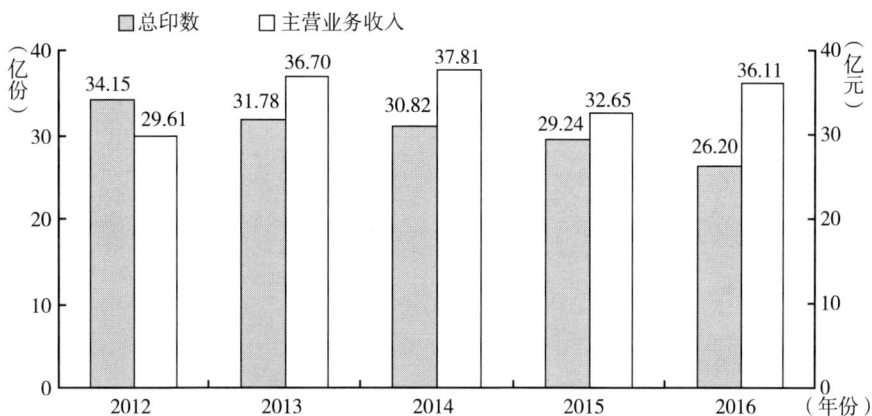

图6 2012~2016年山东省报纸出版业主要指标变化情况

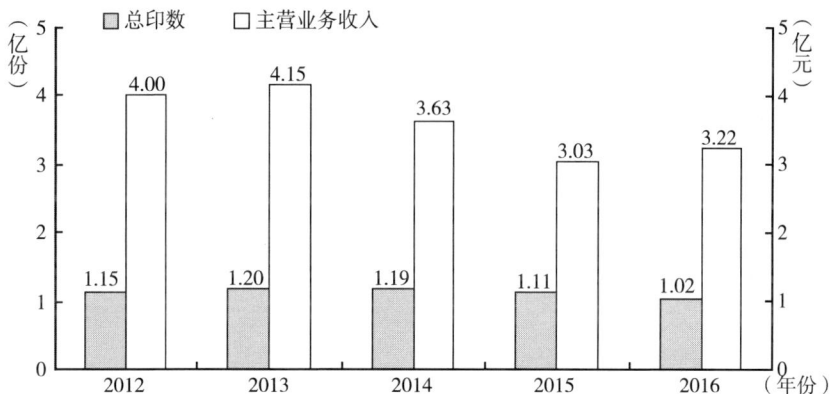

图7 2012~2016年山东省期刊出版业主要指标变化情况

报刊出版业总印数出现下滑，主要是因为以互联网为基础、以智能移动终端为代表的新媒体不断压缩传统纸媒市场空间。报刊出版营业收入比2015年有所回升，得益于报刊业不断适应新形势、新变化、新挑战，积极调整报刊定位，优化报刊结构，不断探索新的盈利模式，从内部挖掘节约管理成本的潜力，向精品化、数字化、个性化方向发展。《幼儿园》《环球少年地理》《小葵花》3家少儿类期刊广受欢迎，入围"2017年度全国少年儿童推荐百种优秀报刊",体现出山东省报刊业供给侧的专业化、细分化改革初见成效。

（三）印刷复制业加快转型升级

印刷业主导作用继续巩固,呈现数字印刷、智能印刷、个性化印刷等新的发展气象,有效保持了健康发展的良好态势。2016 年,山东省印刷复制业实现总产出 1607.19 亿元,实现增加值 312.65 亿元,分别较 2015 年增长了 9.19% 和 8.59%（见图 8）。总产出占全行业的比重为 77.98%,较 2015 年下降了 0.03 个百分点;增加值占全行业的比重为 73.27%,较 2015 年下降了 0.35 个百分点,在山东省新闻出版业中仍占据支柱地位。山东省大型印刷企业经营效益普遍提高,主要得益于国家强制淘汰落后产能、关停违规小型印刷企业的环保政策,客户来源集中度提升,业务量大幅增加,同时通过批量购进新设备,生产效率和生产质量得到进一步提升,实现了整个行业健康发展的良性循环。

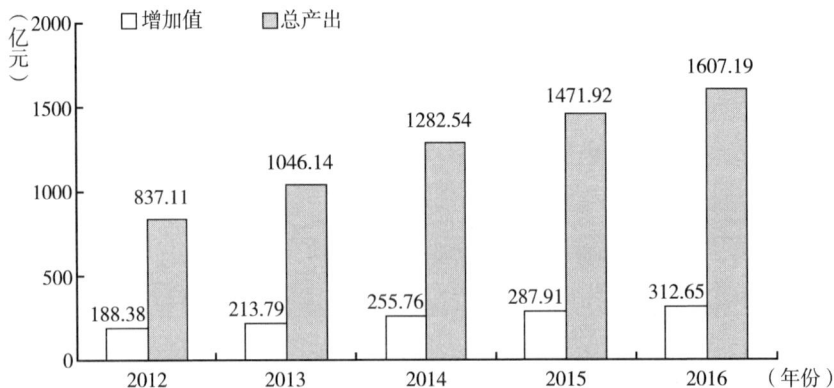

图 8　2012～2016 年山东省印刷复制业主要指标变化情况

（四）出版发行业竞争力提升

出版发行业转型升级步伐加快,新华书店主渠道作用显著,民营发行业占比继续提高,网上图书销售形成新趋势。2016 年,山东省出版发行业实现总产出 352.24 亿元,实现增加值 75.92 亿元,较 2015 年分别增长 6.74%、

8.58%（见图9）；总产出占全行业的比重为17.09%，增加值占全行业的比重为17.75%，与2015年基本持平。山东新华书店集团有限公司作为骨干发行企业，总产出占比为32%，在全行业起到示范引领作用。民营书业发挥集群优势，在内容、业态、生产方式、技术上全方面创新，年发行总码洋超过200亿元，占全国半壁江山，继续保持在全国的领先地位。批发零售单位着力于提供专业化、细分化的优质产品和服务，打造具有本地特色的实体书店，结合其他业态，强调多样性的"文化体验空间"，企业创新力、品牌影响力不断提升。网上书店继续保持稳健增长，手机等移动端成为购书重要选择。

实体书店在逆境中实现创新发展。2017年7月，山东省新闻出版广电局联合省委宣传部等12个部门下发了《关于推进实体书店发展的实施意见》，细化了优化网点布局、创新发展模式、优化出版物供给等九条扶持措施，有力推动了山东省实体书店创新发展、加快发展、持续发展。尽管近年来实体书店受网络冲击较为严重，一些书店退出市场，但山东省一批特色书店、品牌书店、精品书店在逆境中蓬勃发展。山东书城等国有书城利用自身资源多、体量大的优势，加快升级改造，由原来单一的图书卖场向综合性服务设施转变。小海豚书店、品聚书吧、京广书城、文友书店等一批特色民营书店坚持文化理想，加快发展壮大，企业创新力、品牌影响力不断增强，已经成为完全不同于传统模式的新型实体书店。

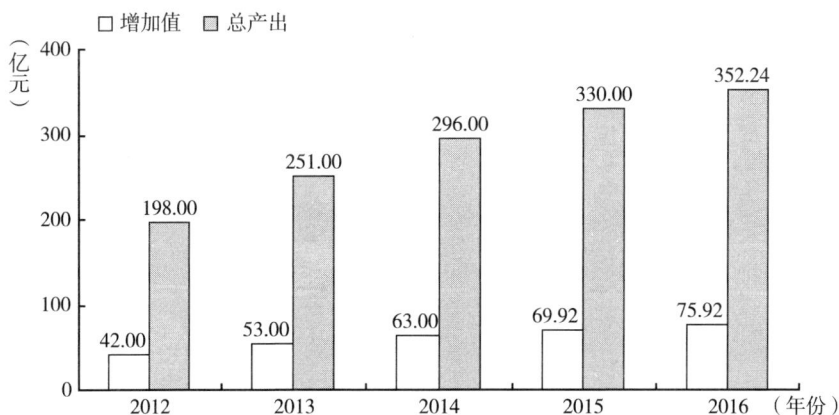

图9 2012～2016年山东省出版发行业主要指标变化情况

三 山东省新闻出版业主要发展特征

山东省着力加强政策引导调控，优化市场发展环境，新闻出版全行业正在呈现精品成果不断涌现、生产机制焕然一新、内容形式全面融合、产业转型升级换代、外向发展风生水起的良好局面。

（一）精品创作工程成效显著

近年来，山东省把精品创作生产作为推进新闻出版供给侧结构性改革的主抓手，制定了《关于加快精品出版高地建设的实施意见》，建立健全了精品出版项目扶持奖励机制，引导出版单位牢固树立精品意识、品牌意识，推出了一批思想性、艺术性俱佳的精品力作。目前，山东省已有200余种图书荣获国家级大奖，《茶座》《老照片》《笑猫日记》等系列图书成为著名品牌出版物，《齐鲁晚报》连续10年入选"中国500最具价值品牌"。2016年启动实施了集山东古今传世文献之大成的《齐鲁大典》编纂工程，这是山东省历史规模最大的文化工程，将全景式展示齐鲁传统文化。

（二）体制机制创新持续深入

山东坚定不移地推进国有经营性新闻出版单位进一步加快公司制、股份制改造，去除过剩产能和无效供给，激活生产要素，更大力度培育市场主体。2016年以来，大众报业集团清除冗枝赘叶，积极稳妥地推进亏损企业、僵尸企业清理，对13家下属企业进行清理整合，10家企业已全面完成注销或整合。体制改革释放活力，山东出版集团有限公司、山东大众报业集团、山东新华书店集团有限公司、济南日报报业集团、青岛出版集团有限公司、青岛日报报业集团不断发展壮大，成为山东省新闻出版业发展的领头雁。2016年山东部分出版集团/公司综合评价得分及在全国的排名变化情况见表4。

山东新闻出版业积极与资本市场进行有效对接，符合条件的新闻出版企业加快上市融资。目前，青岛城市传媒、东港安全印刷、世纪天鸿和山东出版传媒4家企业已在主板上市。东港安全印刷股份有限公司和青岛城市传媒股份有限公司上市情况见表5。

表4　2016 年山东部分出版集团/公司综合评价得分及在全国的排名变化情况

单位：分，位

集团/公司	综合评价得分	2016 年排名	2015 年排名	排名变化
山东大众报业集团	1.1741	5	4	−1
山东出版集团有限公司	0.5691	11	9	−2
山东新华书店集团有限公司	0.3323	6	7	1
青岛出版集团有限公司	−0.5008	17	17	0
青岛日报报业集团	−0.6776	39	44	5
济南日报报业集团	−0.7123	40	37	−3

表5　东港安全印刷股份有限公司和青岛城市传媒股份有限公司上市情况

单位：亿元，位

指标	东港安全印刷股份有限公司		青岛城市传媒股份有限公司	
	数值	出版上市公司排名	数值	出版上市公司排名
股市流通市值	108.92	10	48.91	28
股市总市值	108.95	17	79.90	26
营业收入	14.91	25	17.74	20
利润	2.79	27	2.82	9

（三）融合发展成为新趋势

山东省把融合发展作为推进新闻出版业供给侧结构性改革的重要抓手，积极引导产业融合、传统媒体与新媒体融合，着力构建立体多样、融合发展的现代新型传播体系。传统新闻出版单位加快向数字化转型升级，通过数字平台手段进行内容资源整合利用。目前，山东省已有22家网络出版服务单位，4家数字出版基地（国家级1家，省级3家），3家数字出版园区，从事数字出版及相关产业的单位有700多家，数字出版年产值近百亿元。其中青岛国家数字出版产业基地2016年资产总额达到181.09亿元，全国排名第4；实现营业收入78.08亿元，全国排名第8；利润总额6.60亿元，全国排名第10。2016年，山东出版集团进行"文化＋金融"、"文化＋商贸"、"文化＋科技"及"文化＋旅游"等多元化融合，多元化收入占比达到11%。山东大众报业集团大力实施"网上大众"基础工程、媒体融合推进工程、全媒全案营销工程，积极打造报网端微融媒矩阵，满足用户的个性化、专业化需求，带动报业转变转型。2017年以来，山东省各出版集团、出版社在互动阅读、移动资源、社交平台、电子商务、定制服务、在线教育、云计算与大数据等方面不断加大产品研发力度，探索新的盈利模式。山东出版集团启动了山东出版云平台建设，实现了传统出版全流程全环节的数字化。青岛出版集团重点运营"青岛微书城"平台、"人文中国"移动阅读应用、"快扫"图像识别系统、青少悦读移动阅读服务平台等，推进优质出版资源全面移动化、数字化开发运营和国际化传播。

（四）产业转型升级步伐加快

山东出版企业着力优化产品结构，提升市场竞争能力，图书出版单位由过度依赖教材教辅用书出版向一般类图书出版转型，教材教辅类图书在出版品种中占比逐年下降。山东省民营书业表现抢眼，在激烈的市场竞争中逐步找准市场需求和自身定位，不断创新商业模式、经营方式，经济效益稳步提高，转型升级成效十分显著。青岛国家数字出版产业基地、台儿庄国家版权贸易基地等产业基地园区集聚带动作用显著，在国家版权局公布的34家国家级版权保护示范单位、园区（基地）中，山东省占8席。印刷企业通过采用环保技术、工艺和装备，提供高质量、个性化和高附加值的产品，进一步提高了生产效益。目前，山东省已有65家企业取得绿色印刷认证资格，涵盖了出版物印刷、票据印刷、食品药品包装等方面，山东省中小学教科书全部实现绿色印刷。

（五）"走出去"步伐坚定有力

山东省版权输出数量逐步增长，贸易逆差进一步缩小，齐鲁文化产品海外影响力明显提升。2016年，山东省共输出图书版权179项，较2015年增加29项，增长19.33%；引进图书版权313项，减少90项，较2015年下降22.33%（见图10）。版权输出项数与引进项数之比由2015年的1:2.69提高到2016年的1:1.75。

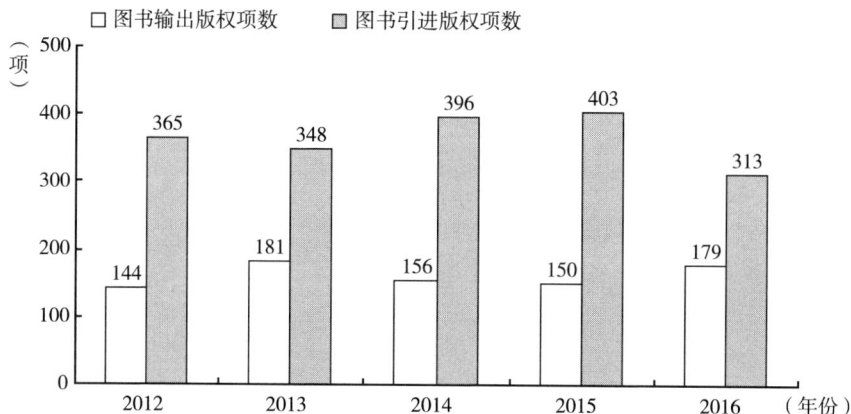

图10 2012～2016年山东省图书版权贸易增长情况

为推动齐鲁传媒走向海外，山东省出台了《关于进一步推动山东省新闻出版广播影视业"走出去"工作的指导意见》，积极发挥宏观规划、政策支持和指导服务作用。山东友谊出版社第26家海外尼山书屋在澳大利亚蓝山揭牌。山东省连续两年作为主宾省参加海峡两岸图书交易会，极大地推动了大陆与台湾的文化交流与联系。2017年前三季度组织全省新闻出版广播影视单位陆续参加了2017北京图书订货会、第三届青岛东亚版权创意精品展示交易会和亚洲媒体峰会等文化活动，加强了山东省与各国尤其是亚洲地区、"一带一路"沿线国家的交流合作，扩大了山东省新闻出版企业的国际影响力。

四 推动山东新闻出版业迈上新台阶的对策措施

当前，山东正在实施"质量强省""品牌立省"战略，全力推动供给侧改革，实现新旧动能转换。与此要求相比，山东省新闻出版业仍有许多短板和不足，主要体现为五个"缺"。一是质量缺失。从整体上看，山东省新闻出版产品有数量缺质量，有"高原"缺"高峰"的现象依然存在，拿得出、叫得响、卖得好的精品力作较少。二是观念缺新。随着信息技术、数字技术、"互联网＋"的高速发展，新闻出版产品形态不断创新，产业融合不断深化，新兴媒体层出不穷。面对新的机遇与挑战，山东新闻出版行业的思想观念、认知能力还不适应形势发展的需要，许多发展思路和管理理念还没有跳出原来的条条框框，对改革发展中的热点、难点问题缺乏及时有效的应对措施。三是体制缺陷。影响新闻出版业发展的体制机制问题还没有从根本上解决好，经营性新闻出版单位虽然先后完成转企改制，但还没有完全建立起现代企业制度，法人治理结构尚未完善，未成为合格的现代市场经济主体。四是能力缺乏。图书出版、发行依然依赖教材教辅，难以很好地满足人民群众对美好精神文化生活的需求。印刷业面临的环保责任空前加大，转型升级压力沉重，步伐缓慢。传统媒体与新媒体融合不够快，没有形成新的生产方式、产业形态和增长点，同质化竞争严重。五是人才缺少。山东新闻出版业高层次、高质量人才匮乏，尤其是缺少在全国有影响的领军人物。同时，经营激励机制不够科学、有效，对优秀人才缺乏吸引力，存在引进难、留住也难的现象。

针对上述问题，山东省新闻出版业必须以习近平新时代中国特色社会主义思想为指导，向质量品牌要效益，向创新融合要动力，向国内国外要空间，力求经济效益与社会效益真正统一，力争市场竞争与政府服务无缝衔接，多策齐下，求真务实，加快实现"出版强省"的目标，为社会主义文化强国建设贡献力量，为民族复兴提供精神支撑。

（一）繁荣精品创作，提升供给质量

内容承载着新闻出版业的核心竞争力，要继续推行精品出版工程，大力推动山东精品出版高地建设，努力推出一批精品图书，叫响鲁版图书品牌。要创新出版集团体制机制，加快体制改革步伐，建立科学合理、灵活高效的管理体制和经营机制，鼓励企业运用联合、重组、兼并等运作手段，打破区域分割和行业壁垒，开展跨区域、跨行业经营。要进一步加大政策和资金扶持力度，通过开展精品出版专项扶持奖励计划、争取国家和省级层面专项资金、评选绿色印刷企业等方式，扶持出版企业、报刊单位、印刷企业提高创新能力，积极开发符合新形势下市场需求的产品，提高产品质量，引导过剩产能平稳退出。同时，积极引导一批民营发行企业改革创新，加快做优做强，更好地发挥行业引领作用，巩固山东省民营书业在全国的半壁江山地位。

（二）加快产业转型升级，改造提升旧动能

当前，新闻出版业已进入了产业格局调整、产业形态转换的战略转型期，必须适应新经济新常态，调整产业结构，转变发展方式，走质量效益、规模化、内涵式、集约化发展道路。转变以品种和数量为主的增长方式，推动图书、报刊、音像电子出版单位优化产品结构，向精品化、数字化、个性化、效益化方向发展。转变过度依赖教材教辅的盈利模式，以一般图书的生产和发行为突破口，形成畅销书、常销书和品牌书的产品集群，构建起规模化、有序化、特色化的出版业发展格局。转变民营书业经营发展模式，出台扶持民营书业发展的意见，引导企业向特色化、专业化发展，不断延伸产业链条，增强山东省民营书业的整体实力，继续保持在全国的领先地位。转变单一的图书发行模式，扶持实体书店发展，鼓励开展多元化经营，打造一批"最美书店"。大力发展数字出版、数字印刷，引导企业积极学习和采用互联网、云计算和大数据技术，在力所能及的范围内探索数字出版、按需印刷的实现路径，搭建网络接单和业务平台。转变传统印刷生产方式，推动印刷复制业转型升级和设备改造，向自动化、智能化、信息化、数字化发展，引导产业绿色转型。

（三）加快产业载体建设，带动产业集聚

重点企业、重点项目和重点园区是加快山东省新闻出版业新旧动能转换的重要载体和支撑。应加大对重点企业的培育力度，引导企业把建立现代企业制度与整合资源、调整结构、创新业务结合起来，培育一批有市场竞争力和影响力的新型传媒集团，发挥其在山东省的示范带动作用。重点扶持一批新闻出版企业股改上市，鼓励已上市公司通过并购重组做强做大做优。继续实施重点项目带动战略，再遴选出一批重点项目和重点基地（园区），通过政策扶持和资金引导，促进新闻出版新领域、新业态培育，推进新闻出版内容、形式、手段、产品形态的持续创新。加大项目扶持力度，在产业项目用地、手续办理等方面为新闻出版企业开通"绿色通道"，在企业增值税减免等方面给予优惠政策。不断完善产业项目平台，加大宣传推介力度，坚持项目储备与推进相统一、监督和服务相结合，努力为项目实施

营造良好环境、扩大影响力。进一步加强新闻出版基地（园区）建设管理，重点建设好已批准的园区基地，推动向优质资源和要素集聚，提高综合效益和品牌影响力。

（四）加快"走出去"步伐，拓宽发展空间

推动新闻出版"走出去"是树立文化自信、提升对外传播力的关键环节，也是弘扬优秀传统文化、加快产业发展的重要动力。切实贯彻执行《关于进一步推动山东省新闻出版广播影视业"走出去"工作的指导意见》，设立"走出去"奖励基金，加大对走出去项目和产品的扶持力度，培育一批外向型企业和产业基地，支持走出去机构在海外实施公司化运作、本土化战略、全媒体发展。对实现"走出去"新闻出版企业，在出版、影视制作资源上给予优先配置和政策倾斜。对列入"走出去"重点工程中的出版项目所需出版制作资源给予重点保障。抓住国家"一带一路"建设契机，推动面向沿线国家和地区的影视创作、出版发行、精品译配、出版物数据库推广合作，组织跨境采访、媒体互动等品牌活动，推动尼山书屋等在海外落地运营，集中讲好山东故事，塑造山东对外新形象，增强国际话语权。要鼓励企业参加美国书展等国际大型展会和交流活动，不断加强与国外新闻出版机构的合作、交流，助力产品和项目走向国际市场，提升海外影响力。

B.9
2017年山东省广播影视业发展报告

徐建勇*

摘　要： 现代传播技术手段日新月异，无线移动终端将快速占据绝对主导地位，有线"三网"不待整合就将共同走向消亡，融媒体、全媒体也只是过渡性产物。在传播途径上，有线终将回归无线；在媒体终端上，图书、报刊、广播、电视、电脑、手机不是走向共存共融，而是多元归一，这应成为今后所有传媒政策制定、财政发力、产业投资、技术突破的基本依据。近二十年来，山东广播影视业改革发展一直落后于全国，现在更是出现下滑趋势，必须解放思想，认清未来，在全国尚忙于发展融媒体、广电网整合的契机，全力扶持、壮大民营广播影视内容制作，全力推动无线传播技术创新，全力发展多媒体移动终端，才有可能在激烈的未来传媒产业竞争中占得先机。

关键词： 山东省　广播影视业　媒体终端

受国民经济发展大局和媒体传播形态变化的影响，近两年来，山东广播影视产业发展速度放缓，产业总收入、创收收入、广告收入①下降明显。同时山东全省广播影视业各项改革任务有效实施，精品力作不断呈现，融合发展加快推进，广播电视综合覆盖率保持稳定，城市电影产业发展良好，发展质量有所提升。

＊　徐建勇，山东社会科学院文化研究所副研究员。

①　本报告所涉山东省广播影视业统计数据全部由山东省新闻出版广电局提供，后文不复注。

一 山东省广播影视业总体发展情况分析

为加快广播影视业发展，山东出台了《关于促进县级广播电视台改革发展的意见》，县级广播电视台改革发展迈入新时期；研究制定了《山东全省百部影视精品创作生产扶持办法》，确定在"十三五"期间，重点扶持 100 部左右优秀电影、电视剧、纪录片、动画片的创作生产。为突破山东省电影创作短板，启动实施了"电影剧本孵化创作计划"，对全省优秀电影剧本创新项目进行征集筛选。2017 年以来，山东继续大力扶持影视精品创作，百部影视精品创作生产推进计划正式破题，纪录片《稷下学宫》开机拍摄，电视剧《温暖的村庄》《孙光明下乡记》《守卫者－浮出水面》入选"迎接党的十九大胜利召开参考剧目"，广播影视精品创作生产工程初见成效，"鲁剧"品牌的影响力和美誉度不断扩大。中国广播电视网络有限公司与山东广电网络有限公司签署战略投资合作协议，中国广播电视网络有限公司拥有的有线、无线、卫星及数据宽带等资质牌照资源及相关多媒体业务在山东的落地实施，共同推动全国广电"一张网"的实现。

受经济发展速度放缓、产业结构调整的影响以及新媒体的市场冲击，山东广播影视业主要经济指标出现下滑趋势。2016 年，山东省广播影视业总收入159.79 亿元，较 2015 年减少 12.52 亿元，下降 7.27%。实际创收收入 142.91亿元，较 2015 年减少 12.07 亿元，下降 7.79%。增加值 121.31 亿元，较 2015年增加 38.08 亿元，增长 45.75%（见图 1）。2017 年 1~8 月，山东省广播影视业实际创收收入 89.45 亿元，同比增长 1.94%。总收入减少，增加值却大幅增加，显示山东广播影视业努力缩减成本，投资缩减、融资增加，发展质量有一定提升。但是如果继续抱残守缺，这种下行趋势就将不再是暂时性的，勇于迎接新形势，借助新技术，催生新业态，创造新的产业增长点，是全世界广播影视业继续发展壮大的不二选择。

广告收入是广播电视行业主要创收来源。2016 年，山东全省广播电视广告收入 48.26 亿元，较 2015 年减少 11.07 亿元，下降 18.66%（见图 2）。其中，广播广告收入 9.47 亿元，较 2015 年增长 0.24%；电视广告收入 35.79亿元，较 2015 年下降 22.26%。2017 年 1~8 月，山东全省广播电视广告收入32.51 亿元，同比增长 2.23%。长期以来，广播广告与电视广告一直是零和博弈，处于此消彼长的状态，现在新媒体加入角力形成三方博弈，广播电视行业广告收入前景不容乐观。

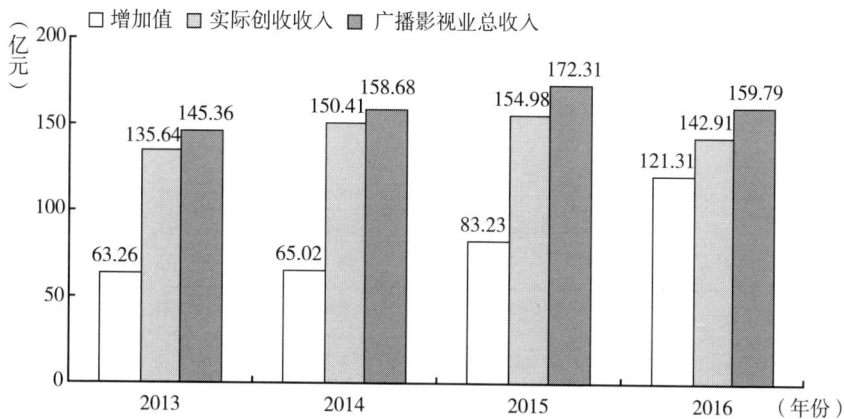

图1 2013~2016年山东全省广播影视业情况

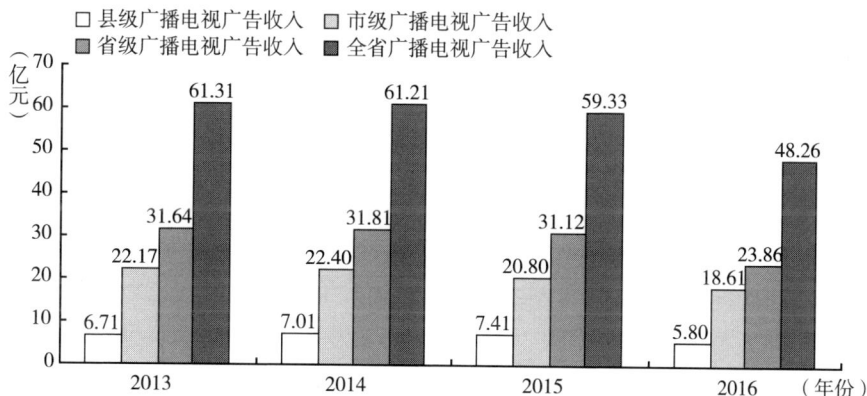

图2 2013~2016年山东全省广播电视广告收入情况

从全国广播影视业发展的情况来看，山东广播影视业与山东经济发展地位不相称，与山东文化产业在全国的位置相去甚远，发展压力较大。2016年山东广播影视业总收入159.79亿元，居全国第8位，排名在山东省之前的分别是北京、上海、浙江、江苏、湖南、广东、四川；资产总额411.94亿元，居全国第8位，排名在山东省之前的分别是北京、浙江、江苏、上海、广东、湖南、四川；行政事业单位总收入64.70亿元，居全国第3位，排名在山东省之前的分别是湖南、广东；企业单位总收入95.09亿元，居全国第8位，排名在山东省之前的分别是北京、上海、浙江、江苏、广东、湖南、四川；广告收入48.26亿元，居全国第7位，排名在山东省之前的分别是北京、上海、浙江、湖南、江苏、广东；网络收入61.59亿元，居全国第4位，排名在山东省之前的分别是江苏、浙江、广东；城市电影票房17.52亿元，居全国第8位，排名在山东省之前的分别是广东、江苏、浙江、上海、北京、四川、湖北（见表1）。

表1 2016年山东广播影视业主要经济指标全国排名

单位：亿元，位

指标	收入（亿元）	2016年排名	较2015年排名变化
总收入	159.79	8	−1
资产总额	411.94	8	−1
行政事业单位总收入	64.70	3	0
企业单位总收入	95.09	8	−1
广告收入	48.26	7	0
网络收入	61.59	4	0
城市电影票房	17.52	8	0

山东广播影视业队伍规模不断壮大，人员结构进一步优化。2016年山东全省广播影视从业人员5.94万人，较2015年增长2.3%。其中长期职工5.56万人，女职工2.32万人，党员2.04万人。按岗位分类，有管理人员7857人，占13.23%，专业技术人员34978人，占58.90%，其他人员16555人，占27.87%（见图3）。专业技术人员中，有编辑记者12309人，播音主持人2428人，工程技术人员11984人，艺术人员969人，经营人员3041人。按学历分类，有研究生学历人员1601人，本科及大专学历人员45159人，占总人数的76.04%，高中及以下学历人员12630人。按年龄分，35岁及以下人员28534人，占总人数的48.05%，36~50岁人员24933人，51岁及以上人员5923人。按专业技术职务分，有正高级人员453人，副高级人员2909人，中级人员9518人，初级人员30077人，无专业职称人员16433人。

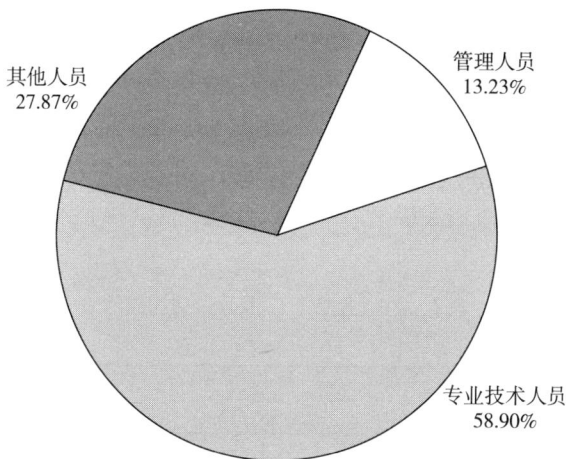

图 3　2016 年山东全省广播影视从业人员按岗位分类占比情况

二　山东省广播行业发展分析

2016 年，山东全省共有在播公共广播节目 161 套，其中省级节目 8 套，占 4.97%；地市级节目 51 套，占 31.68%；县级节目 102 套，占 63.35%（见图 4）。受制度政策约束，一个地方的广播节目数量在一定时期内不会有太大变化。

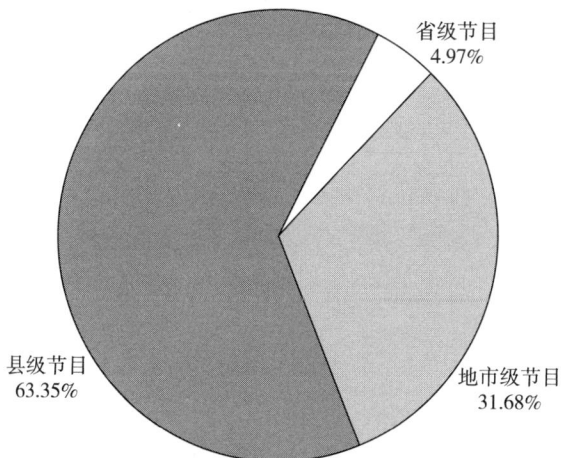

图 4　2016 年山东全省在播公共广播节目按省、市、县分级占比

（一）广播节目播出情况

2016 年，山东全年播出广播节目 957117 小时，较 2015 年增加 18430 小时，增长 1.96%（见表 2）。受制于传播形式，在广播节目数量不变的情况下，广播节目播出总时长难以突破。

表 2　2016 年山东广播节目播出情况

单位：小时，%

指标	时长	同比增长率
全年广播节目播出时长	957117	1.96

从节目播出类型来看，山东广播系统 2016 年播出新闻资讯类节目 156111 小时，专题服务类节目 190351 小时，综艺益智类节目 264817 小时，广播剧类节目 84980 小时，广告类节目 89520 小时，其他类节目 171338 小时。

按播出节目来源分，山东广播系统 2016 年转播中央台节目时长 71344 小时，占 7.46%；转播省级台节目时长 30675 小时，占 3.20%；转播地市级台节目时长 14581 小时，占 1.52%；播出自制节目时长 643789 小时，占 67.26%；播出购买、交换节目时长 196728 小时，占 20.56%（见图 5）。山东全省被中央人民广播电台采用新闻类节目条数 2326 条，下降 27%。

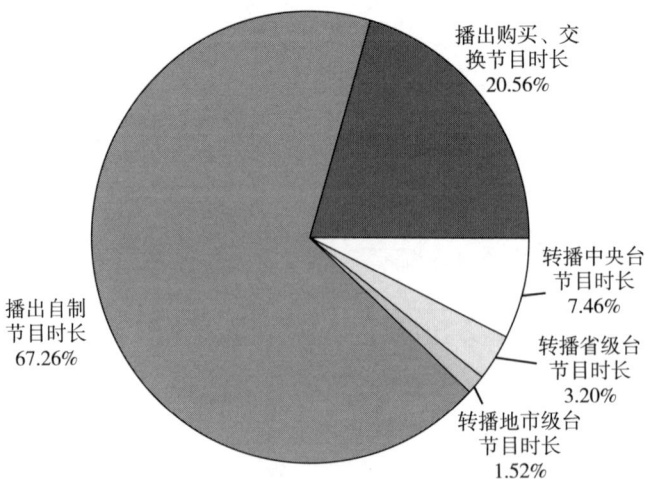

图 5　2016 年山东广播行业播出节目来源占比

（二）广播节目制作情况

"制播分离"是广播电视业改革的重要方向，但是目前广播电视节目制作基本还是依附于广播电视台，受政策制约、播出渠道制约、专业技术制约，社会资本进入广播节目制作领域困难重重，广播电台所播出节目仍然以自制节目为主。2016 年，山东全年制作广播节目 560248 小时，较 2015 年增加 26769 小时，增长 5.02%。按制作节目类型分，全年制作新闻资讯类节目 97356 小时，制作专题服务类节目 139828 小时，制作综艺益智类节目 176186 小时，制作广播剧类节目 15370 小时，制作广告类节目 52605 小时，制作其他节目 78903 小时。按省、市、县层级分，省级广播电台制作广播节目 60829 小时，占 10.86%；地市级广播电台制作广播节目 270105 小时，占 48.21%；县级广播电台制作广播节目 229314 小时，占 40.93%（见图6）。

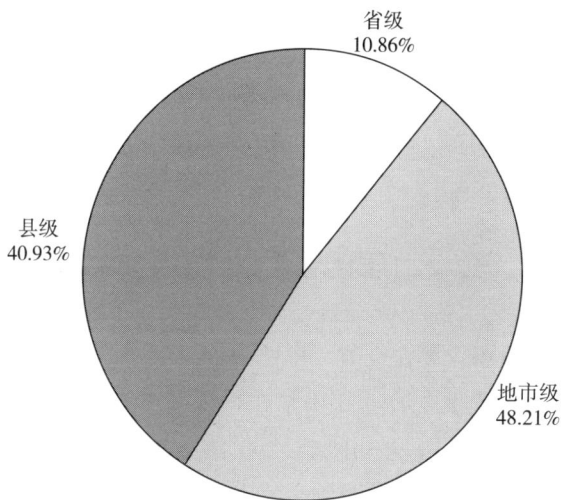

图6　2016 年山东全年制作广播节目按省、市、县分级占比

（三）广播综合覆盖情况

2016 年，山东全省广播综合覆盖人口 9565.89 万人，综合覆盖率为 98.98%。其中中央广播节目综合覆盖人口 9314.53 万人，综合覆盖率为 96.38%；省级广播节目综合覆盖人口 9121.83 万人，综合覆盖率为 94.38%（见表3）。

表 3 2016 年山东全省广播综合覆盖情况

单位：万人，%

指标	人口	综合覆盖率
山东全省广播综合覆盖	9565.89	98.98
中央广播节目综合覆盖	9314.53	96.38
省级广播节目综合覆盖	9121.83	94.38

2016 年，山东全省无线广播综合覆盖人口 9518.03 万人，综合覆盖率为
98.48%。其中中央无线广播节目覆盖人口 9259.51 万人，综合覆盖率为 95.81%；
省级无线广播节目覆盖人口 9094.37 万人，综合覆盖率为 94.10%（见表 4）。

表 4 2016 年山东全省无线广播综合覆盖情况

单位：万人，%

指标	人口	综合覆盖率
山东全省无线广播综合覆盖	9518.03	98.48
中央无线广播节目综合覆盖	9259.51	95.81
省级无线广播节目综合覆盖	9094.37	94.10

三 山东电视行业发展分析

山东电视行业改革发展在全国一直处于落后状态，思想守旧，体制僵化，
政策不活，人才流失严重。2016 年山东在播公共电视节目套数 224 套，其中
省级节目 10 套，占 4.46%；地市级节目 58 套，占 25.90%；县级节目 156 套，
占 69.64%（见图 7）。山东广播电视台 2016 年总收入 33.92 亿元，较 2015 年
减少 8.29 亿元，下降 19.64%，实际创收收入 33.18 亿元，较 2015 年减少
8.17 亿元，下降 19.76%。2017 年 8 月，山东广播电视台融媒体新闻调度平台
"中央厨房"投入试运行，其总投资超过 1.3 亿元，总建筑面积 6000 多平方
米，力求实现新闻资讯的传播效果最大化，这是其一大亮点。

（一）电视节目播出情况

2016 年，山东全年播出电视节目 1155425 小时，较 2015 年增加 837 小时，增长

0.07%。按节目播出类型分，全年播出新闻资讯类节目148044小时，专题服务类节目146434小时，综艺益智类节目106234小时，影视剧类节目506879小时，广告类节目139927小时，其他类节目107907小时。按节目播出来源分，全年转播中央台节目时长约76914小时，占6.66%；转播省级台节目时长约36085小时，占3.12%；转播地市级台节目时长约17346小时，占1.50%；播出自制节目时长约460576小时，占39.86%，播出购买、交换节目时长约564505小时，占48.86%（见图8）。山东全省被中央电视台采用新闻类节目条数2719条，较2015年减少8%。

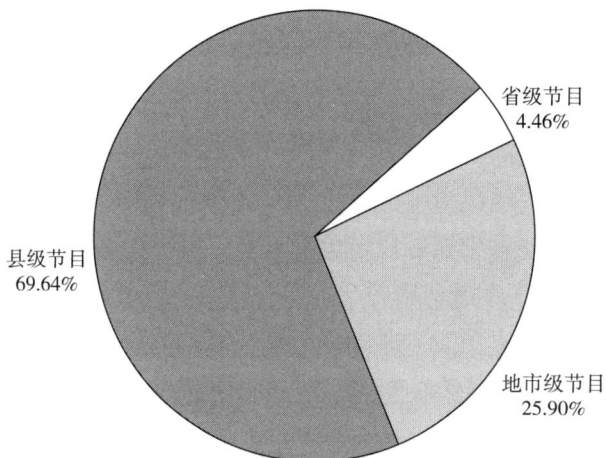

图7 2016年山东在播公共电视节目按省、市、县分级占比

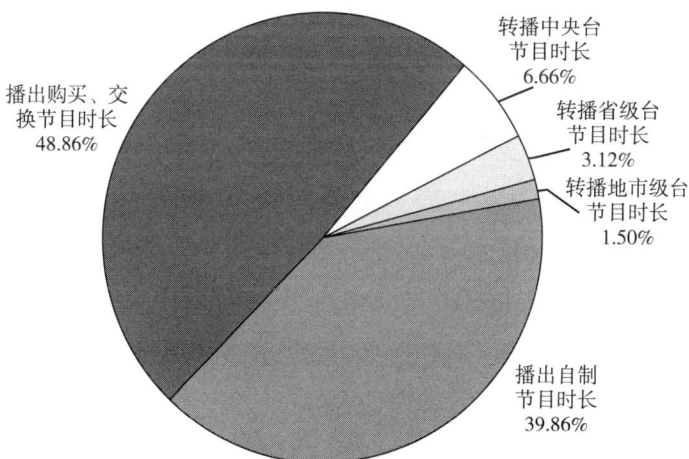

图8 2016年全年播出电视节目来源占比

（二）电视节目制作情况

20世纪八九十年代山东电视节目制作曾经一度引领全国，相继拍摄过《武松》《高山下的花环》《今夜有暴风雪》《抉择》《白眉大侠》等大量叫好又叫座的优秀影视剧，有"内地TVB"之称。但是，近几年随着国内民营影视企业的迅速崛起和国内外影视资源的整合加剧，山东省影视制作面临机构偏少、产业链条不完善、市场经营开拓能力不足的问题，以及思想观念滞后、体制机制不活、人才流失严重等深层次制约因素逐渐显现，山东影视产业市场竞争力、影响力日益萎缩，市场占有率不断下滑，已经成为山东文化强省建设的显著短板。2016年山东全年制作电视节目233075小时，较2015年增加11573小时，增长5.22%。按制作节目类型分，全年制作新闻资讯类节目54237小时，制作专题服务类节目60559小时，制作综艺益智类节目39568小时，制作影视剧类节目14775小时，制作广告类节目38884小时，制作其他节目25052小时。按省、市、县层级分，省级电视台制作电视节目35656小时，占15.30%；地市级电视台制作电视节目107911小时，占46.30%；县级电视台制作电视节目89508小时，占38.40%（见图9）。

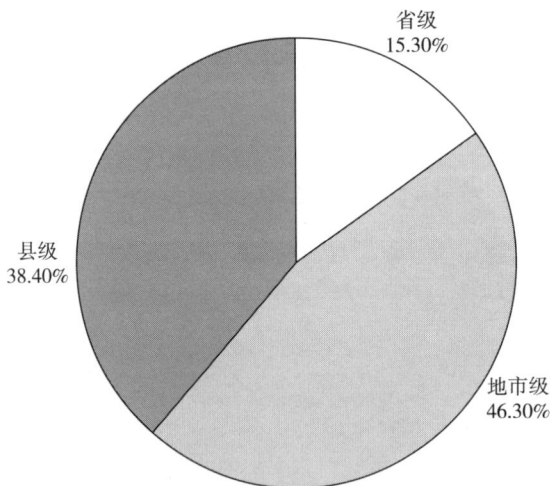

图9　2016年山东全年制作电视节目按省、市、县分级占比

（三）电视综合覆盖情况

2016 年，山东全省电视综合覆盖人口 9531.13 万人，综合覆盖率为 98.62%。其中中央电视节目综合覆盖人口 9341.95 万人，综合覆盖率为 96.66%；省级电视节目综合覆盖人口 9174.22 万人，综合覆盖率为 94.93%（见表 5）。

表5　2016 年山东全省电视综合覆盖情况

单位：万人，%

指标	人口	综合覆盖率
山东全省电视综合覆盖	9531.13	98.62
中央电视节目综合覆盖	9341.95	96.66
省级电视节目综合覆盖	9174.22	94.93

2016 年，山东全省无线电视综合覆盖人口 9338.50 万人，综合覆盖率为 96.62%。其中中央无线电视节目综合覆盖人口 9164.22 万人，综合覆盖率为 94.82%；省级无线电视节目综合覆盖人口 8986.80 万人，综合覆盖率为 92.99%（见表 6）。

表6　2016 年山东全省无线电视综合覆盖情况

单位：万人，%

指标	人口	综合覆盖率
山东全省无线电视综合覆盖	9338.50	96.62
中央无线电视节目综合覆盖	9164.22	94.82
省级无线电视节目综合覆盖	8986.80	92.99

四　山东电影产业发展分析

在我国版权保护力度不断加大，电影院线规模快速扩张，影院功能日趋多元化的背景下，山东城市电影产业实现快速发展。2016 年，山东新增加数字影院61 家，银幕360 块，建设运营的数字影院达到 421 家，银幕2305 块。全年城市影院放映场次 396.10 万场次，观影人次 5806.40 万人次，票房 17.52 亿元，三项指标分别比 2015 年增长 26.2%、5.6%、2.2%（见表7）。2017 年，城市电影保持较快增长态势，上半年电影票房首次突破 10 亿元，比 2016 年同期增长 8%；观影人次 3325 万人次，比 2016 年同期增长 9.1%。

山东影视传媒集团有限公司成立以来，发展活力明显提升，摄制的《琅琊榜》《伪装者》《欢乐颂》《北平无战事》《大圣归来》等影视作品叫好又叫座。但是受影视作品发行周期性的暂时影响，山东影视传媒集团 2016 年总收入 2.73 亿元，较 2015 年减少 1.76 亿元，下降 39.20%，实际创收收入 2.45 亿元，较 2015 年减少 1.91 亿元，下降 43.81%。2017 年以来，山东影视制作有限公司积极推进上市工作，目前已经完成股份制改造和战略投资者引进等工作，初步完成战略融资 6 亿元。为延伸产业链，山东影视传媒集团正在与重汽集团联合打造精品化影视主题乐园"星工坊"，与青岛西海岸发展集团共同投资建设中国影视剧"决定性影视孵化圈"，力求形成集影视投融资、拍摄制作、艺人培育、营销发行、影视会展等于一体的影视文化产业集群。

山东全省公益电影放映工作扎实推进，截至 2017 年 6 月底，山东全省共计放映农村公益电影 310857 场，完成全年放映任务的 34.55%，共在 151 个社区广场和 2021 个福利机构，放映公益电影 3911 场。从传媒发展的阶段和群众的需求来说，基层公益电影放映形式落后、内容陈旧，其使命将快速走向终结。

表7   2013～2016 年山东全省城市电影发展情况

年份	票房（亿元）	放映场次（万场次）	观影人次（万人次）	数字影院（个）	银幕（块）
2013	7.44	165.95	2568.00	276	1321
2014	11.04	251.60	3563.80	309	1560
2015	17.14	313.90	5499.70	360	1945
2016	17.52	396.10	5806.40	421	2305

五　山东广电网络发展分析

根据中央文化体制改革的部署，全国广电网络将进行整合形成"一张网"，山东广电未上市，将首当其冲。根据当前媒体发展的趋势，无线传播的移动终端将取代一切传播形式、收发终端。目前看来，之前我国广播电视发展从无线转向有线，实际上是走了一段弯路，有线终将要回归无线，全国广电网整合是权宜之计，"三网融合"也无须再费力推动，而是共同快速走向消亡。

（一）山东广电网络产业发展情况

山东广电网络广播电视用户数持续增长。截至 2016 年底，山东全省有线广播电视用户 1848.07 万户，较 2015 年增加 41.30 万户，增长 2.29%，其中数字电视用户 1762.67 万户，较 2015 年增加 62.03 万户，增长 3.65%（见图10）。

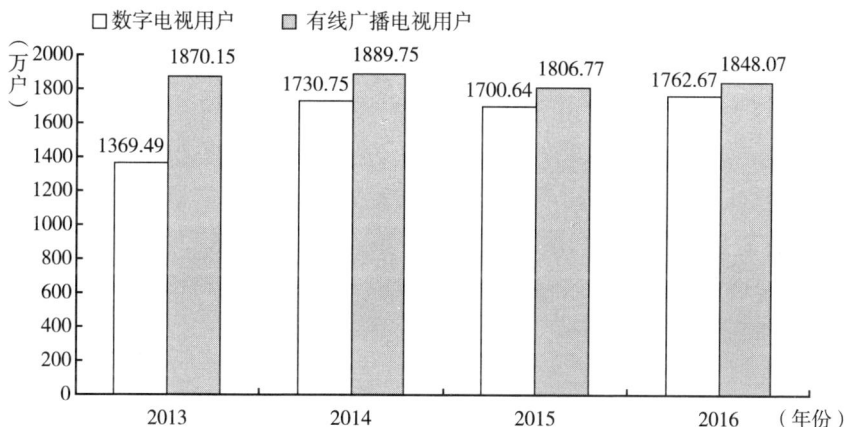

图 10　2013~2016 年山东全省有线广播电视用户和数字电视用户情况

山东广电网络收入略有下降。山东广电网络有限公司 2016 年总收入 60.15 亿元，较 2015 年减少 1.01 亿元，下降 1.65%，实际创收收入 60.11 亿元，较 2015 年减少 2.06 亿元，下降 3.31%。其中实现三网融合业务收入 3.52 亿元，较 2015 年增加 1.47 亿元，增长 71.71%（见图11）。有线电视收费是广电网络收入主要来源，今后必将持续下滑，同时广电互联网服务、付费频道节目、客户定制服务尚有巨大开拓空间。

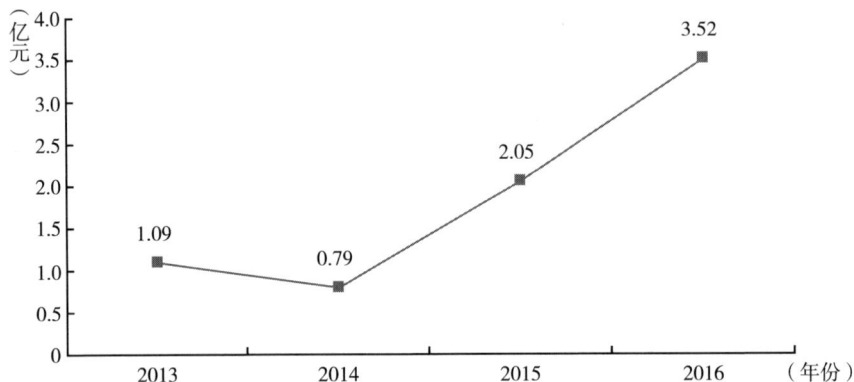

图11 2013～2016年山东全省三网融合业务收入情况

（二）有线广播电视网络传输情况

2016年，山东全省有线广播电视干线网长度达到39.14万公里，有线电视入户率达到61.49%；数字电视用户为1762.66万户，较2015年增加62.02万户，增长3.65%；付费数字电视用户为702.00万户，较2015年增加55.73万户，增长8.62%；双向用户为233.56万户，较2015年增加93.46万户，增长66.71%；广播电视互联网用户为206.50万户，较2015年增加119.46万户，增长137.25%。微波实有站为28.00座，微波传送线路长度为1529.20公里（见表8）。

表8 2016年山东全省有线广播电视网络传输情况

指标	数据
有线广播电视干线网长度（万公里）	39.14
有线广播电视用户（万户）	1848.07
有线电视入户率（%）	61.49
数字电视用户（万户）	1762.66
付费数字电视用户（万户）	702.00
双向用户（万户）	233.56
广播电视互联网用户（万户）	206.50
微波实有站（座）	28.00
微波传送线路长度（公里）	1529.20

（三）广电网络公共服务工作情况

为加快推进广播电视"村村通"工程，山东省制定了无线数字电视补点实施方案，广电网络公司加快了贫困村通有线电视步伐。截至 2016 年底，山东全省 7005 个省定贫困村已全面实现有线电视村村通，新增 1649 个省定贫困村已有 1632 个村开通有线电视，开通率为 99%。同时，制定了广播电视行业扶贫工作中的剩余贫困户通过直播卫星和有线电视的方式解决收看电视节目的方案。

六　加快推动山东广播影视业发展的思路举措

加快推动山东广播影视业发展，继续解放思想、改革体制绝不是空话套话，必须松绑政策，优化发展环境，整合各级国有广播影视资源；必须重视社会资本，全力扶持、壮大民营广播影视内容制作；必须重视创造创新，全力推动无线传播技术创新，全力发展多媒体移动终端，形成准确清晰的思路，制定切实可行的措施。

（一）继续推进广播影视业体制机制改革创新

必须进一步用改革的办法，加大山东广播影视产业结构调整，减少无效和低端供给，推进山东广播影视业发展重心从量的积累转向质的提升。要培育壮大新型市场主体，积极引导鼓励社会资本进入广播影视内容生产制作领域。要注重提高内容质量，引导广播电视台根据多元化的用户需求，充分利用新技术、新媒介创新内容的呈现方式，针对不同终端平台、不同产品形态、不同用户需求，进行内容的适配生产，增强产品创新，实现有效供给。要不断引导影视节目制作机构创新生产方向，大力推动产品和节目自主创新，进一步加强调控管理，让更多好节目好作品进入好时段、好平台。要继续加快广电领域体制机制改革，通过广电行业市场化专业化发展，不断调整完善内容产品结构，加快建立与市场对接的内容生产体系，形成提升产品供给质量的反馈体系。要推进广播电视资源整合。对于无法独立生存的县级广播电视台，要大胆进行撤并；对于仍然具有一定资源优势和市场影响的县级广播电视台，要积极探索以省级或市级广播电视台为主体，以频道制为方向，以资本为纽带，进行整合重组，提高广播电视资源配置效率，节约财政扶持资金以支持省市级影视传媒和新媒体的发展壮大。

（二）加快推进全媒体融合发展

积极适应传播格局的深刻变化，加快媒体深度融合、一体发展，是广播影视革新图存、赢得未来的重大战略任务。当前，媒体融合已经到了向纵深推进的关键阶段，但山东省在推进媒体深度融合方面还面临着动力不足、思路不清等问题，有的传统业务与新媒体业务还是两张皮，互不相融；有的新媒体名号与母体分离，削弱了主流媒体的品牌影响力等。下一步，要加紧突破深度融合的关键节点，跨越构建新型主流媒体的重要关口，真正实现融为一体、合而为一。要积极引导行业提升对融合发展的认识和理解，充分领会、运用大融合思维、一体化思维、用户思维谋求发展，加大资源挖掘、要素整合、产业耦合程度，实现传统媒体与新兴媒体在内容、技术、终端、渠道、管理、经营等方面的多层次、多样化的全面深度融合。要抓好"中央厨房"这个龙头工程，加快流程再造步伐，进一步融通采编发各生产环节，推进制作流程一体化、资源共享便捷化，利用"中央厨房"进行内容创新，生产出具有表现力的融媒体产品。要积极开拓新媒体及融合媒体宣传阵地，借助高新科技的发展与应用，让传统媒体与互联网融合，促进IPTV、互联网电视等视听媒体形态和新业务发展。

（三）加快培育新兴广播影视业态

当前，新兴媒体、新兴业态正深刻改变着媒体格局和舆论生态，直接挑战和冲击传统媒体。要以业态创新、产品创新和内容创新为重点，加快发展动漫游戏、网络文学、数字教育、网络剧、微电影等新兴内容产业。要利用大数据深入分析用户的群体分布特征和多样化个性化需求，以用户数据、用户画像指导产品与服务创新，做到精准生产、精准传播、精准服务，提升用户体验。要加强对云计算、人工智能、3D打印技术、现代物流技术的应用，提升各产业链的科技含量，降低生产成本，创造产业附加值。要加大对影视特效，3D、4D影视制作、显示放映技术，移动多媒体广播，下一代广播电视网等服务支撑技术，人机交互、大数据智能处理等文化科技中间技术的研发与应用，推动广播影视制作、传输、播映全流程的优化升级，提高数字化水平。要大力发展高清电视、4K/8K超高清、3D立体电视节目制作、移动多媒体广播电视、手机电视、回看点播、电视院线、VR/AR、智慧城市等新兴业务，带给受众优质美好的观赏体验，催生新的经济增长点。

（四）大力实施"广电＋"行动计划

在如今影视产业竞争日趋激烈和并购整合风起云涌的背景下，影视企业单纯依靠自身积累缓慢发展，很容易被超越甚至被淘汰。山东影视企业要迅速做大做强，必须着眼于全国、全世界，跨地域、跨行业、跨所有制进行资源整合配置。要鼓励山东影视企业以开放的视野走向省外、走出国门，开展投融资、企业并购、产业资源开发利用等活动，要推动全省影视产业积极与旅游、互联网、教育体育等产业融合发展，要支持民营资本进军影视产业，引导国有影视企业与民营影视企业在资本运作、资源整合、产品开发、生产经营、产业链互补等多方面开展交流合作。要依托广电优势内容或特色内容，基于互联网（包括移动互联网），向相关行业领域拓展影响力和产业触角，探索"广电＋教育""广电＋政务""广电＋信息服务"等"广电＋"融合发展新型模式。强化各级政府对广电网络建设普及情况的考量评价，推动广电网络健康有序发展。大力实施"突破电影"战略，科学规划影院建设布局，加大县（市、区）级多厅数字影院建设力度，逐步推动乡镇数字影院建设。鼓励电影院线公司拓宽发行渠道，提升发行影片能力，支持院线公司拓展电影制片等上游业务和开展衍生任务，打造层次分明、布局合理、均衡发展的立体化电影放映网络。加快以资本为纽带，积极配合推进全国网络整合和规模化、集约化发展，尽快实现全国广电网络统一规划、统一建设、统一运营、统一管理。

（五）制定准确有力的广播影视扶持政策

做大做优做强山东影视业，必须在资源配置、重点项目建设、政策资金扶持等方面加大扶持力度，进一步巩固鲁剧品牌地位。与民营影视企业相比，山东影视传媒集团上市面临不少困难，如历史包袱沉重，资产负债率超过70%；

管理行政色彩较浓，创新活力较低；对国有文化企业社会效益考核的要求，与民营影视企业形成不公平竞争；中央倡导股权激励机制，但现实难以落地；上市需要多个部门层层审批，手续烦琐。这些问题都需要省委、省政府协调相关部门予以帮助解决。以贯彻实施《中华人民共和国电影产业促进法》为契机，加快落实山东省《"电影剧本孵化计划"实施细则》，加强选题策划和剧本孵化，推出具有全国影响的主流大片。扶持以齐鲁文化特色为基础的中小成本、现实题材类型影片。积极协调有关部门在产业项目用地、手续办理等方面开通"绿色通道"，在企业增值税减免等方面给予优惠政策，加大项目扶持力度。加快培育有创新活力的机构主体，遵循精品创作规律，把握正确发展方向，切实发挥各类创作生产主体的积极性和主动性。借鉴外省经验，探索建立精品创作人才激励机制，引导企业开展股权激励改革，加大扶持政策措施的落实力度，用好用足山东全省影视创作奖励基金和山东全省重点影视剧创作引导基金，发挥省精品工程、泰山文艺奖、省优秀广播电视节目评选奖励等政策支持作用。

（六）培育壮大广播影视人才队伍

当前，山东省广播影视人才队伍有了长足发展，人事管理制度改革成效显著，但仍存在一些现实问题。特别是人才整体结构仍存在区域不均衡问题，尤其是基层广电人才缺乏。另外，由于传统用人机制、激励配套机制相对滞后，山东广播影视人才队伍面临传统行业人才较多，而融合媒体人才缺乏，出版人才、节目制作人才较多，而内容管理、技术支撑、产业经营、新兴产业发展、创业创新等复合型人才较少的困境。面对新形势、新任务，人才队伍建设需要加快推进人事管理制度改革，进一步探索激励保障措施，创新完善科学合理、适应融合发展需求的人才机制，造就一批拔尖人才，为山东省广播影视产业繁荣发展不断注入可持续动力。一要加快推进收入分配与激励保障制度改革。引导企业以能岗匹配、人岗相适、薪岗对应为原则，探索股权激励等制度，调整配备人才，完善绩效工资管理，搭建管理、业务晋升"双通道"，解决好"双肩挑"人才工资转序列问题，加速推动人才使用与管理的创新优化。二要加快解决融合型人才短缺问题。鼓励企业建立"产品经理制""项目制"，把融合度纳入人才考核评价体系，制定具体的融合媒体全员培训方案，加大高端人才培训进修力度，推动编辑出版、编辑记者全媒体转型。三要进一步加强人才流动，加强企业与科研机构和高校的合作，加强省级台与基层台人才交流，不断创新完善人才交流培养措施，推动山东省广播影视人才整体水平再上新台阶。四是尊重文艺工作者的个性和创造性劳动，政治上予以充分信任，创作上予以充分支持，努力营造有利于精品创作的良好环境。

B.10
2017年山东演艺业发展报告

赵迎芳*

摘　要： 2017年，山东省对精品创作、人才培养的扶持力度日益强化，实施送戏下乡与文化扶贫对接、成立大学生戏剧联盟等创新举措，演艺业在首届山东文化惠民消费季的带动下，整体发展态势向好。但是剧团机制改革仍在路上，深化改革任重道远。未来山东演艺业的发展方向应该是转变扶持方式，培育需求市场，建立有效的艺术创作生产机制，探索建立现代化管理制度，支持中小文化企业发展，并重视"互联网＋"掘金模式。

关键词： 演艺业　文化惠民　送戏下乡

一　2017年山东演艺业发展回顾

2017年山东演艺业整体发展态势向好，整体经济规模稳步提升。

（一）成功举办文化惠民消费演出季

2017年7月，山东启动文化惠民消费季，历时100天，举办5万场活动，17地市协同推进，城乡联动开展。文化消费季期间，山东省举办了山东地方戏曲剧种代表性剧目展演，其对山东的地方戏进行了一次大盘点，进行了吕剧《李二嫂改嫁》、柳子戏《孙安动本》、山东梆子《墙头记》、五音戏《王小赶

* 赵迎芳，山东社会科学院文化研究所助理研究员。

脚》、两夹弦《三拉房》、莱芜梆子《赵连岱借闺女》、茂腔《罗衫记》、枣梆《徐龙铡子》等地方戏曲剧种代表性剧目展演、首届山东国际小剧场话剧演出季等文化演艺活动，让群众在家门口看到了众多享誉国内外的精品力作。首届山东国际小剧场话剧演出季邀请了中国国家话剧院、上海话剧艺术中心、辽宁人民艺术剧院、天津人民艺术剧院、江苏演艺集团、广东省话剧院、孟京辉话剧工作室、台湾家书话剧工作坊等知名话剧表演团体，以及演出了匈牙利、意大利、丹麦等国家选送的 23 台戏剧作品，共计演出 48 场次，观众达 1.3 万人次，演出总票房 70 多万元人民币，实现了社会效益和经济效益的双丰收。《徐龙铡子》、柳琴戏《白玉楼》等一大批地方戏名剧也参加了演出，这是近年来山东戏曲艺术的一次最高水平展示。

为保障消费季成功运行、提升民众参与活动的便捷性，消费季设计了"一券三平台"的运行模式："一券"即利用政府引导资金发放文化消费券；"三平台"是领券消费平台，包括银联钱包 APP、山东文化惠民消费信息服务平台、齐鲁艺票通。据统计，消费季期间，省市两级财政投入文化消费引导资金 1 亿元，直接拉动文化消费超过 3 亿元，累计实现消费总额 206.7 亿元，成为全国开展范围最大、企业参与最多、消费者分布最广、平台模式最新的文化消费促进行动。消费季的举办让群众享受到了实实在在的文化实惠，有力地拉动了内需，促进了经济增长，实现了社会效益和经济效益的双赢。

（二）为精品创作提供"整合扶持"

为保证有更多的现实题材精品涌现出来，山东近年来强化了政策的"整合扶持"，即让资金使用形成合力、加强政策资源的同向发力、省市县顶层设计形成"一盘棋"。数据显示，目前山东省财政每年投入 3000 万元支持舞台艺术和群众文化创作，省宣传文化专项资金、文化产业专项资金也投入 3000 余万元扶持重点项目。各地也相继出台政策扶持文艺创作。青岛市发布了《青岛市文艺创作生产引导目录（试行）》。目录按照委托项目、扶持项目和奖励项目三个类别对优秀文艺作品进行重点培育。威海市制定出台了《文艺精品奖励扶持专项资金管理办法》，2017 年度已安排专项资金 100 万元。临沂莒南县设立 100 万元文艺精品创作扶持奖励金，其由县财政文化奖励专项资金和社会捐资组成，由县文艺精品创作扶持奖励领导小组负责运作。① 2017 年 4 月，山东省发布《山东省舞台艺术青年人才创作项目扶持办法》，启动"山东省舞台艺术青年人才创作项目"。山东还推出舞台艺术人才培养的系统工程——"山东省舞台艺术英才培育工程"，对在国内外大赛中获奖的演职人员进行配套奖励。

（三）文化人才培养渐成体系

一是基层人才培养。人才匮乏一直是制约群众文化工作的主要因素。继 2016 年对 11 个市的 1200 多名文化站站长进行了培训后，山东省文化部门于 2017 年 4 月继续对其他 6 个市的文化站站长实施培训计划。同时，山东还将对全省各级文化馆、图书馆领导班子进行全面轮训。东营、潍坊、临沂等地通过出台激励群众文艺创作的管理办法、把创作纳入业务干部考核的指标体系、举办"群文之星"才艺大赛等措施，鼓励社会人才参与文艺创作。此外，临沂市近年来还先后举办手工艺助力扶贫、文化产品电商平台、非遗传承人、小戏创作、广场舞等专题培训班 12 期，为基层输送了大批文化人才。②

二是舞美与戏曲创作等专业人才培训。近几年，山东高度重视舞台艺术人才的培养。文化部门先后组织多期戏曲音乐、地方戏表演、舞美设计等高研班，鼓励和支持青年人才通过更多艺术实践，提升综合素养、创作能力和艺术水平。建立"全省舞台艺术青年人才名录"，支持青年创作人员密切联系、加强沟通、深化合作，形成青年人才聚合效应。2017 年 11 月，由山东省文化厅与中国戏曲学院共同举办了"2017 年全省青年戏曲作曲研修班"。由中国戏曲学院邀请知名作曲家、音乐理论家以及其他领域知名专家授课讲学，进一步夯实青年学员理论基础，深化其对戏曲音乐创作规律的认识，增强其音乐创作能力，对于推进我省戏曲音乐创作人才培养，构建梯队合理、专业突出的山东戏曲音乐创作人才队伍也具有重要作用。

---

① 《聚焦现实生活 落实"两个效益" 山东让文艺紧扣时代的脉搏》，《中国文化报》2018 年 1 月 5 日。

② 《山东临沂：满足沂蒙老区群众的文化新期待》，《中国文化报》2017 年 2 月 1 日。

（四）送戏下乡对接文化扶贫

2017年10月，青岛市启动文化扶贫巡演。青岛演艺集团组织青岛市专业艺术院团进行历时5个月的巡演，将歌舞、童话剧、京剧等丰富多彩的文艺演出送到田间地头，计划将走进青岛75个村落，为当地村民带来超过100场精品演出。其中包括"话剧院亲子场走进希望小学"、"传统京剧剧目展演"以及市歌舞剧院的以"扶贫"为主题创排的喜剧小品专场演出，让老百姓在家门口就能享受到青岛文化发展的成果。青岛演艺集团根据"文化扶贫"这一深刻命题，创作了民族歌剧《马向阳下乡记》。该剧作为文化部2017年"中国民族歌剧传承发展工程"重点扶持剧目，根据同名热播的电视剧改编，讲述了农科院助理研究员马向阳下乡当第一书记扶贫济困的感人故事。剧中浸透着浓郁的山东风格、青岛印记，是青岛扶贫事业发展的一个集中缩影。2017年12月，青岛歌剧《马向阳下乡记》参加第三届中国歌剧节，在南京保利大剧院上演。《马向阳下乡记》将参加2018年在北京举办的中国优秀民族歌剧展演，并且继续下乡进行演出，真正实现"歌剧服务于人民"。

（五）山东省大学生戏剧联盟成立

2017年10月25日，山东省大学生戏剧联盟启动仪式在济南举行。山东省大学生戏剧联盟由山东省文化厅、山东省教育厅、共青团山东省委作为支持单位，由山东省话剧院牵头组织运作，现已有包括山东大学在内的7所高校参与，形成主管部门、剧院、高校联动的工作机制。戏剧联盟将定期组织多种多样的戏剧活动，包括大学生戏剧展演、专家论坛、戏剧观摩、剧本诵读会等。山东省大学生戏剧联盟的成立，是贯彻落实党的十九大重要会议精神，深入实施文化惠民工程的重要举措，为我省热爱戏剧创作、演出的大学生提供了交流合作的平台，有利于进一步推动校园文化建设，引领大学校园社会主义核心价值观建设，促进文化教育融合发展。

二 山东演艺业发展存在的问题

当前，山东省演艺业仍旧存在管理粗放、院团改制不彻底、文艺作品不能面向市场、剧场运营困难等问题，这制约着行业活力的释放。

（一）院团机制改革任重道远

山东省演艺产业以 63 个转制国有文艺院团和 93 个国有剧场为主体，截至 2017 年的整体状况是，转企改制还没有彻底完成，市场要素还不完备，处于产业发展的起步阶段。相当一部分国有文化单位没有建立起现代企业制度，难以称得上是合格的市场主体。管理者的主要精力不能放在艺术生产上，而负担所有工作人员的生老病死。在人力资源管理、资产管理、财务管理、营销管理等方面相对落后，缺乏与市场直接接轨的配套管理模式。绩效考核、收入分配激励机制还不完善，导致决策者在实践中畏首畏尾，难有大的作为。人事制度呆板僵化，听命于文化行政部门——先定编，再审批，剧团几乎没有用人权，更不用说"能进能出、能上能下"的灵活用人机制。

（二）文艺创作不能面向市场，多靠政府扶持

当前，山东文化界的突出问题是缺少名家、缺少复合型经营管理人才、缺少精品。造成这种局面最重要的原因是文化内容管理有很大缺陷，不利于激发艺术家的创造力。一是管理手段粗疏，缺乏精细化；二是长官意志，一些地方政府不按照艺术规律办事，总是干预艺术创作。舞台艺术创作表面繁荣，但实际没有市场，收入有限，几乎全靠政府扶持。很多省直演艺单位的创作尚未形成"以群众为导向"的生产模式，多是以比赛拿奖及申请国家扶持基金为目的。作为公共文化服务的一部分，政府以购买服务的方式组织文艺演出团体"送戏下乡"，但几乎没有对农村文化市场进行过调研，只是一厢情愿地表演，导致公共文化服务效能低下。一方面，"送戏下乡"受众寥寥无几，另一方面，很多民间低俗演艺产品充斥农村基层文化市场。

（三）演艺业市场体系不健全，营商环境需要改善

2017 年，国家共出台 13 个与演艺业相关的文件，《"十三五"时期繁荣群众文艺发展规划》《国家"十三五"时期文化发展改革规划纲要》《文化部"十三五"时期艺术创作规划》《文化部关于规范营业性演出票务市场经营秩序的通知》《关于戏曲进校园的实施意见》等中涉及人才、剧本创作扶持最多。当前，山东省市场监管体系不健全，市场信用体系建设基本空白。信用体

系、市场监管和行业管理属于市场支撑体系。政府在艺术生产中领导、干预过多，在应当发挥作用的领域却没有起到应有的作用，如培育行业协会、中介机构和民营企业等。

三　山东省演艺业未来发展方向和策略

从全国范围来看，2017年全国演艺市场总体呈活跃态势，各类演出轮番进行，观众参与度高。随着居民文化消费需求的变化和品质的提升，演艺市场不断细化，加剧了演出市场的发展与转型。山东演艺业也应该积极作为，顺势而为，才能在庞大的演艺市场中分得一杯羹。

（一）进一步转变政府职能

政府应进一步转换角色，从艺术生产领域退出，加强宏观引导，加强对演艺市场的规范和管理，加快制定演艺市场管理服务标准，健全法律法规。规范各类剧团秩序和剧场服务，加强有序监督，提高其运作效率，并对各类演出机构的审批与评估审慎对待，加强对民营文艺院团的管理和扶持力度，从而使各类戏剧团体良好有序地进入市场，参与竞争。减少行政权力对艺术生产的干预，充分发挥市场对演艺资源配置的积极作用。当前，山东文化界的一个突出问题是舞台艺术创作表面繁荣，但缺少精品。事实证明，仅仅依靠财政支持、依靠国有单位生产精品的艺术创作生产机制是有重大缺陷的。很多院团的艺术生产，或者受命于长官意志，或者无视市场需求。建构一个科学有效、监管有力的创作生产机制刻不容缓。

（二）培育需求市场

文化消费需求是文化繁荣的基础。消费者的消费意愿，对文化产品和服务的认同、接受和喜爱程度，消费者满足消费需求的方式等，直接影响和决定文化产品的生产和服务方式。影响文化消费需求的因素很多，包括经济发展、收入状况、公共服务状况、居民消费时尚、文化传统等。当前影响我国居民文化消费的主要原因在于，一是面临实实在在的生存和发展压力，居民无力或无心去过多进行文化消费；二是众所周知，中国极度缺乏文化素养教育，高雅文艺想走进市场还需要很长的过程，除了加强供给侧改革，提供更多更好的演艺产品外，更重要的是培养高雅文化的市场基础，提升国民的文化素养。文化消费是差异性消费，与社会背景、风俗有很大的关系。与生活必需品消费不同，文化消费是一种选择性很强的消费。优秀演艺产品需要经过市场的检验。应尊重不同地区、不同人群的文化消费习惯，量身定做具有差异化的演艺产品，推行特色的演艺市场营销策略，如在文化消费过程中给予恰当的优惠或提供各种方便。山东省借鉴北京、安徽等地经验于 2017 年实施文化惠民消费季，低票价补贴政策直接惠及观众，有利于培养演出消费习惯，吸引更多人走进剧院，下一步应总结经验，继续推进。

（三）以支持中小文化企业为重点

目前，各地通过合并同类项组建演艺集团，虽然企业总体规模扩大，但竞争力往往并未提升，也未实现效益最大化。其中一个重要的原因就是，进入产业发展衰落期的传统文化领域（包括演艺业）的市场空间有限。在新媒体行业，国有文化企业又难有作为。即使有大量的财政资金支持，但受管理体制机制等因素限制，国有文化企业在新媒体行业也很难与民营企业抗衡。财政资金过多流向国有文化企业造成不公平的市场竞争，不利于文化产业健康发展。[1]山东有 5000 多家民间文化团队或庄户剧团活跃在基层，发挥着国有文化院团无法替代的作用，但普遍面临资金短缺、培训机会少、参与平台不广等问题，下一步要继续推动文化体制机制创新，拿出实实在在的举措，把支持重点由国有文化企业转向中小文化企业，放松管制，释放活力，让文化市场发挥更大作用。山东正在推进政府购买服务和政府采购改革，下一步将放宽市场准入，社会组织、企业等社会力量可以与事业单位公平竞争，实行公开择优，形成多层次、多方式、多元化的公共服务供给体系。地方政府在购买送戏下乡服务时，应将民办剧团纳入承接主体，在购买服务、扶持艺术创作等方面给予它们与国有院团平等的待遇，并大力扶持民办剧团的发展，将更多的资金用于支持民间尤其是农村演艺团体的演出。

---

[1] 祁述裕、孙博:《我国文化产业发展亟须完成七个转变》,《探索与争鸣》2014 年第 4 期。

（四）强化演艺产品的市场化导向

演艺业的发展壮大，必须抛弃政绩观主导的评奖创作机制，要从研究领导需求、专家需求，过渡到研究市场需求、观众需求，以市场需求为基础，创作生产畅销对路演艺产品。当前，我国社会主要矛盾已经转化为人民日益增长的美好生活需要和不平衡不充分的发展之间的矛盾。美好生活需要更多高质量的文化产品。要鼓励反思历史、针砭时弊、回应民众关切的文艺作品，不能将主旋律仅仅理解为树典型、唱赞歌，只要积极健康，反映人们实际生活的作品都是主旋律，应充分发挥文化艺术的社会功能，实现文化在沟通情感、促进社会和谐方面的作用。根据多元化目标群，实施多阶位市场定价，满足不同年龄段的文化需求。在文化产品创作中要秉持开放的心态，摒弃过时的东西，引入现代时尚元素——现代剧目与艺术形式、都市文化以及各种新兴娱乐方式来吸引青年文化消费群体，以赢得更为广阔的市场空间。要按照市场的方式进行文化产品推介。通过科学有效的营销策划手段促进演艺公司市场化、产业化，不断扩大其市场占有率，增强其市场竞争力，既要积极推行无国界的网络销售，又需通过主题活动策划、演艺旅游市场进行事件营销。例如，可以学习百老汇市场化的"植入广告"，在剧院街头的广告牌或者现场节目单等印刷品中"嵌入广告"。①

（五）重视"互联网＋"掘金模式

如今，"互联网＋"在演艺市场中起到了重要作用。演艺业的筹资、制作、营销、演出等诸方面都与网络相结合，有了更多的创新与发展。除了得益于互联网平台对于大众消费便利度的提升之外，还得益于互联网基因对于演艺产业的注入。"众筹""IP 开发""VR 直播"这些新科技新模式，已经成为演艺市场的焦点。这些新形态的营销模式依托互联网优势，整合资源，制造新型消费，为演艺市场开辟了新的掘金空间。如宋城演艺已经拥有线下旅游演艺及线上互联网资源，全方面渗透综合演艺行业，形成了"全面拥抱互联网"的

---

① 臧志彭、解学芳：《论我国演艺产业发展模式的变革与重塑》，《理论月刊》2013 年第 4 期。

文化娱乐生态闭环，带来了新的盈利空间。① 调研表明，演出消费主力人群是
36～44 岁的高学历、高收入人群。36～44 岁意味着行为的稳定性与持续性，
高学历意味着较高的判断力与对于互联网科技较高的接纳度，高收入意味着较
高的消费意愿与能力。将互联网基因注入演艺产业、以线上演艺消费为入口、
锁定生活消费的主力人群不但有可能推动演艺市场规模的扩大，还将激活
"生活＋娱乐＋审美"的更高层次的消费平台效应。②

---

① 林凡军：《演艺产业的生态学刍论》，山东人民出版社，2017，第 175 页。
② 《北大副教授杨越明：演艺消费亟待注入互联网基因》，光明网，http：//it. gmwcn/2016/
12/19/content_ 23294536. htm，2016 年 12 月 19 日。

B.11
2017年山东省旅游业发展报告

闫 娜*

摘 要： 2017年山东旅游业发展步伐稳健，旅游业以供给侧结构性改革为主线，围绕十大旅游目的地品牌建设，大力发展全域旅游，旅游业功能与作用得到全面发挥和释放。山东省委、省政府把旅游业纳入新旧动能转换重大工程，山东旅游业由高速增长转向高质量发展。乡村旅游涌现出"临沂模式""枣庄模式""淄博模式"等一批可复制、可推广、具有创新性的旅游扶贫模式；厕所革命成效显著，继续走在全国前列；国际研学游、邮轮游等新兴旅游业态发展势头迅猛。

关键词： 山东 旅游业 全域旅游 旅游扶贫

中国旅游业的经济功能和政治及社会功能不断增强，旅游业对国民经济和社会就业的综合贡献率超过10%，旅游出口额占到国民经济出口总额的6%。2017年旅游业综合贡献8.77万亿元，对国民经济的综合贡献率达11.04%，对住宿、餐饮、民航、铁路客运业的贡献率超过80%，旅游直接带动2825万人就业，旅游直接和间接带动8000万人就业，对社会就业综合贡献率达10.28%。① 中国旅游业的国际地位和影响力大幅提升，旅游外交成就显著，旅游产业的社会效益更加凸显。党的十九大为旅游业发展赋予新的任务，成为人民幸福

---

* 闫娜，山东社会科学院文化研究所副研究员。

① 李金早：《以习近平新时代中国特色社会主义思想为指导 奋力迈向我国优质旅游发展新时代》，2018年全国旅游工作会议讲话。

生活新指标。山东全面贯彻全域旅游的发展理念,进一步整合特色文化资源,以十大文化旅游品牌带动旅游目的地品牌集群,建设中国文化旅游发展新高地。

一 2017年山东旅游业发展成就

2017年山东旅游消费总额9200亿元,比2016年增长14.6%;接待国内游客7.8亿人次,同比增长10%(见表1)。旅游投资2231.8亿元,同比增长11.2%。山东省青州古城旅游区和威海华夏城旅游景区等新晋国家5A级旅游景区。山东旅游逐渐由高速增长转向高质量发展,山东省启动旅游业质量大提升行动计划:结合新旧动能转换与供给侧结构性改革,建设一批世界级、国际化的重大旅游项目;实施"旅游+"和乡村振兴战略,大力推进旅游新业态,全方位提升旅游各要素品质,打造旅游金牌产品体系;促进文明旅游建设,优化旅游环境,让游客体验当地百姓的美好生活;旅游质量督察进一步常态化、标准化和制度化,部门联合形成监管联动机制,推行窗口全覆盖的标准化服务,倡导个性化和细微化服务,提升游客满意度。[①]

表1 2015~2017年山东旅游业发展主要指标

指标	2015 年	2016 年	2017 年
旅游消费总额(亿元)	7062.5	8030.7	9200
入境游客消费(亿美元)	29.0	30.6	—
国内游客消费(亿元)	6505.1	7399.6	—
居民出游前后旅游消费(亿元)	376.7	425.4	—
接待游客总人次(万人次)	65506.3	71201.8	—
入境游客(万人次)	461.0	485.5	—
国内游客(万人次)	65045.4	70716.5	78000
城乡居民年人均出游次数(次)	3.1	3.4	—

资料来源:笔者根据《山东统计年鉴》数据整理而成。

(一)全域旅游发展势头良好

全域旅游是旅游业的总体发展战略,山东全力贯彻全域旅游战略,省旅发委

---

① 《2017年山东旅游十大新闻》《中国旅游报》2018年1月11日。

与省内26个部门签订了14个全域旅游联合推进计划，各地逐渐形成以中心城市为主体向全域辐射的格局，各地注重以特色旅游资源为驱动，推动旅游业与其他产业的深度融合，深入开发旅游业功能。山东全力促进工业旅游、乡村旅游、海洋旅游、文化旅游，新业态持续健康发展，推动建立资源整合、政策扶持、环境保障、联合执法、宣传营销和综合考核六大机制，推动全省旅游业转型升级，实行挂图作战。① 2013年以来，山东旅游消费总额和游客人数增速进入一个平稳发展阶段（见图1）。

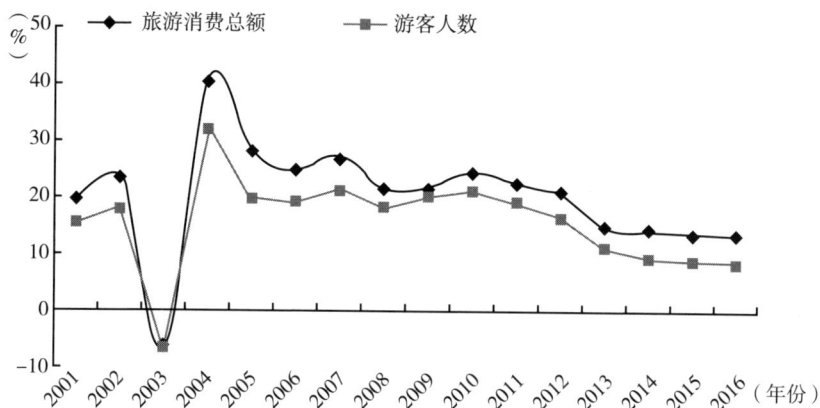

图1 2001～2016年山东旅游消费总额和游客人数增速情况

资料来源：笔者根据《山东统计年鉴》数据整理而成。

（二）旅游目的地品牌建设成就显著

2017年，山东省政府出台了《关于加快推进十大文化旅游目的地品牌建设实施方案》，并已经完成8个品牌规划的编制工作。为推进方案实施，山东建立并完善了省市县三级推进机制，具体落实旅游目的地品牌的建设工作。省旅发委邀请国家、省级重点媒体近300名记者，分批次走进十大文化旅游品牌目的地采风，宣传山东旅游目的地品牌。以具体项目支撑推进旅游目的地建设，通过邀请旅行商到山东踩线和共同举办旅游活动等方式，吸引全国37个重点客源城市及相关协会和旅游媒体与十大文化旅游目的地签订合作协议1000多份。

---

① 《27个部门签订联合推进计划　山东全域旅游实行"挂图作战"》，中国乳山网，http：//www.rushan.gov.cn/art/2017/3/28/art_2221_36163.html，2017年3月28日。

（三）乡村旅游和旅游扶贫扎实推进

乡村旅游和旅游扶贫是关系人民幸福的大事，山东省人民政府办公厅专门发布《关于印发山东省乡村旅游提档升级工作方案的通知》等重要文件，扎实推进旅游扶贫和旅游富农，乡村旅游呈现新风貌。"临沂模式""枣庄模式""淄博模式"等一批可复制、可推广、具有创新性的旅游扶贫模式在山东出现，在全国产生巨大影响。截至2018年，全省规模化发展乡村旅游的村庄有3500余个，经营业户达到8.4万户，吸纳安置52万人就业。基本建成威海、临沂、泰安等6个环城市游憩带，烟台市长岛县、日照市东港区等10多个集群化发展的县（市、区），安丘市柘山镇等30多个集群化发展的乡镇，山东省连片开发的集群片区有20多个，10多个文化旅游小镇初具规模。直接脱贫19883户、46809人，间接带动26万人增收。从山东省旅游产业发展专项资金中拿出2690万元重点支持88个贫困村发展乡村旅游，并形成淄博市上小峰村、中郝峪村，枣庄市山亭区兴隆庄村、石嘴子村等10多个旅游扶贫示范带，开创了"一区带四员""一地生四金""村企共建"等13个模式。①

（四）旅游新业态发展迅猛

山东顺应旅游业发展趋势，大力开发研学游、低空飞行、工业旅游、体育旅游等新兴旅游业态。山东重视发展工业旅游，出台《关于加快推进工业旅游发展的意见》，把旅游产业列入新旧动能转换重大工程"十强产业"。山东有10个单位入选第一批全国中小学生研学实践教育项目，2个单位被国家旅游局、国家体育总局评为"国家体育旅游示范基地"，3个单位被评为"国家航空飞行营地示范单位"，68个单位被评为山东省首批中医药健康旅游示范区（基地、项目）。②

（五）旅游管理水平不断提高

山东重视提升旅游现代治理水平，不断创新管理手段。济南市根据旅游市场特色，整合各方面力量，创新形成"行政监管＋社会监督＋媒体共建＋行业自励＋游客自觉"五位一体的旅游治理新机制，得到国家旅游局的高度认

---

① 数据来源：《2017年山东旅游发展情况》。
② 《2017年山东省旅游工作成效显著》，中国产业经济信息网，http://www.cinic.org.cn/xy/sd/419153.html，2018年1月25日。

可。在旅游市场的整顿方面，山东集中开展"春季行动""暑期整顿""秋冬会战"等活动，集中解决旅游管理难点问题，对 39 个景区给予揭牌或警告处理，有效处理旅游投诉 2729 件，为游客挽回损失 144.84 万元。在旅游安全环境提升方面，山东对 17 市开展多轮次的安全专项督查，及时发现安全隐患，进行现场反馈并督促整改。在突发事件应急处置工作方面，对"8·8四川九寨沟地震"迅速反应，实现 112 家旅行社 1054 名团队游客安全撤离；组织火山喷发导致滞留印度尼西亚巴厘岛的 443 名山东游客安全撤离等工作。

二　山东旅游业发展存在的问题

2017 年山东旅游业整体处于平衡发展趋势，但在旅游产品结构、旅游"走出去"等方面还有很大的进步空间。

首先，旅游"走出去"发展布局不平衡。伴随着"一带一路"建设的快速推进，旅游"走出去"已经成为旅游发展的重要趋势。山东与日本、韩国、朝鲜在文化旅游领域有较多的交流与合作，与新加坡、马来西亚、菲律宾、文莱、越南、印尼、泰国、缅甸、印度、巴基斯坦、澳大利亚、新西兰、毛里求斯、坦桑尼亚、阿曼等都有文化交流活动，与斯里兰卡、东帝汶、老挝、柬埔寨、孟加拉国等文化交流活动很少，山东对与西亚、北非国家的旅游交流与合作，投入资金少，旅游文化交流规模有限，次数不多。[1] 近些年，到山东旅游的游客以日韩为主，日韩游客占据来山东旅游外国人的一半以上（见表 2）。

表 2　2016 年山东接待外国游客数量排名

单位：人次，%

客源地		2016 年		
		绝对量	占外国游客比重	同比增长
按国籍分组	韩国	1684201	47.76	6.56
	日本	375409	10.64	4.94
	美国	211257	5.99	7.37
	俄罗斯	109077	3.09	6.12
	新加坡	99358	2.82	4.5

---

① 郑贵斌、李广杰主编《山东融入"一带一路"建设战略研究》，人民出版社，2015。

续表

客源地		2016 年		
		绝对量	占外国游客比重	同比增长
按国籍分组	英国	88646	2.51	8.06
	德国	85952	2.44	6.46
	法国	71396	2.02	6.81
	马来西亚	65090	1.85	3.82
	澳大利亚	62761	1.78	9.11
	加拿大	53126	1.51	−2.76
	菲律宾	36648	1.04	6.65
	意大利	34650	0.98	1.81
	印度	33001	0.94	1.41
	印度尼西亚	28882	0.82	−3.42
	泰国	22940	0.65	2.31
	新西兰	19596	0.56	12.89
	蒙古	11913	0.34	8.00
	瑞士	11725	0.33	−5.11
	西班牙	11261	0.32	3.05

资料来源：笔者根据《山东统计年鉴》数据整理而成。

其次，缺乏特色旅游产品线路。山东虽然有着丰富的文化资源，但对文化资源的开发、转化和利用缺乏市场经验，导致旅游产品特色不突出，旅游线路雷同，旅游资源不能产生应有的效益。纵观国内外旅游发展经验，文化是旅游发展的基础，科学开发和利用文化资源是发展旅游业的基本要求，旅游业的文化内涵和文化品位是决定旅游业竞争力的重要因素。儒家文化旅游虽已是成熟的旅游产品，但在如何体现其丝路旅游的地位和特色方面还需深度挖掘。

再次，旅游交流合作水平有待提高。山东省对外友好合作城市虽然在逐年增加，相互间的交流合作实质性进展却不理想。山东省与国外友城的交往主要以政治性互访为主，强调友好较多，进行行业联络、企业互访、实体交流的情况较少。以政府官员为主要构成人员的交流活动，尽管在宏观方面能体现出合作的诚意和重视程度，但在后续的实质性合作项目上缺少能落地的有效抓手。现有交流往往是基于目前的现实需求，而对双方城市的经济水平、文化背景以及产业结构的互补性缺乏深入的了解，没有形成长效的合作机制，缺乏有效开展合作的市场主体，因此交流沟通不畅通，不能实现可持续发展。

最后，旅游市场对外宣传乏力。山东入境游的主要客源地集中在日韩及东南亚地区，50%左右的游客是日本人和韩国人，入境旅游不但发展缓慢，而且受历史和政治因素影响较大。亿赞普大数据分析显示，山东是我国31个省区市中，国外网民满意度高但关注度低的4个省份之一。山东已经与177个海外重要城市建立友好合作关系，数量在全国排名第2，但是旅游关注度排在第7。"好酒也怕巷子深"，作为著名的手工业城市，山东潍坊在乾隆年间就有"南苏州、北潍县"的称号，另外潍坊风筝一直世界闻名，潍坊既有仰天山、云门山、沂山等自然资源，也有诸城恐龙园、富华游乐园等现代游乐景区。诺贝尔文学奖获得者莫言的故乡也在此，但是潍坊旅游一直默默无闻。①

三　推动山东旅游业提质增效的发展对策

（一）坚定落实全域旅游的发展战略

全域旅游是通过对旅游业统一规划布局，优化旅游管理服务、整体营销推广，实现旅游发展共建共享，带动区域协调发展的一种理念和模式。全域旅游不是到处搞景点，而是按照旅游的需求和标准，去规划、建设和管理，把每一个地方变得美起来、干净起来，就像家里来了客人，一要把卫生打扫干净，二要拿出好吃的、好喝的招待客人。全域旅游主要是推动外延式发展，优质旅游主要是推动内涵式发展，通过内涵式和外延式发展，推动山东旅游向高质量发展。

1. 明确全域旅游发展思路

发展全域旅游总体要求：①坚持世界眼光、国际标准、山东特色；②以"四新"促"四化"，即用新技术、新产业、新业态、新模式推动旅游产业智慧化、智慧产业化、跨界融合化、品牌高端化；③把"三生三美"与发展全域旅游有机结合，让生产美、生态美、生活美成为山东旅游的突出特色，营造安全、卫生、有序、生态、美化、好客，赏心悦目的全域旅游环境。

---

① 《立足省情协调发展　加快建设旅游强省》，大众网，http://www.dzwww.com/shandong/sdnews/201308/t20130826_8805581.htm，2013年8月26日。

2. 创新全域旅游管理监督机制

2018 年全国旅游工作会议明确要试点验收一批全域旅游示范区。山东作为国家全域旅游示范省创建单位,要按照国家旅游局的《全域旅游示范区创建工作导则》,逐项对照检查,补弱固强,全面开展国家全域旅游示范区创建工作。为理顺旅游管理机制,重点旅游城市要结合创建国家全域旅游示范区的目标,争取请常务副市长分管旅游工作,市政府旅游工作联席会议由市长或常务副市长任主任。各地要积极争取建立旅游委兼职委员制度,深化"局改委"改革。推进省旅游委与相关部门切实形成资源整合、环境保障、宣传营销、联合执法、政策扶持、综合考核"六大机制"落细、落实。对联合推进计划确定的重大事项、重大项目,抓好协调和跟踪落实。

3. 扎实推进全域旅游发展的各项工作

第一,打造十大文化旅游目的地品牌。第二,培育旅游休闲度假城市。第三,积极创建旅游度假区。第四,打造旅游特色镇、特色村。[①] 落实工作的具体方法是"旅游+"和"+旅游"。"旅游+"就要求我们主动融合,充分利用经济的、文化的、自然的、社会的、历史的、现代的一切资源发展旅游,构建大旅游格局。"+旅游"就是要求各级、各部门发挥旅游业既可以锦上添花,又可以雪中送炭的产业优势,将旅游业纳入经济社会发展总体规划、城乡建设规划、土地利用规划、新农村建设规划等,实现一体化推进。要在全省实施"旅游+""+旅游"战略,通过"+城市""+乡村""+农业""+水利""+文化""+交通""+商贸""+体育""+教育"等,在各个领域形成丰富多彩的业态。

(二)提高山东旅游发展质量与效益

山东旅游业经历了 40 多年的快速发展,基本上解决了有没有的问题,当前需要解决的主要问题是品质问题,山东旅游业必须从高速增长转向高质量发展。

1. 打造核心吸引物,增强核心竞争力

核心吸引物是指知名度高、影响力大、辐射带动性强的景点或旅游目的

---

① 《力争突破 1 万亿元 今年山东旅游如何干》,《济南日报》2018 年 1 月 23 日。

地。核心吸引物可以分为标志性建筑、城市旅游综合体、乡村旅游综合体、知名赛事节会等。目前山东的旅游核心吸引物数量有限，仍然是泰山、"三孔"等几处世界遗产，青岛八大关、烟台蓬莱阁，以及青岛啤酒节、孔子国际文化节等几个品牌节事活动。因此山东需要打造具有国际、国内影响力的旅游核心吸引物形态，结合城市提升改造、美丽乡村建设等，打造一批国际级、重量级、"尖端放电"的地标性核心吸引物，增强核心竞争力。济南、青岛、烟台三个新旧动能转换综合示范区核心城市，要率先突破。各地市要积极利用老街区、特色风情街区、重大文化片区、重要开埠区、古街巷、百年老字号等，打造城市综合体、乡村综合体。深入挖掘地方特色民俗文化，放大节庆旅游特色，形成文化旅游新的增长点。

2. 构建丰富多彩的旅游业态

旅游从本质上讲是到异地去追求人性的实现和物质文化需求满足的过程，这种需求伴随经济条件的改善不断变化，逐渐从低端、中端到高端，从物质、文化到精神，同时，这种需要也是多层次、多维度、多角度、多侧面的，因此需要构建丰富多彩的旅游业态。一方面，围绕市场需求开发产品，做到人的需求到哪里，业态就发展到哪里，让游客能够各取所需；另一方面，要通过开发新产品，培育新业态，来引领消费，甚至创造消费。顺应旅游消费升级需求，开发研学旅行、房车露营、旅游购物、温泉滑雪、中医药健康养老、低空飞行等旅游新业态。创建服务好、设施佳的旅游研修基地、现代农业庄园、体育旅游示范基地、生态旅游示范基地等，推进旅游消费升级，提高旅游业发展质量。

3. 健全各类旅游产品和旅游服务的标准化建设

首先，进一步完善旅游标准体系。以标准化规范景区、旅游、旅行、民宿、营地等旅游行业发展，建立积极支持重点企业、龙头企业率先制定企业标准或团体标准，培育标准化示范企业。其次，要加大监督力度。以卫生安全为重点，建立社会监督、舆论监督、联合执法三个机制。在社会监督方面，招募社会监督员，对旅游饭店、旅行社及景区等进行常态化监督。在舆论监督方面，发挥新闻媒体的优势，组织媒体明察暗访，对典型案例进行曝光。在联合执法方面，联合公安、工商、物价、食品卫生等几个部门实施"鹰眼计划"和"利剑行动"，重点突破市场秩序中的焦点问题，开展专项整治行动。最后，推行个性化、亲情化、细微化服务。借鉴推广青岛海景大酒店的服务理念，开展全员个性化、亲情化、细微化服务，打造"山东服务"品牌。

（三）大力发展乡村旅游，实施乡村振兴战略

山东乡村旅游这几年发展迅速，对环境保护和经济发展起到了良好的带动作用，取得良好经济社会效益，接下来要在扩大规模的同时推进品质效益的提高。一是大力实施乡村旅游规模化工程。下一步，要切实抓好《山东省乡村旅游提档升级工作方案》确定的100个乡村旅游集群片区、100家乡村旅游后备箱工程示范基地建设。引导具有旅游发展潜力的县（市、区），将旅游业作为涉农资金整合使用的主要方向，培育类似临沂沂南、枣庄山亭的旅游强县。二是实施乡村旅游精品工程。按照《山东省乡村旅游提档升级工作方案》的要求，打造国家级精品园区和国家级特色景观旅游名镇。通过乡村旅游后备箱工程示范基地评选和精品民宿评选活动推进乡村旅游产品和旅游服务质量的提升。三是实施乡村旅游效益提升工程。持续加大旅游扶贫力度，挑选精兵强将，推动精准驻村帮扶，逐村逐户落实扶贫资金和项目，让农民作为发展主体，切实提升乡村旅游经济效益，增强群众获得感和幸福感。

（四）大力推动旅游度假区建设，引领培育中高端消费

旅游度假区不同于一般的旅游景区，是能够满足游客休憩、康体、运动、益智、娱乐等休闲需求，相对完整的度假设施聚集区。旅游度假区可以促进城市与其他旅游资源、产品相互融合。澳大利亚黄金海岸、西班牙太阳海岸、法国蓝色海岸等著名旅游度假区都是非常成功的旅游度假区，当地的农业、工业都围绕着旅游度假发展，不但增加了当地财政收入，还提高了当地老百姓的生活品质。

山东的度假资源非常丰富，截至2017年有旅游度假区45家，其中国家级旅游度假区4家，省级旅游度假区41家。但是大多数旅游度假区的管理体制不健全，度假功能不完善，度假设施缺乏，业态不丰富，效益低下。今后要重点推动三个方面的工作。

1. 抓好招商引资和项目建设

开展大规模的招商引资，引进一批战略投资者，开发一批休闲、娱乐、康

养等项目，加快度假酒店、星级酒店、文化主题酒店、精品民宿等接待设施建设，丰富旅游度假的内涵。

2. 完善政策措施

山东省将在 3000 亩旅游用地指标内，对度假区骨干项目予以倾斜。对于建设管理工作较好的度假区，优先向国家旅游局推荐创建国家级旅游度假区。将高品质旅游度假区纳入全省营销计划和全省人才培训计划。建议各市借鉴4A 级、5A 级旅游景区奖励办法，研究出台国家级旅游度假区的资金奖励办法。

3. 加强监督考核，强化动态管理

严格规划审批程序，度假区总体规划要经省旅游、发改、国土、住建等相关部门审核后报省政府批准；度假区控制性详细规划、修建性详细规划，要报旅游等相关部门审核把关。组织相关部门和专家，对全省旅游度假区进行考核评分，督促旅游度假区提高质量。对达不到国家级、省级旅游度假区标准要求的，坚决淘汰出局。

（五）强化宣传营销，打造高端品牌

山东经过多年发展已经形成了"好客山东"的旅游发展大品牌，旗下有十大文化旅游目的地品牌、著名乡村旅游品牌、旅游度假区品牌、旅游酒店品牌、旅游演艺品牌、旅游集团品牌。推动品牌高端化，要坚持"两条腿"走路。

1. 全面加强品牌内涵建设

重点打造旅游购物品牌，打响"好客山东人，好品山东造"系列工业旅游品牌，争创"中国旅游品牌强省"。

2. 加强宣传营销

在营销内容上，坚持形象营销与产品营销协同配合，以形象营销带动产品营销，以产品营销丰富形象营销的内涵；在营销手段上，坚持传统媒体、新媒体相互补充，根据客源结构，发挥不同优势；在体制机制上，强化捆绑营销。在京津冀、东北地区、中原城市群以及长三角构成的大交通区域范围内布局山东旅游品牌建设，面向长三角、京津冀等重点客源市场，开展大规模宣传营销。针对海外市场，以孔子学院为渠道，通过举办路演、孔子学院院长山东峰会、设立文化宣传驿站、制作视频宣传片等，提升山东旅游的海外知名度。

B.12
2017年山东省动漫产业发展报告

杨　梅[*]

摘　要： 2017年山东动漫产业在政策扶持、基地建设、品牌建设和技术平台建设等方面都取得了重要成就，但与先进省份相比还有较大的差距。加快山东动漫产业发展，应聚集、整合力量，加强原创生产；树立大动漫观念，打造精品动漫IP；利用互联网和APP，推动山东动漫快速发展；弘扬齐鲁文化，讲好中国故事。

关键词： 山东　动漫产业　齐鲁文化

2017年，山东提出将加快建设文化强省，努力把山东建设成为全国区域文化中心和道德文化高地，为经济文化强省建设提供文化凝聚力和精神推动力，并继续出台一系列扶持政策，推动山东动漫产业发展。

一　全国动漫产业发展概况和山东动漫产业发展态势

近年来，我国动漫产业已从过去片面追求数量的爆发式发展转向质量、数量并重的稳健发展。与此相适应，山东动漫产业也走向更加重视品牌质量的内涵式发展。

（一）全国动漫产业稳健发展

国家对动漫产业非常重视。在国务院印发的《"十三五"国家战略性新兴

---

* 杨梅，山东社会科学院科研处研究员。

产业发展规划》中，数字创意产业首次被纳入其中，成为与新一代信息技术、生物、高端制造、绿色低碳产业并列的五大新支柱。国务院发布的《关于推进文化创意和设计服务与产业融合发展的若干意见》，也提出深入挖掘优秀文化资源，推动动漫游戏等产业优化升级，打造民族品牌。

2017年4月，《文化部"十三五"时期文化产业发展规划》出台。关于动漫业，文件指出："到2020年，预计动漫产业产值达到2500亿元左右，动漫创意和产品质量大幅提升，培育一批在国际上具有较强竞争力和影响力的国产动漫品牌和骨干动漫企业，打造3至5个具有广泛影响力的动漫展会。加强产业顶层设计，构建产业生态体系，推进动漫产业提质升级。提升动漫产品质量，扶持内容健康向上、富有创意的优秀原创动漫产品的创作、生产、传播和消费。培育民族动漫创意和品牌，加大对优秀动漫创意人才的扶持力度。推广手机（移动终端）动漫行业标准，鼓励面向新媒体渠道的动漫创作。加强动漫关键技术研发和动漫公共素材库项目建设。探索建设培育动漫品牌授权市场，促进动漫与实体经济的深度融合，引导促进动漫会展发展，活跃动漫消费市场。"

2017年4月，《文化部关于推动数字文化产业创新发展的指导意见》下发。文件将动漫产业作为数字文化产业的重要组成部分，提出要推动动漫产业提质升级。发挥好动漫独特的艺术魅力和传播优势，创作生产优质动漫产品。坚持品牌化发展战略，促进动漫"全产业链"和"全年龄段"发展。运用信息技术手段和各种新兴媒体，创新表现形式、拓展传播渠道，发展基于互联网和移动智能终端的动漫传播运营，积极开拓动漫表情等动漫新业态。引导促进动漫会展发展，活跃动漫及衍生产品消费。促进动漫与文学、游戏、影视、音乐等内容形式交叉融合，发展动漫品牌授权和形象营销，与相关产业融合发展，延伸动漫产业链和价值链。

在中央财政支持下，2012年，文化部开始实施国家动漫品牌建设和保护计划，以促进动漫产业结构调整和优化升级，推动建设在国内和国际市场具有影响力的原创动漫品牌，培育具有品牌化开发价值的原创动漫创意。2015年和2016年继续实施这一计划。2016年重点支持的"动漫品牌"包括在国内、国际具有一定影响力的动漫产品（包括漫画、动画、新媒体动漫、动漫演出、动漫形象等）。支持的"动漫创意"是指具备基本动漫形象、角色设定、剧情安排、场景设计的成熟构思，并已形成具有可操作性、产业开发价值、品牌规划的动漫品牌项目实施方案。2017 年 4 月，文化部办公厅下发《关于做好2017 年度中央财政文化产业发展专项资金重大项目申报工作的通知》，其中包括动漫游戏。

2017 年 9 月，文化部办公厅印发了《中国文化艺术政府奖动漫奖评奖办法》，加强和改进中国文化艺术政府奖动漫奖评奖管理，严格评奖标准和程序，切实提高评奖公信力和影响力。其中规定，动漫奖设 6 个分项，评奖数量共 20 个。分别为：最佳动漫作品 11 个、最佳动漫创作者或团队 3 个、最佳动漫教育机构 2 个、最佳动漫国际市场开拓 1 个、最佳动漫技术 1 个、最佳动漫形象 2 个。中国文化艺术政府奖动漫奖于 2011 年设立，曾于 2011 年和 2014年举办过两届。

2017 年 11 月，《国家新闻出版广播影视"十三五"发展规划》发布，指出要继续实施"原动力"中国原创动漫出版扶持计划，重点对漫画图书、漫画期刊、多媒体动漫、民文译制、少数民族动漫作品、网络游戏等优秀原创动漫作品进行扶持。通过扶持一批优秀项目，搭建中国原创动漫出版网络服务平台，实施"原动力"中国高校动漫出版孵化计划，引导促进国产原创动漫出版精品创作生产，推动优秀国产原创动漫出版"走出去"。实施中国经典民间故事动漫创作工程，以中国经典民间故事为蓝本，组织生产一系列动漫作品，塑造经典动漫形象，推出一批中国经典民间故事精品电视动画、动画电影、动漫出版物、移动端动漫。

从国家新闻出版广电总局发布的数据看，2017 年 1 ~ 10 月全国制作完成的国产电视动画片共 238 部，107353.1 分钟。文化部统计数据显示，2016 年我国动漫产业产值已经突破 1100 亿元，年复合增长率达到 20%。2016 年我国动漫游戏、出版物、周边玩具、图书、服装等衍生品市场产值在 380 亿元左右，约占动漫市场的 34.5%。

（二）山东动漫产业发展态势

自 2007 年出台扶持动漫产业发展的若干意见之后，山东一直高度重视动漫产业发展。2017 年 7 月，《山东省文化厅"十三五"时期文化改革发展规划》印发，提出实施数字文化产业发展工程，丰富数字文化内容和形式，创新数字文化技术和装备。提高我省网络文化产品的原创能力和文化品位，打造在国内具有较强竞争力和影响力的动漫品牌和骨干动漫企业。提出实施文化金融创新工程，为文化企业的发展提供金融支持。山东省新闻出版广电局发布的《关于组织申报 2017 年度山东省新闻出版广播影视产业项目库重点项目、重点基地（园区）的通知》也包括动画项目和动漫基地。

2017 年 4 月，由山东省扶持动漫产业发展联席会议办公室指导，山东省动漫行业协会主办，青岛市高新区管委会、青岛市动漫创意产业协会承办的"2017·山东动漫产业品牌成长峰会暨青岛动漫创意产业园揭牌仪式"在青岛高新区举行。峰会公布了《神奇的种子》等 20 部动漫作品首批入选山东省优秀原创动漫项目资源库，表彰了《齐鲁优秀传统文化传承创新系列动画》等 6 部优秀原创动漫项目，以及山东广电呀咔咔动漫产业有限公司等 10 家优秀动漫企业。

省优秀原创动漫项目资源库首批入库项目（20 项），它们是《齐鲁优秀传统文化传承创新系列动画》（山东世博文化传播有限公司）、《老毛警长》（威海光远文化传播股份有限公司）、《丝绸之路文化探险》（烟台屹林文化传媒有限公司）、《环保小蜗牛》（山东甲壳虫动漫科技有限公司）、《创新的办法》（济南海水科技有限公司）、《暴风雨》（济南科明数码技术股份有限公司）、《神奇的种子》（山东金正动画股份有限公司）、《鹊华秋色》（济南科明数码技术股份有限公司）、《香辣五侠》（山东金正动画股份有限公司）、《国防后备军》（山东宇生文化股份有限公司）、《始祖的足迹》（山东美猴文化创意集团有限公司）、《凿壁偷光》（山东美猴文化创意集团有限公司）、《弟子规》（山东通达动漫游戏制作有限公司）、《青青侠》（青岛领客文化传播有限公司）、《开启智慧的钥匙》（山东通达动漫游戏制作有限公司）、《辛弃疾》（山东沃尔德影视传媒有限公司）、《德之韵》（济南左右动画设计制作有限公司）、《福乐寻宝历险记》（山东好客福乐数码制作有限公司）、《不一样的数学故事》（济南御书房动漫科技有限公司）、《熊猫也疯狂》（山东动知画文化传媒有限公司）。

2016 年度优秀原创项目（6 项）：《齐鲁优秀传统文化传承创新系列动画》（山东世博文化传播有限公司）、《香辣五侠》（山东金正动画股份有限公司）、《国防后备军》（山东宇生文化股份有限公司）、《鹊华秋色》（济南科明数码技术股份有限公司）、《丝绸之路文化探险》（烟台屹林文化传媒有限公司）、《环保小蜗牛》（山东甲壳虫动漫科技有限公司）。

2016 年度优秀会员企业（10 家）：山东世博华创动漫传媒有限公司、山东广电呀咔咔动漫产业有限公司、山东金正动画股份有限公司、济南科明数码技术股份有限公司、济南海水科技有限公司、山东美猴文化创意集团有限公司、青岛领客文化传播有限公司、威海光远文化传播股份有限公司、烟台屹林文化传媒有限公司、山东豆神动漫有限公司。

根据国家新闻出版广电总局《2017年国产电视动画片备案公示剧目》，截至2017年10月，山东电视动画片备案2部，它们是山东甲壳虫动漫科技有限公司《游艺萌乐园》，52集，每集7分钟，共364分钟；青岛海尔文化产业发展有限公司的《海尔兄弟宇宙大冒险第一季》，12集，每集4分钟，共48分钟。总时长为412分。

2017年5月，山东省文化厅颁布《山东省文化产业示范园区创建管理办法》《山东省文化产业示范基地认定管理办法》。根据管理办法，截至2017年5月，山东省命名3批共14家省级文化产业示范园区，5批共149家省级文化产业示范基地。据统计，在山东省文化产业园区、基地中，动漫类、数字服务类、创意设计类产业园区基地达30家，占总数的近30%。其中，青岛动漫游戏产业园吸引超过80家国内外大中型企业入驻，已基本形成集动漫游戏人才培训、动漫游戏创作研发、服务外包、动漫作品播出发行、游戏产品代理运营、衍生品设计、版权交易及展览展示等于一体的完整产业链。下一步，山东省将着力推进文化与科技融合发展，加快建设科技型文化产业园区和基地，大力扶持青岛动漫游戏产业园、烟台广告创意产业园、济南软件园等科技含量高、具有孵化衍生功能的产业园区，提供优惠政策吸引国内外大中型企业入驻。

2017年12月，山东省人民政府公布了第三届山东省文化创新奖获奖项目，山东世博华创动漫传媒有限公司申报的"基于移动互联网的动漫科技运营平台"项目，在数百个项目中脱颖而出，成为最终30个获奖项目之一，也是"文化科技"领域唯一获奖项目。"基于移动互联网的动漫科技运营平台"项目是世博动漫立足"互联网+动漫创意+科技创新+文化金融"而打造的专门服务于全省动漫企业的公共平台。平台依托移动互联网，以深入开发动漫版权价值为核心，致力于为动漫企业提供"数字出版、移动播出、项目咨询、版权交易"等服务，以山东省动漫行业协会力量促进了行业内部的资源共享，提高了中小动漫企业生产、创作效率，降低了中小动漫企业的运营成本。

2017年4月，由青岛市高新区、青岛市动漫创意产业协会和招商局产业园区共同打造的"青岛市动漫文化创意园"正式启动，有9家动漫文化企业确定了入驻意向。创意园将积极引进国内优秀动漫企业落户高新区，积极打造动漫创意产业的全产业生态链，打造北部新城文化、动漫、创意产业的集群。

2017年9月，《青岛市"十三五"时期文化发展改革规划纲要》发布，指出，青岛将着力发挥东方影都等重点项目的龙头带动作用，加快灵山湾影视文化产业区建设，吸引集聚优势产业资源，不断拓宽影视产业链，构筑影视投资、影视摄制、电影发行、院线管理等现代影视产业集群，建设世界知名的"影视之城"。

2016年，由威海市委宣传部主导设立，威海光远文化传播股份有限公司搭建及运营的威海市动漫游戏产业公共服务平台正式开放，构建起人才培训、技术创新、项目孵化、市场推广、投融资、创客空间等一体化的服务体系。该平台由综合商务和技术研发两大板块组成。综合商务平台下设品牌营销策划部、山东动漫服务贸易交易平台、动漫游戏产业发展促进中心、出版发行公共服务平台。技术研发平台由数字动漫游戏综合事业部、数字动漫游戏教育培训中心、数字动漫游戏研发制作中心、数字动漫游戏展示体验中心和数字动漫游戏高端共用设施中心组成，搭建了针对动漫游戏企业共性需求的动漫渲染平台和测试平台等技术服务系统。

2016年5月，威海光远文化传播股份有限公司与日本软银集团旗下一子公司合作动漫游戏设计业务，对方提出整体方案，由公司自主设计人物、道具等模型，仅这一项业务便为公司带来了400多万元的收入。整个2016年，光是服务外包这一项，公司就完成金额120万美元。其原创动漫研发团队可利用二维动画、三维动画及影视后期制作技术、VR虚拟仿真技术，开发研制原创动漫、游戏、影视作品，同时为企业事业单位提供形象宣传品、产品推广、品牌打造等服务。

2016年11月，山东省科普影视动漫创作交流会在淄博召开。交流会旨在繁荣我省科普创作事业，促进科普创作工作者之间的交流，创新科普创作方式方法，提高科普作品质量和水平。山东金正动画股份有限公司董事长任家斌、山东省动漫行业协会会长王振华分别做了题为"学乐安康美：浅谈科普动漫的现在与未来"和"互联网背景下科普动漫影视作品的创作和传播"主旨演讲，分析了科普动漫的现状、创作特点与发展趋势，提出了提高作品质量的建议和对策。

2017 年元旦、国庆期间,山东世博文化传播有限公司继续在山东省科技馆举办品牌活动——齐鲁国际动漫展。元旦期间的活动有古风 Cosplay 平面大赛、古风原创漫画大赛、宅舞大赛、动漫精英社团专场、金皇冠山东动漫游戏主持人大赛等。元旦期间的活动推出了一个"12 星座"主题,还有英雄联盟水友大奖赛、王者荣耀水友大奖赛、金皇冠大赛,以及许多互动活动如道具交流区、汉服交流区、原创绘画区、动漫周边产品销售等。这届齐鲁国际动漫展还与淘宝二次元共同打造了线上漫展。

2017 年 1 月 1 日,第二届"萌卡动漫展"在济南舜耕会展中心开幕,有超过万名动漫迷和 Cosplay 爱好者参与活动。2017 年 7 月 25 日,济南舜耕会展中心动漫展开幕。此次动漫展立足于动漫文化和原创作品展示,在原有的同人展览基础上,加入了卡牌竞技、电竞赛事、桌游路演等新鲜元素,使之成为一场多元化的大型文化博览会,吸引了全山东乃至全国的动漫游戏爱好者。除了日系动漫作品外,《阴阳师》《天下 3》《天下》手游等国内自主研发创作的国产动漫游戏也受到了不少年轻玩家和动漫迷的喜爱。

青岛、烟台、威海、淄博、潍坊、临沂、枣庄、日照、莱芜等城市也举办了一些动漫活动,如 2017 青岛幻梦动漫游戏·DC 嘉年华 12、第四届威海 ComicMoe 漫萌动漫嘉年华、第二届威海 CGJ 动漫嘉年华舞台剧大赛、莱芜第一届国际动漫节等。莱芜第一届国际动漫节是以动漫 ACG、Cosplay、二次元等关键词为核心的动漫展会和服务平台,内容涵盖动漫、影视、图书、插画等多个领域,设置了 Cosplay 舞台表演比赛、动漫游戏比赛及大量动漫游戏周边产品的展示和销售。

二 山东动漫产业存在的问题

总的说来,山东动漫产业在 2017 年出现较大下滑趋势,与先进省份相比,有较大的差距,动漫产品数量少,质量也不高。

以电视动画片为例,根据国家新闻出版广电总局国产电视动画片备案公示剧目,2015 年山东创作电视动画片 16 部,时长 7717 分钟。2016 年为 5 部,时长 3482 分钟。2017 年 1~10 月,仅 2 部,时长 412 分钟,与 2015 年、2016 年相比相差甚远,仅列全国第 23 位(见表 1、表 2、表 3)。

表1 2016年山东省在国家新闻出版广电总局备案的国产电视动画片相关情况

单位：集，分钟

序号	片名	集数	集长	时长	题材	报备机构/联合制作
1	地雷战	52	15	780	历史	烟台百年文化传媒有限公司
2	孔子圣迹图的故事	36	5	180	历史	山东美猴动漫文化艺术传媒有限公司
3	少年石敢当	26	13	338	童话	泰安中动文化传媒有限公司
4	五色奇玉记	52	22	1144	童话	山东广电呀咔咔动漫产业有限公司
5	神奇的种子	104	10	1040	童话	山东金正动画股份有限公司

资料来源：笔者根据国家新闻出版广电总局关于2016年1~12月全国国产电视动画片制作备案公示剧目的数据整理而成。

表2 2017年1~10月山东省在国家新闻出版广电总局备案的国产电视动画片相关情况

单位：集，分钟

序号	片名	集数	集长	时长	题材	报备机构/联合制作
1	游艺萌乐园	52	7	364	童话	山东甲壳虫动漫科技有限公司
2	海尔兄弟宇宙大冒险第一季	12	4	48	科幻	青岛海尔文化产业发展有限公司

资料来源：笔者根据国家新闻出版广电总局关于2017年1~10月全国国产电视动画片制作备案公示剧目的数据整理而成。

表3 2017年1~10月全国在国家新闻出版广电总局备案的国产电视动画片相关情况

单位：部，分钟

序号	省份及相关机构	部数	时长	序号	省份及相关机构	部数	时长
1	广东省	52	23348	14	天津市	4	1573
2	浙江省	43	20030.5	15	西藏自治区	4	1372
3	北京市	32	15856	16	广西壮族自治区	8	1205
4	江苏省	20	8182.6	17	四川省	3	1156
5	上海市	17	7260	18	重庆市	3	1072
6	中直其他机构	10	6897	19	江西省	3	930
7	河南省	3	4386	20	云南省	3	858
8	福建省	8	4238	21	安徽省	2	619
9	辽宁省	8	2792	22	海南省	2	418
10	湖南省	6	2246	23	山东省	2	412
11	陕西省	4	2214	24	贵州省	1	288
12	湖北省	12	1920	25	山西省	1	216
13	河北省	4	1642	26	黑龙江省	1	78

资料来源：笔者根据国家新闻出版广电总局关于2017年1~10月全国国产电视动画片制作备案公示剧目的数据整理而成。

从国家新闻出版广电总局发布的数据看，2017年1~10月全国制作完成的国产电视动画片共256部。全国共有25个省份以及中直其他机构制作了国产电视动画片，排在前5名的是广东、浙江、北京、江苏、上海，经备案公示的国产电视动画片分别为52部、43部、32部、20部、17部，23348分钟、20030.5分钟、15856分钟、8182.6分钟、7260分钟。由此可以从一个侧面看出山东动漫产业与先进省份的巨大差距。

从播出的优秀国产动画片情况看，2016年，国家新闻出版广电总局向全国电视播出机构推荐播出46部优秀国产动画片。其中，广东省有广东原创动力文化传播有限公司、深圳市时代科腾文化传媒有限公司、华强方特（深圳）动漫有限公司等11部动画片入选；浙江省有杭州阿优文化创意有限公司、浙江音像出版社有限公司、浙江新长城动漫有限公司等10部动画片入选；上海有上海淘米动画有限公司、上海炫动传播有限公司、上海今日动画影视文化有限公司等5部动画片入选；中直其他机构有央视动画有限公司等4部动画片入选；江苏有江苏广电影视动漫传媒有限责任公司、优漫卡通卫视频道、苏州工业园区金笛创意国际文化有限公司的3部动画片入选；广西有3部、北京有2部、安徽有2部、湖北有2部、湖南有2部、河北有1部、福建有1部动画片入选。山东没有动画片入选（见表4）。

表4　2016年国家新闻出版广电总局推荐播出优秀国产动画片数量

单位：部

序号	省份及相关机构	数量	序号	省份及相关机构	数量
1	中直其他机构	4	8	湖南	2
2	北京	2	9	湖北	2
3	上海	5	10	安徽	2
4	江苏	3	11	河北	1
5	广东	11	12	广西	3
6	福建	1	13	山东	0
7	浙江	10			

资料来源：笔者根据国家新闻出版广电总局推荐播出优秀国产动画片的数据整理而成。

从播出的优秀国产动画片情况分析来看，具体内容如下。

2017年第一、二季度，国家新闻出版广电总局向全国电视播出机构推荐播出 14 部优秀国产动画片。其中，中央电视台有中央电视台动画有限公司制作的《故事奶奶》和《新大头儿子和小头爸爸》2 部入选；北京分别由北京全擎娱乐文化传媒有限公司、北京璀璨星空文化发展有限公司制作的《星游记——风暴法米拉（上）》和《京剧猫之信念的冒险》2 部入选；上海分别由上海左袋文化传播有限公司、上海炫动传播有限公司制作的《艾米咕噜》和《哈哈大冒险第二季》2 部入选；浙江分别由杭州阿优文化创意有限公司、杭州玄机科技信息技术有限公司、宁海熊小米文化传播有限公司制作的《阿优之兔智来了（二）》《阿优学科学（二）》，《天行九歌》，《熊小米系列之小小画家熊小米》4 部入选；江苏有《小萝卜头》1 部入选、湖南有《榜样》1 部入选、福建有《彩虹宝宝 2》1 部入选、江西有《红游记》1 部入选。山东仍无作品入选（见表 5）。

表 5　2017 年第一、二季度国家新闻出版广电总局推荐播出优秀国产动画片数量情况

单位：部

序号	省份及相关机构	数量	序号	省份及相关机构	数量
1	中央电视台	2	6	湖南	1
2	北京	2	7	福建	1
3	上海	2	8	江西	1
4	浙江	4	9	山东	0
5	江苏	1			

资料来源：笔者根据国家新闻出版广电总局推荐播出优秀国产动画片的数据整理而成。

三　加快山东动漫产业发展的对策

加快山东动漫产业发展，在质量与数量上尽快赶上和超过先进省份，任重而道远。

（一）聚集整合力量，加强原创生产

原创动漫的数量和质量是整个动漫产业发展的基础。从全国情况看，近年来我国动漫产业已从数量扩张进入质量、数量并重，注重打造品牌的新阶段。

但山东动漫产业则有所不同，不仅原创动漫数量少，质量也不乐观。特别是2017年（截至10月），在国家新闻出版广电总局备案的国产电视动画片仅2部412分钟，数量太少，在国家新闻出版广电总局推荐播出的优秀国产动画片中也榜上无名。所以，山东动漫产业应采取有力措施，聚集整合力量，加强原创生产，做到数量与质量并举，尽快缩小与先进省份的巨大差距。

（二）树立大动漫观念，打造精品动漫IP

IP是英文Intellectual Property的缩写，即"知识产权"。动漫IP，即动漫版权，它是由动漫衍生出来的、具有一定影响力和代表性的品牌形象的知识产权。通过动漫IP的授权或出售可以获得巨大的收益。

动漫IP化发展被认为是今后动漫原创带动动漫衍生产品发展的新模式。动漫产业链可分为作品原创、传播发行和衍生品经营。其中，动漫衍生品市场规模往往高于动漫内容市场的整体规模。以动漫巨头迪士尼公司为例，衍生品、主题公园、互动娱乐等业务占据整个动漫业务的80%以上，其中盈利最高的业务是衍生品销售。衍生品授权开发将成为我国动漫产业发展的重要突破口。如翔通动漫在表情形象IP化运营的过程中，将时下热点与卡通形象相结合，创作了众多不同主题的表情，与微信、QQ等平台达成合作，为用户提供好玩有趣的表情包，同时不断扩展、延伸、赋予表情以故事和可延展性，将表情形象品牌化、IP化，为今后这些品牌的变现打造坚实的群众基础。

在一个动漫IP真正引领动漫产业发展的时代中，山东也应该树立大动漫观念，打造精品动漫IP，让动漫行业逐步向其他行业延伸，让动漫IP真正和玩具、服装、游戏、电影、电视剧结合起来，创造更多的价值。

（三）利用互联网和APP，推动山东动漫快速发展

近年来，腾讯、网易、中国移动等纷纷成立漫画平台，如腾讯动漫、网易漫画、咪咕动漫。腾讯视频、优酷、爱奇艺、B站等视频平台也加快布局动漫领域。2017年，腾讯通过自身以及旗下的阅文集团、腾讯动漫、腾讯视频等，投资了十余家动漫相关企业，涉及动漫内容制作、声优等。

截至2017年底，泛动漫用户将超过3亿人。而在中国的泛动漫用户群中，"90后""00后"占94.3%，其中"95后"的占比高达57.6%。随着智能手

机的推广普及，大量动漫类 APP 持续上线。截至 2015 年底，腾讯动漫网络平台作品总量超过 2 万部，投稿作者总数超过 5 万人，签约作品数超过 6000 部，其中超过 300 部为全版权作品。

山东已在济南、青岛、威海等建设了若干动漫展示平台，但其影响力有待进一步加强。下一步应以这些平台为基础提升技术水平，充实展示内容，推出并打造山东动漫品牌。

（四）弘扬中华文化，讲好中国故事

中国动漫理应讲好中国故事，弘扬中华文化。我国早期动漫作品如《九色鹿》《两个和尚》《大闹天宫》等都具有鲜明的中国风格。20 世纪 80 年代后，美日动漫席卷中国，大量模仿之作应时而起。近年来，中国动漫日趋成熟，具有民族特色的动漫作品不断出现，如《大圣归来》《大鱼海棠》《大护法》等。还有如敦煌研究院文化创意研究中心已完成动画片《降魔成道》，正计划开发系列文化创意产品；成都博物馆的"漫说文物"系列，将国宝级文物石犀牛与经穴髹漆人像做成了动画短片；湖南省博物馆以马王堆汉墓出土文物为素材制作了 26 集动画片《时空博物卡》；三星堆博物馆与四川省文物考古研究院合作推出动画片《神树的传说》；山东世博文化传播有限公司正在与济南市博物馆合作西汉陶俑数字化项目。

山东是中华文化的发祥地、儒家文化的故乡，有极为丰富的传统文化、民间文化、地域文化和现代革命文化。山东动漫应充分发掘丰富的齐鲁文化宝藏，用动漫的形式进行创造性转化和创新性发展，为中国动漫产业的发展做出独特的贡献。

B.13
2017年山东省艺术品业发展报告

秦树景*

摘 要： 艺术品业发展在山东省传承优秀传统艺术文化、促进经济发展、扩大就业等方面都发挥着不容忽视的重要作用。山东省艺术品市场主要集中在画廊和艺术拍卖公司，前者作为山东艺术品市场的基石，尽管目前还处于起步阶段，但省内经济文化政策的倾斜以及大众对文化艺术品的喜爱，为其发展提供了广阔前景，而艺术品拍卖市场则随着国内大市场的行情稳步发展。山东艺术品业在文化产权交易、艺术品金融领域都有新的探索并且成绩不俗，但目前仍存在艺术品市场诚信体系不完善、艺术品鉴定评估体系不健全等一系列问题，针对这些问题，必须加强市场引导，增强品牌意识，着力保护创作者知识产权，完善艺术品交易三级市场体系。

关键词： 艺术产业　艺术资源　版权　艺术金融

艺术是国家文化发展的核心展现手段，艺术与经济联合所形成的艺术产业成为地区经济发展新的增长点。党的十八大以来，中央高度重视转变经济发展方式、加快文化艺术产业发展，以期在经济提速的前提下提高经济发展的质量与效益。山东省委省政府坚决贯彻落实相关方针政策，也为加快促进文化强省建设，加强对我省文化艺术产业发展的规划进行部署。艺术品业作为山东省文化艺术产业的重要组成部分，其发展在传承优秀传统艺术文化、促进我省经济发展以及扩大就业等方面都发挥着不容忽视的重要作用。

---

* 秦树景，山东社会科学院文化研究所助理研究员，博士。

一 山东艺术品业发展宏观环境分析

（一）相关政策、法规

艺术品业是山东省文化艺术产业的重要组成部分，2013年山东省文化厅发布《关于促进我省文化艺术产业发展的意见》，对我省艺术品业的发展做出了重点工作任务部署，并制定了艺术品业的发展规划，明确要发挥艺术品业的地域特色，强化产业集聚效应，加强对济南英雄山文化市场、青岛油画城、淄博荣宝斋书画城等品牌建设的行业指导；以国有美术馆、画院即艺术品经营机构为依托，抓好书画古玩、木版年画等优势产业的发展，培育形成一批骨干艺术品产业。在打造具有地域特色的艺术生产销售基地、培育骨干艺术品企业、推动艺术品研发与数字化、艺术金融政策支持等领域都做出了明确的指示与规划，引领我省艺术品业有序健康发展。

2016年1月18日，文化部发布《艺术品经营管理办法》[①]，该办法是在之前的《美术经营管理办法》基础上修订而来的，旨在"加强对艺术品经营活动的管理，规范经营行为，繁荣艺术品市场，保护创作者、经营者、消费者的合法权益"。文件中所称艺术品包括"绘画作品、书法篆刻作品、雕塑雕刻作品、艺术摄影作品、装置艺术作品、工艺美术作品等及上述作品的有限复制品"，不包括各类文物。其中所指艺术品经营活动包括"收购、销售、租赁；经纪；进出口经营；鉴定、评估、商业性展览等服务；以艺术品为标的物的投资经营活动及服务"，以及通过信息网络平台所从事的艺术品经营活动。文件对艺术品经营单位所应遵守的各项规范做了详细规定，为我国艺术品经营事业的健康发展提供依据，对于山东艺术品市场的发展有着正面积极的影响。

2016年3月8日，国务院公开发布了《关于进一步加强文物工作的指导意见》，明确"制定鼓励社会参与文物保护的政策措施，培育以文物保护为宗旨的社会组织，鼓励民间合法收藏文物，提高公众参与度，形成全社会保护文

---

① 《艺术品经营管理办法》，中华人民共和国文化部，2016年1月18日。

物的新格局"。① 国家文物局依照意见有关精神于 2016 年 10 月 20 日颁布实施新的《文物拍卖管理办法》，② 为促进文物拍卖活动健康有序发展及民间机构、个人的合法艺术收藏提供依据，同时也对山东省的艺术品市场产生了一定影响。

（二）文化艺术产业大环境中的艺术品业

党的十八大以来，中央高度重视经济发展方式的转型升级，习近平在党的十八届一中全会上的讲话中提到"在前进道路上，我们一定要坚持以科学发展为主题、以加快转变经济发展方式为主线，切实把推动发展的立足点转到提高质量和效益上来，促进工业化、信息化、城镇化、农业现代化同步发展，全面深化经济体制改革，推进经济结构战略性调整，全面提高开放型经济水平，推动经济持续健康发展"③。加快文化艺术产业发展以期在经济提速的前提下提高经济发展质量成为各地政府经济工作的重要指向。艺术既是国家文化发展的核心展现手段，艺术与经济联合所形成的艺术产业也就顺理成章地成为地区乃至国家经济发展的新增长点。

山东省委省政府坚决贯彻落实相关方针政策，也为加快推进文化强省建设发展，不断加强对我省文化艺术产业发展的规划进行部署。作为山东省文化艺术产业的重要组成部分，艺术品业的健康有序发展在传承优秀传统艺术文化、促进山东省经济发展以及扩大就业等方面无疑都发挥着不容忽视的重要作用。在这样的大环境下，山东省的艺术品业发展独具地方特色。

二 山东艺术品业发展现状

我国"艺术品市场的商业中介分为三级：一级市场主要是画廊，透过购买与销售直接完成美术作品所有权的转移；二级市场主要是拍卖公司，以经济行为主体通过第三方的中介行为，完成作品所有权的转移；三级市场主要是高

---

① 《国务院关于进一步加强文物工作的指导意见》，国发〔2016〕17 号。
② 《文物拍卖管理办法》，文物博发〔2016〕20 号。
③ 《习近平论经济建设——十八大以来重要论述摘编》，《党建》2015 年 11 月 3 日。

端的艺术博览会，评估与鉴定作品，为二级市场作补充"。^① 就山东省艺术品市场而言，主要集中在画廊和艺术拍卖公司，近年来山东省加快文化强省建设，重视文化艺术产业的发展，相关经济文化政策的倾斜以及人们对于文化艺术品消费的热衷，都成为山东艺术品业发展的优势条件，自然也对艺术品市场的发展产生重要影响。

（一）山东画廊市场格局

画廊作为山东省艺术品交易领域的一级市场，其数量与质量关系到整个山东艺术品市场的健康有序发展。据统计，山东省居民每年用于中国书画方面的消费在其整个文化娱乐消费中占有不小的比例，而这种文化消费氛围也是山东省画廊市场得以建立发展的首要条件。到 2013 年时，山东已有画廊 500 家左右（包括未在工商管理局注册以及没有实体店铺的画廊），其中体制较为完备者即兼有实体店铺与门户网站的画廊大约为 309 家，占 61.8%。在这批画廊中，潍坊、淄博、济南是占有数量最多的三个城市，占比分别为 23%、21%、14%，烟台、威海等城市也有不少画廊。^② 但总体来看，山东画廊市场发展并不平衡，以省会济南为中心的鲁中地区属于起步较早的区域，形成了以济南英雄山文化市场、青州书画城、淄博荣宝斋书画城为代表的规模化画廊市场。

山东的各类画廊在业务方向上各有侧重，大部分画廊主要经营当代中国书画作品，近现代书画作品次之，至于经营油画的画廊则非常少。各家画廊的经营方式也不相同，但其联通之处在于都与固定的艺术家及艺术收藏家之间建立了密切联系，从而以隐性的形式构成一个独立的山东画廊生态艺术圈。

关于画廊的经营方式，从所售作品的权属来看，目前山东省的画廊可以分为代销制与自产自销制两类。代销制画廊就是与画家签订协议，代销其价格不高又比较畅销的作品，一般而言，画廊会制定一个高于画家所定价格的价位进行销售，作品售出后，由画廊获得所有差价；或者画廊提供场地供作者进行作品展览，所得收益按比例分成。画廊在这里仅仅将书画等艺术作品当成普通商

---

① 谢亦晴、阳烁、王欣怡：《艺术品经营业年度发展报告》，载叶朗主编《中国文化产业年度发展报告（2014）》，北京大学出版社，2014，第 150 页。

② 王少杰：《山东画廊现状调查》，《艺术市场》2013 年第 7 期。

品进行销售，实质上是以营利为最终目的的，一定程度上削弱了画廊的艺术性与学术性。自产自销制画廊就是由作者本人来经营打理的画廊，只售卖自己创作的作品，价格也由自己决定，可与消费者协商，比较灵活。缺点在于，作品售价缺乏市场机制的监管与领域内专家的客观评价，因而艺术家的艺术与学术价值便得不到客观公正的评价与认可。

山东画廊业可谓山东艺术品市场的基石，尽管目前还处于起步阶段，也还存在不少问题，但是省内经济文化政策的倾斜以及大众对文化艺术品的喜爱，为我省画廊业发展提供了广阔空间。本着诚信的经营原则，不断增强品牌意识，山东画廊市场定能够持续健康发展。

（二）山东艺术品拍卖市场分析

山东作为孔孟之乡有着深厚的文化底蕴，山东人对传统文化的认可度也居于全国首位。"据不完全统计，每年山东流向艺术品市场的资金达数十亿元，艺术品市场的规模和交易额均排在全国前列。尤其是当代书画市场，山东市场占到了全国 50% ~60% 的份额。"[1] 无论从哪个层面来说，山东艺术品市场在全国都是首屈一指的。正是基于这样的文化底蕴与时代发展需求，荣宝斋（济南）拍卖有限公司应运而生，力图为山东的艺术品市场再创佳绩。

荣宝斋（济南）拍卖有限公司作为荣宝斋"十二五规划"的重要组成部分，于 2014 年 11 月在济南举办了首届艺术品拍卖会，5 个专场拍卖的成交率为 78.7%，成交额达到 4.02 亿元人民币。2015 年春拍在济南市喜来登酒店举行，3 个专场成交率为 73.6%，成交额为 1.88 亿元人民币。2015 年秋拍共设 2 个专场，成交率达 87.1%，成交额为 0.92 亿元人民币。2016 年春拍在济南万达凯悦酒店举行，共设 3 个拍卖专场，成交率达到 79.7%，成交额为 1.32 亿元人民币。2016 年秋拍在济南蓝海御华大饭店举办，共设 2 个拍卖专场，成交率达到 87.6%，成交额则仅有 0.5 亿元人民币。2017 年春季艺术品拍卖会在济南喜来登酒店举办，共设 2 个拍卖专场，成交率为 85.1%，成交额重新过亿元，达到 1.3 亿元人民币（见表 1）。2017 年秋季艺术品拍卖会以"冬去春来，国画的再生"为主题，于 12 月 8 日在济南喜

---

[1] 《荣宝斋（济南）拍卖介绍》，荣宝斋官网，http：//www. rongbaozhai. cn/index. php? m = content&c = index&a = lists&catid = 114。

来登酒店圆满收槌，"中国书画·当代水墨""中国近现代书画一""中国近现代书画二"3个专场的拍卖活动成交率达到89%，成交额为1.02亿元人民币，其中"中国近现代书画一"专场的冠军由齐白石的《持菊做寿》以747万元人民币夺得，齐白石的《荔枝蝴蝶》以316万元人民币的成交价紧随其后。

表1 荣宝斋（济南）拍卖有限公司2014～2017年艺术品拍卖相关数据

时间	专场数（个）	成交率（%）	成交额（亿元人民币）
2014年秋季	5	78.7	4.02
2015年春季	3	73.6	1.88
2015年秋季	2	87.1	0.92
2016年春季	3	79.7	1.32
2016年秋季	2	87.6	0.5
2017年春季	2	85.1	1.3
2017年秋季	3	89	1.02

资料来源：根据《荣宝斋（济南）拍卖介绍》，荣宝斋官网，http://www.rongbaozhai.cn/index.php? m = content&c = index&a = lists&catid = 114，相关数据整理而成。

荣宝斋自入驻济南至2017年底共举办7场艺术品拍卖会，历次拍卖会的拍品数量、成交率及成交额的波动发展受到多方面因素的影响。如2014年秋季的首届艺术品拍卖会无论是拍品数量还是成交额都是最高的，这种情况无疑与2013年秋季开始中国艺术品市场回暖的大趋势相符合。而2016年秋季艺术品拍卖会成交率虽达到87.6%，成交额却只有0.5亿元人民币，大约受到当年3月15日开始施行的《艺术品经营管理办法》的影响，拍品也主要集中在中国近现代书画作品领域。

事实上，荣宝斋（济南）拍卖有限公司在艺术品拍卖领域的发展趋势大致可作为山东艺术品市场发展的一个侧影。

三 山东艺术品市场的特点

（一）文化产权交易所规范化

国务院于2009年9月通过的《文化产业振兴规划》为文化产业交易所的

纷纷成立埋下了伏笔，2011 年 10 月中共十七届六中全会发布的《中共中央关于深化文化体制改革、推动社会主义文化大发展大繁荣若干重大问题的决定》更是掀起了成立文化产权交易所的新高潮。据统计，截至 2011 年 11 月，全国已有 60 多家文交所成立，而正在筹备成立的文交所数量则数不胜数。"这 60 多家文交所，市场总计发行 17.8145 亿元金额产品，其中以天津文交所 4.3385 亿元总计 20 个单品产品发售领先；其次是成都文交所，以 3.052 亿元发售 7 个产品居于其次……泰山文交所发行 8350 万元位居第六……"①

2011 年 11 月国务院发布了《国务院关于清理整顿各类交易场所、切实防范金融风险的决定》，决定要求建立由证监会牵头，有关部门参加的"清理整顿各类交易场所部际联席会议（以下简称联席会议）"制度。该联席会议的日常办公机构设在证监会，而其任务主要在于"统筹协调有关部门和升级人民政府清理整顿违法证券期货交易工作，督导建立对各类交易场所和交易产品的规范管理制度，完成国务院交办的其他事项"。该决定一出，众多文交所被勒令停止运营，不到两周时间，泰山文交所于 9 月底以每份 1 元的价格发行的"黄永玉 01"（总价 2700 万元，发行当天市价升至 5800 万元）便跌至每份 0.81 元的价格，众多投资人陷入惶恐之中。不止于此，2011 年 12 月 30 日，中宣部联合商务部、文化部、广电总局和新闻出版总署又下发了《关于贯彻落实国务院决定，加强文化产权交易和艺术品交易管理的意见》的文件，该文件规定"原则上只允许在省一级设立文化产权交易所。清理整顿期间，不得设立新的文化产权交易所"。并对设立文化产权交易所的条件与基本程序做了规定，重点支持上海和深圳两个试点文交所，鼓励各地文化企业通过这个试点进行产权交易。

2011 年 7 月 19 日成立的山东泰山文化艺术品交易所股份有限公司（简称"泰山文交所"）是由鲁信集团与山东省国际信托有限公司为主发起，并经山东省金融工作办公室批准设立的国有控股公司。同年 11 月开始的清理文化产业交易所行动自然也涉及泰山文交所。到"2013 年文化艺术品交易场所风险处置已有新进展，部分艺术品交易所已停止发行新的份额化产品并及时修改交

---

① 何峰：《文交所如何走出困境——艺术品金融化新解和艺术市场三级体系的建立》，《艺术市场》2012 年第 8 期。

易规则，调整交易机制，不再开展份额化交易"①。2013 年 3 月，"国务院清理整顿各类交易场所部际联席会议正式批准保留泰山文交所。至此，泰山文交所在正式开展份额交易的文交所中首家获得保留，为山东省赢得了一张国家级的文化艺术品交易牌照，该牌照对山东省文化产业的发展具有重要意义"。

（二）艺术品金融化

自 2006 年中国民生银行进入艺术品市场，我国便开始了艺术品金融化的历程。艺术品金融的工具类型有多种，包括股票、证券、抵押贷款、信托以及对冲基金、期货等形式。虽然规模较小，但中国民生银行以及中国农业银行、招商银行等都对艺术品用于抵押贷款这项业务有所尝试。

在山东的艺术品金融业务领域内，徐永斌作为主要发起人于 2009 年联合潍坊银行和潍坊市博物馆创新推出了艺术品投资与金融资本融合发展的新模式，即"艺术品质押融资业务"，从而开了"国内艺术品投资交易与金融机构联姻、让艺术品利用金融杠杆进入投资交易领域的先河"②。这一业务推出之后，第一笔就贷出了 262 万元人民币，到 2014 年初已达到 1.3 亿元人民币的规模。③ 当然作为主体，潍坊银行在这个过程中是非常慎重的，还成立了文化金融事业部以更好地管理，促进该业务的发展。

目前对于书画作品多采用樟木盒子来存放以防虫，尚未出现太大的问题，但随着书画市场兴起以及作品数量增多，书画作品的保存风险也逐渐增大，迫切需要更专业的储藏空间。因此，为了更好地满足市场需求，继 2009 年推出艺术品质押业务之后，潍坊银行又介入了艺术品保管业务，于 2014 年 1 月在潍坊举行了潍坊银行艺术品仓储库启用仪式，相关负责人还表示将陆续涉足艺术品的交易、展览等领域，"尽量拉长金融对艺术品市场服务的产业链条"。④

---

① 《文化部办公厅关于开展 2013 年全国艺术品市场法制宣传周活动的通知》，（文市函〔2013〕381 号）。
② 刘建华、郝天韵：《艺术品业年度发展报告》，载张晓明等主编《中国文化产业发展报告（2014）》，社会科学文献出版社，2014。
③ 《潍坊银行的艺术仓储布局》，雅昌艺术网，http：//comment. artron. net/20140220/n569110. html，2014 年 2 月 20 日。
④ 《潍坊银行的艺术仓储布局》，雅昌艺术网，http：//comment. artron. net/20140220/n569110. html，2014 年 2 月 20 日。

四　山东艺术品业存在的问题与建议

（一）存在的问题

1. 艺术品市场诚信体系仍不完善

山东艺术品业发展稳定，无论是画廊市场还是艺术品拍卖市场都各具特点，稳步发展，但不可否认的是整个艺术品市场仍然存在不少问题。2011年秋季中国艺术品拍卖市场在成交率与成交额上双双遭遇滑铁卢，便与诸多投机者枉顾诚信的做法关系密切，这使得各种鬼蜮伎俩有所收敛。然而2014年春季艺术品拍卖开始的市场回暖，又为各种不法行为的发生提供了温床。比如画廊市场赝品频出，拍卖行有时为高额利润不惜进行恶意炒作，导致拍卖市场假拍、流拍现象屡见不鲜，最终扰乱整个艺术品市场的健康有序发展。

2. 艺术品鉴定评估体系不健全

艺术品市场诚信缺失，一定程度上与艺术品鉴定评估体系不健全有关，而"这主要是由于国内目前没有标准化的行业规章和统一化管理"，导致鉴定评估行业乱象横生，影响艺术品市场健康发展。山东艺术品市场想要保持稳定持续发展，就必须确立统一化的行业标准，提高鉴定评估的公信力，进一步建立并健全艺术品的鉴定评估体系。

（二）相关建议

1. 加强市场引导

从荣宝斋（济南）拍卖有限公司这几年的艺术品拍卖情况来看，山东的艺术品市场略有波动，并不稳定，而使艺术品市场持续健康发展，实则需要多方力量的共同努力。其中尤为重要的可能是政府的引导作用。政府出台相关措施鼓励引导文化艺术品业健康发展，"加强文化艺术产品和要素市场建设，培育书画交易等特色文化产品市场和网络文化市场"，"扶持画廊、艺术品拍卖公司等中介企业、机构连锁式发展"等，相关部门在此基础上再补充对应的配套措施，进一步健全并落实相应的金融、财税政策，鼓励艺术品市场良性循环发展。

2. 增强品牌意识，着力保护创作者知识产权

国家陆续出台的《专利法》《商标法》《反不正当竞争法》等法律法规在一定程度上有效遏制了艺术品市场恶意抄袭、剽窃现象的发生，但仍无法完全杜绝山东艺术品市场的制假贩假乱象。然而艺术品创造与一般商品生产不同，在专利申请以及著作权申报方面存在较大难度。这就要求艺术品创作者增强自身品牌意识，对个人创作产品有明确的质量方面的硬性要求，以诚信创作为首要处世原则，如此方能给予消费者足够的安全感。

3. 完善艺术品交易三级市场体系

画廊作为一级市场，在发现与培育优秀的艺术品创作者方面责任重大，拍卖行则应秉承诚信为上的理念，为创作者的声望护航，也就是"画廊业积极地发现并培育优秀创作者，通过展览等方式向艺术消费者推介；拍卖业挑选优秀作者的代表作上拍，为作者的声望和拍卖价格创造纪录；三级市场文交所平台融汇吸收更大范围的资金，回馈给优秀创作者及其经纪商，保证作者持续、优质创作；三大板块相互嵌扣，一旦出现了优秀的艺术家，带来的将是共赢的良好结果。对于艺术市场的消费者、创作者和中介者来说，这是最好的期待"。①

---

① 何峰：《文交所如何走出困境——艺术品金融化新解和艺术市场三级体系的建立》，《艺术市场》2012 年第 8 期。

专 题 篇

Special Topics

B.14
2017年中美内容产业态势及其对
山东内容产业发展的启示*

李然忠**

摘　要：　2017年中美内容产业界发生的几大事件，具有重要的标志性意义，将对未来的世界内容产业产生深远影响。腾讯作为中国最主流的互联网内容企业，超越 Facebook 成为全球市值排名第五的世界最大公司之一。阿里旗下优酷的自制剧《白夜追凶》的海外发行权被世界网络媒体巨头奈飞买下，将在全球190多个国家和地区播出。投资30亿元、对标《指环王》的《封神演义》三部曲正式启动，成为中国电影史上体量最大的制作。中国内容产业界的这三大事件，昭示了中国内容产业的全面崛起和依托新兴网络平台实现内容反向输出的真正开始。迪士尼对二十一世纪福

* 本报告为齐鲁文化英才2017年度资助课题"中国内容产业的巨变与山东的应对之策与建议"成果。

** 李然忠，经济学博士，新闻传播学博士后，山东社会科学院文化研究所研究员。

克斯实施收购。世界最大电商亚马逊花费将近 2.5 亿美元购买《指环王》的电视剧改编权。美国内容产业界的这两大事件，反映了美国传统内容产业的衰落和转型，标志着好莱坞原有秩序的坍塌，代表了美国内容产业激烈的变革大势和未来的发展方向。中美内容产业这样令人震撼的发展态势，给山东内容产业的发展提供了重要启示。

关键词： 内容产业　影视产业　腾讯　阿里巴巴　迪士尼　亚马逊　山东文化产业

2017 年，中美内容产业都在发生巨大的变化，这样的变化可能远远超出许多人的想象，仔细梳理下来，给人相当震撼的感觉。

本报告拟就 2017 年中美内容产业界发生的一些大的标志性事件，做一些梳理和归纳，让我们在感受到震撼的同时，从中看出一些趋势性的东西，并提出对山东内容产业发展的启示。

一　中国内容产业的震撼态势

（一）腾讯作为一家中国互联网内容产业公司站上了世界的高台

2017 年 11 月 20 日是中国互联网发展历史上一个特别值得铭记的日子，也是中国经济发展史上特别值得铭记的日子。因为在这一天，腾讯作为一家中国互联网平台型公司，成为全球市值排名第五的公司。这一天，腾讯市值达 39895 亿元港币，合计 5105 亿美元。而就在第二天，腾讯股价进一步上涨，市值超过 4 万亿元港币。市值 5000 亿美元和 4 万亿元港币，这是两个具有标志性的数字，更具有标志性是因为市值的上升，腾讯超越 Facebook 成为全球市值排名第五的世界上最大的公司之一。全球市值最高的前五家公司因此变成这样的排名：苹果、谷歌、微软、亚马逊、腾讯。可以不夸张地说，这样的变化，不仅是中国经济发展史上的巨大变革，也堪称世界经济发展史上的巨大变革。

我们研究这5家公司的排名，会有惊人的发现。

一是，这5家公司没有一家是石油公司、金融公司、工业公司、零售公司，而这些公司多年来一直占据了前五的位置。其实，这样的排名变化，在2016年已经发生，只是许多人没有注意到。2016年8月，世界市值较高的五家公司中，第一次没有了石油公司、金融公司、工业公司、零售公司。

二是，这5家公司全部是互联网平台型公司。对于排名第一的苹果公司，许多人并不认可其是互联网平台型公司，实际上，苹果是世界上最大的互联网音乐平台公司。而像谷歌、微软、亚马逊、腾讯，更是标准的互联网平台型公司。

三是，这样的排名是中国互联网公司飞速发展带来的结果。在2016年8月，腾讯和阿里巴巴排名分别为全球第10、第11，市值也只有2000亿美元。

而就在一年的时间里，腾讯和阿里巴巴市值翻番，同时，排名分别为第五和第七。这是在2016年8月世界市值排名前五的公司第一次全都变成互联网平台型公司以后，在一年左右时间里互联网发展的又一个关键转折点。世界上的专业研究者还提出这样的预测，在上述发展态势大背景下，腾讯和阿里巴巴在世界公司市值排名中的位置有可能继续上升。

腾讯只是一家于1998年成立的年轻公司，之所以能获得这样飞速的发展，而且今天作为一个巨型公司还能继续获得这样的飞速发展，是因为它是一家互联网平台型公司。它是中国最有代表性的互联网平台型公司BAT之一，如果它不是这样一家互联网平台型公司，就绝对不会有这样的发展，不会在世界上占据这样的地位。

而从更根本上说因为它是一家内容公司。腾讯是以社交软件QQ和微信主导的社交型内容产业公司。我们来看一下公司的财报，可以更具体地理解腾讯作为内容公司的性质。

我们看其2017年第二季度财报可以发现，公司季度业绩为566.06亿元，其中，网络游戏、视频及音乐等数字内容服务增值服务业务收入为368.04亿元，占65%；广告业务收入为101.48亿元，占18%；在线支付等其他收入为96.54亿元，占17%。

游戏收入占据了公司最大的收入份额，游戏是公司最成功的业务，也是给公司带来最大收入和利润的业务。可以说，游戏业务支撑了腾讯公司的飞速发展和成长。公司现在已经是世界上最大的游戏公司，在游戏业务上，腾讯已占据了世界的制高点。

正是因为它是一家互联网平台型公司，又搭建了最好的内容产业平台，所以，腾讯近年来才实现了快速的成长。

对于腾讯的飞速发展，上市以来的股票市场表现是最生动、直观的体现，会让人有震撼的感受。2004 年 6 月 16 日，腾讯控股正式在香港主板市场挂牌上市，当日以 4.375 港元开盘。而从那时以来的 13 年间，股价累计上涨接近 650 倍，这在全球证券市场上都极为罕见。

股票市场的惊人表现源于腾讯本身飞速的发展和成长。我们看一下公司经营业绩的良好表现，随便挑选公司两个季度的业绩报表如下。①2016 年第二季度综合业绩。总收入为人民币 676.8 亿元，同比增长 48%；经营盈利为人民币 277.3 亿元，同比增长 40%；期内盈利为人民币 201.48 亿元，同比增长 41%；公司权益持有人应占盈利为人民币 199.2 亿元，同比增长 40%。②2017 年第三季度的业绩。总收入人民币 652.10 亿元，同比增长 61%；净利润达到 180.06 亿元，同比增长 69%。

这样的业绩表现彰显了公司极其强大的成长能力。最为重要的是，这样的成长速度，不是一家新型的小企业，是一家上市 14 年市值几千亿美元的超大型企业。之所以能做到这一点，就是因为这是一家中国主流的互联网内容企业。

（二）优酷网剧反向美国和世界的输出

2017 年 11 月 30 日，阿里巴巴文化娱乐集团轮值总裁兼大优酷事业群总裁杨伟东在第五届中国网络视听大会上透露，优酷自制剧《白夜追凶》的海外发行权已被全球网络媒体巨头奈飞买下。

《白夜追凶》未来将通过奈飞自身平台在全球 190 多个国家和地区播出，成为首部正式在海外大范围播出的国产网络剧，这也是奈飞首次购入中国内地网络剧的版权。

这一消息立刻在国内内容产业界引起极大反响。因为，这是国产网剧第一次输出海外，最为关键的是，其被全球网络媒体巨头奈飞所购买。

奈飞，英文原名为 Netflix，在世界内容产业界可谓神一般的存在，是一家从 DVD 租赁服务商发展成为享誉全世界的美国网络视频媒体，美剧《纸牌屋》就是其自制剧的代表作。正是因为以其为代表的网络视频媒体的冲击，传统电视业和好莱坞步步受挫，连迪士尼、默多克都招架不住。

《白夜追凶》能被奈飞看上，首先说明其品质的优异，其次是因为剧集本身具备了诸多的条件，关键是从品质到题材都全球通用，符合了全世界的观看标准。

该剧集在优酷一上线就口碑爆棚，豆瓣评分超过 9.0 分，以超过 40 亿次的播放量收官，被业内普遍认为是年度最佳剧集。仔细分析《白夜追凶》我们发现，优酷对其的打造是全方位的，真正做到了精耕细耘。演员的精湛演技、高级的制作、紧凑的剧情、细致的情节都得到了良好的保证，同时追凶破案题材以及主角英雄、法医、警察等身份在全球都通用，能让不同地域、人群快速容易接受剧情，因此，《白夜追凶》从品质到题材都做到了符合全球观看标准。

优酷作为一个网络视频播出平台，在这样短的时间里在自制剧上就取得了这样飞速的进步，应该说，最重要的是得益于阿里长期以来持续打造的大文娱平台和阿里为内容业务发展营造的良好生态环境。

马云曾明确表示，我们今天的收获是 5～10 年前提前布局投资的收获，我们今天的投资布局是为了 5～10 年以后的收获。阿里对内容产业业务的投资并购布局，正是为了 5～10 年以后的收获。出产《白夜追凶》的优酷，就是其出于这样的发展布局，于 2015 年花费 56 亿美元现金收购而来①。

按照以往的观点，腾讯是以社交软件 QQ 和微信主导的社交型内容企业，而阿里则是以淘宝和天猫为主打的电商平台型企业。但是在今天，内容业务已经在阿里占据重要的地位，而且马云还不断强化内容业务在阿里的地位。

我们从财报观察内容业务在阿里巴巴所占据的位置，比如阿里 2016 年第

---

① 阿里巴巴当时收购的是已经改名为合一集团的优酷土豆，收购金额 56 亿美元包括此前阿里入股优酷土豆时的 12 亿美元。

三季度的财报，其内容产业营收达 36 亿元，在电商之外，内容产业就是阿里的核心业务，大大高于马云颇为看重的阿里云的 14.93 亿元。

阿里内容业务，包括优酷土豆、UC、阿里影业、阿里音乐、阿里体育、阿里游戏、阿里文学、阿里数字娱乐事业部等，这些内容业务都在 2016 年被整合进阿里巴巴文化娱乐集团。

这些内容业务都是阿里最近几年通过大量并购得来的。但是这样的收购，并不能马上变为经济收益，不仅不能变为经济收益，而且是持续亏损的，随便看一下阿里 2016 年第二季度的财报，内容业务当季营收 36 亿元，当季亏损达到 22.47 亿元。

现在，马云对内容业务的投资布局开始迎来了收获的季节。《白夜追凶》最具代表性。《白夜追凶》的品质被评价为对标上了美剧，被评价为中国版的《纸牌屋》，而其引导的网剧精品化趋势为业内所公认，对中国内容产业的发展来说，这是最为重要的一点，也是中国内容产业最重要的未来增长点。

其最具昭示性的意义就是，中国的内容产业可以借助 BAT 这样的巨型网络平台，实现对欧美和世界的大规模反向输出。

2017 年 5 月 31 日，乌尔善执导的《封神演义》三部曲在北京举办首场发布会，此事件引起了中外电影产业界的巨大反响。乌尔善在发布会上表示，和北京文化筹拍《封神演义》就是要对标《指环王》，就是要打造纯东方式的《指环王》①。这成为 2017 年中国内容产业界另一个具有标志性的事件。

乌尔善表示，《封神演义》将是一部投资 30 亿元、联拍 3 部的中国超级电影，是中国影视产业有史以来最大的投资，是中国电影史上体量最大的大片。按照计划，电影 2018 年正式开机，将拍摄至 2019 年，上映日期则分别暂定于 2020 ~ 2022 年。

按乌尔善的说法，"其实直接的起因是 2001 年看到了《指环王》，我很喜欢神话史诗电影，看到《指环王》之后就受伤了，我觉得应该中国人拍一个

---

① 《指环王》因原著小说波澜壮阔的战争场面和各种魔幻奇艺的异族风情，曾被认为是最不可能改变成电影的小说。《指环王》最终不但被改编成功，而且成为史诗性作品。《指环王》三部曲共耗时七年制作完成，总时长 10 小时，共获国际奖项 351 项，提名 284 项，包括 17 项奥斯卡金像奖。

就好了"。从那时起，他就立志要拍中国的《指环王》。

作为《封神演义》的导演，乌尔善2011年执导的先锋武侠喜剧电影《刀见笑》让他获台湾电影金马奖最佳新人导演奖杯。2012年的《画皮2》过7亿元的票房证明了他的市场号召力；而2014年的《鬼吹灯之寻龙诀》则拿下了当年贺岁档过16亿元的票房，当时位列华语电影史票房亚军。由此验证了他对拍摄玄幻电影的把控能力。

对于《封神演义》，乌尔善的定位很明确，对标《指环王》和《星球大战》系列，用最科学的工业流程打造中国的神话史诗。正是在听取《指环王》系列和《黑客帝国》系列的两位制片人的意见后，《封神演义》才采用三部电影连拍的模式进行制作。这是中国电影史上第一个采用连拍模式的三部曲大片。

好莱坞的超级大片能够在全球流行，在剧情天马行空的背后，倚靠的是科学而严谨的工业化生产流程。经过40多年的演化，好莱坞的电影工业体系才形成现在的成熟模式。中国电影市场刚刚起步，因此，积极探索电影工业体系也更加需要，也更有意义。

《封神演义》三部曲正在创造的电影工业体系，迄今为止都尚未在中国有过成功探索及真正实现，甚至因为前方这片处女地实在太过空白，想象起来都无从下手。但是从另外一个角度看，不论结果如何，乌尔善和北京文化的《封神演义》已经在改写中国电影工业的历史进程了。

不仅如此，北京文化和乌尔善也决定采用好莱坞电影工业体系的做法，围绕《封神演义》这个大IP做全产业链的开发，北京文化已在悄然铺设包括主题乐园、酒店、网剧、综艺、游戏等一系列衍生产品的全产业链布局，以为未来五年《封神演义》的开发做出全面规划和布局。一旦《封神演义》成功，那么围绕《封神演义》的IP开发，将是更为宏大的体量、更为重要的收入来源，也是更为重要的开拓①。

这是一个特别具有趋势性的事件，因为《封神演义》要做的就是全力打造中国超级IP的故事，力图把中国文化资源、现代内容产业和中国内容市场

---

① 对电影全产业链的开发，万达也做了积极和成功的探索，包括对海外电影院线和影视公司的收购，因此，值得进一步研究、分析、总结和反思。至于电影产业之外的事物，则另当别论。参见李然忠等《电影产业链的构建、整合与资源配置效率——以万达电影产业为例》，《山东社会科学》2016年第12期。

做到最优结合，承载的是为中国电影工业制作体系树立标杆的积极探索①。

这一探索的昭示性意义在于，一旦探索成功，将为中国深厚文化资源的影视产业开发，蹚出一条不仅观照国内市场，而且观照国际市场的成功之路，这对中国内容产业发展的意义不言自明。

因为，以 BAT 为代表的中国超级网络平台的发展已经走在了世界的前面，而且在融合内容产业发展上，以腾讯和阿里为代表也探索出了自己的独特路径。但是，中国传统影视产业的工业化，比起好莱坞还大大落后，因此，以《封神演义》为代表的中国传统影视产业工业化的探索如果成功，就会大大丰富中国超级网络平台内容产业的资源，强化其在国际市场竞争上的实力，与中国超级网络平台共同托举起中国内容产业。

二 美国内容产业的变革大势

（一）迪士尼对二十一福克斯的收购反映的是传统内容产业的衰落和转型

2017 年 12 月 14 日，迪士尼高调宣布以 680 亿美元（包括负债）收购二十一世纪福克斯的大部分资产，包括旗下的二十世纪福克斯影业、福克斯电视部门、FX 电视网、国家地理频道、流媒体 Hulu 30％ 的股份以及英国天空电视台（Sky）39％ 的股份。

这一收购对美国的内容产业来说，具有极为重要的标志性意义，将对美国内容产业产生极为巨大的影响。

一是，标志着美国网络视频媒体全面崛起，对传统内容产业形成极大挑战。在一定时期内，媒体用户的总数相对固定，新媒体的崛起往往就意味着传统媒体的衰落。比如，在历史上电视的出现就大大分流了广播的受众。而在当今中国，我们看得更具体更明白，随着腾讯等新媒体的迅猛崛起，中国的传统电视受到巨大的冲击。

---

① 影视产业的工业化是影视产业必须探索的发展路径，随着工业化的成熟，影视产业的发展就会迈入更高的阶段。世界各国影视产业的发展莫不如此。韩国影视产业的发展是最鲜明的体现。参见王丛《韩娱经济学》，中信出版集团，2015，第 viii 页。

在美国，这样的演变过程是远远走在世界前面的。在美国最有代表性的网络视频媒体，就是世界最大的收费网络视频媒体奈飞。这一网络视频媒体近年来发展迅猛，在美国内容产业界产生了巨大的影响。从其2017年第三季度的运营情况来看，其营收同比增长30.3%，净利润同比增长150%，订阅人数更是达到颇具标志性意义的1.09亿名用户。

对奈飞来说，其最为重要的数据，就是订阅用户数，因为，其主要就是靠收取订阅费获取收入。有了稳定的不断增长的订阅用户，就可以不断增加收入，不断扩充收买的内容，不断地制作原创内容，这样就可以进一步吸引订阅用户，形成良性循环。订阅用户数量就是其生命线。

而华尔街研究公司GBH Insights发布的研究报告预测，由于奈飞在原创内容方面取得的辉煌业绩，到2020年，其海外订阅用户数量将增长50%，会从2017年的6000万名提升至1亿名。这对奈飞的未来发展来说，无疑起到了定海神针的作用。

不仅如此，奈飞在服务方面也拥有巨大的竞争优势，比如，与康卡斯特的有线电视比较，奈飞拥有的是更符合未来发展潮流的网络视频用户。业内人士普遍认为，奈飞作为内容观看平台，在美国最具实力和影响力，拥有最大的订阅数量。通过多年来的不断努力，奈飞也成为好莱坞最重要的服务商，这对好莱坞一开始是一个好事，因为奈飞为好莱坞大大增加了收入，但是，随着奈飞原创内容的不断增加和不断取得辉煌的业绩，好莱坞与传统电视媒体一样，感受到了来自奈飞的巨大挑战。除了对用户的争夺外，让传统内容产业的巨头们更感头疼的是网络视频媒体从根本上改变了大众使用媒体的习惯，这对传统内容产业巨头来说，是一个更可怕的威胁。

不仅仅是奈飞，作为世界最大电商的亚马逊，在内容产业也是发展迅猛，对传统电视媒体和好莱坞同样带来巨大挑战。正是在内容产业这样的发展态势之下，美国的传统电视媒体和好莱坞的巨头们纷纷奋起迎接挑战。

二是，标志着好莱坞原有秩序的坍塌，是好莱坞对抗网络视频媒体冲击的奋力应对之举。

近年来，迪士尼因为受到网络媒体的冲击，业绩出现明显下滑，特别是2017年，迪士尼自2009年以来首次出现营业收入和净利润同时下滑，没有达到投资市场预期。2017年11月10日迪士尼公布的其截至9月30日的2017财年报表，公司实现营业收入 551.37 亿美元，同比下降 1%；实现净利润 89.8 亿美元，同比下降 4%。

在迪士尼四大业务中，三大业务呈现下滑趋势，只有主题公园因为上海与巴黎迪士尼乐园带来的良好业绩，实现了 8% 的较大增长，这是唯一亮眼的业务。迪士尼的媒体网络业务下滑 1%，主要是因为 ESPN、Freeform 等有线电视收视率、广告收入表现不佳，ABC 电视收入也表现不佳。迪士尼出现更严重下滑的是影视娱乐以及消费品互动媒体板块。迪士尼影视娱乐 2017 年第四季度同比下降 21%，全年下降 11%，影视业务的下滑大大影响了其衍生品销售和 IP 授权的业绩，导致消费品板块全年收入下降了 13%。迪士尼这样的业务表现，对业界来说是极为震撼的。因为这是迪士尼近 9 年来首次出现这样的情况。

不难看出，在网络视频媒体冲击之下，传统的电视媒体以及电影制作公司都面临市场空间被日渐压缩的危险。因此，迪士尼耗费巨额资金收购福克斯，无疑是迪士尼争夺内容板块、对抗网络媒体冲击的重要举措。

如果本次交易最后获得监管批准，据专业人士测算，从此以后迪士尼就将以一家公司之力，占据北美票房 40% 的份额，其规模效益显著。而且，业内普遍认为，在福克斯被迪士尼收购、好莱坞从六大变为五大之后，六大中业绩不佳的公司，将面对更为困难的局面，其被收购更是早晚的事。所以，好莱坞因为迪士尼对福克斯的收购，将发生彻底的改变。

不仅如此，迪士尼因此也将成为最大的电视内容制作商，大大改善公司陷入困境的电视业务，提高其在世界市场上的影响力。此外，并购交易还将为迪士尼计划推出的网络媒体服务提供额外的丰富的内容，以大大增强迪士尼网络新媒体的实力。

在 2017 年 8 月，迪士尼宣布不再向奈飞提供新的内容，而是通过旗下两个新的网络媒体服务向消费者直接提供 ESPN 体育节目和家庭影视内容。而要做好这两个新媒体，就必须充分依托公司的最大优势，即丰富的内容和影视制作能力，而对福克斯的收购，无疑起到了"与虎添翼"的作用，这是公司应对奈飞等网络媒体带来的巨大挑战的必然之举。

三是，标志着默多克帝国多年来疯狂并购扩张步伐的彻底止步和回撤，是默多克为了应对网络媒体的巨大挑战而主动做出的断腕举措。

由于网络视频媒体的冲击，好莱坞近年的经营业绩明显恶化，已是不争的事实。派拉蒙、索尼影视更是陷于困境。亚康姆集团旗下的派拉蒙影业，现在的市场份额只有5%；索尼影视娱乐公司，市场份额只有8.8%。之前业内普遍认为，派拉蒙或者索尼影视被收购是早晚的事。而好莱坞六大中最先被收购的，也会是派拉蒙或者索尼影视。但是，出乎许多人的意料，首先被收购的是福克斯。

二十世纪福克斯影业成立于1935年，由二十世纪影业和福克斯电影公司合并而成。其代表作有《音乐之声》、原版《星球大战》和史上票房最高的电影《阿凡达》。该公司在市场份额方面通常排名第三或第四①。2017年，公司以12.3%的份额位居第四，排在迪士尼、华纳兄弟和环球影业之后。而从经营业绩来讲，近年来福克斯的经营业绩在六大中也相对表现良好，近期的财报也确实表现靓丽。该公司2017年11月公布的季度财报显示，当季营收远超过市场预期，增加至70亿美元；而作为核心业务的有线电视业务和影视娱乐部门的营收均超过市场的预期。

二十世纪福克斯影业的原东家是大名鼎鼎的默多克。默多克多年来一直买买买，以实现报纸、电视、电影业务的整合，从而实现效益的最大化。二十世纪福克斯影业1985年就被默多克收购，是默多克媒体帝国的重要砝码②。但是，现在把福克斯断臂卖出，确实是发展策略的巨大改变，而让默多克发展策略发生改变的是其应对网络新媒体的无奈和无力。因此，出售福克斯也就成为默多克应对网络新媒体巨大挑战的无奈之举。

因为面对网络视频媒体的激烈竞争，传统影视娱乐业务做大规模十分重要，但是福克斯缺乏足够的规模参与未来的竞争，未来也无法通过并购继续扩大规模。因此，与其等公司面对更艰难的局面，不如在公司业绩尚好时将其出售，这样可以掌握主动权，也会获得更多的收入，这其实是默多克主动做出的断腕之举。

---

① 陈焱：《好莱坞模式：美国电影产业研究》，北京联合出版公司，2014，第69~88页。
② 〔美〕珍妮特·瓦斯科：《浮华的盛宴——好莱坞电影产业揭秘》，毕香玲等译，中信出版社，2006，第53页。

（二）亚马逊的做法代表了内容产业的主流发展趋势

2017 年 11 月 13 日，亚马逊这家世界最大电商花将近 2.5 亿美元，购买了《指环王》的电视改编权。将来我们就可以看亚马逊这家电商投资制作的美剧《指环王》了，这给人有点怪怪的感觉。

这是 2017 年末全世界娱乐业都在关注的另一个标志性事件。这也反映了内容产业在全世界发生的巨大变化，代表了内容产业未来发展的主流趋势。

这项投资也许会成为亚马逊内容产业发展的里程碑，它标志着亚马逊与奈飞、迪士尼等之间的内容大战呼之欲出。同时，它也表明，在内容产业残酷竞争的大背景下，亚马逊也转向 IP 全产业链开发这一内容产业发展的最优化路径。

在六年前，亚马逊就宣布要进军影视业了，尽管全情投入，但长期以来，它都没有像撼动电商那样真正撼动影视业，这一直是亚马逊的不懈追求。亚马逊在内容上年均花费已超过 40 亿美元，但总的来说，在自制内容上，亚马逊都不成功，要么作品反响平平，要么叫好不叫座，一直没有产出《权力的游戏》《纸牌屋》这样的爆红影视作品。所以，这项投资是亚马逊内容产业发展的一个巨大转变，各界对其给予厚望。

就作为单独一个项目而言，这绝对是一项巨额投资，因为除去最初购买版权的 2.5 亿美元之外，还包括可能每季都超过 1.5 亿美元的制作成本，以及高达数千万美元的营销成本。所以，一旦这部剧正式播出，亚马逊可能至少要投入四五亿美元，这才是全部的投入成本。

亚马逊之所以投入巨资做出这样的改变，是因为这些年亚马逊在内容产业的投资上一直走的就不是主流的道路，其长期以来倾注的是那些没有被挖掘的 IP，而不是采用迪士尼等主流内容企业的做法——全力倾注成熟的大 IP 全产业链开发，因此才导致了其在内容产业上的失败。现在，亚马逊改变了这种与众不同的偏好，选择回归主流的做法，买下《指环王》就是这种转变的明显标志。

一旦《指环王》剧集获得成功，不仅电视剧本身会取得巨大收益，而且随之而来的衍生产业的开发，将为公司带来更大的收益。更为重要的是，亚马逊提供的是全球化服务，着力点是开拓全球市场，因此，需要发现和打造契合全球受众的内容。如果《指环王》剧集能成为《权力的游戏》那样的影视剧爆款，就意味着 Amazon Prime 又多了千百万名付费订户，这才是亚马逊最为看重的，就像媒体评论指出的，"他们将被矮人、侏儒和霍比特人所'魅惑'，任他们支配自己的消费行为并最终自动与亚马逊绑定"。这才是《指环王》剧集给亚马逊带来的最大收益，也是最根本的收益。

《指环王》剧集的做法是亚马逊内容产业的未来发展方向，也是美国内容产业的未来发展方向。具体来说，就是要实现内容和网络平台的最佳结合，而且是以网络平台为主导的结合，是内容和网络平台互为促进、互为依托的结合，其前提是内容体量足够大，网络平台体量足够大，最终实现超级 IP 的共同开发、共同受益、共同发展。

三 中美内容产业态势对山东内容产业发展的启示

（一）积极推进网络平台建设和融入网络平台生态

2017 年中美内容产业发生的具有标志性的事件，都是由网络平台的迅猛发展和融入网络平台生态而成就的。

腾讯之所以能成为世界第五大市值的公司，首先是因为其是一家互联网平台型公司，中国最有代表性的互联网平台型公司 BAT 之一，如果它不是这样一家互联网平台型公司，就绝对不会有这样迅猛的发展，也不会这么快在世界上占据这样的地位。而且，现在世界前五大市值公司也都是互联网平台型公司。

优酷自制剧《白夜追凶》实现反向输出这一事件之所以在业界引起这么大的反响，也恰恰是因为，其海外发行权被全球网络媒体巨头奈飞买下。而对中国来说，这是奈飞首次购入中国内地网络剧的版权。无论是输出方，还是购买方，都是网络平台，代表的都是未来最主流的内容产业发展趋势，因此也就具有了标志性意义。

迪士尼对福克斯的收购，正是受到以奈飞为代表的网络内容平台迅猛发展的冲击而做出的应对之举，一则扩大内容规模，增强自己的传统内容实力；二则建设自己的网络媒体平台，以与以奈飞为代表的网络内容平台进行竞争。

对山东的内容产业来说，要获得良性长远发展，也必须积极推进网络内容平台建设，积极融入网络平台生态。

现在的纸质媒体，相对来说，在传统媒体中受到网络媒体平台的冲击最为激烈。作为山东最大的党报集团的大众报业集团，自然也不可避免，发行量、广告收入、影响力都受到很大影响。但是，其未雨绸缪及早投入力量推动建立的旗下新闻网站大众网，近年来获得了快速发展，其实力和运营业绩在业内获得高度评价，其网站 PC 端流量长期居全国省级重点新闻网站首位。这代表了山东网络内容平台最有希望的新生成长力量，因为，在网络内容平台建设上，与全国先进省份相比，山东是大为滞后的。尽管大众网现在获得这样良好的发展，但是对山东经济社会发展的需求和实力来说，其势力和影响还远远不够，急需进一步做大做强。在这方面，上海党报集团向网络媒体平台的转型发展给我们以直接的启示，其全力投入建设培育的澎湃新闻网站和界面网站，已经形成了与原来党报纸媒相当甚至超越原来纸媒的影响力和运营实力，山东党报集团应该用心借鉴学习。

受到国内消费升级的影响，与国外的影视制作企业有所不同，现在国内的影视制作企业还享受着即使近年有所放缓但是市场还是在不断扩大的红利，但是，这样的好日子也不多了，竞争日益加剧。最大的挑战和机遇还是来自网络平台。山东最有代表性的影视制作企业就是山东影视传媒集团，其近年来的高速增长正在放缓，除受到体制机制和人才流失影响外，也是源于传统影视媒体因为新媒体的竞争而渐趋衰落。因此，山东影视传媒集团必须追赶网络发展潮流，融入网络平台生态。一是，在内容制作上，除制作适合传统影视媒体播出的内容外，还要制作出符合网络平台播出的内容①。二是，公司在 2017 年引入战略投资者时，已经引入了具有阿里基因的投资公司上海云峰新呈投资中心，有了

---

① 传统影视制作公司向网络视频媒体的倾斜，是世界影视产业发展大势，这也包括导演、演员、编剧向网络视频媒体的倾斜和转移。如梦工厂动画公司创始人杰弗瑞·卡森博格在卖掉其公司之后，来中国融资，做网络视频动画。参见高晓松《晓松奇谈·情怀卷》，湖南文艺出版社，2018，第 188 页。

这一关联关系，可以积极融入阿里大文娱集团，这样就可以融入阿里大生态之中①。而山东省与阿里集团全面战略合作协议的签署，则更为这一融合增添了机遇和便利。

（二）利用内容优势，推动全产业链扩张和发展

2017年中美内容产业发生的具有标志性的事件，是因为网络平台的迅猛发展和对网络平台生态的融入而成就的，反过来也恰恰可以说是因为网络平台对内容的全力投入和培育而成就的。

在一个国家的经济社会发展过程中，往往有新的热点概念出现，静心细想，这实际上反映了经济社会发展的主流新趋势。内容产业就是近年来出现的热点焦点概念，反映的是中国经济社会发展对内容的刚需，是内容为王的最现实的写照。

有评论指出，自2015年马化腾首提"内容"以来，内容产业就已经从O2O中接棒领跑移动互联网，内容将是互联网的下一个焦点战场。我们从BAT近年来对内容业务的重金投入和疯狂并购中可以明显感受到这样的发展大势。其实，不是2015年，早在几年之前，BAT就对内容业务进行了全力投入和广泛深入的布局，这才有了2017年标志性事件的发生。

不仅是BAT这样代表中国未来发展趋势的主流势力表现了对内容的全情投入，2017年发生的一些大的引人关注的事件也格外强化了这一趋势。2017年，在经济界曾引起震撼性影响的万科股权之争主角的宝能，作为风投界标志性公司的IDG，作为国内最大房地产企业的恒大，都大举进军文旅地产，特别是恒大显示出有意从万达手中接过文旅地产开发大旗的强烈意愿。这些原本完全不同业别的企业都不约而同地选择进军与内容有极大关联的文旅地产开发。

由上我们可以看出，在中国当今"互联网＋"的大趋势之下，有一个并行的大趋势就是"内容＋"，即内容和全产业的互相融合、互相促进，互为依托、互为收益。

---

① 传统影视制作企业融入互联网平台公司的作用和意义，可以参见潘爱玲、李彬编著《文化企业并购案例解析》，清华大学出版社，2016，第97页。

在这一大背景和大趋势之下，作为内容生产者的山东影视传媒集团就占据了极大的优势。不仅可以与网络平台融合，实现共同受益，而且可以大举进行产业链扩张，尤其是实现与文旅地产的结合①。但是，在与文旅地产的结合上，山东影视传媒集团在已经进行的探索上，并不是特别成功，像星工坊·飞尔姆乐园的合作开发，就远没有发挥出其拥有的优势和取得应有的业绩。其实，山东影视传媒集团与文旅地产的结合有着巨大的机遇，万达在青岛和济南的文旅和影视城的开发，尽管转让给了融创，但是肯定会继续开发下去，华谊兄弟在济南也大举开发影视小镇，无论是万达还是华谊，都有着自己生产的内容，尤其是华谊有着相对充足的内容，但是，要支撑起这样大规模的产业开发，其已有内容远远不够，因此，山东影视传媒集团可以融入万达和华谊的文旅城开发，也许，这是一条更适合的产业链扩张之路②。

（三）推动山东内容企业上市，并利用资本市场实现做大做强

2017年中美内容产业发生的具有标志性的事件，无论是由于网络平台的迅猛发展和对网络平台生态的融入，还是由于网络平台对内容的全力投入和培育，其依托的都是资本市场的支撑。

腾讯的发展最具优势和代表性的业务就是游戏。而其游戏业务，主要就是靠收购而来的，资本市场为其对游戏企业的收购提供了最便捷和最充裕的融资渠道，同时，因为对游戏企业的收购给公司带来了良好的效益，反过来大大提升了腾讯的市值，因此形成了良性循环，所以，才成就了全球第五大市值的企业。在很大程度上成就阿里内容业务的优酷，也是阿里通过并购而来的，资本市场也提供了最畅通便捷的渠道。投资30亿元、对标《指环王》、有望成为中国电影史上体量最大的影片的《封神演义》三部曲，背后依托的投资方也是上市公司（北京文化）。

迪士尼多年来的发展，更是得益于资本市场。尽管越来越受到新媒体的冲击，但是，迪士尼近年来还是得到了较快的发展，支撑这一快速发展的，就是

---

① 李然忠：《万达电影产业的对外并购及其对山东影视产业发展的启示》，载涂可国主编《山东文化发展报告（2017）》，社会科学文献出版社，2017，第154页。

② 李然忠：《万达电影产业的对外并购及其对山东影视产业发展的启示》，载涂可国主编《山东文化发展报告（2017）》，社会科学文献出版社，2017，第153页。

迪士尼利用资本市场对皮克斯、漫威、卢克斯的成功收购①。而因为感受到网络视频媒体越来越猛烈的残酷挑战，因此，迪士尼以600亿美元收购了二十一世纪福克斯，以更好地实现规模效益和发展自己的网络媒体。如果不是上市公司，这样巨额的收购费用就很难顺利筹措，而因此错失收购良机，因为迪士尼对二十一世纪福克斯的收购，面对着多家企业的激烈竞争。

山东内容产业要获得良好发展，就必须充分利用好资本市场，通过资本市场实现并购扩张，以进一步做大做强。

山东内容产业在利用资本市场方面，2017年有了巨大突破。作为山东民营教育出版第一股的世纪天鸿，直接通过IPO于2017年9月26日在深圳创业板上市，而且是从三板转板上市，按照2017年底收市价计算，总市值为近30亿元。作为山东实力最强的国有文化出版企业的山东出版集团也于11月22日上市，按照2017年底收市价计算，总市值为200多亿元。而早在2015年，青岛出版集团就借壳青岛碱业成功上市，重组成为现在的城市传媒，按照2017年底收市价计算，城市传媒总市值达到50亿元。现在山东的出版业在资本市场上形成了三驾马车并驾齐驱的格局，这在全国各省市的出版业中，也是相当突出的成就。

内容企业的上市对其发展起到了重要作用。从城市传媒2015年登陆资本市场以来的表现我们就可以发现，无论是其推进收购悦读纪股权还是与京东战略合作推进主题书店建设，都是依托资本市场而做出的亮眼举措，得到了业内的高度评价，由此使其在业内的地位获得较大提升，使其进一步做大做强。

在上述三家企业之外，在全国影视业占据突出地位的山东影视传媒集团，也正在紧锣密鼓地推进上市工作，2017年成功引进战略投资者，大大有利于其加快上市进程。作为全国省市级党报集团的新闻网站中的佼佼者，大众报业集团旗下的大众网近年来飞速发展，也正在积极推进上市。如果这两家公司上市成功，那么对于山东内容产业的发展，无疑将起到极大的推动作用。

---

① 参见陈焱《好莱坞模式：美国电影产业研究》，北京联合出版公司，2014；〔美〕大卫·A.普莱斯《皮克斯总动员》，吴怡娜等译，中国人民大学出版社，2009。

B.15
鲁剧品牌崛起与践行文化自觉[*]

杨永军[**]

摘　要： 鲁剧品牌的崛起是文化自觉推动的结果。山东影视传媒集团锐意改革创新，践行文化自觉理念，不断推动鲁剧走向繁荣；主动承担社会责任，弘扬主旋律和主流价值观，坚持正确的舆论导向功能，做文化自觉倡导者；与时俱进，不断弘扬优秀传统文化，做社会主义先进文化的传播者和践行者；贯彻"三贴近"原则，发展文化生产力，做中国文化产业的推动者；具备国际视野，做全球化语境下国家文化安全的维护者、优秀文化的国际传播者。

关键词： 鲁剧　文化　价值观

进入 21 世纪，山东省陆续打造出《大染坊》《旱码头》《闯关东》《沂蒙》《南下》《钢铁年代》《琅琊榜》《欢乐颂》等优秀电视连续剧，创作出人们喜爱、专家赞誉、领导认可的电视剧作品，这些作品以弘扬社会主流价值观和史诗般的全景式展示为特色，都在电视荧屏形成一个个收视热潮，被我国学界和业界称为"鲁剧现象"。山东影视传媒集团（简称山影）出品的鲁剧也成为中国电视剧的杰出品牌和主要亮点，实现了社会效益和经济效益的双丰收。"山影品牌、鲁剧品质"成为中国影视剧发展的标志。2016 年，"山影"从荧幕走进政府工作报告，赢得"山影出品，必属精品"

＊　本报告为国家社科基金项目"中国文化传播与国家软实力"（编号16FXW001）阶段性成果。

＊＊　杨永军，文学博士，文化产业与现代传媒博士后，山东省新闻出版广电局新闻研究所副所长、主任编辑，山东师范大学兼职教授、硕士生导师，入选"山东理论人才百人工程"。

的美誉。因此，研究鲁剧发展与创新、剧作如何体现主流价值观等，就成为当前影视剧创作的一些重要议题。从鲁剧现象入手，探讨其崛起和兴盛的深层次动因，可为鲁剧健康繁荣、可持续发展奠定理论基础。笔者认为：鲁剧能快速崛起，主要得益于山东省委、省政府建设经济文化强省战略的实施；得益于山东省新闻出版广电局、山东影视传媒集团在电视剧创作中始终贯彻文化强省、文化强国战略，主动承担社会责任，努力做文化自觉的践行者和社会主义先进文化的传播者；也得益于全国电视观众对山东电视剧的支持和厚爱。

一　鲁剧的崛起与文化自觉的关系

（一）鲁剧现象之探讨

从 2001 年以来，山东省新闻出版广电局发挥自身优势，每年推出 2 部以上的优秀电视剧。先后出品了《大法官》（2001 年）、《誓言无声》（2002年）、《大染坊》（2003 年）、《21 天》（2004 年）、《铁道游击队》（2005年）、《闯关东》（2008 年）、《沂蒙》（2009 年）、《旱码头》（2010 年）、《钢铁年代》（2010 年）、《知青》（2012 年）、《温州一家人》（2013 年）、《北平无战事》（2014 年）、《马向阳下乡记》（2014 年）、《父母爱情》（2014 年）、《老农民》（2014 年）、《伪装者》（2015 年）、《琅琊榜》（2015年）、《欢乐颂》（2016 年）、《爱人同志》（2017 年）等电视剧作品。2008年，52 集大型电视连续剧《闯关东》在央视的热播，更是创造了"鲁剧"品牌新的辉煌。2009 年，山东广播电影电视局则拍摄完成了《北方有佳人》《生死线》《沂蒙》《情系北大荒》《南下》《同龄人》等 230 余部（集）作品，在电视上不断掀起收视高峰，创造了良好的电视剧品牌效应。思想深刻、制作精良、张扬真善美成为鲁剧的主要艺术特色。山东电视剧也由此备受学界和业界的关注，人们将鲁剧的崛起称为"鲁剧现象"。

2015 年，山影再度创造荧屏辉煌，全年共有 7 部 316 集电视剧在全国各级电视台首轮播出，其中《伪装者》是集团试水的首部商业类型剧，该剧创下多项大数据记录：50 城收视率连续 21 天蝉联电视剧榜首，共有 13 天突破

2%；是国内谍战剧史上第一部网络日播量过亿次的电视剧；掀起的网络核心话题连同衍生话题共同贡献了 21 亿次的惊人阅读数量。《琅琊榜》致力于打造一部具有史诗品格与正剧品质的古装剧，播出期间在 50 城收视率排名第 1，网络点击量突破 100 亿次。副总理刘延东同志在 2015 年 10 月 30 日批示："《琅琊榜》在主题、制作等方面的成功做法，在古装电视剧中应予推广。"

鲁剧何以获得如此大的成功呢？有学者将其归因于山东优秀传统文化的深厚底蕴；也有研究者将其归结为山影的大策划、大手笔、大制作；还有研究人员将其归功于山东广电的科学战略和市场运行能力。这些观点都有道理，但从根本上说，这是山东影视人努力践行文化自觉的思想、坚持精品生产、主动承担传播先进文化的历史使命，以及切实弘扬和倡导主流价值观的结果。因此，笔者更倾向于称之为"鲁剧文化"，而非"鲁剧现象"。因为现象是没有持续性、缺乏深刻内涵、不能保持后续发展的一种表象；而文化才是持久的、有内涵和价值的、可传播和承继的。正是因鲁剧符合文化所特有的这些元素和内涵，故应称之为"鲁剧文化"。

（二）文化自觉推动鲁剧崛起

文化是国家的血脉和灵魂，是民族凝聚力、创造力的重要源泉，是综合国力竞争的重要因素，是经济社会发展的重要支撑。文化自觉、文化自强、文化自信、文化创新已成为山东广播影视发展文化生产力、创作优秀影视剧作品的工作指针。

作为山东影视文化的行政主管机构，山东省新闻出版广电局把实现贯彻党的文化政策与文化自觉紧密地结合起来，在广播电视新闻传播、影视文化创作、文化事业发展与产业化运营等工作中做好规划，努力实现新时代的文化自觉、文化自立、文化自强。具体在鲁剧创作中，更是把践行文化自觉始终贯穿于电视剧策划、生产和运营的各个环节之中。这也使得鲁剧创作能够始终立于时代发展的前哨、文化理论建设的高地、文化实践的最前沿，由此所创作出来的作品才更为经典，备受人们的欢迎和青睐。

二 改革创新，践行文化自觉理念，不断 推动鲁剧走向繁荣

（一）主动承担社会责任，弘扬主旋律和主流价值观，做文化自觉倡导者

电视剧是人们喜闻乐见而又易于接受的艺术形式，其对塑造人们正确的价值观起着非常重要的作用。据央视—索福瑞的收视调查：电视剧是中国观众收视时间最多的节目类型，人均每天收视超过 1 个小时，在晚间黄金时段电视剧收视时间更为集中。收看电视剧已经成为人们生活中不可或缺的主要内容。

1. 电视剧的舆论导向功能

当前，社会上流行的"娱乐至上"正逐步消解人们的价值取向，也造成集体主义、英雄主义、奉献主义在人们生活中明显的缺失。有些影视剧为迎合市场和受众，在创作中充斥着"浮躁风""滥情风""戏说风"；有的电视剧过分渲染权钱交易、官场腐败、婚外情等，由此形成了一系列的负面文化效应，如背离电视剧创作的"载道"原则，否定中国传统文化，颠覆主流价值观，撕裂美与丑的界限。这些电视剧混淆视听，误导了电视观众，严重影响了青少年正确价值观的形成。

在 2012 年召开的全国"两会"上，多名政协委员提出电视剧对人们价值观影响的问题。有政协委员指出："电视剧《蜗居》里那个市长的秘书，好多女孩都说要嫁这样的人，当二奶也愿意，可见核心价值理念并没有形成。"由此可知，电视剧不仅是当下人们娱乐生活不可或缺的内容，而且在人们精神和价值观的构建中有着举足轻重的地位。因此，电视剧不仅要包含愉悦人们身心的娱乐因素，还应蕴含潜移默化的教育和导向功能。

电视剧是当今最活跃、最具有影响的文艺样式之一，承载着用先进文化培育人、满足人民精神文化需求的重要使命。作为全新的艺术表现形式，电视剧理应承担起载道的艺术功能。因此，我们在电视剧创作中自觉地倡导和贯彻文化自觉的理念，尊重文化自身规律，反映真善美，坚持面向市场、面向群众，走正道，出精品，出效益，出人才，努力打造出既叫好又叫座，具有齐鲁风

格、山东气派、群众喜闻乐见的精品力作，让人们在满足娱乐需要的同时，能欣赏到中国优秀的文化，并受到精神上的启迪和振奋。

2003 年以来，先后有 30 多部鲁剧作品荣获"五个一工程奖""飞天奖""金鹰奖""华表奖""金鸡奖"等 50 多项中央和国家级大奖。在中国广播影视大奖暨第 30 届"飞天奖"颁奖典礼上，山影集团联合出品的《北平无战事》《父母爱情》《马向阳下乡记》《琅琊榜》4 部作品获"优秀电视剧奖"；《老农民》《伪装者》获"优秀电视剧提名"荣誉；优秀编剧奖、优秀导演奖、最佳男演员奖、最佳女演员奖四大单项奖得主也全部出自山影作品，成就"鲁剧"又一次辉煌战绩。

2. 鲁剧倡导主流价值观

为使电视剧承担起引导人们树立正确价值观的责任，全面发挥其"载道"功能，山东影视人在文化自觉中贯彻"各美其美"的文化理念，即顺应社会转型期人们心理和精神文化诉求，准确把握主旋律电视剧发展的文化定位，在影视创作中弘扬主流价值观。为此，山东省新闻出版广电局把创作主旋律题材电视剧作为突破口，不断开掘新的题材、丰富思想内涵、创新艺术表现手法，创作出一批优秀电视剧作品，希冀塑造人们正确的价值观。

电视剧《闯关东》通过一个家族不断开拓、生存、顽强坚韧的拓荒史，凸显了中华民族自强不息、厚德载物、保家卫国、抵御外侮的风骨气质。该剧在央视一套播出后，单集最高收视率达 11.3%，平均收视率达到 8.2%。人们在收视中不仅获得了娱乐身心的心理需求，而且点燃了民族豪情和爱国热情，让人们一起缅怀和追忆那段尘封的历史，探寻中华民族五千年来优秀品质的浓缩——"闯关东精神"。《闯关东》也被誉为"百年传奇辉映民族精神""民族精神和爱国主义教育的生动教材""视觉和文化的盛宴""具有很高的思想性、艺术性、观赏性的精品力作"。我们在电视剧创作中要不辱使命，让其充分体现和弘扬社会主义核心价值体系，为建构起"中华民族共有的精神家园"增砖添瓦。电视剧《南下》则浓缩和反映了新中国建立过程中，我党从农村到城市，从革命党到执政党，从军事斗争到政权、经济、文化建设转变的过程，体现出对党忠诚、艰苦奋斗、无私无畏、学习进取、与时俱进、廉洁奉公的"南下精神"。该剧在新时代仍有着巨大的精神价值和教育意义，对生活在当今的人们依然有着巨大的灵魂震撼力和启示作用。作为那段历史的亲历者、见证者，原中央军委副主席迟浩田将军用"发人深思、催人奋进、感人下泪"来评价这部作品，并欣然地为《南下》剧组题字——"南下"。电视剧《沂蒙》则以沂蒙革命根据地为舞台，以沂蒙人民的战争经历为素材，展现了沂蒙人民参军参战、牺牲奉献的英雄事迹和人性的光辉，被称作"为沂蒙百姓立传的艺术精品"。电视剧《钢铁年代》则描写了新中国成立初期鞍钢的建设、发展及对共和国的巨大贡献，讲述了1948年到1964年钢铁大工业背景下一群小人物奋斗奉献的动人故事，真实还原了那个激情奔放、温暖美好的年代，在16年的跨度里谱写了一首荡气回肠的生命赞歌。习近平主席在观看后对该剧进行了高度评价："作为一部主旋律作品，拍得有血有肉，是一部好戏，非常好。"

历史正剧《北平无战事》剧本由编剧刘和平耗时七年打磨。从影视创作上来分析，该局突破了题材的限制，其所承载的厚重主题和文化品格在当下抗日雷剧、穿越戏、宫斗戏等乱象丛生的市场环境下，为严肃正剧争取到了生存空间；口碑方面收获几乎"零差评"的赞誉，这也引发了人们对中国电视剧发展前景的思考。

（二）与时俱进，不断弘扬优秀传统文化，做社会主义先进文化的传播者和践行者

山东是中华文明的重要发祥地之一。齐鲁文化是中国优秀传统文化的典型代表，文化底蕴深厚，为山东影视剧创作提供了丰富、珍贵、宏阔的文化资源，是一座电视剧创作的富矿，为鲁剧的发展提供了有力支撑和发展空间。山东电视剧创作者始终保持一种"文化自觉"的可贵意识，自觉坚守着文化自信和文化自强理念，不断把齐鲁文化发扬光大。近年来，一系列叫好又叫座的电视剧陆续推出，也使山东电影电视剧制作中心成为我国影视剧佳作的"梦工厂"。

山东影视剧创作立足渊源深厚的齐鲁文化，不断推进精品创作，靠重大题材和优秀品质征服市场，打造了一批在全国叫得响的"鲁剧"精品。鲁剧品牌的形成，在很大程度上得益于对齐鲁历史文化资源的深刻挖掘和艺术创造。山东影视作品主要特点是大题材，充满厚重的山东文化元素。"山东故事、全国意义、重大题材、主旋律为主"已成为鲁剧的突出特色。这些影视剧在全

国的播出，既提升了山东的形象，宣传了山东优秀文化，同时又取得了可观的经济效益。鲁剧成为宣传山东文化的一张靓丽名片。

多年来，鲁剧立足山东，放眼全国，充分发挥和利用好难得的文化资源条件，努力寻找齐鲁文化资源与全国文化资源的交汇点，把弘扬齐鲁传统文化与中国传统文化有机结合，把弘扬山东精神与中华民族精神有机结合，重点打造出具有山东文化特色的精品力作，走出鲁剧特色发展之路。

齐鲁文化的核心是儒家文化，讲求"修身、齐家、治国、平天下"，要求人们把个人的命运与国家的兴旺紧密联系在一起。因此，具体到家国的关系上，齐鲁文化主张家国同构，家是小国，国是大家；民众应当爱国如家，在危难之际舍生取义，维护国家的尊严。而鲁剧的兴起也与其肩负着宣传和弘扬齐鲁文化的重任有关。《大染坊》首次尝试在剧中全部用山东的真实地名，不但本地人倍感亲切，外地人也对剧中地点的风土人情产生浓厚兴趣。这就使得"鲁"字号文化品牌的知名度更高。电视剧《旱码头》的故事发生在山东，整个剧中洋溢着浓郁的地方特色、民俗、民风；剧中的山东商人睿智宽厚、豪爽侠义，但又内敛含蓄，性格中透着孩子般的纯真。这些都鲜明地体现着齐鲁文化的特征。剧中精妙的商战策略、浓厚的齐鲁文化让人赞叹不已。

电视剧《北方有佳人》则把"打地方文化品牌，走全国推广路线"作为影视剧创作的主要策略。该剧把美丽的济南、齐鲁地域文化、地方曲艺元素融为一体，并贯穿全剧始终，使观众在收视的同时，也感受到齐鲁文化的独特魅力。多年来，鲁剧在践行文化自觉中树立了文化自信和文化自强意识，逐渐形成自身的艺术风格：以正剧为主，以主旋律为主，题材严肃，贴近实际、贴近生活、贴近群众；并始终追求思想性、艺术性、观赏性三者的和谐统一，从而获得社会效益和经济效益的双丰收。

事实证明，坚持反映主流生活、反映主流社会价值观、弘扬中华民族文化传统的优秀电视剧一般都会有非常好的市场回报。

（三）贯彻"三贴近"原则，发展文化生产力，做中国文化产业的推动者

文化具有社会价值和经济价值双重属性。作为文化艺术的电视剧更是二者的有机结合体。实现文化自觉，就是要解放和发展文化生产力，以文化自强、

文化创新来推动文化事业的发展,以文化产业来提升文化的影响力和综合竞争力。党中央高度重视文化建设和产业发展工作。2009 年,国务院公布《文化产业振兴规划》,文化产业成为我国继钢铁、汽车、纺织等之后发布的第十一个产业振兴规划;2011 年其又被列入国家"十二五规划",全面发展文化产业已被提升到国家战略的层面。

山东电视剧工作者坚持"贴近实际、贴近生活、贴近群众"的原则,坚持"民族化、大众化、精品化"的创作取向;坚持精品剧目创作生产与创新体制机制相结合,创作出一大批面向群众、面向市场的优秀作品。在电视剧创作和运营策略上,山东省坚持大品牌战略,坚持"高投入、高品质"的投资模式,着力打造富有齐鲁文化特色的影视作品,相继推出《闯关东》等一系列为广大观众广泛关注和喜爱的电视剧作品,在全国电视剧行业内夯实了鲁剧品牌大旗。

在电视剧运营中,充分发挥市场配置资源、调节生产的功能,合理规避市场风险,努力贴近市场需求,生产"适销对路"的优秀作品。2005 年,电视剧《铁道游击队》制作投资 1800 万元,先后在全国 30 个省级电视台播出,创下 16.57% 的收视率,市场回报 2400 万元,实现了社会效益和经济效益的双赢,被评为年度全国城市台电视剧收视前十强。思想性、艺术性、观赏性高度统一的电视剧佳作《闯关东》的"吸金力"更是非同一般。其投资 3000 多万元,在央视广告招商额高达 3.5 亿元,创下电视剧招商的新纪录。励志大戏《北方有佳人》更是一举拿下了 14 个收视冠军。

动辄几千万元的投入,使得鲁剧创作进入高投入的时代。25 集电视连续剧《大染坊》总投资 1300 多万元;电视剧《沂蒙》投资 2000 多万元;电视剧《知青》的投资也达 4000 万元。为了化解投资风险、实现互惠共赢,通过市场化的运作,不仅延伸和完善了自身的产业链,实现多环节赢利,而且保障了鲁剧生产的可持续性。

山东影视高度重视产业链的运营,从电视剧延伸出的创作、融资、制作、经营、播出、数据调查和衍生产品开发等各个环节也陆续建立并逐步成熟完善,初步形成了一个紧密相连、分工细化的电视剧产业运行体系。

为使鲁剧进一步健康发展,山东省新闻出版广电局还成立了山东影视传媒产业集团,计划用 3~5 年时间,实现山东影视制作产业规模化、集约化发展,使之形成主业突出、经济实力雄厚的大型文化企业集团，成为全国重点影视剧生产销售基地和我国东部地区综合实力最强，在全国影响力巨大的骨干影视文化企业。除了影视剧的制作发行外，山东广播影视还着力打造山东影视文化产业创意园。这是集影视拍摄基地、大型演出场地、文化企业园区、衍生产品展售、旅游服务功能于一体的国内第一个全功能影视文化产业园区。其将以此为杠杆，借力鲁剧的品牌效应，把山东打造成为东亚著名的影视基地。

（四）做全球化语境下国家文化安全的维护者，以及优秀文化的国际传播者

在当今全球化时代，国际文化交流日益兴盛，文化之间的碰撞和冲突愈来愈激烈。为增强对他国文化的影响和控制，以美国为主的西方国家，把"霸权主义"从国际政治全面复制到文化领域。它们凭借强大的经济力量和技术力量横行于世界文化市场，严重消解了他国文化的生存权和自主发展权。美国的娱乐文化产品，特别是影视剧所蕴含的美国文化、价值观、生活方式以及思维方式，也成为侵蚀别国文化和价值观的主要路径，破坏了所在国的文化生态及产业自我发展。

在文化霸权主义的侵扰下，我国文化市场也受到美国文化的冲击。美国借助影视剧的发行和传播，不间断地向我国输出其文化及价值观；不仅如此，美国还对我国文化遗产进行巧取豪夺，对我国的《花木兰》《西游记》《三国演义》等文化遗产进行改编，并按照西方价值观的解读拍摄成影视剧；这些影视剧随意篡改我国的文化内涵，消解中国传统文化的精髓，破坏了我国对这些优秀文化的解释权和创新发展权。我国一些青少年被美国大片和电视剧所吸引和蒙蔽，开始接受这些所谓的西方文化和普世价值观，这削弱了青少年对我国优秀传统文化的自豪感和认同感。这些都给我国文化安全带来严峻的挑战。在该语境下，维护国家文化安全、弘扬中国优秀传统文化、建设文化中国、不断增强国家软实力也就成为当前我国影视工作者面临的重要课题。

电视剧是民族文化艺术的集中体现和重要载体。山东影视把实施"走出去"战略作为今后电视剧创作和发展的重中之重。21世纪以来，鲁剧多次走出国门，在欧美和亚洲一些国家电视台播出，并多次在国际电视节获奖。今后的鲁剧创作要结合中国历史文化的特点和社会现实，根据国外民众的收视心理

和需求，维护国家文化安全和文化主权，创作出具有国际视野、弘扬中华民族优秀文化的影视剧，逐年扩大在国外的市场份额和影响力。反映中国劳工参与美国西部开发的电视剧《金山》就是走国际合作、共同开拓国际文化市场的一部力作。今后，山东影视剧要把视野置于全球语境下，每年拍摄一两部弘扬中国优秀传统文化、展现中国文化魅力的电视剧，以增强鲁剧对国外观众的吸引力。山东广播影视将力争做中国优秀影视剧在国际传播的最佳生产者和传播者，让中国文化和元素融入世界的每一角落，让中国神韵吸引世界人民。

三 对鲁剧未来发展的思考

回顾鲁剧崛起走过的历程，我们深刻地体会到：电视剧要赢得观众、赢得市场，实现社会效益与经济效益的双丰收，必须始终走正道，坚持社会主义先进文化的前进方向，坚持以人民为中心的创作导向，使剧作品更加符合人民群众的愿望，更好地满足人民群众的需求。

多年的艺术积淀使得鲁剧形成了自己独特的艺术风格，其核心是对现实的观照和历史的借鉴，是对文化自觉理念的倡导，是主流价值观和优秀传统文化的弘扬，是在含蓄内敛的表达形式下对艺术个性的彰显，是在现实主义叙事情境中对言说方式的多元化尝试，是在饱满的情感状态下对历史进步、时代精神、责任良知等叙事元素的包容。

与先进省份相比，鲁剧创作生产还存在不少差距，尤其是全省电视剧生产数量不多，过于依靠山东影视传媒集团。但"一枝独秀不是春"，我们要继续坚持"为人民服务、为社会主义服务"的方向，为此，必须坚持"百花齐放、百家争鸣"的方针，坚持艺术规律和市场规律的统一，不断培育多个具有竞争力的市场主体，推动山东影视传媒集团股份制改造和上市融资，以资本撬动产业发展；在创作方面，鲁剧中当代题材比例偏少，今后既要注重对历史文化的挖掘，又要更多观照现实、反映生活，真正做到"三贴近"，多推出人民满意、市场欢迎的优秀影视剧。当前，电视剧产业增长的空间依然很大，鲁剧要不断拓展国内、国外两个市场和发展空间，真正发展为具有国际视野和竞争力、弘扬中国优秀传统文化的重要载体。

B.16
山东文化产业园区发展分析报告

张振鹏　王　帅*

摘　要： 文化产业园区作为文化产业集聚化、规模化的发展形式，一直是我国文化产业发展的重要抓手。2017 年以来，随着国家层面发展思路和管理方式的调整，山东文化产业园区发展面临新的机遇和挑战。文化产业园区在区域经济发展、文化资源活化、文化创新创业、产业转型升级、地方基础设施建设、人才教育和培训、城市人文环境、文化消费、城市品牌推广九个方面具有重要的功能性作用。近年来，山东文化产业园区发展情况总体良好，但也存在部分园区发展战略偏误、经营业绩不佳、普遍缺乏特色、人才匮乏等问题。山东应优化发展环境，尽快补齐短板、发挥优势，实现特色化、差异化、精细化、高品质发展，打造符合文化产业集聚发展特征的产业生态系统，充分释放文化产业园区在经济社会整体协调发展中的功能性作用。

关键词： 山东　文化产业园区　数字创意产业

一　引言

文化产业园区作为文化产业集聚化和规模化的发展形式[①]，从 20 世纪

---

* 张振鹏，济南大学商学院教授，山东省文化资产评估研究中心主任；王帅，山东省文化厅文化产业处主任科员。

① 祁述裕：《建设文化场景　培育城市发展内生动力——以生活文化设施为视角》，《东岳论丛》2017 年第 1 期，第 25～34 页。

90年代以来，一直是我国文化产业发展的重心。2017年，全国有10个文化产业园区入选"第一批国家级文化产业示范园区创建资格名单"，在三年创建期内达到验收标准的园区才会成为国家级文化产业示范园区，文化部将指派专家对园区创建工作进行定期辅导。这一做法不同于过去由各地申报通过评审直接授牌的方式，体现了国家层面在文化产业园区发展方面的思路和要求的重大变化。2017年12月，文化部推进文化产业园区建设和企业发展工作会议召开，确定了我国新时代文化产业工作的主要方向和重要抓手。

山东省于2017年初颁布了《山东省文化产业示范园区创建管理办法》，2017年底参照国家级文化产业示范园区创建管理方式及相关要求，启动了新一批山东省文化产业示范园区申报工作，并颁发了《山东省省级文化产业示范园区评价指标体系》和《山东省文化产业园区转型升级实施方案》，为山东文化产业园区发展带来了新的机遇和挑战。

二　文化产业园区的主要功能

文化产业园区具有政策落地、项目孵化、产权交易、投资管理、咨询服务等多种功能，是各地发展文化产业的重要抓手，在有利于文化产业集聚产生规模效益的同时，在区域经济发展、文化资源活化、文化创新创业、产业转型升级、地方基础设施建设、人才教育和培训、城市人文环境、文化消费、城市品牌推广九个方面发挥着功能性作用。

（一）区域经济发展的增长极

文化产业园区最基本的功能是资源集聚，能够使掌握在各种社会组织中的各类资源集聚在一起，发挥协同作用和规模效应，最大限度地优化资源配置，提高资源利用效率，有利于走出一条文化创意足、科技含量高、经济效益佳、人力资源作用得以充分发挥的文化产业集约化发展路径。文化产业是关联度很强的产业，其产品的生产经营过程不仅能够影响到文化产业内部众多的关联产业，还能促进跨行业的多种相关产业融合，结成上中下游紧密结合的产业链，并衍生出新兴业态①。通过集聚一定规模和数量的文化企业和相关机构，能够促进文化产业融合功能及其引领新经济的作用发挥，而政府通常会积极在政策和其他方面给予文化产业园区支持，促进相关政策的制定和落地，由此推动文化产业集聚发展成为具有高效能的区域经济发展的增长极。

（二）文化资源活化的加速器

文化产业园区有助于加速文化资源的深入挖掘和产业开发及价值实现。首先，文化产业园区能够吸引大批非物质文化遗产传承人和文化从业者，政府提供的优惠政策和各类服务能够为其提供必要的生活及创作保障，有利于政府集中力量对传统文化的保护和扶持；其次，集聚在一起的手工艺人、艺术家与文化企业及相关机构的近距离频繁接触和交流，有利于文化资源的活化以及传统技艺推广和水平提升，促进文化资源向产业环节流转，对文化产品生产及品质形成保障；最后，文化产业园区发展方式和集聚效应，有利于改善许多传统技艺生产规模受限、分散经营、被工业品冲击等痼疾，拓展文化产品的市场空间，吸引公众和舆论的关注，扩大传统技艺的知名度和影响力，提升文化资源价值并促进其价值实现。

（三）文化创新创业的重要载体

文化产业园区发展是文化创新创业的重要空间载体。首先，文化产业园区具有资源整合能力，能够吸纳一切有利于创新的要素向园区集聚，从而培育创新氛围，营造创新环境，促进创意群体形成；其次，企业集聚，人才荟萃，企业之间可以密切合作，人们之间可以亲切交往，各种创意和技术得以充分碰撞、融合、传播、分享，即通过发挥知识的溢出效应，增强企业或个人的学习能力、研究能力和创新能力；再次，通过构建孵化器、加速器等各种服务平台，为集聚企业提供适宜其生存和发展的必要条件，有助于文化创新成果转化，并且培育创新型文化企业和企业家；最后，能够促进文化创业者和创业型企业的孵化及培育，帮助从业者通过拥有自主知识产权和核心技术或品牌，实

---

① 张振鹏、刘小旭：《中国文化产业生态系统论纲》，《济南大学学报》（社会科学版）2017年第 2 期，第 115～123 页。

现从文化创意到文化产品再到文化企业的转化，推动文化创新创业繁荣景象的形成。

（四）推动产业转型升级

文化产业园区发展既能对园区内的产业结构产生积极影响，也是区域产业转型升级的重要推动力。文化因素能够增加产品的文化含量和附加值，在经济社会发展中起到推进作用。文化产业属于较高层次的第三产业，是产业高级化的结果。首先，文化产业集聚发展，将政策、土地、产业项目、综合服务等结合起来，通过园区文化氛围、创新机制、管理服务等软环境的建设，为产业转型升级和长期健康发展奠定了坚实的基础；其次，集聚资源和能力优势明显的企业，有利于形成区域产业核心竞争力，配套的各种商业服务、金融信息服务、管理咨询、医疗服务、娱乐休憩等综合功能，使产业结构完整且能够发挥产业链互补协同效应；最后，文化产业园区促进区域产业结构调整，有利于提升当地文化及相关产业的发展规模和质量，并且推动区域产业逐步从以为农业或工业服务为主转化成以为文化产业服务为主，成为产业转型升级的重要推动力。

（五）引领地方基础设施建设

文化产业园区发展需要以地方基础设施建设为保障。首先，文化产业园区内的基础设施建设在很大程度上决定了投资环境、招商引资、经济增长及可持续发展能力，文化产业园区发展必然需要完善的基础设施为依托；其次，能够带动周边地区发展，文化产业园区需要与周边地区的组织或个体发生物质、资金、技术、信息等交流，交通、通信等基础设施就成为连接区内与外界的物质纽带及对外交流的载体，基础设施水平越高，园区与外界的交流能力越强，就能更好地与外界合作，从而提升集聚发展成效；最后，文化产业园区发展有助于提升人口素质，从而提高对文化基础设施的需求，另外，文化产业发展会增加流动人口和旅游者数量，这也会促进地方基础设施水平的整体提升。基础设施为文化产业集聚发展拓宽空间，并为当地相关配套协作发展提供了坚实的基础，增强城市服务功能，引领地方经济社会整体发展。

（六）促进人才教育和培训

文化产业园区发展能够促进人才教育和培训。文化产业发展需要众多具有综合能力或多种互补技能的人才共同支撑。文化产业园区既是文化企业和相关组织的集聚空间，也是高端人才和从业者的集聚之所。文化产业园区发展能够扩大文化市场规模，增加文化产业的人才需求，这将带动培训活动的开展和人才教育的发展。文化产业园区促进人才教育和培训的作用主要体现在两个方面，一方面是扩大了文化产业人才的需求；另一方面是为教育培训提供了集中的实训基地，有利于教育培训行业与文化产业发展相互协调和适应。目前我国许多高校和职业院校相继开设了文化产业相关专业和课程，各类文化产业相关的社会培训机构也在蓬勃发展。

（七）改善城市人文环境

文化产业园区发展对于城市人文环境的改善具有示范引导和品牌影响作用。文化产业园区拉近了人才之间的思想、创意、知识、信息、技能交流的空间距离，也促进了不同企业之间人才的流动以及人才在城市之间的流动，这在客观上为城市发展提供了精神动力和智力支持[①]，文化产业集聚发展形成的独特的文化价值有助于提高城市居民素养。另外，文化产业园区举办的一些具有地方特色的文化活动，能够形成一种特有的城市文化现象，既有助于充分展示城市形象，也能够促进城市人文环境的改善。文化产业园区与入驻企业及从业者积极探索、勇于创新和成功实践所形成的文化创新成果以及发展成就，往往会引起外部的关注、学习和模仿，这些先进理念、价值观念等文化因素也会获得外部认同，并通过示范效应和引导作用，在城市发展中发挥难以估量的积极作用。

（八）拉动文化消费

文化产业蕴含的创新能力有益于拓展产业发展领域，不断更新和引领市场

[①] Keating Michael，Frantz *International Journal of Iberian Studies* Monika，"Culture-led Strategies for Urban Regeneration: A Comparative Perspective on Bilbao," 16 （2003）: 187 – 194.

消费需求，满足消费者层次不断提高和内容不断丰富的文化需求①。文化产业园区发展为不同企业促进合作和贸易提供了平台和机遇，有利于企业形成合力，向集约化、专业化、市场化方向发展，这对于文化产品开发设计与生产经营及市场拓展都具有重要作用。另外，文化产业园区发展可以培养和提高公众的文化鉴赏水平，通过举办形式多样的文化活动或展会吸引公众参观和参与，培养消费者的文化需求，并借机发现他们的消费兴趣，以此作为企业生产经营决策的依据，提高供给和需求的适配性。文化产业集聚能够借助媒体吸引公众的关注，有利于文化活动和展会及产品的推介，促进多种渠道的文化消费。

（九）城市品牌推广

成功发展的文化产业园区具有品牌价值，能够作为所在城市的名片成为城市品牌推广的载体。首先，文化产业自身的发展不可能脱离城市文化内涵，所生产的文化产品和服务中必然蕴含所在城市的文化特征，并得到城市居民的认同；其次，文化产业园区举办的文化活动、提供的文化产品服务在推广的过程中影响着消费者的价值观念和行为方式，这都有助于城市文化的形成与传播，塑造城市个性化特色；最后，形成以品牌为核心的产业集群，关联产业在合作竞争中享受产业集聚带来的外部性优势，带动城市各行各业的发展，进而推动城市整体发展，既形成了独特的文化产业品牌，又提升了城市品牌的影响力。

三　山东文化产业园区发展现状

截至 2017 年底，山东有 1 家国家级文化产业示范园区——曲阜新区文化产业园，2008 年被文化部评为第二批国家级文化产业示范园区；1 家国家级文化产业试验园区——台儿庄古城文化产业园，2012 年被评为国家级文化产业试验园区，2017 年进入第一批国家级文化产业示范园区创建资格名单；14 家示范基地，其中集聚类基地 4 家，分别是青岛市文化街、淄博东夷齐文化发展

---

① 张振鹏：《小微文化企业发展研究——基于商业模式建构的视角》，《社会科学》2016 年第12 期。

有限公司、山东周村古商城旅游发展有限公司、嘉祥石雕文化产业园；另外，山东省先后分三批挂牌了 14 家文化产业示范园区。

（一）国家级文化产业示范（试验）园区、集聚类基地发展概况

1. 国家级文化产业示范园区——曲阜新区文化产业园

曲阜新区文化产业园 2008 年 5 月被文化部评为"国家级文化产业示范园区"，规划范围为从孔子商贸城到日东高速公路曲阜出口约 5 公里，面积约 80 平方公里，适当延伸到尼山、石门山、九仙山和九龙山。近年来，园区充分利用曲阜市文化资源优势，按照大力实施孔子文化品牌带动战略的要求，对产业形态进行了品牌打造和保护，结合曲阜现阶段发展实际，重点确立了文化教育培训产业、文化旅游及休闲体验产业、艺术品交易产业、孔子文化会展产业、孔子文化演艺产业等主导产业。

园区组建了正县级曲阜文化产业园管理委员会，设置了党政办公室、文化产业发展局、文化产业招商局、市财政局分局、中华文化标志城办公室五个正科级中层机构，形成了高效顺畅的管理机制。管委会集行政管理、开发经营、招商融资于一体，管人、管事、管资产相统一，责权利相匹配，全面负责园区内的项目开发建设、招商引资、产业发展等工作，并承担对全市新上文化旅游产业项目进行统一管理和文化产业规划建设统筹任务。在经营机制方面：2009 年 3 月 26 日，市委、市政府批准成立曲阜文化旅游发展投资（集团）有限公司，作为曲阜国家级文化产业示范园区下辖的国有独资公司，具体负责管理运营全市国有文化旅游资产和重大文化旅游项目建设。

近年来，曲阜新区文化产业园按照文化部、省、市要求，搭乘"曲阜优秀传统文化传承示范区建设"的东风，发挥曲阜资源禀赋优势，大力实施重点文化项目带动战略，文化产业发展势头良好。2015 年文化产业增加值为 22.45 亿元，占全市增加值比重的 5.81%。园区提供总就业岗位数量 13000 余个，现从业人员数量 11000 人，园区内人才结构进一步优化，研究生占 30%，本科生占 40%，本科以下学历人员占 30%。截至 2015 年底，园区内共入驻企业 160 家左右，其中属于曲阜国家级文化产业示范园区直属公司有 10 家，包括曲阜文化旅游发展投资（集团）有限公司（以下简称集团公司）及其下属的 9 家子公司。2015 年集团公司固定资产总额达到 1.12 亿元，总

资产达到21.3亿元,主营业务收入为2.87亿元。2013～2015年,园区营业总收入为52.2亿,文化产业收入占营业总收入的90%,文化产业增加值占全市增加值的比重为81.3%。三年来园区吸引投资额93.1亿元,政府财政补贴9800万元。

2. 国家级文化产业试验园区——台儿庄古城文化产业园

台儿庄古城文化产业园创建于2011年5月,位于枣庄市台儿庄区城区东南部。园区东以涛沟河西堰为界,南至运河北堤,西至运河大道,北至台涛公路,总面积18平方公里,包括占地2平方公里的古城核心区、1平方公里的大战文化主题区、5平方公里的文化产业聚集区、10平方公里的湿地休闲体验区。2012年被文化评为"国家级文化产业试验园区"。

园区管理运营机制实行管办分离,采取园区建设管理办公室负责管理、企业负责运营的模式。台儿庄古城文化产业园建设管理办公室负责园区的整体规划、管理、引导、监督、协调、服务等。台儿庄古城旅游集团通过集团化运作,形成了以产业集团为骨干、各类文化旅游企业竞相发展的文化旅游产业集群。经过多年的科学规划建设,园区经济实力、社会效益和示范效应不断提升,现已形成了以文化旅游、影视演艺、信息软件服务、健康休闲、教育培训、会展博览等产业为主导的文化产业体系。截至2016年底,共有各类企业403家,其中文化企业240家,占比为60%,各企业手续完备,效益良好。2016年,园区文化产业产值达25亿元,较2015年增长15%。2014～2016年,园区营业收入超过15亿元,文化产业营业收入占总收入的65%以上。2014～2016年,园区签约重大文化产业项目(20亿元及以上)3个,分别是迪趣欢乐谷、华辰人人健康城、涛沟河及小季河湿地综合开发项目,其他文化产业项目10余个,吸引投资5亿余元。

园区可提供就业岗位1万余个,文化产业从业人员1.1万余人,带动周边就业3万余人。其中,管理运营企业大专及以上学历人员占80%以上,其他文化经营企业员工中大专及以上学历占60%以上。

3. 集聚类基地

(1) 青岛市文化街

青岛市文化街位于青岛市市北区昌乐路,全长600余米,以昌乐路为中轴线,东起利津路,西至华阳路,营业面积为6万余平方米,是目前全国最大的综合性文化街之一。2006 年被文化部评为"国家级文化产业示范基地"。

街区聚集文化类商家近 700 家，文化大集摊户 350 户，2015 年营业额达 13 亿元，较 2013 年增长 18.2%，利润总额达 2.5 亿元，实现利税 6500 余万元，解决就业人数近 3000 人。青岛市文化街的快速发展辐射带动了周边产业的发展，示范作用明显，近年来，青岛市文化街通过举办岛城新年第一节萝卜元宵会、名家书画展、根雕艺术展、茶艺文化展、春秋季奇石展、崂山绿石展等一系列展会活动，进一步提升了街区的知名度和影响力。管委办工作人员通过对街区业户的走访，充分挖掘特色文化潜能，成功推选了十位文化街手艺人，建立了文化街人才资源库，更好地完善了文化街人才资源体系建设，为文化街持续健康发展提供了有力的人才支撑。

（2）淄博东夷齐文化发展有限公司

淄博东夷齐文化发展有限公司成立于 2002 年 9 月，在淄博市张店区工商管理局注册，荣宝斋大厦项目于 2003 年 3 月经淄博市规划局审定、批准由其建设，总占地面积 3720 平方米，共 25 层，2008 年淄博东夷齐文化发展有限公司被文化部评为"国家级文化产业示范基地"。公司所属淄博荣宝斋书画古玩城于 2005 年 9 月正式开业，位于荣宝斋大厦一楼至五楼，经营面积近 20000 平方米，是山东最具规模、档次最高的专业艺术品市场之一，含有高标准的拍卖大厅、展览大厅、学术报告厅等，集艺术品经营、展览、交流、拍卖于一体，至 2016 年底，来自北京、天津、福州、苏州、温州、哈尔滨、济南、潍坊、青州及淄博周边县市的 130 余家文化商铺入驻，直接及间接从业人员有 500 余人。2016 年基地内各类型企业年营业收入总额约 2 亿元，利润总额约 4000 万元，在基地公共服务及基础设施方面，公司投入经营扶持资金及设施建设资金约 300 万元，吸引了全国的经营业者前来投资，形成了省内最具影响力的艺术品交易中心，产业集聚效应明显。

（3）山东周村古商城旅游发展有限公司

山东周村古商城旅游发展有限公司占地面积为 925 亩，东到长行街、西到永安南路、南到棉花市街、北到青年路。2010 年被文化部评为"国家级文化产业示范基地"。2015 年入选中国文化产业园区 100 强榜单，位列第 17。

2010 年周村古商城管理委员会成立（副县级事业单位），负责对古商城进行统一管理和保护开发，2014 年 5 月，为加大古商城保护开发力度，从区委、区政府各部门抽调一批精干力量成立了古商城保护开发指挥部，与古商城管委会合署办公，将古商城保护开发工作上升到一个新的高度。基地运营管理实行管办分离，山东周村古商城旅游发展有限公司负责运营。经过近几年的迅速发展，形成了以文物保护开发、民俗旅游、文化创意、文博会展、休闲娱乐、文化产品创作、生产销售、餐饮会馆等为主营业态的文化产业体系。

基地房屋建筑面积20万余平方米，截至2015年底经营业户300余户，就业人员3000多人。2013年接待游客198万人次，综合收入4.5亿元；2014年接待游客217万人次，综合收入4.96亿元；2015年接待游客240万人次，综合收入5.6亿元。园区接待游客数量年均增幅9.2%；综合收入年均增幅10%。未来发展定位为打造集文化展示、互动体验、休闲娱乐于一体的综合型文化产业园区。

（4）嘉祥石雕文化产业园

嘉祥石雕文化产业园2008年被文化部评为"国家级文化产业示范基地"，产业园通过多年的规划建设，已发展成为集创意、设计、制作、培训于一体的产业聚集型园区。截至2015年底，嘉祥县有原城郊石雕文化产业园一处，新建嘉祥石雕文化产业园一处。原城郊石雕文化产业园始建于1999年，2000年投入使用，占地面积400余亩，入园企业88家，园区总投资近20亿元。2013年、2014年、2015年园区总营业收入分别为36亿元、40亿元、43亿元。在马集镇规划建设的石雕文化产业园新园，以文化创意为灵魂，突出嘉祥石雕技艺，严格执行国家环保标准，改变过去粗放型生产模式，实现厂房内作业和清洁化生产，规模得到进一步扩展，功能分区得到明显体现。目前基地初步形成科学合理的空间布局和较完整的产业链条，石雕生产中重视创意设计的氛围基本形成，石雕文化附加值大幅度提升，形成以石雕产业为主体的综合产业园区，嘉祥石雕产业的品牌影响力进一步提高。

（二）存在的问题

近年来，上述两家国家级文化产业示范（试验）园区、4家集聚类基地发展情况总体良好，没有出现明显经营业绩下滑、造成不良社会影响、经营方向发生改变、不再发挥示范作用以及存在"僵尸园区""空壳园区"现象，符合国家级文化产业园区、基地管理办法规定的条件。但是在发展过程中也存在一些问题，主要表现在以下几个方面。

1. 部分园区发展战略偏误

部分园区发展战略严重偏离文化产业，导向与主业关联度很低的其他产业；部分园区缺乏对文化产业发展趋势和规律的认知，停留在传统发展思维模式层面，在战略定位和决策中存在偏误，发展目标和前景不明，缺乏发展新动能，影响文化产业转型升级。

2. 部分园区经营业绩不佳

部分园区投资收益比过低，业务内容和产品不能满足市场需求或经营管理不善导致业绩不佳。这一问题反映出部分园区负责人及经营管理团队水平不高，对文化产业特征与发展规律的把握能力不足。

3. 普遍缺乏特色

各地文化产业园区发展思路模式同质化现象突出，对于特色打造和品牌建设的认知不足、办法不多、效果不佳，在一定程度上折射出我省园区缺乏示范性的问题。

4. 文化产业各类人才匮乏

由于我国文化产业起步晚，专业人才明显匮乏，山东文化产业同样面临人才总量缺乏、人才结构失衡及阶段性失衡等问题。山东大学是国内较早开设文化产业管理专业的高校之一，山东很多高校步其后尘也开设了相关专业，但从实践领域的发展状况来看，高校输送到行业内的人才并没有发挥明显的作用，毕业生成材率极低，暴露出山东高校文化产业管理人才培养体系存在重大弊端，亟待从人才培养源头进行调整。

（三）改进措施

山东将进一步加强规划引导，加大政策支持，重点在管理服务、提升品牌、完善产业链、解决融资难题、人才培养等方面加大工作力度，为文化产业园区、集聚类基地营造良好的环境，推动文化产业园区、集聚类基地持续健康发展。

1. 加强对文化产业园区的规划引导

修订《山东省文化产业示范园区认定管理暂行办法》，进一步加强对现有各类文化产业示范园区的监督、管理和服务，严格执行园区的准入和退出机制。整合优质资源，挖掘我省优秀的特色文化资源，结合文化旅游实景演艺及地方特色文化产品和服务，打造一批特色鲜明、产业优势明显、市场竞争力强的文化产业示范园区。

2. 推动文化产业园区转型升级

着力提高文化产业园区开放水平，加大对外招商力度。在园区运营中引入"创意集市"发展模式，征集一批文化创意设计项目，引导园区与项目对接洽谈，提升文化产业园区创意设计能力和运营服务水平，进一步延伸文化产品的产业价值链，为传统文化产品创造新的消费需求与价值回报。

3. 搭建文化金融对接平台

引导文化产业园区建立文化企业融资服务平台，与金融机构、投资公司、担保机构等加强沟通合作，共同开发符合文化产业发展需求特点的产品与服务。建立文化企业投融资项目库，定期举办小微文化企业投融资路演活动，搭建起文化企业与股权投资机构、银行、保险公司、担保机构对接的桥梁，解决小微文化企业融资难题。

4. 突出文化引领

对于园区和以综合性企业为主体的文化产业示范基地，应突出文化引领在其发展和经营过程中的功能性作用，提高文化产业在经营范围和收益方面的比重，鼓励发展文化产业相关多元化业务，减少无关多元化业务，杜绝发展战略方向偏离文化产业的现象。

5. 对园区进行定向辅导

定期举办全省文化产业示范园区专业培训，组织园区负责人走出去，学习国内外文化产业园区、文化产业发展经验；重点针对文化产业园区经营管理、创意策划人才开展定期培训，提升园区经营管理团队的综合能力。建立专家定向辅导制度，通过专业的咨询服务协助园区解决发展中的问题。

四　新时代文化产业园区发展的新方向

文化产业园区是推进文化创新、文化产业与相关产业融合发展的空间载体。党的十九大报告提出了新时代文化建设的基本方略，为文化产业发展提供了新的政策机遇和市场机遇，文化产业园区也应有新发展方向。

（一）数字化转型升级

在"互联网＋"与实体经济深度融合的背景下，许多文化产业园区通过打造数字化平台为入驻企业和用户提供精准的信息服务，不断提升服务能力和水平。一些园区依托云计算、大数据、物联网、虚拟现实等最新科技成果，培育动漫游戏、网络电视、移动多媒体、3D打印、虚拟会展、艺术品网络交易等新型业态，开发文化科技融合衍生产品和服务，推动与新媒体、新技术的融合发展，实现文化生产力的提速换挡。

2016年12月五部委印发《"互联网＋中华文明"三年行动计划》，对完善文化产业的业态支撑体系，促进"互联网＋""文化＋"与文化产业集聚区深度融合具有重要推动作用。2016年底《国家战略性新兴产业十三五规划》发布，数字创意产业作为五大战略性新兴产业之一，被众多文化产业园区列入重点发展战略，并在"创新数字文化创意技术和装备""丰富数字文化创意内容和形式""提升创新设计水平""推进相关产业融合发展"四个方面进行布局，推动文化产业园区朝着"高、精、尖"方向转型升级。

在移动互联的新时代，通过线上虚拟园区的开发运营，做好线下的实体园区，形成线下线上相互补充和促进之势，成为很多文化产业园区发展重点。这主要体现在两个方面：一是形成O2O相结合的园区服务平台，其中包括信息咨询平台、科技服务平台、投融资平台和产权交易平台等，以降低园区入驻企业运营成本，吸引更多优质的文化产业资源集聚；二是开发园区自有的数字平台，或与门户网站合作设置虚拟园区板块，提升用户关注度，实现完美的互联网传播。

文化产业园区作为文化创意成果转化应用的平台，是文化科技成果转化及政产学研用相结合的载体。数字文化产业的发展，推动了文化资源的数字化转化，促进了数字文化产业平台的建设，构建了数字文化产业生态系统，也成为文化产业园区发展的主要趋势。

（二）"文化＋"跨界融合

文化产业园区为文化产业与相关产业融合发展提供了空间载体，也是推进"文化＋"的基础性平台，许多知名的文化产业园区都是利用老建筑、老厂房、老街区改造而成。随着移动互联网的发展，面对电商的市场冲击，一些商场主动与文化产业相融合，利用自有的区位、建筑、商业等优势，建设特色商业文化产业园区。

2016 年 12 月颁发的《关于推进工业文化发展的指导意见》提出，推动工业遗产的保护和利用方式，通过对老旧厂房、设备等依法改造，鼓励利用工业博物馆、工业遗址、产业园区及现代工厂等资源，推动工业文化与数字媒体、可穿戴设备、机器人、智能汽车等新领域的融合发展，打造一批工业文化创意园区。2017 年 1 月，中共中央办公厅、国务院办公厅印发《关于实施中华优秀传统文化传承发展工程的意见》，文化产业园区传统文化项目迎来发展大好时机。

文化创意产品是"文化＋"的产物，既让文化资源经由创意实现产品开发和传播，也赋予了制造业新的内容和价值。除了制造业之外，建筑业、信息业、旅游业、农业和体育产业等领域都开始重视"文化＋"的跨界融合。在这种背景下，以文化创意为核心要素或者借助文化创意设计与相关产业深度融合，成为许多企业发展的重要战略选择。文化产业园区的发展更好地配合企业共同进行"文化＋"跨界融合，是必须面对的重要课题。

（三）运营模式创新

目前我国文化产业园区的运营管理水平普遍提升，开始从政府运营模式、投资运营模式、土地盈利模式向产业与服务运营模式转变；从强调引进大型公司向小微企业集群转变；从单一的文化产业园区向文化科技园、文化科技企业孵化器、众创空间转变。有的园区引进社会资本入股园区开发建设公司，组建精于管理和运营的专业团队，既将政府意图贯彻到园区建设发展中，又能借助专业人才实施市场化运营。

文化企业由于轻资产运营的特点，普遍面临融资困境。有的文化产业园区与金融机构通过授信、融资等方面提供的支持，促进园区平台化、规模化、品牌化发展和建设；有的园区为入驻企业和创业者提供无形资产评估与投融资服务。文化与金融的全面和深度合作可以改善文化产业园区发展环境。

2016 年 4 月，财政部发布《文化企业无形资产评估指导意见》，对于促进文化产业在资产评估、文化产业园区融资、产权置换等方面的作用提供了指向。2017年1月，国务院印发《"十三五"国家知识产权保护和运用规划》，将知识产权作为科技成果向现实生产力转化的重要桥梁和纽带。

文化产业园区作为产业发展的风向标，需要积极构建文化企业无形资产评估和运营服务体系，推进知识产权运营服务平台建设，创新金融产品，探索无形资产股权化、证券化的道路；依托互联网，采用授权代理、独立运营、联合运营等形式，推进园区文化企业综合运用专利、版权、商标等无形资产打造知识产权和自有品牌，促进文化产业园区走创新发展道路。

（四）"产""地"融合发展

文化产业园区一般要经历从文化产业开发区到文化产业园区，再到城市文化创意街区，最终到城市文化和创意城市融合的过程。随着城镇化发展，农业开始受到资本青睐，一些有条件的城市利用周边的土地建设文化创意农业园区，实现生产、生活、生态有机融合，打造集观光、旅游、休闲、娱乐、体验于一体的新型农业文化综合区，在城镇化发展进程中同时将相关产业也发展起来。

除了城市之外，一些小城镇和乡村依托地方特色打造了一批集聚特色产业，拥有融合文化、旅游、社区等功能的创新创业发展平台的特色小镇。特色小镇园区化的发展趋势是对文化、产业、社区等多种功能的融合，特色小镇的园区化发展有助于优化区域文化产业发展结构和布局，形成与城市文化产业园区优势互补、联动发展的全新格局，并促使文化产业园区根据资源禀赋和功能定位，走特色化、差异化发展之路。特色小镇的园区化发展为中小城市、小城镇和农村打造特色文化产业集聚区奠定了基础。

文化产业园区与新兴科技、产业政策、历史文化、城市社区、城镇与乡村社会相交融，促进文化产业的空间聚合向价值聚合层面转化，促进文化产业与地方经济社会整体发展相融合，是未来文化产业园区发展的重要任务。

（五）区域协调发展

随着"一带一路"倡议、京津冀协同发展、长江经济带、丝绸之路文化产业带、藏羌彝文化产业走廊以及具有富民效应和示范效应的文化产业集聚区正在形成，各地依托产业基础和特色优势，因地制宜、因业布局、因时施策，正在形成点面结合、优势互补、错位发展、协调共享的战略性新兴文化产业园区协调发展格局。国家文化产业创新实验区、国家动漫产业综合示范园也正在形成面向区域和行业发展的协同创新中心。

京津冀三地的 66 家文化产业园区代表共同发起并签署了《京津冀文创园区协同发展备忘录》，推进区域文化产业融合和文化资源共享，加强建设动漫网游及数字内容功能区、798 时尚创意功能区、戏曲文化艺术功能区、音乐产业功能区、新媒体产业功能区、创意设计服务功能区、会展服务功能区与周边产业区域及其他城市的合作与交流。三地正在探索建立跨区域合作的文化产业园区，创新文化产业项目的对接模式，利用"总部—生产基地模式""创意策划—成果转化模式""主副（新旧）园区模式"等多元开发模式，推动三地文化产业园区品牌共赢、资源共享及项目共建。

文化产业园区由封闭式的点状发展模式向带状辐射发展，在自身品牌形成的过程中，也不断注重社区功能的开发、为文化产业发展注入新的动力。

（六）国际化发展

随着对外文化贸易的发展，以及我国文化产业越来越具有国际影响力，一些文化产业园区开始探索国际化发展道路。一些园区通过引入国外企业、资本和人才，或举办国际性文化论坛，丰富国际化元素和提升国际知名度；一些集聚区通过自贸区的文化产品政策以及在国外建设园区等方法，构建自己的国际竞争力。

2017 年，国务院批复成立辽宁、浙江、河南、湖北、重庆、四川、陕西 7 个自由贸易试验区，加上 2015 年的天津、广东、福建自由贸易试验区及 2013 年成立的中国（上海）自由贸易试验区，我国形成"1＋3＋7"共计 11 个自贸区格局。自由贸易区的扩展及建设推动着文化产业园区"走出去"的步伐，使文化产业发展不仅仅局限于某一区域内，而是运用全球资源发展具有国际影响力的文化产业园区。

"一带一路"倡议的实施为文化产业园区发展带来了重大机遇。"一带一路"沿线城市和文化产业园区都希望抓住此契机，对接国家政策，获得更多资源，进一步实现资金、教育、科技、人才、物流等要素的聚集。2016 年《文化部"一带一路"文化发展行动计划（2016—2020 年）》正式发布，这对拓展文化产业国际化发展渠道，促进我国文化产业"走出去"具有重要的战略意义。

目前我国海外文化产业园区处于据点式扩张、多样化合作、规模化建设阶段，未来应围绕"一带一路"倡议，建设一批能够实现国家意图、综合功能突出、市场化运作、具有平台型组织形式的高水平海外文化产业园区，紧紧抓住这些"关键少数"，使之成为我国迈向文化和经济强国的"海外飞地"。

五 结语

新时代我国经济发展动力已经从要素投资驱动转向创新驱动，需要突破单纯的物理空间集聚形式，发挥园区的内在动力，从区域协调、集约发展的顶层设计高度不断推进文化创新与园区经济的融合发展，通过文化创造力的集聚与外溢来打造文化产业园区创新发展模式。山东应优化文化产业园区发展环境，尽快补齐短板、发挥资源与产业优势，实现特色化、差异化、精细化、高品质发展，打造符合文化产业集聚发展特征的产业生态系统，充分释放文化产业园区在经济社会整体协调发展中的功能性作用。

B.17
蔡玉水"艺术改变乡村"实践的文化主线及其旅游变现的方向与策略

石兆宏*

摘　要：　"艺术改变乡村"是当前文化艺术界介入乡村改造的基本形式。近年来，著名艺术家蔡玉水先生在济南市长清区双泉镇展开了卓有成效的"艺术改变乡村"实践活动。蔡玉水先生"艺术改变乡村"一个重要的实践方向是寻找艺术实践与乡村旅游开发的结合点，以实现艺术改变乡村的目的。本报告认为，蔡玉水先生的文化追求、美学理想和创意能力是"艺术改变乡村"实践的文化核心，就旅游开发而言，应着重把握三个方向：一是以蔡玉水的文化追求、人格魅力和艺术创新为轴心；二是以双泉镇的山川大地与民俗乡风为载体；三是以现代艺术与原生态文化的融合为主线。

关键词：　蔡玉水　特色小镇　艺术小镇　乡村旅游

一　前言

"艺术改变乡村"是著名艺术家蔡玉水先生在济南市长清区双泉镇开展的社会实践活动。近年来，蔡玉水先生结合自己的专业所长，立足双泉镇的资源环境，用多样化的艺术形式践行着艺术回报社会、服务人民的宗旨，体现了一个艺术家的情怀和社会责任感，成就了"艺术融入乡村、艺术改变乡村"的

＊　石兆宏，济南社会科学院发展研究中心主任、研究员。

社会实践价值。

"艺术改变乡村"一个重要的实践方向是寻找艺术实践与乡村旅游开发的结合点，以实现艺术改变乡村的目的。为此，有必要就蔡玉水先生"艺术改变乡村"实践中双泉镇旅游开发的相关问题展开深入研究。

旅游的实质在于实现一种文化体验。一种旅游产品的设计，首先要把握的是这种产品的文化内涵，从而弄清楚最终交给人们的是什么样的文化体验？这是需要弄清楚的一个核心问题。就蔡玉水先生的"艺术改变乡村"实践而言，首先需要弄清的是这样一些问题："艺术改变乡村"的实践活动包含了哪些内容？"艺术改变乡村"的文化指向是什么？这种文化指向最终将提供给旅游者的文化体验是什么？应该如何借助这种文化体验使"艺术改变乡村"实践及其旅游产品具有独特的公众感染力和市场吸引力？首先就这些问题做出梳理，将是探讨旅游产品开发应该把握的出发点和基本逻辑。

从蔡玉水先生在双泉的艺术实践来看，其在双泉的活动包含了深厚的文化追求和艺术理想，其核心价值值得挖掘和弘扬。而这些核心价值也正是我们结合"艺术改变乡村"实践活动进行旅游产品开发的文化灵魂，是蔡玉水先生提供给旅游者最独特的文化体验。因此，考虑旅游产品开发问题，首先应该从源头上对蔡玉水先生在双泉镇进行艺术实践活动的文化追求、艺术理想、艺术实践的形式与特征等做出探讨，这既是把握这种艺术实践的核心内涵，从而对"艺术改变乡村"相关旅游产品的独特文化价值做出挖掘和确认的基本前提，也是艺术实践者（旅游产品供给方，即旅游产品开发主体）与文化体验者（旅游产品需求方，即旅游产品消费主体）建立文化共情的重要基础，是旅游产品开发的基本主线。

二 当前"艺术改变乡村"实践的两种文化主旨

纵观目前艺术界、文化界"艺术改变乡村"的实践活动，其内含的文化主旨主要有两种。

（一）激进主义思潮：以文化变革为主旨的艺术实践

这种艺术改变乡村的实践活动主张用现代化的文化理念、艺术形式、生活方式等冲击乡村落后的文化生态，以现代艺术的介入为起点，推动乡村打破现有的文化封闭状态，推动它们完成从文化风貌到生活方式和文化理念的转型，促使乡村走向现代化，提升乡村的现代化生活水平。这种文化变革的后续展开有可能导致一部分乡村地区逐渐被城镇化所蚕食，最终使乡村文明被城市文明（现代文明）所挤占或覆盖，导致乡村文明流失。

这种文化思潮驾驭下的"艺术改变乡村"实践，在产业开发形态上，主张无条件地大力推动各种乡村旅游、农产品种植开发，以及依托乡村环境进行的养老地产和旅游地产开发，这些新兴产业无序发展也就意味着农村传统产业形态（主要是农、林、果蔬、养殖产业）被挤占或替代，其最大的弊端是乡村会逐渐沦为现代资本的附属物。

就艺术表现形态而言，这类艺术改变乡村的实践活动主要表现为用现代化的意象和手法，改变原生态的乡村意象和物化形态。目前，艺术界主要通过行为艺术、社区活动、大地艺术、互动装置、灯光艺术节、涂鸦、生态雕塑等艺术形态，将现代公共艺术植入乡村，改变乡村原来单纯的风貌和文化意象。譬如，丽江束河古镇主办的"COART［kcirt］亚洲青年艺术现场"和雪山音乐节，以及对"雪山艺术小镇"的营建，就是在尝试将现代商业和艺术植入古镇，以带动古镇发展。对丽江市政府来说，最大的收益是借助名人效应，把"COART艺术现场"办成一个文化旅游项目。这种以文化变革为主导的艺术实践，体现了文化艺术界企图以"艺术改变乡村"的理想，但就乡村而言，获得的并不仅仅是正向的收益。实际上，"COART艺术现场"的运营，对当地百姓来说，并没有从中得到多少，反而因为这项活动，破坏了他们原始宁静的生活。同时声光电的刺激，对于当地的生态也产生了很大的影响，比如鸟类因为强光不能识别方向和睡眠等，这项活动最终由于种种原因被叫停。[①] 说到底，这种以文化变革为主旨的乡村改造模式，包含了现代艺术、现代文明对乡村文明和乡村文化信仰的某种否定，是对乡村文明或原生态文化的过度开发和过度消费，必须加以矫正和疏导。

---

① 《艺术造镇：艺术介入乡村还是乡村介入艺术?》，搜狐网，https：//www.sohu.com/a/120952805_ 488486，2016 年 12 月 7 日。

（二）现代保守主义思潮：以文化重塑为主旨的艺术实践

这种艺术实践活动是以对乡村传统文化独特价值的认识与尊重为前提的，其核心主张是：强调乡村文明拥有与现代城市文明不同的文化价值，现代化进程不能以否定乡村传统文明为代价，相反，应该以承认传统社会的独立价值为前提。因此，主张"艺术改变乡村"应该在充分挖掘和彰显乡村文化独特性的基础上，积极探索现代艺术与乡村文化和谐共处的路径，找到以现代艺术激活乡村文明的方式和机制，最终以现代艺术与乡村文明的彼此激发与和谐共处，拓展乡村文化及乡村社会的发展空间。艺术家渠岩推动的许村改造计划就属于这种情况。

许村位于山西省和顺县。从 2007 年起，艺术家渠岩开始了以艺术推动乡村复兴的实践。渠岩提出了"创造新文化，救活古村落，延续传统文明，推动公民社会"的乡村复兴实践框架，通过几年的努力，将许村建成了具有国际影响力的国际艺术村及艺术家创作基地，成为研究中国乡村运动以及艺术修复乡村的重要现场。有同行指出："渠岩的许村计划区别于一般的在乡村的文化名流聚会，一般的走马观花式的乡村风情记录，甚至区别于一般的乡村田野调查，而是用行动本身与许村进行互动式建构，即如何用许村的原有资源而不是去破坏它来创造一个新农村。"①

渠岩的乡村改造实践包括：2008 年开启的许村宣言和许村论坛，2011 年开启的两年一届的许村国际艺术节、许村国际艺术公社、老粮仓美术馆等。渠岩的艺术改造乡村计划有一个核心特征，即重视对中国传统文化精神与信仰的重建。他借鉴了当代国际艺术直接介入社会的传统和方式，以此来思考和重构许村的传统文化信仰。当代国际艺术不像传统的视觉艺术，它不是一种个人化的审美活动，而是以介入社会、促进社会的进步和变革为己任。德国著名的艺术家博伊斯（Joseph Beuys）是这种艺术实践的先驱，博伊斯认为艺术有它的独特方式，即从公共信仰实践中重建民族和个体的自信，重建人和人、人和社会以及人与物之间的关系。渠岩以艺术介入乡村，也是把握了这样一个方向，

---

① 《渠岩：沉默的镜子》，新浪财经，http：//finance. sina. com. cn/stock/t/20120303/021011504413. shtml，2012 年 03 月 03 日。

他希望探索出一条乡村建设的新道路，通过重建人人关系、人物关系和人神关系，尝试修复乡村的情感伦理和信仰价值。这种直至人的精神世界的乡村再造的意义已远远超出了对物化的乡村景象的修复和重建，而是在寻找对乡村重建具有根本意义的精神与文化自信的重建。这种实践活动将通过对乡村伦理、精神信仰的重建，修复乡村的文化自觉和文化自信，以完全有别于城市的信仰体系，彰显乡村作为人的精神故乡的价值和意义。①

实际上，上述两种文化主旨并无明确的分界。在现代化背景下，现代理念、现代艺术、现代功能等介入乡村是难以避免的一种趋势。但即使如此，仍然存在一个保护乡村传统体系的问题。艺术界、文化界、学术界探索乡村建设，究竟是迎合现代化、城市化、商业化，从而引导乡村社会成为城市和商业社会的附属物？还是尊重乡村社会的独立价值，借助乡村建设使乡村社会重新回归到人类精神故乡的位置上，彰显出乡村不同于城市的独立价值，这显然是两种不同的价值选择和通道设计。

三　蔡玉水"艺术改变乡村"实践的构成要素与文化核心

目前，关于蔡玉水"艺术改变乡村"实践的总体定位是：以艺术为手段，以乡村为平台，以艺术融入乡村产生艺术与乡村的共振，实现艺术带动地区发展为最终目的。这个定位基本反映了"艺术改变乡村"实践的总体思路和目标要求。但如果能从要素解构的角度对问题做进一步分析，就可以对"艺术改变乡村"实践形成更具本质意义的认识和把握。具体来说，对于"艺术改变乡村"实践，可着重从人物、场地、事件、目标四个方面来把握其要素构成与文化个性。

（一）人物

"艺术改变乡村"实践是艺术家个人美学思想、艺术创意和文化追求的体

---

① 《独家｜渠岩：重塑乡村，艺术反哺社会的路径与实践》，搜狐网，http://cul.sohu.com/20160810/n463575878.shtml。

现，艺术家个人是整个"艺术改变乡村"实践的灵魂与核心。所以，在双泉镇展开的"艺术改变乡村"实践，必须充分认识其中的核心人物——蔡玉水的价值，保护好蔡玉水的文化追求、美学理想和创意精神。蔡玉水先生的文化追求、美学理想和创意能力是"艺术改变乡村"实践的文化核心，也是推动"艺术改变乡村"实践深入展开的根本。

（二）场地

"艺术改变乡村"实践必然要以双泉镇的乡村和大地为平台。但是，由于双泉镇行政区域面积 100 平方公里，我们必须对 100 平方公里的乡村资源做出区分和规划，分领域、分阶段、有选择地将其纳入"艺术改变乡村"的项目实践中。为此，首先需要根据蔡玉水先生可投入的艺术资源、双泉镇的禀赋条件，对"艺术改变乡村"的项目推进做出规划。在此基础上，再根据规划要求，对 100 平方公里的镇域场地做出区分，根据自然环境、开发条件的不同以及与"艺术改变乡村"实践的对接情况，对场地利用做出分期规划与安排。"艺术改变乡村"不是一蹴而就的事情，双泉镇"艺术改变乡村"实践只能根据项目运作需要，对场地利用与开发做出分期和分层安排。无论怎样，山川、河道、农地、乡居是构成场地的主要素，双泉自古就有的"四面云山不墨画，一曲涧水无弦琴"美景，更应该成为场地营建的主旋律。

（三）事件

事件是项目营销的关键。"艺术改变乡村"实践应该对事件营销做出科学设计并做好相应的事件营销规划，有序推进"艺术改变乡村"实践的对外推广工作。目前，蔡玉水"艺术改变乡村"实践主推的是"四个一"艺术套餐：一个改变乡村的艺术实验；一部记录"艺术改变乡村"的大型纪录片；一部围绕双泉发展、留住乡愁的大型艺术片；一部为双泉量身定做的大银幕院线电影。那么，围绕这些具体事件，应该如何把握它们与蔡玉水的艺术理想、整个"艺术改变乡村"实践的文化追求的关系？应该如何定位和推动事件营销，使之有助于"艺术改变乡村"实践的深入展开，这是需要做出统一定位、统一设计和一体化安排的。除了这些事件之外，还有没有其他更加行之有效的事件可以挖掘？这也需要进一步考虑并做出安排。

（四）目标

蔡玉水"艺术改变乡村"实践的目标是什么？目前的目标定位是这样的：以艺术融入乡村产生艺术与乡村的共振，实现艺术带动地区发展的最终目的。这个目标具有远景意义，但还需要对"艺术改变乡村"的目标架构进一步梳理，以形成更明确、更现实的目标导向。

1. 蔡玉水"艺术改变乡村"实践的文化主旨与艺术方向

蔡玉水"艺术改变乡村"的实践究竟要围绕什么样的文化主旨和艺术方向来展开？这种实践将为双泉特色小镇建设形成什么样的艺术特色和个性化吸引力？这是必须尽快厘清的一个问题。根据此前蔡玉水先生在双泉的艺术实践，可对其"艺术改变乡村"的主旨与方向做出如下把握。一是文化主旨。总体来看，其在双泉的艺术实践体现的是一种与现代保守主义思潮很接近的文化主张，即希望在充分挖掘和彰显双泉乡村文化独特性的基础上，探索现代艺术与乡村文化和谐共处的路径，找到以现代艺术激活乡村文明的方式和机制，最终以现代艺术与乡村文明的彼此激发与和谐共处，拓展乡村文化及乡村社会的发展空间。二是艺术形式的选择。目前，其主要在雕塑、影视作品制作推广方面做了尝试，初步形成了打造国际雕塑艺术小镇的构想。我们认为，以蔡先生的艺术造诣，围绕雕塑和绘画艺术，打造国际雕塑艺术小镇可能是最具个性化优势的方向选择，可就此与地方政府进一步磋商，与艺术界、策展界、节事活动组织部门、媒体等形成更深入的合作，推动特色小镇建设。

2. 蔡玉水"艺术改变乡村"实践的利益主体和利益实现

如前所述，蔡玉水"艺术改变乡村"实践将"以艺术带动地区发展"为目的。要达成这种目标构想和愿景，必须以对不同主体利益的尊重以及他们各自眼前利益的实现为前提。只有在充分尊重和体现各方利益的前提下，才能逐步趋近远景目标。在此，有两个重要的利益主体，他们的关系值得考虑和衡量，即"艺术改变乡村"实践中作为艺术资源的投入主体——蔡玉水，与作为"艺术改变乡村"实践的接受主体的代理人——双泉镇政府的关系。两者的核心利益是什么？投入与产出的价值应该如何衡量？必须对各自的投入产出及利益架构做出把握，让各方利益都受到尊重、得以体现，这样才能把"艺术改变乡村"的理想建立在可实施的长效机制之上，才能把事情做长远。

综上所述，蔡玉水的"艺术改变乡村"实践由人物、场地、事件、目标四个基本要素构成。其中，蔡玉水的文化追求、美学理想和创意能力，是"艺术改变乡村"实践的文化核心，也是推动"艺术改变乡村"实践深入展开的根本；场地与事件是"艺术改变乡村"实践的两个重要支撑；"艺术改变乡村"的发展定位和利益目标是引领整个艺术实践得以展开的方向和动力机制。

四　"艺术改变乡村"旅游变现的方向与策略

（一）旅游变现的个性化方向

一个地区的旅游发展必须挖掘并善于打造自身的个性化优势。双泉镇虽然是个有山有水的好地方，但作为旅游目的地并没有特别显著的个性化优势。因此，借助"艺术改变乡村"实践，顺势打造双泉旅游的个性化优势很有必要。具体来说，建立这种个性化优势，需要从三个方面对各种要素做出把握和进行整合利用。

一是以蔡玉水的文化追求、人格魅力和艺术创新为轴心。要打好"名人牌"，围绕蔡玉水的艺术创新，营建双泉旅游的独特文化内涵，为来访游客提供独特的文化体验，建立双泉镇旅游产品的核心优势；同时，充分利用蔡玉水为双泉旅游造势，塑造双泉旅游的独特形象，形成双泉旅游的市场影响力。

二是以双泉镇的山川大地与民俗乡风为载体。双泉镇有丰富的山地资源和农林种植资源，民风淳朴，民居与乡俗也可以进一步加以挖掘和利用。近年来，花样农业的发展也进一步丰富了双泉镇的旅游资源。所有这些都构成了旅游开发的基础素材，成为建立双泉镇旅游个性化优势的重要载体。

三是以现代艺术与原生态文化的融合为主线。我们认为，用现代保守主义的文化主张来考虑"艺术改变乡村"问题，最核心的一点就是要用现代的理念、现代的艺术理想、现代的公众心理需求来把握艺术与乡村的融合问题，实现现代艺术与乡村原生态文化的共生。没有现代艺术，乡村也就失去了与现代化对接的一个重要方向；而对乡村原生态文化（包括自然生态、生产方式、生活场景）等的维护和重塑，则是"艺术改变乡村"的真正意义所在。

（二）旅游变现的核心目标与主要形态

1. 核心目标

我们认为，"艺术改变乡村"实践旅游变现的核心目标是打造蔡玉水国际雕塑艺术小镇。主要依据是：第一，目前国内在这个方向上尚无先例，如此定位和发展将具有先发优势，并具有市场号召的唯一性；第二，从双泉镇的资源条件来看，本土资源并无优势，而此前蔡玉水在双泉镇围绕雕塑艺术的创新实践已经赋予双泉旅游以独特的资源影响力，可顺势推动"蔡玉水国际雕塑艺术小镇"建设。总之，以"蔡玉水国际雕塑艺术小镇"为核心，重构双泉旅游的发展格局，将有助于双泉镇形成自己的核心资源，实现变道超车的目的。

2. 主要形态

可围绕几个方向推进旅游产品开发，打造以"蔡玉水国际雕塑艺术小镇"为依托的旅游产品体系。具体包括：打造一个雕塑园区，常年向游客开放；推出节日雕塑艺术展示，选择特定季节，譬如，春季油菜花节、秋季采摘节，定向展示雕塑作品，实现现代艺术与乡土风情的跨界融合；打造一台国际雕塑艺术嘉年华；设计推出具有本土特色的雕塑旅游纪念品。

（三）对未来旅游发展的两点建议

一是进一步探索艺术实现的路径与形态。譬如，雕塑作为大地艺术的主要形式，在材料选取上做进一步探讨，选择更加大众化、便于长期留存的材料，使雕塑作品保留于固定场地，成为留存于双泉乡间的永恒艺术，建立起现代艺术与乡土风情永恒对话的空间。只有这样，"艺术改变乡村"才会有持久而直观的作用载体，从而体现出蔡玉水"艺术改变乡村"的文化内涵，旅游产品开发才能借此形成个性化风格，进而为来访游客提供独特的文化体验，形成旅游产品的核心价值。

二是要注重推进乡村文明的升华。艺术改变乡村，最终要着眼于人本身素质的提升。小城镇的旅游发展必须有百姓参与，百姓的参与才能使"艺术改变乡村"的旅游变现，真正体现出一种生活化、本土化的艺术质感。而只有乡村居民本身素质有所提升，才能实现艺术与乡村发展的良性互动，使艺术语言、艺术环境、艺术表现与乡村相吻合，让乡村居民受益，进而才能作为一种独具韵味的乡村生活，体现出它的文化体验价值。因此，无论是作为艺术资源的投入主体——蔡玉水，还是作为"艺术改变乡村"接受主体的代理人——双泉镇政府，都应该认真考虑乡村居民素质提升以及乡村文明的升华问题，这是实现"艺术改变乡村"终极目标、建立双泉镇旅游特色文化吸引力的根本所在。

B.18
特色文化小镇建设

汪霏霏[*]

摘　要： 特色小镇热潮火速席卷全国，其模式也早已不再局限于大城市周边，在远离都市的乡村地区进行特色小镇改造的探索案例也越来越多。在建设特色小镇的背景下，美丽乡村建设应当立足于传统文化及产业的转型升级，借助新的机遇进行创新逻辑梳理，即遵循"特色聚集—人流聚集—消费聚集—产业升级—特色创新—再聚集"这样的螺旋上升式发展结构。通过"乡愁""乡趣""乡野"为主要模式建立的乡村特色小镇，在依靠乡村原有的文化基因形成的传统产业集群的基础上进行升级，融入主题性的文化要素，通过整合历史人文因素提升产业内涵优化区域发展动能，延伸产业链、创新链、要素链，才能建成优质的生态系统，将乡村价值最大化。

关键词： 美丽乡村　特色小镇　文化　产业

特色小镇热潮火速席卷全国，其模式也早已不再局限于大城市周边，在远离都市的乡村地区进行特色小镇改造的探索案例也越来越多。在特色小镇项目具有明确功能定位、文化内涵、空间形态和运营机制的前提下，特色小镇逐渐成为新常态经济发展模式下，进行乡村改造的有益探索方式。在建设特色小镇的背景下，美丽乡村建设应当立足于传统文化及产业的转型升级，借助新的机遇进行创新逻辑梳理。

＊ 汪霏霏，山东社会科学院文化研究所副研究员。

一　关于乡村几个核心问题的判断

（一）乡村 VS 城市——相对于城镇来说，乡村是与之并行的独立发展结构

在急剧变迁的百年近代史中，乡村建设在中国浮浮沉沉几起几落，乡村在中国发展中的角色慢慢从经济发展和文化传承的源头沦落为城市的累赘。在过去的几十年中，乡村的定位都是城市反哺的对象和被拯救的对象。经过多年乡村城镇化和财政转移支付救助等乡村实践后，我国广大乡村仍然跟不上城市发展的脚步，发展模式亟待改革创新。十九大建设性地提出乡村振兴战略，这一战略预示着乡村发展新时代的到来，也需要每一位参与者重新思考"乡"与"城"的关系。十九大报告中强调"城乡融合发展"，而不再是"城乡统筹发展"，这意味着乡村发展开启战略性转变——"乡"不再是城市的附属品，"城"和"乡"形成相互独立、并行发展的结构。作为一个独立的发展体系，新时代的乡村应该有新型的乡村经济、乡村居民、乡村社会，应进行包括政策、管理、财税制度、发展模式等在内的一系列核心要素的完善与创新，从而促进乡村成为中国经济发展的有效支撑，形成与城市互相补充、共同推动的城乡融合发展的体制机制，并承担起在中国新阶段发展中的重要责任与使命。乡村与城市独立平行的现代社会发展结构见图 1。

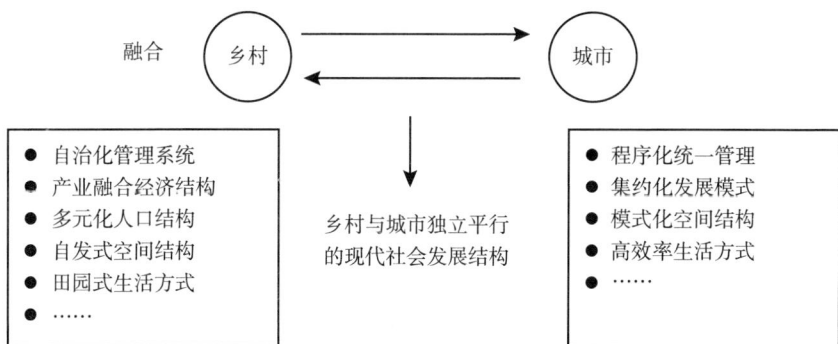

融合　　乡村　　→　　城市

- 自治化管理系统
- 产业融合经济结构
- 多元化人口结构
- 自发式空间结构
- 田园式生活方式
- ……

乡村与城市独立平行的现代社会发展结构

- 程序化统一管理
- 集约化发展模式
- 模式化空间结构
- 高效率生活方式
- ……

图 1　乡村与城市独立并行的现代社会发展结构

（二）乡村振兴 VS 城镇化——乡村振兴不是要城镇化，而是要现代化

在城市急剧扩张，环境污染、交通拥堵、文脉割裂等大城市病日益暴露的当下，我们不得不思考城市化率的指标化是否具备发展的普适性？是不是所有乡村都适合拆村并点，集中安置？是不是越多农民变为市民越好？前车之鉴，后事之师。拉美的城镇化陷阱给我们提供了经验和教训，乡村振兴绝不要高城镇化率下的贫民窟，乡村振兴要符合自身规律的现代化。

乡村城镇化与现代化的区别是什么呢？什么又是乡村的现代化呢？

在社会学中，这样给"现代化"定义：现代化是由工业化发端，涉及社会各个领域、各个方面的变革，包括经济、政治、文化、教育、科技、心理、观念、社会生活，乃至人自身，是社会整体的、全面的、系统的、深刻的社会变迁过程。城镇化是中国学者创造的一个新词，住房和城乡建设部对城镇化的定义为：城镇化是人类生产和生活方式由乡村型向城市型转化的历史过程，表现为乡村人口向城市人口转化，以及城市不断发展和完善的过程。这基本代表了近年来我国城镇化的内涵。中国乡村城镇化与现代化内涵见图2。

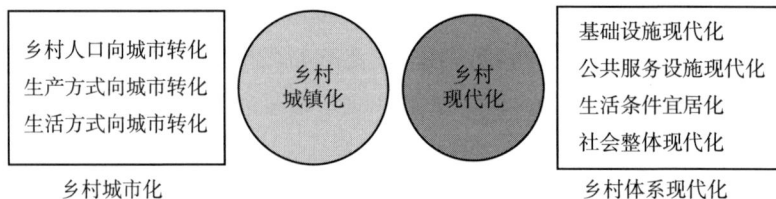

图 2　中国乡村城镇化与现代化内涵

很明显，乡村振兴并不是乡村人口向城市的高度集中，也不是乡村生产、生活方式的完全城市化。乡村振兴是产（产业）生（生活）融合、产（产业）社（社会）融合的一种乡村发展模式，它意味着乡村既要达到城市生活水平的基础设施、公共服务设施和宜居条件，同时，还需要拥有一套有别于城镇化的乡村现代化体系，这一体系是无法以城镇化集约式的发展模式进行套用的。因此，乡村振兴需要的是以新的乡村规划体系为指导的现代乡村规划，它可以借鉴城市规划的经验、理论，但不能套用城镇规划规范进行规划。

（三）农业 VS 产业——乡村产业不再仅仅是农业，而是三产融合产业体系

我国乡村的发展一直强调农业的核心地位。但从近几年的乡村发展来看，由于村庄的要素聚集模式、区域特色化基础等条件的差异，在某些村庄，农业早已经不是乡村发展的唯一，甚至主要产业。乡村振兴战略中提出的"产业兴旺"不再仅仅是农业兴旺，它是三次产业融合发展的乡村经济产业体系的兴旺。乡村经济产业体系见图3。

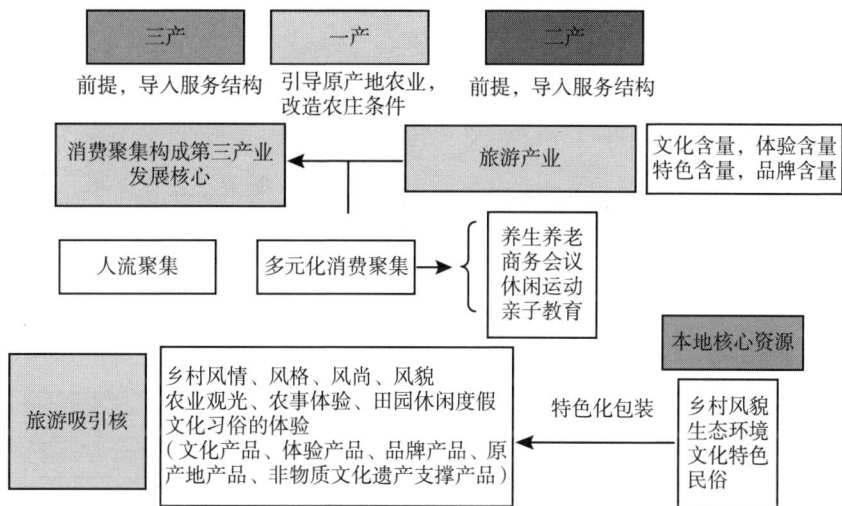

图3　乡村经济产业体系

乡村振兴，需要基于中国乡村发展的规律，找到三次产业融合发展的路径和模式。三次产业的融合带动模式，既可以是以农业为主导的"一二三"产业模式，也可以是以加工业为主导的"二一三""二三一"产业模式，以及以外来消费主导的"三二一"产业模式。比如旅游涉及典型的消费带动型的"三二一"产业发展模式；乡村电商涉及典型的互联网销售带动的服务模式；传统文化附加值形成的以加工业，特别是手工业为主的产业融合模式；基于第一产业的农业，发展农产品深加工，形成加工产品的品牌化、原料的品牌化、原产地的品牌化，最终带动第三产业的服务业共同发展的模式等。

（四）农民 VS 乡村居民——乡村居民不再是农民的概念，只是地理意义上的居住概念

乡村日渐衰落的两个核心因素，一是产业的薄弱，二是人口的流失。两者相互强化，形成负反馈。乡村振兴战略在构筑三次产业融合发展的产业体系基础上，将带来人口的回流，形成产业与人口的正反馈。而在户籍制度、土地制度渐次放开，逆城市化潮流日趋明显的时代背景下，乡村振兴必将带来乡村人口结构的重塑。

乡村居民不再是农民的概念，它不再以乡村传统的户籍、土地进行划分，它只是一个地理意义上的居住概念。因此，乡村居民除包括在当地拥有户籍、拥有土地的农民外，还包括众多没有土地的外来人口。他们可以是以当地产业为核心吸引来的职业农民、产业从业居民、乡居创客；也可以是以修养度假为主要目的的养老居民、疗养居民、度假居民；还可以是寻找创作灵感、追求田园梦想的艺术居民、生活居民等。乡村居民结构见图4。

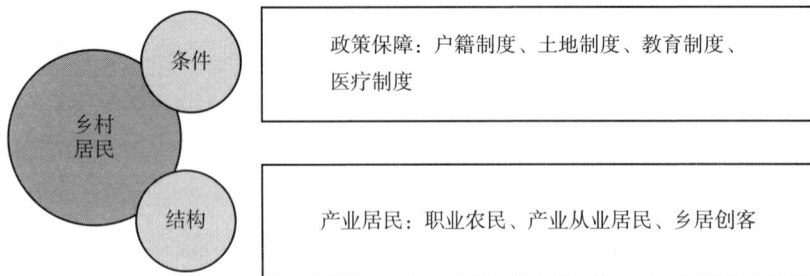

图4　乡村居民结构

乡村居民是独立于原来城市人与农村人的概念。一般来说，由于乡村的诗意与文化传统根源，它更易聚集理想主义者，而这些人往往是知识层次较高，社会责任感较重的社会发展核心力量。他们在乡村的聚集，将形成乡村新的文化土壤与自治结构，乡村将成为可支撑新时期社会发展的一股新生力量。

总之，乡村振兴战略下的现代乡村有着超越以往任何时代的作用及意义，有着其自身独特的内涵。这一战略的实施是一个系统工程，需要土地政策、教育政策、医疗政策等国家宏观政策层面的支持，需要政府在管理、要素释放、财税

金融体制上的支持，还需要乡村在现代化体系、规划架构、管理体系等方面的创新，同时也需要每个乡村振兴参与者在理论上的争鸣，行动上的奋进。

二　乡村振兴链式结构及发展模式

（一）乡村振兴链式结构

"链"的基本含义是用金属环节链套而成的索子，亦即链首先有两大核心要素，一个是珠子，在乡村振兴战略里珠子就是要素；另一个就是把这些要素串联而成的一根线，这根线就是各要素之间的关联度，最终形成一个闭环结构，这个闭环结构是不断循环和反复的。乡村振兴的整个链其实不是单一的一条链，它是一个以结构搭建为核心，具有多链、圈层，以及复合结构，多链条形成的，主要以结构来搭建的内容。乡村振兴链式发展结构包括供需链、利益链、产业链、产品链、执行链和效益链。其中，核心的结构主要有三个，第一个是供需结构，形成了供需链，这是最核心的结构；第二个是利益结构，形成了利益链，这是第二条链；第三个是执行结构，形成执行链，即解决到底怎么去做的问题。

（二）乡村振兴链式发展模式

1. 供需链

从十五大"使市场在国家宏观调控下对资源配置起基础性作用"到十八届三中全会的"使市场在资源配置中起决定性作用"，体现了中国共产党人对中国特色社会主义建设规律认识的新突破。那么，什么是市场呢？市场就是解决供需关系。一切谋划的前提都是供需，田园综合体也不例外，它应该尊重市场的基本规律。在农业的综合体项目中，供需关系不光是农产品和农产品的衍生产品，它还涉及基于农业的土地供给、气候供给、产品供给、政策供给、人才供给等软硬件资源的供给。举个例子，内陆地区人均耕地不到一亩，而在遥远的西北新疆，人均耕地却是内陆地区的 3.6~4.6 倍，这就是土地的供需。现在很多内陆地区的人口到新疆去就是看重它的土地资源。再比如北京人喜欢海南的空气，东北人喜欢海南的气候等，这些都可以作为一个供需关系，形成一个跨空间、跨境、跨时间维度的产品。

2. 利益链

利益链是为了供需关系的长久发展，协调政府、投资商、合作伙伴、当地居民、客户五个主体关系，实现五大项目主体之间核心利益诉求的可持续发展关系的永久平衡。利益链的第一个主体是政府，政府进行项目建设首要考虑三个目标：一是带动区域经济协同发展的"强区"；二是改善当地百姓生活的"富民"；三是维护本地生态环境的"生态"。第二个主体是投资商，投资商的核心利益诉求主要跟钱相关，即钱从哪里来，投到哪里去，钱怎么生钱，快钱、慢钱之间的关系如何平衡。第三个主体是合作伙伴，引入合作伙伴主要是为了由专业的机构、专业的人才做专业的事情，以保证项目的质量。第四个主体是当地居民，田园综合体项目跟其他项目的区别主要在于它一定要扎根在土地上，因而绕不开当地居民，这就需要新型组织方式，包括村企合作、混合制度和农民合作社等方式。第五个主体是客户，在个性化、高端化的消费趋势与乡村度假的旅游趋势下，项目在产业与业态设计上要满足不同客户的核心消费诉求，如养老、休闲、乡居、运动等。

3. 执行链

执行链主要包括统筹谋划、农业资源、主体结构、资金结构、开发建设、运营管理六个链条。

执行链的第一个链条是统筹谋划，它不仅仅包括规划设计，还包括空间规划、品牌营销、产品设计、财务预算、运营架构和组织结构六部分。简单说，统筹规划就是把一系列想法变成商业模式，把项目的规划、设计、预算、开发、运营、管理等环节理清楚，并形成一系列成果，从而形成可操作、可持续运营、可盈利的整体指导性方案。

执行链的第二个链条是农业资源。它是农业发展的源头，也是决定田园综合体是否能够长久发展的一个根本，其中，核心资源的选择至关重要。核心资源要么是本地已有资源，要么是符合当地条件的导入资源。比如在花乡果巷田园综合体项目中，其抓住了核心资源花和果，果是迁西板栗，早已名声在外。核心资源确定后，以其为基础依托，应进行横纵向的三次产业融合延伸与发展，也就是要形成"大农业产业"，这是田园综合体健康发展的源泉所在。

执行链的第三个链条是主体结构，它是解决"人"的问题，即"谁来干"的问题。田园综合体的开发建设需要五大主体：国企、民企、合作社、合作方和当地政府。在开发过程中，或以农村合作社为主，形成合作社带动模式；或以企业为主，形成大型企业带动模式；或以政府为主，形成政府主导模式。如花乡果巷项目，主要以唐山供销农业开发有限公司作为核心项目控股方；多家民营企业作为综合体中的被辐射和带动方；各村居民以梨树和土地入股，有些温室可以承包给他们，进行利润分取；投资方主要通过项目发展，获取增值服务；当地政府的核心是把握田园综合体的发展方向，带动地方经济发展。

执行链的第四个链条是资金结构，农业项目的资金包括五大部分，即企业自筹、众筹合作、民间资本、低息无息贷款和政策扶持。在谋划阶段，需要制订大财务计划，筹措资金，制定"资金规划及实施方案"；在建设期，需要制订大建设计划，通过"建设规划及实施方案"的制定，节省开支，保证资金的最大化使用；在运营期，需要制订大运营计划，通过"运营规划及实施方案"的制定，实现稳定赢利。绿维文旅多年深耕，在资金链上有众多资源可以为农业项目提供服务。

执行链的第五个链条是开发建设，田园综合体在开发期，建议以整体谋划，分步实施，启动样板，带动全局的模式进行发展。第一步是打样本，做龙头，即打造大农业生态环境，设定企业的安全种养流程与标准，建设入口、标识、展厅、参观道路等要素，并逐级上报农业龙头、领头羊项目；第二步是扩规模、增体量，通过"统一品牌、统一技术、统一标准、统一生产、统一管理、统一市场、统一渠道、统一组织""八统一"，整合周边数十家、上百家乃至数百家种植大户，专业合作社及相关加工、仓储、物流企业，迅速做大规模和体量；第三步是各项政府资金导入；第四步是各类社会、民间资本跟进；第五步是做联盟，即针对传统、团体、电商等各类销售渠道，加强进驻议价话语权，节省流动资金占用。

执行链的第六个链条是运营管理，包括四大结构，首先是由营销来负责市场，其次是由业务负责生产，再次是由行政进行管理，最后是由后勤进行保障。在各个阶段，都可以通过甘特图来管理项目进度，执行工作内容。如前期工作主要集中在对立项审批、营业手续、市场调研、参观考察等方面的管理；规划设计主要集中在对各阶段的规划设计与产品研发等方面的管理；资源导入主要集中在对种植养殖、相关认证等方面的管理；品牌营销主要集中在对品牌建设与市场推广的管理等。

4.产品链

在传统意义的社会产品分工中，乡村供给的主要是农产品，以为城镇居民供应粮食、蔬菜、肉蛋等满足基本生存需要的产品。在新形势下，乡村已经不再仅仅是一个农产品供应基地，它需要适应我国新时代的新矛盾，为人民提供美好生活产品。具有"农业＋旅游＋社区"完整生态圈的田园综合体，在产品链打造方面具有先天优势。依托乡村良好的生态环境，它可以提供生态旅游产品，为城镇居民提供优良的休闲度假场所；可以提供体育产品，满足近些年来快速增长的体育市场需求；可以提供健康产品，为病人、亚健康人群提供疗养基地等。总之，田园综合体在"农业＋"的产业发展模式推动下，将形成适应现代生活需要的综合性产品架构。

5.效益链

田园综合体涉及产业、产品、社区、文化等乡村各方面的升级，因此，以田园综合体项目为核心构建的是经济、社会、文化、政治、生态等综合效益链条。田园综合体的开发依托于乡村独特的物产、文化资源与优良的生态环境，其经济收益与生态环境、文化环境形成正反馈；而多样化的田园产品、创新型的项目运作模式为区域树立良好的品牌形象，同时产生深远的社会、政治影响。可见，随着田园综合体项目的推进，其所产生的经济效益、社会效益、文化效益、政治效益、生态效益彼此强化，并形成动态可持续的效益链条。

三 选择、导入与培育：特色产业的发展路径

当下对于特色小镇的探讨主要集中于"以产业建镇""以旅游立足"两种论调，但无论是哪种小镇，都会遵循"特色聚集—人流聚集—消费聚集—产业升级—特色创新—再聚集"这样的螺旋上升式发展结构。在此基础上，对于以特色小镇模式进行乡村建设，我们需要对其开发模式有较为清晰的认知。

特色小镇发展的核心就是特色产业，而特色产业的选择、导入与培育是特

色小镇建设最大的难题和成功推进的关键。特色小镇要坚持"以产立镇、以产带镇、以产兴镇",促进从小镇资源到小镇产业—从小镇产业到小镇经济—从小镇经济到小镇发展,最终实现产镇一体、协调发展,为乡村提供持续健康发展的动力和支撑。当然特色小镇的产业体系不是面面俱到的全产业体系,而是聚焦某个优势产业的产业体系。所以,保证某一个产业在小镇发展中的独特作用及主导地位,围绕特色产业来打造完整的产业生态圈,是推动小镇经济发展,促进小镇特色形成的首要任务。

特色产业是特色小镇发展的重要支撑,要经历科学选择、合理规划、核心培育,再到集群辐射,最终提升到产业品牌的发展路径。产业选择——科学论证进行选择,重在尊重现实基础、尊重市场需求;产业规划——把握产业发展战略,重在空间布局规划、分阶段发展目标;产业培育——发展壮大核心支撑,重在龙头企业的招商和培育、产业链的打造;产业集群——强化产业辐射带动,重在围绕特色产业"补链补强";产业品牌——增强特色城镇竞争力,重在产业文化和整体形象。

四 集中突破和规模优势:培育"特色"产业

(一)"集中突破"的产业链发展思维

"集中突破"是特色产业发展的关键。小镇选择特色产业之后,就要遵循特色小镇的培育要求,做精做强主导产业。采取"集中"策略重点突破,将战略注意力集中于产业链上,延伸产业链,加强三次产业融合,发展产业的核心优势和综合实力。

特色产业的产业链可以被比作特色小镇的线形核心,核心的重点在于产业主体项目的培育,像栽培树木一样,做到"选得准",重点突击,保障"立得住""长得大"。"选得准"就是要符合产业的整体发展战略,找到最适合的项目、企业种子;"立得住"就是要重点培护,保证龙头项目、企业能够在小镇扎根,做到本土化运营;"长得大"就是要最优化成长,能辐射带动新枝,也具备良好的可持续发展效益。核心产业链的完善发展,就要梳理产业链思维,强化产业链配套,营造良好的产业生态。

（二）"规模优势"的产业集群发展思维

"规模优势"是特色产业稳定发展的保障。规模效益是在产业发展基础上全面提高"低成本生产优势"和"低成本运作优势"，在产业研究、产业应用、产业服务、产业营销方面形成集群发展，在市场竞争中形成规模优势，保持竞争优势，获得持续稳定的发展。特色小镇的产业集聚不同于区域产业集聚1.0和2.0，是要形成一个在核心产业支撑下的融研发创新、文化创意、成果转换、体验应用于一体的全方位立体化特色产业生态系统。

横纵联合——特色产业的规模发展优势除了自身"纵向"产业链的壮大完善外，还要在"横向"完成资金、人才、科技、信息等高端要素的集聚，挖掘历史人文要素的集聚，充分体现特色小镇的创新导向，推动经济要素与人文历史要素高度契合，融合产业链和创新链于一体，构建良好的产业生态圈，增强区域内生发展动力，从而保证特色小镇的特色化、创新化和可持续性发展。

内外合力——特色小镇的产业发展不同于产业园区，更具有开放性和系统性。一方面对外通过与创新网络的连接，可以将最新的产业创新信息、新业态、新商业模式甚至创新人才源源不断地引进到特色小镇来，推动产业生态圈的实现；另一方面，对内通过协同机制推进特色产业创新战略平台的建设，不断完善特色小镇企业主体的创新合作交流机制，促进信息和成果的互通共享。通过内外合力推动产业生态系统的创新增长极。通过横纵联合、内外合力，推动特色产业集聚生态圈的形成，进而实现特色小镇产业功能、创新功能、生态功能、文化功能、旅游功能和现代社区功能的有机融合。

五　产业文化的提升：乡村特色小镇的未来发展方向

急速发展的制造业大国只有生产制造，没有产业文化，产业文化的提升是特色小镇未来发展的方向，如果能够把产业文化基因孕育出来，其中包括研发、设计、品牌、包装、大营销等，那么小镇可以实现自我生长和成长。理论上，每一个特色小镇都要有一个独特的文化定位，即形成可以让小镇常年盈利的IP，比如《速度与激情》系列对汽车工业的推广，《星球大战》对航空航天文化的解读，《造梦空间》对心理医疗服务产业的诠释。IP 对特色小镇来说就是小镇核心认知产品，这个 IP 可以理解为核心吸引力、细分到极致的特色产业。换言之，IP 就是特色小镇的"特"，IP 就是特色小镇的产业核心。就特色小镇而言，"特"色是小镇的核心元素，产业特色是重中之重，必须与产业规划统筹考虑，所以，特色小镇定位必须紧扣产业升级趋势，锁定产业主攻方向，构筑产业创新高地，定位突出'特'，找准特色、凸显特色、放大特色，切勿"千镇一面"、同质竞争。

（一）产业构建：以"乡愁"确立文化内核

中国城镇化快速发展，在人们的需求日益升级、不断转变的当下，人们对于故土的思念逐渐成为一种普遍化的情愫，并因此促成了"返乡"这一重要的趋势。无论是乡村创客群体的壮大，还是乡村旅游需求的提升，都成为乡村产业孵化的优质土壤。因此，在以特色小镇改造美丽乡村的过程中，应当以"乡愁"作为重要抓手，在美丽乡村建设中以"乡村文化"为突破口，确立文化产业在特色小镇建设过程中的核心地位，在此基础上关注人流导入、停留和消费的动因变化。

产业构建应当将农村原有的以种植业、养殖业等第一产业为主的基因分解，基于乡村发展现状进行全新的产业排布，重新组合成因地制宜的产业图谱。中国城市科学规划设计研究院院长方明曾说过："特色小镇要具备一定的产业基础，还要注重对地域文化的挖掘与传承，将文化元素植入小镇风貌建设的各个方面，而不是简单相加，生搬硬拼。"因此，聚焦"乡愁"文化在特色小镇开发模式的基础上，应将各地特有的形态、需求、文化注入不同的小镇建设中，形成各具特色的"乡愁小镇"。

在此基础上的产业链构建应当以文化产业为核心，并形成"产业本身＋产业应用＋产业服务"的相关产业集群的产业链延伸。产业本身如古建群落、乡村文化博物馆、文态活化展示中心等，产业应用如主题商业街、主题客栈等，产业服务如"产业＋旅游""产业＋康养""产业＋休闲娱乐""产业＋运动"等。

比如作为省委书记重点关注的在建乡村旅游项目贵州乡愁园，从顶层设计开始，就深度考量建立了乡愁开发模式，以联动乡愁五方利益共享体为目标，将其打造成"归心""养情"的新家园。从产业规划来看，项目由表及里布局了两条重要的"产业轴"：养心轴是集运动养身、调理养生、文化养心于一体的一条为游客带来养心之旅的体验轴；文化轴是融汇城市匠人文化、创新文化展现、体验空间的文化体验轴。

（二）功能构建：以"乡趣"打造全新体验

根据不断升级的消费需求，旅游要素早已由"食、住、行、游、购、娱"拓展为"商（商务旅游）、养（养生旅游）、学（研学旅游）、闲（休闲度假）、情（情感旅游）、奇（探奇之旅）"。以此为基础，在特色小镇的建设过程中，应当有意识地将产业布局与功能定位充分融合，推动小镇有质量的规划开发。

对于乡村特色小镇同样如此，只有依托内蕴深厚的乡村文化，以休闲旅游导入逻辑，增强体验，形成核心功能、配套功能和保障功能融为一体的综合性"趣味小镇"，才能在优质产品迭出的当下突出重围。

比如 Star Park 就是在乡村旅游的定位基础上，根据市场需求确立"亲子线"的核心功能，通过对潜在竞品和成功项目的研究，规划了去同质化、显创新性和可持续发展的产品线，而形成的适合该区域及城市乃至全国标版性乡村亲子主题小镇。Star Park 位于贵州贵安新区云漫湖国际旅游休闲度假区内，占地 2200 亩，由奇妙岛、彩虹园、冒险林、月牙湾（在建）、风之谷和漫游山六大主题区域组成，以一种生态的方式，开启亲子休闲娱乐的 4.0 时代。

（三）形态构建：以"乡野"塑造独特风貌

空间形态的构建同样是小镇建设构成中的重要一环。乡村特色小镇的建设有别于一般特色小镇建设，需要充分考量城镇建设与生态、文化的结合。任何有过"历史"的古城乡村都有其自身的文化魅力，从公共空间形态的打造环节入手，以"乡野"氛围渲染，带动乡村的更新成长，将环境资源作为特色小镇打造的重要依托，在此基础上，将资源转化为面向市场的核心吸引力，是基于乡村文化打造的特色小镇的核心指向。

上文提及的 Star Park 系列项目，以农业旅游、休闲度假旅游为项目的核心，通过对项目的城市基础进行建设、改造和景观农业对生态环境的打造，形成以旅游为核心的公园式田园综合体。通过度假酒店、绿乐农场、田间庄园、生态景观公园四大核心形态，形成了独具魅力的小镇风貌和错落有致的空间架构，深受市场欢迎。

（四）乡村特色小镇：产业聚集的3.0版本

如果我们将各地以传统特色产业为基础形成的块状经济视作区域产业集聚的1.0，将传统特色产业在区域范围内按市场机制分工协作后形成的传统产业集群视作产业集聚的2.0，那么，以特色小镇为代表的特色产业发展平台，则是在原有传统产业集群模式基础上的创新和升级，是区域产业集聚的3.0。

通过以"乡愁""乡趣""乡野"为主要模式建立的乡村特色小镇，不能等同于景区的建设开发，其核心特色在于集乡村文化旅游产业的创新、生产、销售、服务于一体的新兴产业空间组织形式。在依靠乡村原有的文化基因形成的传统产业集群的基础上进行升级，融入主题性的文化要素，通过整合历史人文因素，提升产业内涵，优化区域发展动能，延伸产业链、创新链、要素链，才能建成优质的生态系统，将乡村价值最大化。

B.19
从模式选择到内容制造：山东省实体书店转型升级的新趋势

杜玉梅*

摘　要： 政策的利好趋向、商业地产的发展需要以及转型升级的内在要求，使山东各地实体书店纷纷转换运营理念和模式，在电子商务和数字阅读的双重挤压下，走出一条压力与挑战并存的突围之路，实体书店的发展进入新阶段，呈现新趋势。以新华书店、想书坊等为代表的一些实体书店，不断更新竞争观念，升级营销手段，全面做好网上平台的建设和运营，打造优质的内容生产与交流平台，努力寻找新的利润增长点，从而形成了自身的核心竞争力。

关键词： 实体书店　模式选择　内容制造

近年来，实体书店的发展一直受到社会的关注。网络书店低价竞争、物业与人力成本的急剧上涨和社会阅读习惯的改变等因素都严重制约着实体书店的发展。政策利好的趋向、商业地产的发展需求以及实体书店转型升级的内在要求，使得山东一批新型实体书店焕发生机，逆势而上。实体书店在电子商务和数字阅读的双重挤压下，转换运营理念和模式，走出一条压力与挑战并存的突围之路，为城市的发展平添几抹鲜亮的文化景致。

---

* 杜玉梅，山东社会科学院文化研究所副研究员。

一　国内实体书店转型升级的新机遇

随着我国全民阅读和书香社会建设的深入推进，为更好地适应人民群众日益增长的多样性文化需求，丰富文化产品和文化服务的供给，拉动社会的文化消费，不断提升实体书店的创新力和竞争力，2016 年 6 月 16 日，中宣部、国家新闻出版广电总局、国家发展改革委等 11 部委联合发布了《关于支持实体书店发展的指导意见》，鼓励打造新一代"智慧书城"，提出到 2020 年基本形成"布局合理、功能完善、主业突出、多元经营的实体书店发展格局"① 的总目标。为贯彻落实国家政策，全国各省区市陆续制定相关实施意见和管理办法规定等。在加大对实体书店的扶持力度方面，上海市的做法成效明显。钟书阁、大众书局、衡山·和集、大隐书局等不仅成为著名书店品牌，保持着较高的市场份额，而且成为上海市的文化地标，具有广泛的文化影响力和社会美誉度。上海市还充分利用举办书展的契机邀请知名实体书店参与并开设展位。仅 2017 年就有 50 多家实体书店成为上海书展的分会场。2017 年上海书展期间，国家新闻出版广电总局印刷发行司等多家单位联合组织举办了"中国实体书店 2017 创新发展年会"，聚焦实体书店发展，把脉行业走向。

为全面贯彻落实中央部委的意见，促进实体书店的发展，推进全民阅读，建设"书香山东"，满足群众多样性的文化需求，山东省发布了《关于推进实体书店发展的实施意见》，提出，到 2020 年，全省城乡实现实体书店网点 16000 余个，新增 30 家以上 24 小时书店，80% 以上实体书店实现网络化、信息化和标准化管理，全省国民综合阅读率达 90%，人均年图书阅读量达 8 册。意见还鼓励开办 24 小时书店、咖啡书吧、自动售书机等。支持实体书店融入文化旅游、创意设计、商贸物流等相关行业发展，努力建成集阅读学习、展示交流、聚会休闲、创意生活、文化服务等功能于一体的复合

---

① 《11 部委〈关于支持实体书店发展的指导意见〉》，今日头条，https：//www.toutiao.com/i6297192113184440833/。

式文化场所。① 在政策全面发力的背景下，山东各地市的实体书店纷纷抓住机遇，乘势而上，转换模式，寻求新发展。

二 国内外实体书店转型升级的新模式

过去 10 年，全球范围内出现实体书店在网络书店的冲击下停业的现象。随着体验经济的升温，市场迅速向"顾客体验"转向，网络书店的影响被削弱，线下书店成为新的发展趋势。在中国，2017 年新开业书店 80 余家。可以预见，随着中央和地方两级实体书店扶持计划的逐步落实，今后实体书店将在全国范围内进入新的发展阶段。但是，机遇与挑战并存，新的问题依然存在。

网络书业巨擘的"线下展开"来势汹汹。它们提供与线上消费同样便捷但又有异于线上消费的全新消费体验。由于具有大数据的光环加持和对读者阅读爱好的精准分析，亚马逊线下实体书店从一开业就备受瞩目。2015 年 11 月 3 日，亚马逊在西雅图大学村开了第一家实体书店，截至 2017 年底，已发展到 5 家 Amazon Book。书店里还可以出售 Kindle、Fire Phone 等周边产品。图书的品种、区域的划分、书籍的陈设甚至图书的价格都与线上没有任何不同。与传统的实体书店相比较，Amazon Book 不夹杂任何个人的审美取向和文化追求。它将大数据的分析结果直截了当地呈现在阅读者面前，让消费的目的和原因更加直观，从而引导和刺激读者的阅读和消费，达到与线上相等的商业效果。Amazon Book 里所有的因素都基于大数据的采集与分析，工作人员只是按照分析的结果随时更新、调整图书的布展和摆放。这种全新的购买图书的方式给人一种别开生面的消费体验。

虽然业内对当当是否拥有同亚马逊一样雄厚的资金来抵消线下消费的巨大折耗保持观望态度，作为以网上书店起步的知名购物网站，2016 年当当宣布计划在未来 3 年内开设 1000 家实体书店的构想，涵盖了 MALL 店、超市书店、县城书店等多种类型。雄厚的客群（会员）基础、超强的品牌数据资源整合实力和成熟的供应管理链条成为当当线下展开的有力保障。当当阅界梅溪店是

---

① 《山东推进实体书店发展，2020 年网点达 1.6 万余个》，大众网，http：//www.dzwww.com/shandong/sdnews/201708/t20170804_ 16246896. htm。

国内首家以大数据为基础的 O2O 书店。2016 年 9～12 月，梅溪店的销售额达860 万元，2017 年第一季度销售额达到 550 万元。开业一年内，接待顾客 200万人次，销售近 30 万册优质图书。这些数据都反映出当当图书品牌强大的产业链影响力。当当阅界主要针对对文化生活有一定要求的文艺青年和白领人群。另外，当当线下实体书店还包括当当书吧、当当车站等形态，基本覆盖了各个层面的阅读群体。这种对受众群体的精准覆盖也是传统实体书店无法企及的。

作为著名连锁书店，西西弗一直保持着强劲的发展态势。近年来，西西弗先后布局国内一、二线城市，抢滩图书消费市场。2009 年，西西弗率先引入"park"书店概念，开展与商业地产的合作。这种"书店 + 商业"的双赢模式一度成为实体书店的成功范例。2017 年 10 月 15 日，西西弗第 100 家店在天津开业。至此，西西弗 24 年的发展足迹已经遍布全国 40 多个城市。经过长期的研究和总结，西西弗更善于通过倡导文化精神来引领大众阅读，善于因势利导，把所在商圈客流整合培育为西西弗的读者顾客群。在实体书店多元化经营的大环境中，西西弗始终坚持书是书店的根本，图书区域面积约占卖场总面积的 80%，咖啡区域面积约占 20%，文创区域仅有 20 平方米。在图书销售环节，西西弗引入了数字化管理，通过大数据分析分配图书的属性标签。因此，西西弗的每家门店都拥有特色鲜明的橱窗陈列、图书布展和个性化书库，实现了书籍与读者、商圈和消费群体的快速匹配。

"共享经济"的热潮影响着各行各业。继雨伞、单车、服装、无人机、汽车等民生用品后，图书也迈入了"共享经济"的行列。"共享书店"的出现为实体书店的发展提供了全新的参考模式。截至 2017 年底，国内共有"共享书店"20 余家，主要分布在安徽省内。合肥三孝口书店首创了"共享书店"的经营模式，被称为"全球首家共享书店"。三孝口书店隶属于安徽新华发行集团。作为首家尝试"阅 + 共享书店"模式的新华书店，充分整合线下渠道资源优势和线上积累资源优势，力图用"阅 +"数字化平台项目助推书店的转型升级。通过下载 APP、交付押金的形式，读者可以自由借阅书店内的书籍。如果读者达到书店规定的阅读要求，则还可以得到少量金额的收益和奖励。"共享书店"通过数字手段使读者和书店建立良好的关系，成功实现了由买书到借书、由书店到书房、由个性化阅读到社交化阅读、由阅读体验到利益分享的模式转换。共享的运营模式不仅为读者降低了阅读成本，提升了阅读质量，还可体验一下"书非借不能读也"的阅读妙趣。书店开业的第一个月内，周均客流增加53%，借还超过12万次，复借率达到63%，收入不降反增。作为一种崭新的业态形式，"共享书店"的运营空间、消费群体和消费意愿以及社会接受程度都有待进一步明确。但是作为一种书店运营的新模式，共享书店的借鉴意义是显而易见的。

早在2008年，中国出版集团与美国百盛集团合作，在美国法拉盛开设新华书店第一家海外书店。受益于"中国图书对外推广计划"和"中国文化著作翻译出版工程"的推广，海外中文主题实体书店陆续在欧洲、东南亚等国家开设，成为继外文版权输出之后，全面推动中文图书走出国门、推动中国优秀传统文化"走出去"的重要载体。2016年7月5日，由浙江出版联合集团与俄罗斯尚斯国际出版（集团）公司共同建设的俄罗斯历史上第一家中国主题书店——尚斯博库书店开业。2017年，书店在开业周年庆期间举办了中国文化周暨中国主题图书展，包括《习近平谈治国理政》《社会主义核心价值观》《一带一路读本》《中国文学史》以及当代经典中国文学作品等近万种中文版中国主题图书、中国文化类图书和492种俄文版中国主题图书同时面向读者展出。海外中文主题书店以深化与国际同行的合作为基础，以中国文化为主题。走出国门以外，能否有效实现海外的"本土化"、有效融入当地社会与文化环境是海外中文主题实体书店亟待解决的重要问题。

三　山东实体书店转型升级的新态势

2017年山东省实体书店的发展也呈现新的态势。按照实体书店的基本类型，主要选取相对典型的新华书店和想书坊等进行分析梳理。

随着人们的阅读习惯和消费方式被电子阅读和移动支付改变，实体书店的生存环境更加严峻。面对日趋激烈的竞争，山东省新华书店积极克服原有优势资源缩减（例如教材教辅政策不断收紧等）、盈利结构不合理、新型运营人才短缺等问题，坚持树立全新的发展理念，在改革创新中谋求转型升级，效果显著。山东省新华书店紧紧围绕"明确新定位、进行新布局、探索新路径"的总体发展战略，不断更新竞争观念，升级营销手段，全面做好网上平台的建设和运营，努力寻找新的利润增长点，从而打造新华书店核心竞争力。2017 年实现对 116 家直营综合性门店的硬件改造。新华书店重视解决书店转型升级过程中的运营人才不足的问题，努力建构适应实体书店发展新趋势的新型运营团队。转型升级后的新华书店，不仅成为宣传文化系统的旗帜，而且成为集教育装备、教育培训、文创产品等多元化项目于一体的社会文化平台。

新华书店积极贯彻落实山东省《关于推进实体书店发展的实施意见》，加大对社区书店和校园书店的建设力度。在建设的过程中，认真履行实体书店加强社区文化意识的公益职能，充分调动政府、社区、读者参与社区书店建设的积极性，注重因地制宜，构建适合社区和校园的书店主题、发展业态和盈利模式。社区书店是复合式的社区文化空间。通过建设智慧书城网购平台，引入"书店 + 图书馆""书店 + 多元经营""书店 + 多功能文化服务""书店 + 志愿服务"等模式，积极推动全民阅读工作，校园书店以契合学校教育理念为基础，以引领师生阅读审美为导向，以美化校园环境为目的，以优质的服务为保障，通过合理控制运营成本，逐步形成校园书店的新型业态和盈利模式，得到政府、学校、学生以及家长一致认可，为新型网点的建设奠定了坚实的基础。临沂新华苑社区书店等 4 家社区书店被评为"山东省最美社区（商圈）书店"，邹平一中校园书店等 18 家中小学书店被评为"山东省最美中小学校园书店"，德州学院书店等 18 家高校书店被评为"山东省最美高校校园书店"。

2017 年山东省新华书店进入转型升级的新阶段，提出"四个一"工程，即打造好一个平台，塑造好三个品牌。"一个平台"即新华阅客综合文化服务平台，坚持"互联网 + 文化 + 服务"，形成全新的山东新华商业模式。"三个品牌"即塑造全省第一教育装备营销商品牌、全省第一教育培训服务商品牌、全省第一教育旅游提供商品牌。新华书店充分发挥书店的网点优势，将图书销售与文化服务打包，实现叠加效应。书店还转变思路，依托自身资源优势，积极创新业态形式。济南新华书店与海豚传媒集团合作，制定了《山东省幼教市场战略合作框架协议》，成功打造幼教资源平台。济南新华书店还成立了教育多元研发部，开始涉足研学领域。临沂书城在转型升级过程中积极探索经营书店的新模式,合理整合自身资源,创新发展旅游产业,实现书店的跨界融合。2017年9月30日,临沂书城成为全国新华书店首家国家AAA级旅游景区。枣庄新华书店牢固树立图书发行主渠道形象,敢于打破传统经营模式,建构多元化、多业态的经营格局——建立省内首家青少年创客教育培训基地、组织省内首家县级书展(滕州书展)、率先在全省实施多元业态的教育装备的竞标经营活动等。枣庄山亭新华书店被评为全省最美书店,中央广场店被评为"全国文化地标店"。2017年7月28日上午,"齐鲁书香节暨2017山东书展"在山东书城开幕。展会期间共举办图书展销、名家讲座、文化论坛、新书首发、展演展示等670余场综合性阅读活动,充分展示出全省各级新华书店在转型升级的过程中图书销售与多元业态有机融合的新风貌。

作为山东省内第一家作家书店,想书坊概念书店开业伊始就引起社会各界的广泛关注。书店由3位发起人、108位股东,通过众筹的方式创立,被誉为"济南首个由作家牵头、文化精英共同参与"的书店项目。在这108位"梦想合伙人"中,有销量百万册以上知名作家3位,4位青年作家,另外还有省内外著名学者、教授和文艺工作者等。想书坊概念书店位于济南市的高校文化聚集区。书店根据区域客流特点和意向客流的预设,将店内陈设划分为多肉景观区、回到过去怀旧区、亲子绘本区、图书布展区等。对书店文化产品的创意,紧紧围绕"想"品牌系列展开。例如"遐想版"马克杯、"忆想版"明信片、"怀想版"抱枕、"思想版"手提袋等。

与省内其他独立书店不同,想书坊秉承"写作赋予书店更丰富的内容与生命力"的理念,明确提出将内容制作作为书店经营的重要模式,打造优质的内容生产与交流平台。通过发挥作家的影响力和号召力,策划、出版、发行原创图书,实现书店作为版权交易中心的平台职能。建立由知名作家领衔的内容创作团队,力求打造出高品质的原创图书作品。这些作品将涵盖社会话题、青春文学、亲自育儿等门类。想书坊概念书店从创立之初就将书店与文化的密切关联作为书店价值的核心观念。对本土文化建设的积极参与更是显示出书店与生俱来的文化情怀和使命感。尤其要重点打造的"济南文化书"系列,通过对济南人文地理的介绍,对济南市民群像的捕捉,进一步讲好济南故事,凸显济南的文化精神和文化特质，真正承担起"作家书店"文化导向的社会职能。

作家既是书店的优势内容策划团队成员，也是书店的优势阅读推广团队成员。目前，想书坊的利润中图书占比为 60%～70%，这是很多独立书店难以实现的。想书坊借助当地媒体优势，引领城市阅读风尚。策划发起由著名媒体人参与主持的"城市阅读计划"，该计划入选"2017 年度山东省新闻出版广播影视产业项目库重点项目"。开业半年以来，在为市民提供基本的阅读服务之外，共组织各类作家见面会、签售会、分享会、书友会、学术沙龙、展演首映、开放式高校课堂等 50 余场，得到社会和市民的一致赞誉。今后，想书坊还将继续深耕多业态融合的书店发展模式，涉足出版、广告、影视剧制作等相关行业，以现代传媒的手段来进行文化传播。

作为目前济南市唯一设有专门亲子阅读区域的独立书店，"想书坊"充分发挥资源优势，积极打造优质亲子阅读品牌与原创内容图书。亲子绘本区的蜂巢书架和儿童楼梯，既满足孩子对安全感的需求，又释放了孩子攀爬的天性。另外，俄罗斯科学绘本画家撒沙、比利时"长尾豹马修"之父科林（巴特）先生的分享活动，不仅为济南引入了世界级经典漫画形象，还拓宽了本土独立书店的世界文化视野。

2017 年 4 月，济南第一家个人众筹书店睿丁岛生活美学书吧闭门谢客。书店自 2015 年 8 月开业，运营了不到两年时间。转型后的"睿丁岛"调整了经营方向，旨在为读者提供更加纯粹的线下阅读体验。书店解除众筹模式，从商场搬进景区，并采用会员制运作。整个书店划分为国学、禅修、素斋等区域，主要提供人文、社科、艺术类图书和部分台版书。通过将书店搬进景区和设立会员制进行运作，可以有效降低运营成本，"分流"读者群，提供更为精准的阅读服务。

连锁书店争相入驻、大举布局山东二、三线城市是 2017 年山东省实体书店发展的又一特点。西西弗书店先后在青岛、淄博、威海开设分店。5 月，樊登书店在东营开业。2017 年底，季风书园在济南老商埠开业……大型连锁书店的进驻进一步优化了山东实体书店的结构。虽然难免会对本土实体书店产生冲击，但同样也为其提供多元的运营理念和创新思路。

四 推动山东省实体书店转型升级的对策与建议

综上，山东省实体书店借鉴国内外实体书店的发展模式与成功经验，顺应实体书店转型升级的大趋势，需要重点关注以下几个问题。

（一）内容制造是实体书店发展的重要模式

内容创新是未来实体书店的必然趋势。当前许多连锁书店或特色书店因为设计前卫、理念新颖、业态多元成为当地的文化新地标，吸引着读者的关注。但是书店在当下已经悄然发生了改变。书店不再仅仅是单纯的消费场所。当实体书店成为消费产业链中的一个环节，书店成为具有商品展销、消费体验、社交体验、内容制作、内容推送等多重属性的平台，最后形成以内容为核心的多元融合系统。

（二）线上线下融合是实体书店发展的必由之路

"融合不是简单地把不同的东西堆积在一起，而要促进深层次的聚合，产生 1 + 1 大于 2 的作用。"① 共享书店就是积极适应现代人群的消费观念和阅读习惯，充分利用互联网络的方便快捷和覆盖能力，转换付费方式，延伸和拓展文化体验空间，构建线上线下融合发展、精准发行的创新模式。

（三）模式选择是实体书店生存发展的关键

模式创新关系到实体书店的可持续发展。新的政策、新的市场给实体书店带来新的环境和机遇。无论是商业因素集聚的新书店还是人文精神积淀厚重的老书屋都应当积极地适应社会和行业的新趋势，做出改变，理解改变，在科学定位的基础上寻求适合自身的发展新模式。

（四）政府持续的政策支持和平台搭建

当前实体书店发展态势向好的外部因素，首先得益于全民阅读等相关利好

---

① 《实体书店的创新和发展不仅仅是变成最美书店》，新华网，http：//www. sh. xinhuanet. com/2017 – 08/18/c_ 136535890. htm。

政策的落实。其次是大型商业综合体等商业地产市场意识到实体书店具有重要的引流作用，主动降低租金吸引店铺进驻，从而减少实体书店的运营成本。为了实现实体书店的稳定发展态势，各级政府应当持续大力给予政策资金扶持和平台搭建，加强行业引导，推动实体书店保持良好稳健的发展态势。

（五）将实体书店建设与古旧建筑利用和城乡空间改造相结合

国际上有许多这方面的成功案例。比如荷兰 Boekhandel Selexyz Dominicanen 书店是由一座十三世纪教堂改造而成的。尽管改建时教堂已经破旧不堪，书店的修建仍然依循古建筑风貌，只是将内部装饰做些微调整，堪称古迹活化的典范。山东是文化大省，有着丰富的古旧建筑遗存，要正确处理保护与发展的关系。对于允许开发利用的历史街区，要在科学规划的基础上，有针对性地选取古旧建筑，以将其改造和修缮为实体书店。这样，一方面可以提升实体书店的历史底蕴，另一方面可以使齐鲁文化的优秀传统得到弘扬和传承。另外，还可以将实体书店建设与特色小镇、旧城改造等项目结合起来。

（六）加强人才建设，培育专业运营人才队伍

要加快培养一批适应新型实体书店运营的专业人才。澳大利亚著名的瑞丁斯（Readings）书店每年都会拿出 10% 的利润用于表彰员工对书店做出的贡献。要学习借鉴国内外知名书店的经验做法，通过奖励专业突出的优秀人才、吸引相关专业急需的人才、提供优质的职业发展培训等方式建立多层次、多渠道的人才培养体系，不断为实体书店转型升级和创新发展注入活力。

网络巨头亚马逊和当当对实体书店的回归，侧面反映了实体书店的回暖并非舆论的一厢情愿，实体书店发展的前景与空间的确令人期待。实践证明，作为公共文化服务体系中的重要环节，实体书店的功能并不会被网络书店轻易取代。特别是在数字阅读普及的今天，实体书店更是代表着不容忽视的文化特质与气度。"没有谁是一座孤岛，每本书都是一个世界。"[1] 《岛上

---

① 〔美〕加布瑞埃拉·泽文：《岛上书店》，孙仲旭、李玉瑶译，江苏凤凰文艺出版社，2015。

书店》给爱以救赎，给生命以真诚，给生活以期待，且周而复始。有人称实体书店是文化灯塔，承载着时代的精神记忆。书店的形式可能会变化，但是滋养的文化一直存在。实体书店既要热衷于汲取和传播本土文化，又要能放开胸襟接受外来文化。但无论是发掘本土文化还是接受外来文化，关键是要抓住文化的精髓，找准文化的定位，认清文化的发展趋势，选择一个适合自身文化气质的发展模式，这样才能够在纷繁复杂的行业竞争中立于不败之地。

B.20
新公共外交视域下齐鲁文化对
外传播能力提升研究[*]

王景强[**]

摘　要： 在文化对外传播领域，"新公共外交"以其传播主体多元化、传播媒介社交化、传播信息内外一致化等特征，适应了网络信息时代的传播要求，为文化对外传播注入了新的动能。本报告在"新公共外交"宏观语境下，对齐鲁文化对外传播的现状、问题进行了分析，建议应在已经形成的文化大传播的体制框架和机制平台上，结合战略传播的要求和"新公共外交"理念，按照社会化、市场化、专业化和融媒化的方向进一步完善体制机制，近期重点建立健全智库体系、创新体系和融媒体传播体系三大体系及相应机制，提升齐鲁文化对外传播能力。

关键词： 齐鲁文化　对外传播　新公共外交

文化对外传播是提升一个国家文化影响力的重要领域，也是推进公共外交、增进国际理解认同的重要方式。所谓公共外交，是使国外受众增进对一国的观念与理想、制度与文化、国家目标与当前政治理解的沟通行为，本质上是"一国政府为争取他国民心而采取的公关行动"[①]。文化以其特有的魅力、渗透力和超越意识形态的特性，成为推进公共外交的重要载体。事实上，中国自

---

  * 本报告为山东省社科联人文社科研究课题"中国传统文化符号的表达与传播"（课题编号 16 - ZZ - WX - 11）研究成果。

** 王景强，山东行政学院品牌建设与文化创意研究中心主任、副教授。

① 曲星：《公共外交的经典含义与中国特色》，《国际问题研究》2010 年第 6 期。

21 世纪以来广泛开展的公共外交活动主要集中在文化传播交流领域，如北京奥运会、上海世博会、广州亚运会以及常态化的文化年、国家年、欢乐春节等活动，并已经形成了中央和地方协同发力的格局。其中，山东省作为文化大省、儒家文化的发源地，近年来以"孔子故乡 中国山东"外宣品牌为引领，大力推进齐鲁文化对外传播，举办了尼山世界文明论坛、世界儒学大会等一系列高层次文化传播交流活动，为推进国家文化外交、提升国家软实力发挥了重要支撑作用。

文化对外传播能力，既取决于其自身内容所蕴含的魅力，也与传播的理念、技术、方式、手段息息相关。"全球化的文化大格局""数字化的传播大格局"正在重构文化对外传播的范式，正在催生新的传播模式①。其中，在文化对外传播领域，一个显著的趋势就是"新公共外交"理论与实践的兴起。作为传统公共外交的"升级版"，新公共外交以其传播主体多元化、传播媒介社交化、传播信息内外一致化等特征，适应了网络信息时代的传播要求，为文化对外传播提供了新的动能。在齐鲁文化对外传播中自觉引入"新公共外交"理念，按照社会化、市场化、专业化和融媒化的方向完善体制机制，可以有效提升齐鲁文化对外传播能力。

一 齐鲁文化对外传播取得显著成效

山东是中华文明的重要发祥地，是传统社会主流思想儒家文化的发源地，西周时期齐、鲁等重要封国建立以来，文化汇流、融合，逐步形成了博大精深的齐鲁文化，影响至深至远。依托丰厚的文化资源优势，山东历来重视对外交往传播中的文化因素，重视文化对外传播、交流。特别是党的十八大以来，山东围绕提升国家文化软实力战略，围绕展示齐鲁文化的深厚底蕴和时代特色，讲好山东故事、中国故事，推动中华文化从核心价值观层面上走出去战略目标，初步形成了"党委主导，外宣部门协调，文化系统发挥主力作用，相关部门单位协力推进，城市、地方异军突起"的文化大传播格局②。

---

① 刘明洋、王景强：《文化对外传播范式转换方向与路径》，《中国出版》2017 第 18 期。
② 有关齐鲁文化对外传播情况，主要来自作者在参与《山东省国际传播规划（2016—2020年）》编制过程中所做的调研及相关部门、单位提供的报告，在此不一一注明。

（一）齐鲁文化对外传播已经形成集中管理体制

山东省委对外宣传工作领导小组统筹山东对外宣传、传播、交流工作，省委、省政府分管领导担任领导小组负责人，全省宣传、文化、外事以及发改、经济、商务、旅游等相关部门、单位为领导小组成员单位。领导小组会议对全省对外宣传工作进行研究部署，从顶层设计的高度为全省对外宣传及文化传播交流工作提供了方向指引，如 2016 年 4 月，省委对外宣传工作领导小组会议研究审议了《山东省国际传播规划（2016—2020 年）》。规划突出山东特色，抓住关键环节，以持续打造提升"孔子故乡　中国山东"外宣文化品牌为带动，围绕建立现代传播体系、提升国际传播能力，在省属外宣媒体国际传播能力提升、周边国家外宣、外宣精品生产和对外文化贸易、新闻发布议题设置等方面进行了系统谋划，为今后一个时期的外宣和文化传播工作进行了全面部署。

省委对外宣传办公室（同时加挂"省政府新闻办公室"牌子）在省委对外宣传工作领导小组的领导下，发挥统筹协调作用。近年来，省外宣办全力推动国际传播能力建设和文化对外传播交流：一是持续打造提升"孔子故乡　中国山东"品牌，组织协调举办"孔子教育奖"颁奖活动，组织全球祭孔联盟、"祭孔大典"，组织开展《论语》等齐鲁优秀文化典籍及《孔子故乡　中国山东》等外宣读本的多语种翻译出版；二是积极推动山东媒体海外传播阵地建设，推动大众报业集团、山东广播电视台、走向世界杂志社、山东桥报社等省属重点外宣媒体及相关单位通过借船出海、造船出海等方式，实施本土化战略；三是组织开展务实有效的文化对外传播交流活动，通过举办座谈交流、签署合作备忘录、赠送孔子像及尼山书屋等形式，加强文化交流及媒体宣传，积极推动齐鲁文化走出去；四是充分发挥山东省"对外传播奖"的引领示范作用，培育一批彰显齐鲁文化特色、具有良好国际影响力的对外文化交流项目。

（二）文化系统在齐鲁文化对外传播中发挥主力作用

党的十八大以来，全省文化系统充分发挥齐鲁文化资源优势，着力推动中华文化从核心价值观层面上走出去。一是积极打造国际文化合作交流中心，以世界儒学大会、尼山世界文明论坛、中韩儒学对话会议、中日韩儒学对话会议等为抓手，牵头打造"一带一路"文明对话、价值互鉴、文化交流的高端平台，紧紧抓住曲阜优秀传统文化传承发展示范区上升为国家战略的有利时机，建设国际文化交流合作基地。二是积极推进文化交流合作，已经形成了多平台、多渠道推进文化交流合作的机制。第一，充分借助国家平台，积极参加文化部"欢乐春节"等活动，"2015年，我省选派12批322人次赴日本、韩国、埃及、新加坡、法国、瑞典、中国台湾等8个国家和地区的15个城市参加'欢乐春节'系列演出、展览活动，取得圆满成功"[1]。中国文化年、世博会等也成为齐鲁文化的秀场。第二，充分利用友好省州等平台，推进文化交流，如山东省与澳大利亚南澳州已经形成良好的互动机制。更重要的则是，充分发挥中日韩同属儒家文化圈的特殊优势，加强与日韩等国的文化交流，如合作举办"东亚文化之都"活动，经常性开展双边文化交流等。近年来，围绕国家"一带一路"倡议，山东省积极组织开展"一带一路"齐鲁文化丝路行，把山东建设成为"一带一路"国际人文合作交流中心和重要基地。

（三）相关部门、单位协力推进，共同构筑文化大传播格局

山东省商务厅出台了《关于促进文化企业及文化产品和服务"走出去"的意见》等一系列政策措施。从2013年起，每年拨付财政资金1000万元，对重点文化产品和服务项目进行扶持。全力打造"孔子家乡——山东文化贸易展"品牌，在海外集中展出包括剪纸、字画、鲁绣、陶艺、雕刻等齐鲁传统和动漫、出版物、游戏、演艺等在内的山东特色文化产品。开通了山东文化贸易公共服务平台——齐鲁国际文贸网，为文化贸易企业开拓国际市场、寻求国际合作提供服务。

山东省旅发委在海外重点客源市场实施"好客山东"品牌国际化战略，一是在香港、台北、首尔、高雄、法兰克福等地设立了"好客山东旅游营销中心"，在香港开办了首家好客山东"水浒"主题店；二是在韩国、日本，以及中国香港和台湾等重点客源市场与30余家大旅行社建立战略合作，推出山东旅游新产品，扩大海外游客输入；三是加大海外媒体宣传力度，以"联合推介、捆绑营销"模式在香港 Now TV、凤凰卫视、台湾东森电视台、TVB、韩国 ytN

---

① 《让世界感受齐鲁文化的美与厚重》，《大众日报》2016年1月22日。

投放好客山东形象广告，加大在 Twitter、Facebook 上宣传推广力度，在 Youtube 上开设"好客山东视频专区"，在全球最大旅游社区 TripAdvisor 上系统推介山东景点、酒店、餐厅等；四是建设山东旅游英文、韩文、繁体、日文网站；五是对接国家"一带一路"倡议，配合国家旅游局组织海外营销。

山东省侨办依托 6000 万名海外侨胞、2 万所海外华文学校和 600 多家海外华文媒体等优势侨务资源，广泛开展对外文化交流：每年邀请 1000 多名海外华裔青少年来山东寻根学习，累计派遣 300 余名教师赴海外执教，与 300 余家海外华文媒体建立了联系，举办"海外华文媒体齐鲁采风"活动，组织开展"文化中国·齐风鲁韵"慰侨及"文化中国·名家讲坛""共庆中国年·齐鲁文化走向世界""中华文化大乐园"系列文化交流活动等。

山东省文物局积极开展文化外展，初步打造出"孔子文化展""青州龙兴寺出土佛教造像展""汉画像石展"等一批特色展览品牌，并以文物交流为媒，开展形式多样的国际学术合作与交流活动。

大众日报社编辑出版的《大众日报海外版》（北美地区）、《大众日报海外版》（南美地区），分别由美国《国际日报》和巴西《南美侨报》出版发行。旗下大众网开设有英文、日文、韩文频道。半岛传媒运作了"硅谷网"项目，下设"硅谷中国网"与"硅谷美国网"，着力打造文化走出去服务贸易平台。

山东广播电视台通过山东国际在线将部分自办节目向美国麒麟电视台、澳大利亚天和电视台及新西兰 TV33 电视台等海外华人电视台进行传输和播出，一批特色栏目，一批精品纪录片、专题片在海外落地。山东影视传媒集团制作的《琅琊榜》《闯关东》《父母爱情》等众多影视精品，不仅红遍全国，在港、台、东南亚、韩、日也风靡一时，实现了以影视精品传播中华文化核心理念。

山东出版集团积极申报外宣项目，2014～2015 年共上报图书 29 种。积极参与"中国图书对外推广计划"和"中国文化著作翻译出版工程"（两个工程）申报，自主策划"中韩图书版权贸易洽谈会"等展会，促进版权贸易。山东出版集团旗下山东友谊出版社在海外建设"尼山书屋"，收到良好成效。

（四）城市、地方文化对外传播异军突起，成为新亮点

随着城市经济的发展和对外开放的深入，城市、地方在文化对外传播交流

中越来越积极主动，成为新的生力军。其具体做法主要包括如下几点。一是集中力量打造城市品牌，城市品牌的定位均具有鲜明的文化特色，以品牌带动经贸、旅游、文化等活动的开展。二是积极开辟文化对外传播的渠道，其中，媒体渠道方面，除充分利用中央、省属媒体平台外，自身也要在新媒体建设上发力，充分利用新媒体投入少、门槛低、信息传播快捷的优势进行传播。普遍重视文化旅游渠道的开发，既发挥了山东旅游的文化优势，又通过旅游的体验增强了文化传播的效果。三是积极打造节会活动，在节会活动中关注文化展览展示、传播体验元素，"经济搭台、文化唱戏"，形成了在全国具有鲜明特色的"山东节会现象"。如潍坊市按照"风筝牵线、文化搭台、经济唱戏"的思路，从1984年至2017年连续举办了34届国际风筝会，打开了对外开放的大门，树立起了世界风筝之都的城市形象，打造出四海宾至、万商云集的旅游、经贸大平台①。

二 齐鲁文化对外传播中的问题

在充分认识、充分肯定齐鲁文化对外传播工作成绩的同时，更应该充分认识到我们的文化对外传播整体上还处于比较初级的发展阶段，文化传播的成效与国内先进省份还存在相当大差距，与经济文化强省建设和国家文化软实力建设还不匹配。文化对外传播的不足、短板在认识、能力和体制机制等方面均有体现，并相互牵制、相互影响。

（一）认识方面的局限

认识方面的局限主要表现为文化对外传播在实际运行中仍然秉承着"外宣思维"的模式，由此导致一系列的自我设限、自我禁锢。

一是内外传播的僵硬分割。我国的外宣工作体制形成于传统媒体时代，传统时代的主流媒体，无论是报纸杂志还是广播电视，其传播范围是有较明确界限的，其传播主体也是有限明确的，因而对其进行内、外有别的管理、规制是

---

① 王景强主编《文化 + 的力量：文化创意产业案例研究》，山东人民出版社，2017，第63 ~ 73 页。

可行的。但以互联网为代表的新媒体突破了实践和空间的界限，原本封闭或半封闭的内、外两个信息场域已经逐渐实现信息互联互通，内外两个信息场的交织、互动已经成为常态，国门内的新闻事件在国门外可能引发完全异样的议题，发生在境外的热门事件也完全可能在国内引发回声，这种复杂的舆论形势使得无论是承担内宣还是外宣管理职能的部门都感到问题丛生、压力巨大，特别是外宣部门，原本人员配置、技术支撑配置就较薄弱，此时就更应接不暇了。

二是宣传话语的自我禁锢。在对外传播（包括文化传播）中占据主导的仍然是"宣传话语"，报道的内容缺乏吸引力，报道的语言风格过于严肃、"宣传味太重"，报道的视角偏重于宏大叙事、历史叙事、官方叙事，缺乏从当下视角、民间视角的细微阐发，报道样式以"文字＋图片""文字＋视频"为主，在生动性、表现力等方面还不适应新媒体的传播环境。

三是文化资源开发的自我设限。在对外传播的整体格局中，"文化"被视作增加传播吸引力的"调料"、元素，所谓"文化搭台，经济唱戏"，是基于经贸活动、旅游、商务、科技等目的组织文化活动、制作文化宣传品，文化传播整体上处于"送出去"的阶段，没有充分认识文化本身就蕴含着巨大的经济潜力，没有充分认识到文化产业才是文化对外传播的主渠道，没有充分认识到文化"卖出去"的传播效果要比"送出去"更好。

（二）体制机制上的短板

现有的体制机制是与"外宣思维"相匹配的，在互联网重构的传播环境、文化产业全球化重构的文化环境下，就显现出诸多的短板和不适应。

第一，体制内部的协同力有待提升。目前山东文化对外传播虽然通过省委外宣工作领导小组的统筹协调，在总体方向上有了较好的协调，但在实际运行中，事实上还存在"部门化""地方化"的倾向，导致资源配置存在扭曲、低效问题。其中，表现突出的问题如下。一是文化对外传播的品牌林立、大同小异。对外传播中，强化品牌的带动作用无疑是正确的，但问题在于各个部门、各个地方出于凸显自身工作业绩的需要，一个部门主打一个品牌（甚至多个品牌），各个品牌之间内涵大同小异，传播方式高度雷同，必然造成资源分散。事实上，很多所谓的"品牌"，实际上也只是一个名称、一个概念，从受众认同的角度看，还远远谈不上是品牌。二是各部门、各地方之间的文化传播活动安排也往往相互重叠甚至冲突，比如文化系统的"欢乐春节"和侨务系统的"四海同春"，面向的受众实际都是海外的华人华侨，活动的节点都是春节，活动方式都是"演出＋酒会"，演出的节目也高度雷同，经常会出现同一拨侨胞，上午参加文化部的活动，下午观看侨务部门的演出，晚上还要出席外事部门活动的现象，有时甚至是两个部门的活动"同台竞技"，让侨胞无所适从。地方上各种节会期间安排的文化活动、非遗展览，也往往是大同小异，缺少个性、特色和吸引力。三是资源配置效率有待提高，从全国、全省的角度来看，各种文化资源的文化价值是有显著差异的，比如孔子文化、儒家文化是具有世界意义的发展潜力的，其他的一些文化可能具有全国性、区域性的发展潜力。合理的资源配置是根据文化的发展潜力配置相应等级的资源。在市场化的条件下，这一任务是通过产业资源的流动、重组来实现的。对于我们目前的文化对外传播，资源配置的主要方式还是行政化配置，各地方、各城市从自身利益出发进行资源配置的结果往往是，一些具有较高发展潜力的文化资源配置不足，而一些仅具地方性价值的文化则会因地方财力的雄厚造成资源配置浪费。

第二，体制外的创新力亟待释放。与提升体制内的协同力相比，整合、释放体制外的活力和创新力是更为关键、更为迫切的问题。目前，我们的文化对外传播，还是党委、政府主导型的传播，这种体制的优势在于能保证传播的方向不偏离目标，也正集中力量完成一些大型的项目，如大型的文化节会、文化设施、文化产品等，但常态化的文化传播交流的开展，实有赖于广泛的社会力量的参与，有赖于各类专业机构的发育，有赖于市场机制的广泛运用，由此才可能有效地整合社会力量、释放创新活力。

（三）能力方面的短板

当前，山东的文化对外传播与国家及其他省份一样，面临着传播能力的短板，主要表现在：传播决策支撑能力不足，缺乏对目标传播国家、地区社会发展、媒体发育、历史文化传统的深入了解，传播决策更多从自身资源、目标出发，无法做到针对目标对象的精细决策；传播人才极端匮乏，缺乏懂文化、懂传播、熟悉外国国情、精通外语的传播人才；传播媒体以传统媒体、国内媒体为主，亟待开拓新媒体和外媒渠道；传播产品以"送出去"的宣传品为主，亟须加强影视、互联网产品等文化主流产品的开发能力，以主流文化产品传播文化；传播资金以政策性资金为主，亟须开拓市场化的资金融通渠道等。这些能力上的短板，从根本上讲，是由我们所处的发展阶段所决定的，也只能随着我们的经济社会发展水平的提高才能从根本上予以解决；从技术上、从短期内来看，则与我们当前的体制机制还存在的前述问题紧密相关，可以通过体制机制的完善，通过有效整合体制内资源和体制外资源，完善运作机制，在一定程度上弥补短板、提升能力。这正是我们当下探讨文化对外传播体制机制问题的着眼点。

三　提升齐鲁文化对外传播的理念、方向与举措

提升齐鲁文化对外传播能力，需要在贯彻落实国家和山东省对外传播战略部署的前提下，进一步明晰理念、明确方向，并提出符合理念与方向、具有现实操作性的举措。

（一）明晰理念：强化战略传播意识，拓展新公共外交

理念是行动的先导。文化的传播交流在历史的绝大多数时期，都是一种自发的行为，其中一些国家和地区如美国还有着排斥文化政策的历史传统，但随着文化和意识形态的竞争在国际竞争中的地位日益重要，随着文化产业跨国化发展推动的全球文化大格局的逐步形成，各国开始普遍对文化传播交流进行规划、管理、规制，由此发展出众多的学术理论和政策架构资源。这之中，就山东的文化对外传播而言，一是要进一步强化战略传播意识，二是要积极拓展新公共外交的能力。

1. 强化战略传播意识

"战略传播"，正如这个概念的字面含义所显示的，是为了赢得"符号的战争"所进行的系统谋划，指向性、对抗性、整体性、长远性是战略传播观的基本特征。在商业领域，战略传播的观念由来已有。在文化领域和国家形象传播领域，这个理念是在"9·11"事件后，首先经由美国的倡导而得到广泛认同的。美国国防部《军事及相关术语辞典》将"战略传播"界定为美国政府为理解并接触关键受众以便创造、强化或保持有利于增进美国政府的利益、

政策和目标的环境而进行的有针对性的努力，这与国家权力的所有方式相同步，并使用协调一致的方案、规划、主题、信息和产品①。为实施战略传播，美国已经形成了在美国总统领导下，经由国家安全委员会，包括军方、外交和诸多情报部门等在内的联动机制。2003 年，美国又增设白宫"全球传播办公室"，进一步强化总统对战略传播的掌控。俄罗斯总统办公厅则在 2005 年增设了一个新机构——对外地区及文化合作局②。为强化对外传播，俄罗斯 2005 年创办了"今日俄罗斯"国际电视台，短短十余年即已覆盖全球 100 多个国家，成为俄罗斯在全球信息战中的重要政策工具。

我国历来高度重视对外传播和文化对外交流合作，近年来实施的"文化软实力"战略，本质上就是一种"战略传播"。通行于全国各地，包括山东省在内的以省委专项工作领导小组为统筹的对外传播体制，实际上就是一种省级层面的战略传播体制。无论是从贯彻实施国家战略的角度来看，还是从国际文化传播的趋势来看，这一体制的方向无疑是正确的，现在要做的就是进一步明确战略传播的自觉意识，进一步充实、完善相关的体制机制，特别是增强对体制外专业机构、企业的资源整合，使各种机制高效灵便。

2. 拓展新公共外交能力

文化传播是赢得人心的战争，既要强调决策指挥的集中统一，更要强调执行实施的灵活高效。近年来，发达国家和地区在文化对外传播中，广泛采取新公共外交的模式，取得显著成效。

"新公共外交"是"指在以社会媒体为代表的新媒体技术日趋活跃的信息传播环境中，由政府主导，由民间非政府组织和私人机构参与，旨在他国公众中培植对本国良好认知，以文化交流活动为主要载体的针对他国公众尤其是精英阶层的外交活动"③。传统的公共外交强调的是政府主导，以传统媒体的运用为主，如政府首脑出访期间在对象国权威媒体发表文章、发布国家形象广告等，是传统公共外交的典型做法。"新公共外交"的"新"主要表现在：国家在对外传播中，更加注重文化等软实力因素的运用；在强化政府主导的同

---

① 刘新传：《网络时代国家战略传播的新模式："中国屋"视角》，《广西师范学院学报》（哲学社会科学版）2016 年第 3 期。
② 沈苏儒：《开展软实力与对外传播的研究》，《对外大传播》2006 年第 7 期。
③ 郭庆光：《传播学教程》，中国人民大学出版社，1999。

时，更加注重社会机构、企业等非政府组织的主体作用；在传统媒体之外，更加注重新媒体、社交媒体的运用；将文化传播与文化产业的跨国发展有机结合等。

美国是公共外交、新公共外交运作最典型、最成熟的国家。美国的文化形态，呈现一种内部多元均衡和外向文化霸权的悖论。在内部，以艺术馆、博物馆、舞台艺术等为重镇的精英文化，以好莱坞为代表的商业化的大众文化，以及前卫、非主流、反体制的亚文化的张力既维系了整个文化生态的均衡，也保持了文化创新的活力。这种内部的多元化和活力，使得美国文化在对外传播中，无论在价值观层面还是在商业运作层面，均有较强的优势。以此为依托，美国在国家对外战略传播中，着力推动实施公共外交、国际广播、影视产业输出、信息和心理战等内容，不断增强美国的文化霸权。正如法国学者弗雷德里克·马特尔在《论美国的文化——在本土和全球之间双向运行的文化体制》一书中所精辟分析的，造成这一霸权的，是一套独特而复杂的文化体制：在这种体制中，政府的作用不在于制定实施、具体的文化政策，而在于通过间接的政策（如针对非营利机构的税法501c3税收减免条款）造成促进文化生产与流通的一般条件；在这种体制中，社会中的众多行动主体，包括基金会、博物馆、乐团、芭蕾舞团、剧场、大学、图书馆等非营利机构以及富有的私人等，借由税收政策和公益使命的激励，自发地参与，自主地行动，并在行动中产生出类似其他国家和地区"文化政策"的结果，由此产生的精英文化、社区文化既形塑了美国的价值观，又通过对美国商业化大众文化的矫正，有力地增强了美国大众文化的国际传播力、影响力，"如果美国文化只是商业的、千篇一律的和帝国主义的，那么对抗美国文化虽然不容易，但至少有可能。但对抗一种将商业文化与'反文化'、前卫和雅文化、数码艺术和全面的无限丰富的族群'亚文化'联合起来的文化，这是更加困难的"[①]。这一评论虽然是对美国的文化霸权做出的，但也很好地揭示了美国文化生产与全球化流通传播的特色。

近年来，欧洲各国以及韩国、日本等也在自觉地执行以文化为主要内容的新公共外交。赵鸿燕、侯玉琨的研究发现，韩国对华新公共外交的"长期框

---

① 〔法〕弗雷德里克·马特尔：《论美国的文化——在本土和全球之间双向运行的文化体制》，周莽译，商务印书馆，2013，第451~452页。

架"的核心是"文化外交",主要包括文学、艺术、体育、影视(尤其是韩剧)、韩国明星、韩食、化妆、生活方式等诸多"韩流"国家品牌战略项目;"中期框架"的核心是"合作外交",主要是面向中国专家、学者,特别是年轻人群体等"多样的民间主体"的各种交通交流合作活动。其中,韩国政府机构与韩国企业合作联动、共创国家品牌价值是"合作外交"的一大特色;"短期框架"的核心是"新媒体外交",即通过微博、微信平台进行沟通互动、增进友好①。

(二)明确方向:社会化、市场化、专业化、融媒化

结合战略传播的要求和新公共外交的理念,提升齐鲁文化对外传播能力,应着力推进对外传播的社会化、市场化、专业化和融媒化建设。

一是以社会化广泛吸纳社会资源。积极推动城市、乡村、社区、校园、企事业单位加强文化建设,特别是积极投身传统文化传承发展。要积极引导、培育各类文化专业机构,特别是以传统文化的传承、教育、培训为主要业务的专业机构,在全社会夯实文化传承发展的深厚土壤。充分发挥高校、文化研究阐发专业机构、新闻出版广电单位在主流文化弘扬阐发上的引导作用,积极培育、大力弘扬主流价值观。通过精神激励和税收政策等经济激励措施,引导企业、公民通过赞助、捐帮等方式参与文化对外传播。

二是以市场化推动文化传播产品开发。适应文化产业跨国化发展、文化产品担当文化传播主力的发展趋势,积极推动在文化产业发展、文化对外传播中引入市场化机制,以市场化的方式拓展文化传播的投融资渠道、提升专业能力、打造文化精品。

三是以专业化提升文化对外传播能力。适应文化对外传播的整体战略布局,逐步加强专业人才的引进培养、专业机构的培育发展,为文化对外传播能力提升提供基础。

四是以融媒化拓展文化对外传播空间。新公共外交的媒介主要为"网络、社交网络等智能媒体"。要积极推动传统媒体和新兴媒体的融合发展,将传统媒体的人才、品牌、舆论引导优势和新兴媒体的技术优势有机融合,开拓文化对外传播的新空间。

---

① 赵鸿燕、侯玉琨:《韩国对华"新公共外交"框架》,《国际新闻界》2014年第10期。

（三）近期重点举措：三大体系建设

1. 智库体系建设

（1）组建专业智库。围绕省委对外宣传工作领导小组和省外宣办、省文化厅组建智库机构（如"齐鲁文化传播专家委员会"），吸纳文化、传播、新媒体等领域专家、学者，开展齐鲁文化对外传播的基础性、战略性、对策性研究。

（2）建立决策咨询机制。以智库为依托，在制定出台文化对外传播重要政策、实施重要举措时，委托专家团队开展专题研究，提供决策咨询。

（3）建立效果评估机制。委托专业机构，对文化对外传播开展整体评估和专项专题评估。整体评估每年度进行一次，形成年度报告，增强文化对外传播工作的系统性、战略性；针对文化对外传播的重大事件、重要领域、重要目标国家（地区）等，不定期开展分专题、分项目的细化评估，形成相关报告，增强传播的针对性和有效性。

2. 创新体系建设

参照"国家文化创新中心"的建设思路，以党委、政府为主导，以高校科研机构为主体，以企业为依托，在全省逐步搭建一批文化创新的平台，鼓励平台在承担一定公共服务职能的同时，按照实体化、市场化的方式运作，不断壮大实力、提升能力。

（1）影视产品研发平台。以山东广播电视台、山东影视传媒集团等为依托，联合相关高校和研究机构搭建研发平台，开发电影、电视剧（含纪录片）等影视产品，以影视精品传播齐鲁文化核心理念。

（2）数字出版研发平台。以山东出版集团为依托，联合相关高校和研究机构搭建研发平台，推动出版的数字化转型升级，推动山东图书精品走向世界。

（3）文博展览研发平台。在省文物局的统筹下搭建研发平台，统筹全省博物馆的文物资源，策划打造文博展览精品，常态化开展文物外展工作。

（4）文化演艺研发平台。以山东演艺集团为依托，联合相关高校和研究机构搭建研发平台，推出一批展现齐鲁文化神韵的演艺精品。

（5）文创产品研发平台。在省商务厅的统筹下，联合文化企业和高校文化产业相关研究力量，组建设计、研发、营销平台，推动山东文化创意产业"走出去"。

3.融媒体体系建设

（1）建立媒体的整合传播机制。方式一是借鉴上海创办澎湃新闻新媒体的经验，整合全省力量，建设一个新媒体大平台。这样的一个新媒体平台，解决的首先不是对外传播问题而是山东媒体建设发展的问题，但以之为依托，可以有效提升山东的文化对外传播能力。方式二是以一个大的媒体集团为依托，通过联合的方式，整合搭建专业的对外传播中心，如以山东广播电视台国际频道（泰山电视台）为依托，联合《山东侨报》、《走向世界》杂志、《金桥》杂志、中国山东网等省属外宣媒体及中国孔子网、孔子网络电视台、网上儒家文化数字文化馆等儒学传播网站，共同搭建文化对外传播平台。

（2）完善与海外媒体的合作机制。以山东广播电视台、大众日报在海外的合作媒体为依托，在继续完成合作内容的传输分发工作外，在省外宣部门的指导、支持下，授权其在国外知名社交媒体如Google、Facebook、Youtube、TripAdvisor等开设账号，利用主流新媒体平台传播齐鲁文化。

（3）建立海外自媒体传播体系。积极引导、支持山东驻外商务机构、"走出去"企业在海外设立自媒体平台，加强齐鲁文化传播；进一步解放思想、创新体制，有序吸纳海外华文媒体、合作媒体的编辑记者，通过自媒体传播齐鲁文化，以突破当前文化对外传播中的人才瓶颈。

此外，从中长期的角度来看，还应在人才的培养培育机制、资金的多元化筹措机制等方面下功夫，如与相关高校开展人才定向培养，鼓励企业通过赞助、捐助等方式支持齐鲁文化对外传播等。

B.21

"一带一路"背景下山东省
对外文化贸易的新路径[*]

王　爱^{**}

摘　要： 近年来，山东省文化产业快速发展，对外文化贸易显著增长。但同时山东省文化产业结构不合理、产业链不完整、产业政策落实不到位等问题严重地影响了对外文化贸易的快速发展，使山东省文化产业长期处于价值链的低端，产业竞争力不强。因此，我们应大力开发"一带一路"沿线国家市场，加大对沿线国家投资，分阶段、分层次地推动山东省对外文化贸易稳步发展，以实现区域内生产要素的有效整合和山东省文化产业结构的优化升级。

关键词： 贸易　"一带一路"倡议　齐鲁文化

一　引言

近年来，随着文化产业在中国经济结构调整和转型升级中作用的逐渐加强，以及"一带一路"建设的良好开局和顺利推进，关于"一带一路"倡议下中国文化产业发展方面的研究逐渐兴起，主要集中在以下几个方面。

* 本报告为山东省社科规划项目"'一带一路'倡议下贸易推动齐鲁文化走出去的路径研究"（17CZCJ10），山东省软科学研究计划项目"文化与科技融合视角下山东省文化产业转型升级研究"（2017RKB01158）阶段性成果。
** 王爱，山东财经大学文学与新闻传播学院讲师。

一是"一带一路"倡议对中国文化产业发展的影响及对策研究。"一带一路"倡议将使沿线各省份通过特色文化产品和文化项目带动中国文化产业在国外沿线国家的真正落地,国内各省份的扩大开放将产生虹吸效应,实现资源的有效整合,带动区域间的协作,发挥充实文化产品内容等作用(李凤亮、宇文曼倩,2016);有助于中国文化产业的全球布局和资源配置,提升中国文化产业的国际竞争力(花建,2016)。因此,应通过文化交流、扩大双向旅游、跨区域整合等策略,找准我国文化产业发展路径,实现新的突破(李凤亮、宇文曼倩,2016)。

二是"一带一路"倡议下中国文化产业发展的机遇和挑战研究。"一带一路"倡议下发展我国文化产业可以获得国际合作政策支持、沿线交通升级的机遇(霍文慧、姜莉,2017);将增进沿线国家间的文化认同,进一步拓宽我国的文化产品市场(赵玉宏,2016)。但同时,我们还面临沿线国家多元文化差异、经济发展不平衡、国内文化产品创新不足及文化产业区域失衡的问题(霍文慧、姜莉,2017);沿线国家文化政策限制、盗版现象、社会不稳定等因素也是中国和沿线国家文化交流和文化贸易发展的挑战(蔡尚伟、车南林,2016)。

三是"一带一路"倡议下中国文化产业发展的路径研究。对内打造"一带一路"和长江经济带战略联结形成的"Ⅱ"形动力带,对外形成以周边邻国,"一带一路"联通地区,以及北美、非洲和拉美等为近中远三重文化辐射带,形成文化产业的内外联通(花建,2016)。要把文化贸易和文化投资相结合,以投资带动文化贸易发展(李嘉珊、宋瑞雪,2017)。

四是"一带一路"倡议下各省市文化产业发展的对策研究。大多围绕发展本地特色文化产业、打造创意文化品牌、注重人才培养、加强技术创新等展开分析。

但是,目前关于山东省文化产品和文化服务贸易方面的研究很少,尤其是在"一带一路"倡议下对山东省对外文化贸易方面的研究几乎是空白。了解"一带一路"倡议的文化贸易政策导向,分析其对山东省文化产业发展的影响,寻找"一带一路"倡议下山东省文化贸易的新路径,应该成为当前山东省文化产业发展的一个重要内容。

二 山东省对外文化贸易的主要困境

（一）文化产业结构不合理

近年来，山东省对外文化贸易快速增长，2016 年全省已拥有 600 多家核心文化产品出口企业、61 家山东省重点文化产品和服务出口企业，形成了乐器、印刷品、草柳编制品及其他工艺品等优势出口领域。但山东省整体文化产业结构欠佳，行业发展不平衡。从表 1 可以看出，在规模以上文化及相关产业法人总数位列全国前八的省份中，山东省文化制造业企业数量占比最高，而文化批发和零售业和文化服务业企业数量占比均较低，在排名前八的省份中靠后，文化产业结构不合理问题凸显，从而严重影响了山东省对外文化贸易的快速均衡发展。

表 1　规模以上文化及相关产业法人总数（2015 年）

单位：家，%

地区	法人总数	文化制造业		文化批发和零售业		文化服务业	
		数量	占比	数量	占比	数量	占比
全国	49356	20079	40.7	8620	17.5	20657	41.9
江苏	6820	2788	40.9	1056	15.5	2976	43.6
广东	6653	3459	52.0	1073	16.1	2121	31.9
浙江	4476	2284	51.0	820	18.3	1372	30.7
山东	3940	2132	54.1	583	14.8	1225	31.1
北京	3418	179	5.2	358	10.5	2881	84.3
河南	2718	1006	37.0	640	23.5	1072	39.4
福建	2586	1387	53.6	437	16.9	762	29.5
上海	2341	416	17.8	274	11.7	1651	70.5

资料来源：笔者根据国家统计局网站数据信息整理计算得出。

（二）文化贸易机制保障不能明确到位

近年来，山东省委宣传部、财政厅、文化厅、发改委等部门联合出台了一系列文化贸易政策，重点支持有自主知识产权的文化类企业、项目开拓国际市场。但在政策实施过程中存在落实不到位、不灵活等问题，严重制约了山东文化贸易的发展。这一点从历年来中国人民大学发布的中国省市文化产业发展指数可以看出来。中国省市文化产业发展指数旨在服务于全国文化产业发展，反映地方政府文化产业政策执行效果，发现地方文化产业发展的优势与短板。从表2可以看出，山东省文化产业发展的综合指数较高，2013~2016年一直处于全国第六位。二级指数中生产力指数排名最高，2013~2016年均排在全国前三，说明山东省文化产业在文化资源、文化资本、文化人才等资源投入方面力度很大；影响力指数排名也较高，在第六位或第七位，说明山东省产业发展的经济效益、社会效益等方面也实现得较好；唯有驱动力指数四年来一直未进入全国前十的行列，说明山东省文化产业发展的外部环境不够优化，也体现了政府在推进文化产业发展方面的政策制定、落实还有待继续深化。

表2 中国省市文化产业发展指数排名情况

排名	综合指数				生产力指数				影响力指数				驱动力指数			
	2013年	2014年	2015年	2016年	2013年	2014年	2015年	2016年	2013年	2014年	2015年	2016年	2013年	2014年	2015年	2016年
1	北京	北京	上海	北京	广东	广东	山东	江苏	上海	上海	北京	北京	天津	北京	北京	北京
2	广东	江苏	北京	上海	山东	江苏	江苏	山东	北京	北京	上海	上海	北京	辽宁	上海	上海
3	上海	浙江	江苏	江苏	北京	山东	广东	广东	北京	浙江	浙江	浙江	四川	青海	福建	浙江
4	浙江	广东	浙江	浙江	江苏	北京	浙江	浙江	江苏	广东	广东	江苏	福建	宁夏	辽宁	江苏
5	江苏	上海	广东	广东	浙江	浙江	四川	四川	广东	广东	江苏	浙江	山西	西藏	青海	青海
6	山东	山东	山东	山东	四川	四川	河北	上海	福建	湖南	山东	山东	辽宁	江苏	贵州	重庆
7	天津	辽宁	福建	四川	上海	上海	江西	山西	山东	山东	福建	四川	宁夏	浙江	海南	天津
8	福建	河北	四川	天津	河北	河北	河南	河北	安徽	江西	辽宁	辽宁	江苏	山西	浙江	河南
9	四川	湖南	湖南	江西	河南	河南	上海	河南	湖南	辽宁	陕西	河南	吉林	河北	吉林	广东
10	辽宁	江西	河北	辽宁	辽宁	辽宁	湖南	北京	河北	安徽	河北	河南	广西	上海	湖南	江西

（三）国际品牌建设跟不上

随着文化体制改革的推进，山东省文化企业主体地位不断得到强化，在跨所有制、跨行业的兼并重组中，文化企业主体实力不断得到加强，山东省组建并培育了一批具有较强国际竞争力的大型文化集团。大众报业集团、山东出版集团、山东广电网络有限公司等已经进入国内文化强企行列，青岛城市传媒股份有限公司、东港安全印刷股份有限公司等企业已在境内外资本市场上市，也出现了有着一定影响力的"孔子文化"等国际品牌。但总的说来，山东省文化产业中的龙头企业数量和引领带动作用还很有限，尤其是缺乏拥有著名品牌影响力、具有行业主导权的"文化航母"，难以带动整个行业的发展和国际化水平的提升。多数文化贸易产品仍然依靠劳动力成本优势，以加工贸易的方式嵌入由欧美等发达国家所主导的全球价值链的分工体系之中，缺乏自主品牌，产品附加值不高，长期被"俘获"于价值链的低端环节，难以向产业链的高端延伸，获取根本的竞争优势。

（四）高端文化贸易人才培养不到位

山东省文化贸易高端人才的不足仍是制约山东省文化贸易发展的重要瓶颈。虽然近年来省内根据文化贸易需要，建立了多所职业技术院校，重点培养相关文化贸易人才，但总的说来，仍然极度缺乏专业化、综合性的外贸经营管理人才。主要表现为：一是缺乏专业化的创意人才，尤其是能够从事文化贸易产品的创意开发的人才少；二是缺乏高级经营管理人才，尤其是缺乏既懂经济又懂文化，既熟悉文化贸易政策又懂文化产业化运作，能够有效整合国内外产业资本、金融资本和文化资源的高素质的文化贸易管理人才。

三 "一带一路"倡议下山东省对外文化贸易的新机遇

（一）有利于拓展山东省文化创意产品的海外市场空间

目前，山东省文化创意产品主要以向欧美、东南亚等国家市场出口为主，对"一带一路"沿线其他国家的出口占比较低。而近年来，尤其是在金融危机后，绝大多数发达国家出现了"贸易塌陷"，消费需求乏力，进出口额均有大幅度的下降，世界主要市场加速了向发展中国家的转移。因此，开发"一带一路"沿线国家的文化贸易将有利于进一步拓宽我省文化产品的海外市场，进一步提升齐鲁文化的海外影响力。

（二）有利于区域经济体系内要素的有效整合

"一带一路"沿线 60 多个国家和地区多以发展中国家和新兴国家为主，自然要素丰富，但资金、技术、人才、管理经验等高级要素相对稀缺，而我省经过了几十年的改革发展，积累了大量的资金，具有了一定的技术研发能力，培养了大批的经营管理人才，与周边国家间的生产要素有很强的互补性，为要素融合奠定了基础。特别是在当前世界经济增速放缓的大环境下，发挥"一带一路"沿线国家间不同的要素优势，实现要素的区域内整合配置，更有利于区域内要素使用效率的提升。

（三）有利于山东省文化产业的优化升级

长久以来，山东省一直是作为生产加工制造大省，从价值链低端环节嵌入传统的由欧美等发达国家所主导的全球价值链分工体系中，获取较低的附加价值。这种被"俘获"在低端的威胁使得我省的文化产业很难实现结构升级，而且随着国内生产成本的提升，这种生产加工制造优势必将难以为继。而当价值链的终端市场变为发展中国家或新兴国家后，便有了明显的产业升级的机会，因为，相较于发达国家市场，发展中国家和新兴国家市场对产品的质量和技术要求较为宽松，能够促进周边具有一定技术研发能力的发展中国家企业形成区域价值链，这些企业开始有机会专注于产品的研发设计等高附加值环节。因此，在"一带一路"倡议背景下，我们应依托"一带一路"，联合周边国家，构建区域价值链体系，这样可以以产业升级和中高端发展为目标，努力拓展与周边国家的产业内贸易，实现我国文化产业的转型升级。

四 "一带一路"倡议下山东省对外文化贸易的新路径

（一）加强文化产业"走出去"公共信息服务平台和风险保障机制建设

"一带一路"沿线有 60 多个国家，40 多亿人口，发达国家和发展中国家同在，存在政治不稳定、文化差异大、经济不平衡等问题，对外文化贸易环境十分复杂，因此无论是文化产品还是文化企业在"走出去"的过程中，都将面临很大的不确定性。加强山东省文化产业走出去公共信息服务平台建设，需要以政府为主导，以行业协会为主力，深入进行对沿线国家的法律法规、经济政策以及市场环境的分析研究，为文化企业参与"一带一路"建设提供政策咨询、项目推介、信息查询等服务，以克服目前山东省对外文化贸易所面临的信息不畅、渠道不足的制约，确保山东省文化企业高效地"走出去"。

（二）开拓"一带一路"新兴国家市场成为文化贸易新的增长点

从出口格局看，多年来山东省文化贸易的目标市场有明显的"东进"趋势，以美国、日本、韩国、中国香港、德国、英国等贸易伙伴为主。而在"一带一路"倡议下，我们除了保持向东开放的传统优势外，也应大力探索向西、向南、向北开放的新市场。为此，我们应注重对"一带一路"沿线国家和地区的政策环境、经济环境、文化环境进行详细的研究，为山东省针对不同的市场需求打造特色文化贸易产品做铺垫。近年来，我省加大了对中东欧、南亚、西亚等"一带一路"新兴市场开拓的力度，在匈牙利、波兰、巴基斯坦、阿联酋等国家分别建设商贸物流园区，大大降低了我省对中东欧等地贸易的物流成本。我省文化对外贸易可以利用这些综合商贸物流园区，与已经走出去的省内企业加强联系，努力开拓新兴国家市场，使"一带一路"成为我省文化贸易的新增长点。

（三）开发"一带一路"沿线国家市场成为文化投资的新区域

山东省文化企业在"走出去"的过程中应遵循从贸易到投资逐渐深入的原则，使文化企业通过对外投资真正地"走出去"，直至"融进去"。因此，我们要加大对外投资的比重，以投资促贸易，带动对外文化贸易更好地发展。东南亚一直是山东省优势产业和充裕产能境外合作的重要承接地，所以要继续深耕东南亚市场，将劳动密集型文化产业适时地向该地转移，同时也能有效发挥当地充裕的劳动力资源优势，带动经济发展。除此之外，我们还应利用中巴经济走廊、孟中印缅经济走廊、中蒙俄经济走廊等开发中亚、西亚、东北亚等沿线国家市场，发挥这些国家和地区的原材料、劳动力、能源等要素成本优势，加大山东省传统劳动密集型产业的境外转移。推动对外投资与对外贸易融合发展，以投资促贸易，实现跨国要素整合，规避国际贸易壁垒，实现产业优化。因此，我们要对"一带一路"沿线国家的投资环境进行重点评估，从政治安全环境、行政法律环境、宏观经济环境、营商环境、基础设施条件、金融环境、社会文化环境等方面进行评估，为山东省走出去企业提供现实参考。但是要注意对山东省文化企业"走出去"的进程分步骤推进，对于尚不具备投资环境的市场，注重对当地所需求产品的研发，以出口贸易为主，对于具备比较成熟投资环境的国家和地区，鼓励企业进行实体投资，实现当地生产与消费的良性互动。

（四）推动向高端市场投资成为文化产业发展的新动能

注重"双链驱动"模式对山东省文化产业发展的作用，既要继续参与由发达国家所主导的传统价值链分工体系，也要重视构建"一带一路"倡议下的区域价值链体系，这样，既可以近距离地向国际一流企业学习，积累后发优势，又可以将自己由学习转化而来的研发能力及时地扩大应用并有效提升。支持企业通过多种方式参与全球研发分工，积极融入全球创新网络，发挥大型国有企业优势，鼓励并购拥有核心技术、知名品牌、销售网络等高级生产要素的欧美企业，在学习与合作中积累后发优势，不断实现向全球价值链高端的攀升。

（五）对"一带一路"沿线国家市场采取分层次推进的方式

在对外文化贸易中，不同的文化背景下文化消费存在明显的"文化折扣"问题，因此，在文化创意产品"走出去"的过程中，不能忽视不同国家和地区对齐鲁文化的亲近感、认同感的不同，文化认同感越强的国家和地区的消费者对我们文化产品的理解能力越强，也越容易消费我们的文化产品。由于"一带一路"沿线国家和地区在政治、经济、宗教、文化等方面存在很大的不同，对齐鲁文化的熟悉程度有着巨大的差异，因此在走出去的过程中，我们应分阶段、分层次有序推进。对于与我们联系比较密切的东亚、东南亚国家要作为第一优先市场予以推进，东亚、东南亚国家与我们有很强的文化亲缘性和文化价值取向，文化认同感强，理所当然应作为山东省"一带一路"倡议背景下文化贸易的第一优先市场。对于中东欧等发达国家要作为重要市场予以投资和学习，欧洲等发达经济体是山东省文化贸易的第二重点市场，这些国家经济水平高，文化消费能力强，是我们应重点开发的海外市场。根据马斯洛的需求层次理论，人们只有在满足了最基本的生存需求之后，才会有更高的精神文化层次的消费需求，因此，文化产品的消费与人们的经济收入水平有很大的关联，在欧洲等发达国家中，已经培育出了消费者对文化产品的极大需求，努力提高山东省文化产品质量和文化创意水平，开发欧洲发达国家市场，我们将大有可为。要将新兴国家和非洲等经济欠发达国家作为新兴和潜在市场予以开发和培育，俄罗斯等新兴经济体经济发展较快，成为对我们具有开发价值的国家和地区，非洲等欠发达国家和地区目前经济发展水平不高，有些温饱问题还没有得到解决，文化消费能力较低，对这些国家多以文化交流和文化互惠活动为主，以培养消费者对齐鲁文化的亲近感和认同感，培育潜在的文化市场。

五　结语

　　"一带一路"为山东省文化产业发展带来了新的契机，我们应顺应"一带一路"倡议，立足山东省优势文化资源和特色文化产业，梳理"一带一路"沿线国家和地区的不同市场环境和文化需求，努力打造适应不同国家市场需要的文化产品。通过"以产品带内容，以贸易促交流"的方式，在实现文化产品、文化企业走出去的过程中，提升齐鲁文化的海外影响力和认同感，最终实现齐鲁文化走出去的目标。同时，我们还应继续加大对发达国家的投资，不断提升文化创意、科技创新的水平，在转移价值链下游产能的同时不断实现向价值链上游的攀升，提升山东省文化贸易的国际竞争力。

参考文献

李凤亮、宇文曼倩：《"一带一路"对文化产业发展的影响及对策》，《同济大学学报》（社会科学版）2016 年第 5 期。

花建：《"一带一路"战略与提升中国文化产业国际竞争力研究》，《同济大学学报》（社会科学版）2016 年第 5 期。

王爱：《山东省对外文化贸易发展现状与对策分析》，载涂可国主编《中国文化论衡》

2017 年第 2 期，社会科学文献出版社，2017。

霍文慧、姜莉：《"一带一路"战略下我国文化产业发展探析》，《商业经济》2017 年第 5 期。

赵玉宏：《"一带一路"战略下我国影视文化产品"走出去"策略研究》，《现代传播》2016 年第 2 期。

蔡尚伟、车南林：《"一带一路"上的文化产业挑战及对中国文化产业发展的建议》，《西南民族大学学报》（人文社会科学版）2016 年第 4 期。

李嘉珊、宋瑞雪：《"一带一路"倡议背景下中国对外文化投资的机遇与挑战》，《国际贸易》2017 年第 2 期。

刘文俭：《打造齐鲁文化品牌的对策研究》，《山东社会科学》2010 年第 8 期。

齐勇锋、张超：《"一带一路"战略与中蒙俄文化产业走廊研究》，《东岳论丛》2016 年第 5 期。

张辉：《全球价值双环流构架下的"一带一路"战略》，《经济科学》2015 年第 3 期。

案　例　篇

Cases Column

B.22
山东文化企业商业模式案例研究

李然忠 等*

摘　要： 近年来，山东文化产业获得了迅猛的发展，出现了在全国都有显著影响的品牌企业。对这些成功文化企业的研讨，离不开对其商业模式的研讨，而案例研究是研讨企业商业模式的最佳研究路径。世纪天鸿作为 A 股上市公司中的民营教育第一股和山东首家通过 IPO 直接上市的文化企业，形成了独具特色的商业模式，是山东文化企业商业模式的经典案例；象山影视城作为影视城发展的后来者，现在已成为几乎与同处浙江宁波的横店影视城齐名的国内著名的影视城，其商业模式也独具特色，是全国文化企业商业模式的经典案例。对这两个案例的深入挖掘，既有助于深入理解山东文化企业的商

---

*　课题组负责人：李然忠，山东社会科学院文化研究所研究员。课题组成员：徐建勇，山东社会科学院文化研究所副研究员；闫娜，山东社会科学院文化研究所副研究员；薛忠文，山东社会科学院文化研究所副研究员；杜玉梅，山东社会科学院文化研究所副研究员；汪霏霏，山东社会科学院文化研究所副研究员；许延，山东社会科学院文化研究所副研究员。

业模式，又有助于学习借鉴全国文化企业的商业模式，从而探索形成新的符合未来发展趋势和潮流的山东文化企业的商业模式。

关键词： 文化企业　商业模式　世纪天鸿　象山影视城

一　山东文化企业商业模式的案例研究与创新

（一）商业模式案例研究的意义

近年来，山东文化产业获得了迅猛的发展，众多文化企业取得了良好的经营业绩，社会效益也十分突出，出现了在全国都有显著影响的品牌企业，引起社会广泛的关注和影响。对山东成功的文化企业进行总结探讨，离不开对其商业模式的研讨，而从案例研究的视角进行研究，是更佳的研究路径。因此，对山东成功文化企业商业模式的案例研讨，具有重要的理论和现实意义。

一是深化对文化企业的理解。文化企业与一般工业企业和商业企业在产品、服务形态和营销等方面都有着不同的特征和诸多不同的特点。而无论是国内还是国外的理论学术界，对文化企业的理解和研究相对都比较薄弱。因此，具体分析总结山东文化企业成功案例的商业模式，对加深文化企业的理解和把握，深化对文化企业经营和运作的探索，都具有理论和学术价值。

二是对山东乃至全国文化企业都有借鉴和启示作用。国内外对文化企业的研究和探索相对薄弱，而相对西方先进国家，中国文化企业无论实际发展还是研究都更趋滞后。因此，对山东这一地域性的文化企业商业模式的研究，对山东当地企业具有良好的借鉴作用，同时，对全国的文化企业也有一般的借鉴和启示意义。

三是有利于对国内外文化企业的创新商业模式的理解和借鉴。相对于山东文化企业的发展，国内外文化企业自然有更多先进和创新的商业模式。山东文化企业学习和借鉴这些商业模式，首先就要研究和探讨这些先进和创新的商业模式；其次更要全面总结和探讨山东文化企业的商业模式，只有对自身的商业模式有了彻底全面的评估分析，才能更好地进行学习和借鉴。

（二）商业模式案例研究的内容

一是研究总结山东文化企业的商业模式。山东文化企业近年来获得良好发展，形成了独特的文化企业商业模式。山东影视传媒集团因独特的经营模式，赢得了"山影出品，必属精品"的口碑，形成了影视界的著名品牌。山东坤和旅游公司大力开发主题乐园欧乐堡、海洋主题公园等，形成了山东本土特色的现代主题公园。在山东这些文化企业中，志鸿教育集团是特别具有代表性的企业。其从民营书业起家，成为全国知名的出版教育企业，其核心子公司世纪天鸿在 2017 年成功上市，成为 A 股上市公司中的民营教育第一股，也成为山东首家通过 IPO 成功上市的文化企业。这对山东文化企业的发展，具有巨大的示范和激励作用，成为山东文化企业独特商业模式的经典案例。对其进行全面研究总结，探究其成功商业模式，对山东本土文化企业将具有良好借鉴意义。

二是探寻国内外文化企业创新的商业模式。西方国家通过多年的发展，形成了极为成熟的文化企业商业运营模式。像迪士尼的全产业链商业模式，像 Netflix、HBO 专注内容自制和不断革新的商业模式，等等，都被全世界文化企业效仿和追随[①]。在国内，腾讯纯娱乐化和社交的商业模式、阿里巴巴从一般电商切入文化娱乐业的商业模式、万达实体娱乐的商业模式都成为独特的商业模式。在国内众多文化企业中，象山影视城作为后来居上者的成功，引起了业内的广泛关注和巨大反响。山东影视主题公园企业众多，但都没有真正获得商业运作的成功，其中包括万达投巨资在青岛创立的东方影都。因此，象山影视城模式的成功更具有借鉴和启示意义。

三是提出推动山东文化企业超越发展的启示和借鉴。根据对山东文化企业商业模式的总结，借鉴国内外文化企业创新的商业模式，针对山东文化企业发展中存在的问题，提出完善改进和重塑山东文化企业商业模式这一重大课题，进而提出前瞻性的具有可操作性的启示和借鉴，从而使相对传统和滞后的山东文化企业获得变革和重生。

---

① 陈焱：《好莱坞模式：美国电影产业研究》，北京联合出版公司，2014。

（三）商业模式案例研究的创新之处

一是选题创新。学术界对山东文化产业总体发展有着相对较多的研究成果，也有较多的研究积累，但是，单独就山东文化企业商业模式进行总结探讨，之前基本上没有相关研究。所以，这是一个创新性的研究课题。

二是研究视角创新。对山东文化产业的研究，长期以来，进行纯理论和学术性的探讨较多，缺乏对典型案例进行全面深入的解剖。本报告特别选取的有代表性的案例，就是世纪天鸿这一个省内案例和象山影视城这一个省外案例，并对其进行深入的田野调查，最终结合内容产业理论和管理学理论，总结概括山东文化企业的商业模式和全国代表性文化企业商业模式，提出山东文化企业成功商业模式和全国文化企业成功商业模式可资借鉴的经验和启示。

三是观点创新。通过对山东文化企业的商业模式的全面分析，提出创新性的观点。总体来说，山东文化企业在创立和发展过程中，通过不断的探索，找到了适合各自发展特点的商业模式，也取得了较大的成功。但是，在山东地域文化和经济社会大背景之下，在山东文化产业缺乏最新现代业态的大企业背景之下，山东文化企业探索出的是相对传统的商业模式，这对山东文化企业的未来发展和未来市场的竞争实际上是一个巨大的挑战。而改变这一现状，就要改变文化企业发展理念，同时，要形成良好的文化企业创业创新的发展大环境，尽快培育和壮大最新现代业态的文化企业，从而探索形成新的符合文化企业未来发展趋势和潮流的商业模式①。

二 世纪天鸿的商业模式与创新

山东世纪天鸿文教科技股份有限公司（简称世纪天鸿）是北京志鸿教育集团的全资子公司。世纪天鸿成立于 2004 年，主要从事小学、初中、高中与国家教育部教材配套的教辅资料出版、销售工作。公司是在国家关于非公有资本进入文化产业政策背景下发展壮大起来的民营书业企业，在我国出版发行行业中具有较强的影响力，是中国出版协会民营工作委员会第一届理事会主任单

---

① 胡惠林：《文化产业发展与国家文化安全》，广东人民出版社，2005，第 265~269 页。

位，是中国书刊发行协会副会长单位。

经过十余年的发展，公司推出了以"志鸿优化"为代表性的国内教辅图书知名品牌，产品覆盖全国，并在品牌建设、渠道建设等方面形成了鲜明特色，在教育出版业的竞争地位十分突出。公司在创立初期就布局在线教育领域，经过多年探索形成了在线教育平台，在业内获得良好评价。

在我国出版发行行业的企业改制上市不断推进的大背景下，世纪天鸿也很早就在资本运作方面进行了积极探索，试点核心员工持股、设立行业并购基金、登陆新三板。公司最终于 2017 年实现在创业板上市，成为 A 股上市公司中的民营教育第一股，也成为山东省首家通过 IPO 实现直接上市的核心文化企业，这是对山东民营书业企业发展的巨大肯定，也标志着山东文化产业在资本市场上实现了新的突破。

（一）独具特色的业务和产品定位

教育出版是我国出版业的支柱，而其中，教辅出版是重要组成部分，参与主体众多，消费者可以说涵盖了中国每个家庭。经过多年发展，在教辅出版行业出现了一批优势的民营品牌企业，并且占据了教辅出版市场的重要地位。世纪天鸿正是在这一大背景下发展起来的优秀民营教育出版企业，拥有以"志鸿优化"为核心品牌的系列教辅读物，代表性的像《优化设计》《优化训练》《十年高考》等品牌图书，多年来一直在业内和广大消费者中保持了良好的声誉。公司在综合规模、内容研发和创新能力方面，都在全国民营书业当中占据领先水平，成为国内具有代表性的民营书业发行公司。2016 年，公司荣获"2016 民营书业年度影响力机构"大奖。

作为教辅出版企业，在我们国家出版业的监管体制机制之下，公司营业收入和经营业绩等与国家对教辅图书的监管政策、教育考试制度的改革等密切相关，甚至说是有着至关重要的关系。凭借扎实努力和专注精神，严格遵守合法规范经营，世纪天鸿多年来不仅一直获得业内的充分肯定，而且获得国家监管部门的充分肯定，在业内和监管部门都有着良好声誉和突出地位。

世纪天鸿在成立之初，就同时获得新闻出版总署颁发的"出版物国内总发行权"和"出版物全国连锁经营权"两项最高图书发行资质，是全国首家同时获得总发行权和连锁经营权的民营书业企业。这是世纪天鸿作为民营书业企业获得的巨大荣誉，曾在业界和海内外产生广泛的影响①。

世纪天鸿作为教辅出版企业，知识产权是其生命线，因此历来注重品牌和知识产权的宣传和保护，积极注册商标，打击盗版，以保护其品牌和知识产权。截至 2016 年末，世纪天鸿教辅图书经过严格评议进入 26 个省份的教育厅评议公告目录，其中，有 12 个省份是整系列产品进入，在同行业中这样的表现相当突出。

世纪天鸿在长期的发展过程中，凭借积极探索和坚持不懈的努力，逐步形成了独具特色的业务和产品定位，在教育出版方面形成了强大的实力。第一，图书发行业务是世纪天鸿的首要主业。世纪天鸿每年推出图书 3000 余种，能够充分满足从小学到高中 12 个年级同步、备考、工具参考等各类不同层次和不同方面的需求。目前，世纪天鸿的教辅产品销售到全国 30 多个省份，"志鸿优化"在教辅市场上已成为公认的知名品牌。第二，策划服务业务是世纪天鸿的核心竞争力。公司有着超强的图书策划能力，依托其超强策划能力，向出版社提供图书策划和内容，图书出版后由出版社自办发行，公司再以获取策划服务收入的方式，获取自身的经济利益，这是公司图书业务的补充形式。第三，教育信息化业务是世纪天鸿的未来发展方向。公司目前已形成以图书策划与发行为主、以内容数字化等线上业务为补充和未来经济增长点的既稳健又着眼长远的业务体系。公司的教育信息化业务近年来有大幅增长，其信息化业务主要在其子公司天梯志鸿，天梯志鸿推出了向摩托罗拉销售教育类软件和备课助手等创新性产品，在市场上获得良好反响。

（二）超强的商业运营能力

首先，公司培育出了自身稳定而专业的图书出版创意、策划团队。公司经过长期积累，把一批资深教育工作者和具有教育创新理念的专业人员集合在一

---

① 2004 年 4 月 30 日，《人民日报》（海外版）刊发文章，山东世纪天鸿获得出版物发行经营许可，这是我国首次同时授予民营企业这两项权利，意味着中国出版业改革加速；2004 年 4 月 21 日，《中华工商时报》刊发报道，中国出版业改革加速，民企首获出版物国内总发行权和连锁经营权，世纪天鸿冲破出版业禁区；2004 年 5 月 25 日，《中华工商时报》再次刊发文章《民营资本：搅动图书市场风云》，突出报道、评论世纪天鸿获得"双权"这一重大事件。

起，并充分激发他们的创意和创新能力。在公司的编辑策划人员中，大多都具有一线教学经验，主要作者都来自全国重点教育省份，像山东、江苏、广东等，省级教学能手占 20%，国家级、省级课题研究组成员 80 多人。这样经过长期积累搭建起来的专业综合研发团队，具有超强的实力，对于国家教育考试改革、教材版本变化，能迅速做出反应，会适时推出深受市场欢迎的教辅出版图书，因此，就会占得先机。

其次，公司形成了强大的行业影响力。公司凭借在教辅图书出版领域的超强内容策划能力和强大的发行能力，获得了与人民教育出版社、北京师范大学出版社、外语教学与研究出版社等多家出版社战略合作的机会，并不断充实合作领域，实现了共赢发展。公司因此在成为全国首家同时获得新闻出版总署颁发的"出版物国内总发行权"和"出版物全国连锁经营权"两项最高图书发行资质之外，还连续多年被全国工商联书业商会、《中国图书商报》联合评定为"全国十大民营书业实力机构"，2014 年公司被中国版权协会授予"2014年中国版权最具影响力企业"奖。

再次，公司建立了高效的营销渠道。公司的营销渠道资源是通过多年来不断培育和强化建立起来的，而且这是作为民营书业公司的立足之本。公司建立起了涵盖省市新华书店、民营代理商和电子商务平台等的多种营销渠道，因此，能实现公司产品方便快捷分发到消费者。公司与大约 100 家新华书店、80家省市级民营分销商、3000 家县级零售商建立了长期稳固的合作关系，这是公司很重要的竞争力。

最后，公司在内容与信息化建设上进行战略布局。公司十分重视内容策划与图书发行项目、营销网络建设项目、信息化系统建设项目和教育云平台项目，这也是公司上市后主要的投资方向，是与公司主营业务密切相关的投资项目，符合公司未来的发展规划。在这些方面，公司近年来一直进行积极超前战略布局，因此为公司实现上市和未来发展打下了良好基础。一是，内容策划与图书发行项目是公司的核心业务，不断推出和更新精品图书，大力提升公司品牌形象，就会形成良性循环，实现主营业务的不断强化和壮大。二是，强化营销网络建设，进一步优化营销体系，具体说就是通过构建立体化、多元化的营销体系来提升、增强销售能力。三是，推进信息化系统建设。公司已经建立起丰富的数字内容资源库。这些数据库包括试题、知识点讲解、课件、视频讲解、动画演示等多种类型，涵盖小学一年级到高中三年级教程，总数为200多万份，这是在线教育平台优质的内容产品。同时，公司充分利用信息化与互联网手段，进一步优化整合业务链，实现业务渠道、管理运营和产品编撰模式的创新，使主营业务运营效率和经济效益得以进一步提升。四是，教育云平台项目是公司顺应我国教育信息化趋势所做出的重要部署，旨在为公司未来业务的升级和转型奠定基础，属于现有主营业务的延伸，也是公司未来转型发展的主要方向。

（三）超前的资本运作

2017年9月，山东世纪天鸿文教科技股份有限公司正式在深圳证券交易所创业板挂牌上市。股票简称：世纪天鸿。股票代码：300654。世纪天鸿成为创业板规模最大的民营书业企业和山东省首家在创业板上市的民营书业企业。

世纪天鸿此次发行保荐机构为首创证券，募集资金总额1.80亿元，扣除发行费用3497万元后，募集资金净额为1.45亿元。此次募集资金拟投资于内容策划与图书发行项目、营销网络建设项目、信息化系统建设项目和教育云平台项目。根据招股书，2016年，公司实现营业收入3.79亿元，实现净利润3131.84万元。公司创始人任志鸿，通过志鸿教育间接控制世纪天鸿62.29%的股份，为公司的实际控制人。

世纪天鸿之所以能成功登陆资本市场，是因为其善于抓住机遇，积极进行资本运作的结果。公司为了稳妥获得进入资本市场的通道，积极采取两条腿走路的方式。首先，公司抓住新三板扩容的机会，积极推动在新三板的挂牌申请，并于2015年9月成功实现在新三板挂牌交易。可以说，公司是率先抓住了新三板扩容这一大好机遇，才实现了及早登陆新三板。虽然登陆了新三板，但是新三板跟A股交易市场相比，自然存在较大的缺陷，突出问题是交易清淡，很难融资，定位和功能不完整，挂牌企业得不到应有的市场估值。世纪天鸿在新三板上市的两年时间里，就从未进行过增发。因此，只是以此作为跳板，实现向主板和创业板转板，就是这些挂牌企业的真正目的，新三板后来也确实提供了这样的通道。世纪天鸿就是这样的成功案例。

在挂牌新三板之前，世纪天鸿于2015年1月就开始接受上市辅导。2016年6月，在新三板挂牌近一年后，公司IPO申请获得证监会受理。2017年7

月，公司在深圳创业板首发申请终于获得发审委通过。2017 年 9 月，在差不多在新三板挂牌整整两年后，由于公司首次公开发行股票并上市的需要，公司在新三板摘牌，公司在从新三板摘牌的当月，就实现了在创业板的上市。

在新三板公司中，有为数不少的像世纪天鸿一样的教育公司，为了登陆 A 股市场，锐取信息、盛景网联、亿童文教、行动教育等教育公司纷纷从新三板摘牌。在这些公司中，世纪天鸿依靠实力和幸运，首先实现了登陆 A 股的理想，成为从新三板走出来的第一家教育上市公司，也成为众多摘牌公司十分艳羡的对象。

因此可以说，世纪天鸿对于资本运作进行了积极探索，并取得了十分理想的效果。因为 2017 年相对来说是企业上市的一个大好时机，此时中国资本市场 IPO 具有相对宽松的环境。而刚刚进入 2018 年，在中国严厉实施金融监管的大背景下，公司 IPO 过会率就创下了新低[1]，这样的严厉监管应该还会持续两三年的时间，因此，IPO 过会率在这两三年的时间里应该都会保持非常低的状态，可以说进入了 IPO 的寒冬。在这样的严酷 IPO 大背景之下，一般公司都很难过会，因此，如果错失了 2017 年的机会，那么世纪天鸿可能也很难会成功。所以说，世纪天鸿是幸运的，正是超前的资本运作让公司抓住了难得的稍纵即逝的资本市场的机会。

（四）线上线下相结合的未来发展模式

近年来中国经济社会发展，呈现新消费的发展大势，就是线上线下结合，线上与实体结合，越来越注重体验感受，这成为新的发展潮流。紧跟这一发展潮流和趋势，世纪天鸿在未来将进一步深化线上线下结合发展模式，大力开展资本运营。公司在上市公告书中提出，要夯实传统主业，积极向教育信息化转型升级。公司向社会公开发行股票 2335 万股，占发行后总股本的 25.01%，募集资金总额 1.80 亿元，净额 1.45 亿元。募集资金主要投向与主营业务相关的项目，以提升公司核心竞争力。一是围绕教辅图书主业，投向内容策划与图书

---

[1] 在 2017 年 11 月 7 日，6 家 IPO 公司上会，只有 1 家过会。2018 年 1 月 23 日，7 家 IPO 公司上会，仅 1 家过会。由此可以看出，首发公司过会率纷纷创出历史新低。据统计，截至 2018 年 1 月 25 日，审核的 39 家 IPO 企业中，仅 13 家过会，2018 年以来的 IPO 过会率低至 33.33%。与之形成鲜明对照的是，2017 年上半年 IPO 过会率为 83.74%。

发行以及营销网络建设，以进一步巩固传统业务；二是围绕在线教育，投向信息化系统及教育云平台建设，以着眼于公司未来转型发展。这会使公司的运营更符合资本市场的发展趋势，使公司借助资本市场获得更大飞跃。

业内研究人士表示，世纪天鸿作为教辅图书公司，长期来看必然要进行转型，而教辅图书公司转型一般有三种模式：一是做在线培训，直接进入中小学课外补习辅导市场以及成人职业教育市场，这是比较激烈的转型；二是以其内容为依托，转向做在线教育平台和实现教育信息化；三是面向文化创意产品综合服务，实现进一步多元化。不同的公司会根据自己的优势和特色定位，选择自己的转型模式。世纪天鸿根据其自身的优势和专业领域布局，应该主要是走教育信息化和文化创意产品综合服务的转型模式。

世纪天鸿凭借良好业绩和强大的实力，终于获得登陆资本市场的巨大机遇，这为公司未来发展搭建了最坚实的基础。在这一大背景之下，公司也为未来的发展和转型确定了辉煌的规划，向世人展示了更加辉煌的发展前景。第一，投入更多优势资源，在内容上进行深入挖掘，持续打造精品图书，优化产品结构，丰富产品形态，不断为消费者贡献出新颖、有效的线上线下产品和服务。第二，改进、完善营销网络体系，在新华书店和民营代理商等传统渠道之外，充分利用电商、微商平台，实现营销模式的创新，推动公司销售再上规模。第三，跟随新消费浪潮，积极推进公司业务线下线上融合，使内容、用户资源优势和新技术大数据相结合，推动在线教学平台、工具型教学软件业务的发展、壮大，进而实现商业模式的创新。第四，通过资本运营，实现跨越式发展。公司上市，大大拓展了实施资本运营的手段和领域，开辟了资本运营的新天地。公司可以通过参股、并购等多种方式，壮大公司规模，完善产业链，实现与新兴互联网或信息技术企业的融合发展。第五，时刻保持危机意识，时时关注学生生源构成、国家政策变化和互联网的巨大冲击，顺应社会生活发展需要，积极开拓进取，赢得未来发展先机。只有时刻保持危机意识的企业，才能成长为真正健康稳定发展的企业，才能立于不败之地。尤其是世纪天鸿作为一家中小民营出版企业，尽管上市成功，但是面对的市场竞争还是十分残酷的，而且上市对公司发展来说，也可能是双刃剑，因此，必须时刻保持高度的戒备心和清醒的意识，才能使企业在不断应对随时可能出现的危机和困境中成长和壮大。

三 宁波象山影视城的商业模式及其对山东文化企业的启示

象山影视城是集专业技术服务、影视拍摄、影视摄影棚、影视特技、影视动漫、影视体验、影视后期制作等功能于一体的专业化影视产业基地。象山影视城是目前中国发展最快也是最成功的影视基地之一，不同于其他影视基地，象山影视城以做强做大影视投资制作发行、影视专业培训、影视后期产品开发等为重点，通过影视旅游反哺影视城基础建设，逐渐构建健全的影视产业链，增强放大象山影视城的品牌效应。目前宁波象山影视城已发展成为与横店影视城齐名的国内著名的影视基地，能取得这样的发展成绩，其独特的商业模式是其成功的关键，这也为山东文化企业的发展提供重要启示。

（一）宁波象山影视城的基本情况

1. 发展历程

在北有中影，旁有横店、无锡等影视城的重重"包围"下，地处半岛偏远一隅的象山影视城从每年接待 1~2 个拍摄剧组到每天接待 10 个以上拍摄剧组，经历了起死回生的发展蜕变。

象山影视城发展至今主要经历了两个阶段，第一阶段是影视城初步建立阶段（2003~2010 年），2003 年《神雕侠侣》导演张纪中与象山签订建设象山影视城协议，由宁波龙元投资有限公司出资 1.2 亿元，建设以龙岩山为背景的宋代建筑风格的影视拍摄基地。2005 年 1 月影视城开城后，《神雕侠侣》剧组进行了 3 个月的拍摄，随后，吸引《赵氏孤儿》等影视剧组驻地拍摄。在这一阶段，象山影视城和全国其他影视基地一样，经营情况并不乐观，每年只接待 1~2 个剧组，门票与经营收入仅有 500 万元。

第二阶段是 2010 年底至今，2010 年 12 月 17 日宁波影视文化产业区管理委员会成立，作为宁波市象山县人民政府派出机构，专门负责影视城的管理运营，对宁波影视产业发展重新定位、科学规划。从 2011 年开始，象山影视城有了飞速的发展，游客量以每年 60%~80% 的速度增长，剧组接待量呈几何级数增长，从原来的每年接待 1~2 个剧组，到后来每个季度接待

1~2个剧组,到每个月、每天接待1~2个剧组,再到现在每天接待15~20个剧组。

2. 发展规模

象山影视城的摄影棚面积为35万平方米,在全国影视基地中摄影棚数量排名第一,其规模是中影基地的近9倍。截至2017年末,宁波象山影视城累计接待与拍摄《神雕侠侣》《赵氏孤儿》《太子妃升职记》《琅琊榜》《芈月传》《三生三世十里桃花》等剧组750多个,每天接待剧组数量为10~15个,剧组接待量在全国排名第二,仅次于横店影视城。影视城接待游客100多万人次,门票收入突破1亿元,在全国影视基地中名列前三。象山影视城年景区收入2017年突破1亿元,年接待游客量2017年突破200万人次,截至2017年下半年,影视城累计接待游客量超过1000万人次。象山影视城先后获得国家4A级景区、全国海洋文化产业示范基地、省现代服务业集聚示范基地和省级特色小镇,并且被列入全国知名品牌创建示范区名录。

象山影视城总占地面积约2157亩,迄今总投资7.9亿元,目前已经建成的部分包括古战场、襄阳城、春秋战国城等拍摄场景,及经济型宾馆、贵宾楼和摄影棚等配套设施。象山影视城建有丰富的场景,仅古代场景中就有两处皇宫,分别是大理皇宫和桃源行宫,占地1.37万平方米,建筑面积1.06万平方米。拥有全国最大的古战场,总面积达4.3万平方米,官邸府院17处,民国府院共104个单体,占地4.5万平方米。现代场景有老外滩,其是国家4A级旅游景区,建筑面积8万平方米;有天主教堂、美术馆和海关旧址博物馆等建筑,周边还有现代商务圈。玄幻场景有榕树林和水帘洞,共7500平方米。象山影视城有水下摄影棚、高科技数字摄影棚。象山影视城可以拍摄跨度从春秋、战国,到秦汉、唐宋等,再到民国及现代的不同历史阶段的影视题材作品。象山与横店之间仅有不到2小时的车程,因此所有场景都可以在此区域完成拍摄。

健全的影视产业链和良好的业内口碑为象山影视城赢得了巨大的声誉,在香港举办的2017年国际影视展上,世界各国和地区近百家影视公司都对象山影视城给予极大关注,象山影视城成功签约4部电影,总投资达6亿元。

（二）象山影视城的商业模式

目前中国的影视基地可以分为两大类，一类是以影视产业为主业的影视基地，其又可以细分为三种，第一种是只做旅游不提供拍摄，以影视为元素做旅游，但不提供拍摄，如长春世纪影城，号称中国的电影特效之都；第二种是影视拍摄和旅游相结合，最早是无锡，最大是横店，发展速度最快是象山；第三种是仅仅提供拍摄，不发展旅游的，如上海胜强影视基地，最初由台湾美术制景做影视拍摄基地。另一类是"资本＋影视＋地产"的模式，如青岛万达东方影都、海口冯小刚电影公社、海南岛恒大海花岛，目的是以影视为杠杆来撬动地产。海口冯小刚电影公社建立后，周边地产价格由 3000 元/平方米涨到 10000～16000 元/平方米。华谊兄弟打造的小镇在全国复制，每一个授权费用为 1 亿元，目前已经授权 20 多个。恒大海花岛建设包括影视、主题公园、影视中心，但更多的是地产，其中影视基地是否发展盈利并不重要。

根据住建部统计，中国的影视城近 2000 多个，但以影视产业为中心取得良好发展效益的并不多，象山影视城坚持以影视基地为发展主业，不断摸索形成了独特的发展模式。

1. 政府投资，国企运作

为盘活影视城资产，推动影视城发展，宁波市专门成立宁波影视文化产业区管委会，对宁波影视产业发展重新定位、科学规划。从宁波市委市政府到象山县委县政府都给予象山影视城相关配套政策支持，带动了象山影视产业的发展，目前已经有影视企业和明星工作室落户象山影视城。宁波影视文化产业区管委会综合象山影视城在国内的发展特色，结合影视城未来的发展趋势，为象山影视城制定了以场景为表、以产业为里、以文化为魂的"三位一体"互为发展的战略。

2. 吸引民营资本，积极进行资本运作

象山影视城建设需要大量资本，仅靠地方政府财力难以实现跨越式发展。象山影视城充分利用市场力量，吸收各类社会资本，仅投入 5000 万元，却撬动了影视文化产业的大发展。在摄影棚建设方面，象山影视城采用改建周边闲置厂房的办法，节约资本，建造 16.5 万平方米摄影棚，建成后积极与民营资本合作，用优惠条件吸引民营资本提供设备、技术，建成国内首家高科技数字摄影棚和亚洲最大水下摄影棚，在租金收益方面，双方按比例分成。民国城的建设则完全利用社会资本，引入2.4亿元民营资本建成了国内最大、最具特色的民国风格拍摄场景区域。在周边产业配套建设方面，象山影视城采取自建经济型酒店，与星级酒店合作，带动周边村庄建设影视农家乐的形式补齐配套服务的短板。在其他配套产业方面，影视城注重选择合作伙伴，积极引入道具租赁、后期制作等公司，不断充实影视基地产业链条。通过各类合作，象山影视城不断集聚社会力量，民间资本在影视城内的活力得到激发，促进了影视基地的良性循环发展。

3. 搭建平台，丰富产品服务业态

象山影视城发展之初，可供拍摄和游览的资源严重缺乏，仅有神雕侠侣城、春秋战国城两处场景，造成游客"审美疲倦"，人气下降。为了吸引更多的影视相关业态进驻，管委会在景区搭建了服务平台，提供免费场地。北京天桥民间艺术团等演绎团体进驻象山影视城，极大地提升了影视城的景区内涵，成为吸引游客的重要资源。象山影视城转变经营理念，把景区打造成开放式平台，用各类优惠政策吸引各行业的人才资源进驻，解决了影视城自身人才、技术不足等发展困境。从街头逗乐到高科技影视虚拟体验厅，各类吸引游客的项目不断推陈出新。

4. 创新优化管理模式

象山影视城不断创新改革，积极探索适合影视产业发展的企业化管理模式。在营销部门实施绩效考核制，保留基本底薪，根据业绩完成情况对员工实行奖惩。绩效考核前所未有地激励了员工潜力，2016年，营销部一位员工的营销业绩就能抵上之前整个影视城一年的业务量，管理机制创新极大地解放了生产力。对一些简单的保洁和物业等业务，象山影视城采取外包的形式，对非专业人员纳入专业公司需对其进行培训后再让其上岗，不合格的直接清退，这一做法明显地改善了服务品质，为影视城服务奠定良好的基础。象山影视城特别注重建设积极奋进的企业文化，象山影视城以打造中国最好影视基地的共同目标为园区员工重塑创业激情，在影视城快速发展的同时增加创业者的成就感与幸福感。

（三）象山影视城的商业模式对山东文化企业的启示

1. 对企业发展和产品服务做好科学定位和规划

影视基地的投资大、建设周期长，必须首先做好科学合理的规划。象山影视城初期建设目标不明确，导致发展经营惨淡。在成立宁波影视文化产业区管理委员会后，逐渐明确了发展目标，确立了以影视产业为主，以休闲旅游为辅，打造国内一流品牌影视基地的发展目标。以此为引导，影视城发展逐步进入良性轨道。山东文化主管部门也应该重视影视基地建设的顶层设计，依据经营效益、社会影响、文化传播等综合因素的考量，在影视基地的审批和管理上科学规划、合理布局。对影视基地项目建设要结合经济效益和社会效益进行严格评估，合理控制数量。对于目前已经建成的影视基地进行合理考核，并对一些经营不善的影视基地进行辅导和限期退出。

2. 以市场运作为主导，积极吸引民间资本参与

影视基地的建设要走市场化道路，克服地方政府主导与越位的弊端。政府对影视基地建设发展主要以引导为主，出台合理的扶持政策，为基地发展搭建良好的平台，影视基地的发展最终还是需要引入市场机制，通过各类市场合作与竞争，实现资源的最优化配置，从而实现良性发展。山东发展影视基地可以充分借鉴象山影视城各类与民间资本合作的形式。一方面拓展投融资渠道，吸引社会资本进入影视基地；另一方面鼓励影视基地大胆改革创新，开辟适合民间资本投入建设的各类途径和方式。

3. 整合资源，实现差异化发展

经过多年的发展，国内影视基地数量逐渐增多，全国已通过审批的影视城有一百多座，而规模更小的拍摄基地则遍布全国，将近千座，80%处于亏损，15%处于温饱，只有5%可以盈利。目前国内基本形成了北、东、南三个影视基地集群，北方代表有北京怀柔影视基地、北普陀影视城、宁夏镇北堡西部影视城等；东部代表有横店影视城、象山影视城、无锡影视城、同里影视城等；南方代表主要有广东南海影视城、中山影视城，及香港、台湾影视制作机构。这些影视基地发展各有特点，山东发展影视基地必须整合现有资源，避免同质竞争，找准自己的文化特色和产业优势。依托山东独特"鲁剧"文化品牌，走差异化竞争之路，靠精细化、专业化取胜，在资源、业态等方面打造独特优势，与其他影视基地形成错位发展。

4. 完善产业链条，实施集群发展

无论是象山影视城还是美国的环球影城、英国的松林影视基地、印度宝莱坞和托莱坞以及澳大利亚华纳兄弟影城，成功的影视基地大致有两个发展

趋势，一个是影视产业的聚合中心，另一个是影视主题公园。这两者的共同特点都是具备完整的产业链，实现产业集群发展。产业链强调纵向上各个产业衔接，产业集群要求影视产业个体的横向联合。这给山东发展影视基地带来的启发就是塑造影视主题公园化和以影视基地为核心、集上下游产业纵深发展于一体的影视产业集群化发展道路。以影视基地带动周边产业和区域发展，进而使影视基地成为城市的副中心，并最终成为一个城市的有机组成部分和经济发展极。

B.23
潍坊东夷文化资源开发困局
及突破路径研究

鲁春晓*

摘　要： 潍坊作为东夷文化的主要发祥地和发展传承的核心区域，具有良好的开发基础，但与此同时也存在诠释权旁落、受众面偏小，文化产品创新不足等问题，在中华民族优秀传统文化复兴的大背景下，潍坊地区应力争潍坊东夷文化的诠释权和主导权，加大支持力度，理顺管理体制，充分利用中华民族优秀传统文化复兴的有利时机，培育龙头文化企业，打造精品文化产品，凝练潍坊的"东夷文化"城市品牌等，真正奠定东夷文化区域研究中心和文化产业发展重镇的地位。

关键词： 潍坊　东夷文化　文化资源开发

一　东夷文化的起源与发展

"夷"字，起源于华夏族开始形成时期。至商朝，"夷"字在甲骨文中已并不鲜见，意指散落在核心区域的各个族群。及至战国时期，《管子·小匡》和《礼记·王制》等文献中开始有中国、东夷、南蛮、西戎、北狄等较为详细的记载。目前，学术界普遍认为，东夷文化的时间跨度从距今8300年前的后李文化开始，历经北辛、大汶口、龙山、岳石等文化形态，源远流长。在漫长的历史时期内，东夷族先后出现了太昊、蚩尤、少昊、大舜等历史文化名

---

* 鲁春晓，山东大学历史学博士，潍坊学院历史文化与旅游学院副教授。

人。根据历史描述，上古三代时期所说的"东夷"的范围，以山东为核心区域，辐射发展到豫北、苏北、皖北、河北、辽东等广大疆土地域，成为早期华夏族群的主体构成部分之一，是中华民族文明的重要发源地。早在夏、商时代，东夷人就"分迁淮岱，渐居中土"，开始了大迁徙。东夷人的足迹北至辽东半岛以及贝加尔湖南畔地区，向东远至日韩地区，向南远至江浙、两湖地区。东夷族群也成为上古时代中国人的主要来源之一。除此之外，东夷族群还到达江淮和陕、晋，并沿着海岸线北上、南下，遍布于中国及朝鲜半岛等海外地区。

东夷族群包括太昊、少昊、颛顼和蚩尤等诸族系，随着历史的演进、族群的融合、文化的交流，形成了辉煌灿烂的东夷文化，东夷族群创造的先进文化不仅有史料等文字记载为证，也得到了考古发掘的印证与支持，可以说东夷文化是中国优秀传统文化的重要组成部分，作为当时具有领先地位的优秀文化，其成就和意义远超同时期的其他文化，东夷文化形式多种多样，既包括先进的物质文化，如制陶技艺、筑城技术、纺织业技术、铜器制作技术；也包括精神文化，如伏羲八卦文化、颛顼"绝地天通"的原始宗教改革文化、大汶口时候"陶尊文字"文化、以"灼土为埙"为代表的东夷乐舞文化；还包括制度文化，如父权制的形成、私有制的确立、奴隶制的兴起。可以说，东夷文化具有独立体系、独特风格、没有断续、文化影响力持久深远的华夏早期文明形式，是孕育中华古代文明母体的重要代表性文化形态，对齐鲁文化、儒家思想形成与发展的影响及贡献也不可估量。

二　东夷文化的重要价值及现代意义

东夷文化作为在岁月沧桑中逐渐演化为一种弥足珍贵的文化资源与文明遗产，在社会组织、手工业、农业、渔业、医药、历法、礼制、乐舞、文字、冶炼、城邦等诸多方面，皆具有独具特色和领先的创造，留下来丰富深厚的物质文化遗产和非物质文化遗产，是研究潍坊乃至山东社会与文化的一个弥足珍贵的对象，具有重要的学术价值。

潍坊作为东夷文化的主要发祥地和核心区域，在中华民族优秀传统文化复兴的大背景下，对于保护、传承、发展东夷文化责无旁贷。目前国内外"经营城市"的理念方兴未艾，"城市品牌"作为一个城市文化软实力及综合影响力的重要组成部分，对城市发展的影响和作用正受到越来越多的重视和关注。近几年，潍坊市确定了"产业强市、文化名市、活力城市、品质城市"为目标的"四个城市"战略目标，突出发展城市文明和文化实力。实际上，"文化品牌作为品牌的一种类型，既是一个国家和地区软实力的象征，也是经济实力的反映"①。潍坊地区的东夷文化品牌建设，既是潍坊"文化名市"建设的重要目标，也是对外文化交流与宣传的重要载体，同时还是促进经济和社会发展的宝贵财富，不仅能够塑造城市独具特色的区域文化，还能形成独有的文化资源与综合实力，同时，以东夷文化品牌为依托，大力发展文化产业，也能切实提升城市的创意经济与文化实力，协调三大产业发展，加快新旧动能转化，为全社会的发展提供好的环境氛围。

三　潍坊作为东夷文化中心城市的主要标志

（一）从历史沿革及历史典籍记载来看，潍坊地区是东夷文化的主要发祥地和东夷文化圈的核心地区

从文化的起源及贡献来看，潍坊地区，尤其是潍坊的青州市，无疑是东夷文化圈的核心地区，是东夷文化的主要发祥地。大汶口文化至龙山文化时期，青州地区生活着以凤鸟为图腾的族群。少昊统治时期，其统治区域内有以鸟命名的青鸟氏、玄鸟氏等约 20 个氏族部落，形成了一个规模巨大的部落社会。在这里出土的许多史前遗物是鸟崇拜的直接体现。陶鬶是东夷文化大汶口、龙山文化阶段以鸟为原型设计的代表性器物。迄今为止，在全国其他东夷文化辐射区，均未如此大批量、集中性地发掘到如此多的"鸟图腾"文物遗迹，也没有像青州地区一样将鸟作为写实的图像或作为模仿的对象，如此频繁地出现在其生产生活中。

东夷即东方之人，而青州本义即为东方之州，《禹贡》《周礼》等典籍记载，青州地区为东夷人活动的核心区域。上古三代，古青州的东夷方国始终有自己独特的文化形式，今青州境内的苏埠屯商墓，是迄今为止全国发现的第二

① 张友臣：《论山东省文化品牌发展对策》，《东岳论丛》2009 年第 4 期。

大商墓，墓内发现的人殉遗骨及"亞"字形结构，均符合东夷部落早期墓葬文化的典型特征。另外，诸多历史人物，如少昊、舜帝、伯益均活动于古青州地区。可以说，上古三代，青州地区的部落和方国代表着东夷文化的最高水平。

（二）从考古发现、田野调查的资料来看，潍坊市是"东夷文化"遗址遗迹最翔实可靠、最完整丰富、最具考古意义的核心区域

潍坊地区东夷文化遗址不断被发现，其品级之高、遗迹之多、分布之广均为东夷文化分布地区之首。近年来，潍坊地区众多东夷文化遗址被发现。据统计，仅史前文化遗址就有 90 多处，包含了北辛、大汶口、龙山、岳石等考古学文化形态时期。在众多遗址中，有的文化层厚度为 3 米以上且文化层叠压明显，说明先民在此长久繁衍生息。在考古遗址中，发现了诸多国宝级文物，比如在诸城呈子遗址中，相继发现的"蛋壳陶"高柄杯、足黑陶鼎等国宝级陶器，成为研究该地区东夷文化的重要载体。经过考古发掘，目前青州境内的文化序列基本排列完成，进一步印证了青州地区东夷文化重镇的历史地位。

（三）"东夷骨刻文"虽仍有争议，但潍坊地区是"东夷文化"核心区域的观点得到了国内外学术界的广泛认可

潍坊地区"东夷骨刻文"重大发现，是中国文字研究史上的一个重要的里程碑。2004 年春，昌乐县民间收藏爱好者肖广德在位于寿光和昌乐交界的纪台遗址和昌乐袁家庄遗址相继发现当地村民在遗址处随意挖掘并丢弃的骨头上有"字"，这些出土的甲骨多为远古时的兽骨，后经山东大学考古学家刘凤君教授等众多专家鉴定，认为此批兽骨产生于新石器时代古东夷人文化遗迹区，人为刻画痕迹明显，刻写者手法娴熟，字体结构层次分明，具有鲜明的早期文字特点。以刘凤君为代表的众多专家判断，潍坊昌乐这些骨头上的图文就是东夷文化的早期文字，距今 3300～4600 年。这些文字遗迹在潍坊的昌乐、寿光等地最为集中。随着考古发现，近年来，在山东邹平地区、桓台地区，江苏高邮地区相继出土了带字的骨片和陶片，而在潍坊寿光发现的文字，与丁公、南荡等陶文及良渚文化玉器上的单个原始文字和古彝文的圆笔道文字相比较，除了载体不同，其笔画、结构、字形可谓异曲同工。

由于"骨刻文"的发现意义非常重大，可以说颠覆了国内外学术界的众多传统认知。因此，在成果发现初期，曾引起一些专家的质疑，质疑的焦点在于"骨刻文"上的图文是人类有意识刻画而成还是自然产生。及至后来，学者丁再献在其专著《东夷文化与山东——骨刻文释读》（中国文史出版社出版，2012）一书中，破译了潍坊地区出土的200多个"骨刻文"，成果公布后，一些专家也曾带着怀疑的态度与丁再献商榷，也存在一定争议。2008年7月，国内众多专家对这些"骨刻文"符号进行专门研讨，做出了"骨刻文"是龙山文化时期流行文字的认定，确认其比殷墟甲骨文要早1000多年，是甲骨文的主要源头。2013年6月，"东夷骨刻文字研发与利用"通过了山东省省级重大课题立项。2016年10月甘肃广河举行的"齐家文化与华夏文明国际研讨会"上，刘凤君先生做了关于"骨刻文"的学术报告，2017年8月17日。刘凤君教授在山东大学组织召开了"骨刻文与世界早期文字比较研究座谈会"，引起了与会学者的广泛关注。

当然，目前仍有一部分学者对此论断存在争议，笔者认为，学术探索过程中，不能对质疑一概置之不理，真理越辩越明，在后续的学术研究中，双方都应拿出更多的证据来交流与思辨，如此方能促进学术研究的发展。

（四）从目前对"东夷文化"的学术研究现状来看，潍坊地区是"东夷文化"学术研究重镇和国内外学术界关注的核心地区

1. 国内知名学者均将潍坊视为"东夷文化"研究的核心地区

随着国内外学术界对"东夷文化"研究热潮的到来，众多知名专家和学者对东夷文化进行了系统发掘研究和系统学术整合，潍坊作为东夷文化的核心区域，吸引了众多专家和学者，他们或是来潍坊实地调查，或是将潍坊作为研究载体，"潍坊地区"已成为国内学术界东夷文化研究的重要物质载体和地理空间名词。

2. 潍坊本地专家和学者依托地域优势，也取得了丰硕成果，引起学术界强烈反响，进一步巩固了潍坊"东夷文化"研究学术重镇的地位

考古学家杜在忠有关"东夷文化"的研究先后有《莱国与莱夷古文化探略》《边线王龙山文化城堡试析——兼述我国早期国家诞生、文化融合等有关问题》《寿光纪器新发现及几个纪史问题的再认识》《殷商青铜文化与

东夷文明》《关于夏代早期活动的初步探讨》等。① 学者孙敬明的《先秦货币文字分域断代研究例》《考古发现与齐史类征》《潍坊古代文化通论》等学术著作，潍坊学院于云汉教授《中国城市发展史纲》等著作也有关于潍坊"东夷文化"的重要论述，美国历史期刊《城市史研究》也曾转摘过其论文要点。

除去上述知名学者，潍坊的文化宣传部门、文博系统也付出巨大努力，这些本地研究专家和学者，一方面拥有渊博的知识和较高的学术素养，另一方面依托地域优势，在发掘、搜集、整理、整合、论证、研究"东夷文化"方面进行了卓有成效的工作，逐渐打响了潍坊"东夷文化"的品牌，提升了潍坊"东夷文化"研究的水平和实力，引起了国内外学术界的广泛重视。

四 潍坊地区东夷文化发展中存在的问题与不足

近年来，在市委市政府的高度重视下，潍坊东夷文化的保护、传承与开发工作取得了巨大成就，但在成绩背后，也存在以下几方面问题。

（一）东夷文化的诠释权和主导权不被重视，有被周边地区赶超的风险

从历史上来看，东夷从来不是某一个部落的专有名词，而是特定时期内众多部落联盟的总称，分布范围较为广泛，在漫长的历史时期内，东夷人经过不断的繁衍生息和迁移，广泛分布在今山东、河南北部、河北、江苏北部、安徽北部、辽东等广大疆土地域。"东夷文化圈"影响范围较为广泛，在某一特定时期，可能会有某个地区的东夷文化发展得较好，但从一个较长的历史时期来看，东夷文化在漫长历史进程中，并不存在绝对的中心，其发展与传承更类似于百花齐放的状态。

时至今日，不仅是潍坊地区，如山东省外的徐州等地，山东省内的临沂、日照、淄博也自认为本地区为东夷文化传承与发展的主要地区。

---

① 参见杜在忠《试论龙山文化的"蛋壳陶"》，《考古》1982年第2期；《论潍、淄流域的原始文化》，载《山东史前文化论文集》，齐鲁书社，1986。

认为东夷文化发祥地在沂蒙山区的学者，主要依据是其境内"沂源猿人"的发现和细石器文化的遗存。临沂市高度重视东夷文化研究工作，多年前就提出了打造"东夷文化研修高地"的文化目标并采取了一系列切实措施，在国内外东夷文化研究领域引起了高度重视，兴起了"临沂东夷文化"研究热潮。截至 2017 年，临沂东夷文化研究会、山东大学历史文化学院教学实践基地、临沂大学文学院教学实践基地、临沂外国语学校教学实践基地纷纷在临沂揭牌。为了扩大学术影响，临沂东夷文化研讨会、东夷文化博物馆文化大讲堂等文化学术活动纷纷开展，受到社会各界人士的广泛关注，很多学术专家和广大群众对临沂的东夷文化宣传及临沂市开展的东夷文化学术讲座活动赞誉有加。

日照作为东夷文化的重要传承地区，以东夷文化中的领先地区自居，广泛开展学术活动，扩大影响。如 2005 年在日照召开的"中国·日照龙山时代与早期国家国际学术研讨会"吸引了海内外众多专家与会，日照地区被中外专家称为"东夷文化考古圣地"，一些专家认为日照的东夷文化在图像文字、陶器制作、玉器加工、房屋建筑等方面达到相当高的文化程度。

山东枣庄也声称是东夷文化的起源地，认为"东夷文化"的核心就在枣庄五区一市以及徐州的邳州市，枣庄相关部门在进行文化宣传时，也用了"华夏文化看东夷，东夷文化看枣庄"等类似口号，枣庄市还建设了东夷部落文化艺术馆，并在积极建设东夷文化艺术交流中心以扩大枣庄东夷文化的影响。

因此，潍坊"东夷文化"核心区域的定位正在不断被侵蚀和动摇，虽然"山东是东夷文化的中心地区，潍坊又是东夷文化核心地区和主要发祥地"的观点已经在学术界得到了一定程度的认可，但并不是拥有这一学术判断后就可以一劳永逸，恰恰相反，面对这一局面更应因势利导，牢牢把控东夷文化的诠释权和主导权，但潍坊有关部门在这一方面做得不到位，并没有将东夷文化的诠释权和主导权掌握在自己手里，文化交流、学术活动偏少，潍坊本地的东夷文化研究协会甚至尚未成立，正在逐步丧失应有的学术研究影响和便利的地域研究优势。与此相反，省内外其他地区的东夷文化建设取得了较大的成果，学术活动、文化交流日益频繁，此消彼长，严重限制了潍坊东夷文化的诠释权和主导权，长此以往，会导致东夷文化诠释权和主导权的旁落，降低潍坊东夷文化研究的地位和影响力，从而引起社会大众的误判，更倾向于认可、传播省内或者省外其他地区的东夷文化，反而忽略甚至遗忘潍坊地区东夷文化发祥地和起源地的历史地位和学术定位。

（二）广大民众对东夷文化的认知不到位，东夷文化影响力偏小，影响范围偏窄

1. "东夷文化落后论"错误观点大行其道

东夷文化作为中国优秀传统文化重要组成部分，源远流长，灿烂辉煌。但是在战国后期尤其是秦汉以来所形成的"中原地区中心论"等观念的影响下，东夷族群的历史地位和东夷文化的重要性并没有充分展现，东夷文化落后的观点大行其道。

笔者曾经以其他专业专家学者、驻潍各高校学生、机关事业单位人员、普通民众为调查对象，对其分别进行了"东夷"和"东夷文化"印象调查，结果高达93.2%的受访者认为"东夷"是一个贬义词，大部分受访者认为"夷"是文化落后、习俗野蛮、地处偏远、鄙陋无礼的代名词。事实上，东夷的概念与含义学术界早有清晰的论述，即从秦汉尤其是以两汉为分界线，"东夷"这一词语的含义逐步产生贬义，秦汉以前并无贬义。春秋战国时候的典籍《礼记》《管子》《孟子》等书中所称的"东夷"是地理方位概念，是东方之人同属于中华民族内部的古族概念。如《说文》中记载：夷……东方之人也。《孟子·离娄下》记载："舜生于诸冯，迁于负夏，卒于鸣条，东夷之人也。"而秦汉尤其是两汉以后的历史时期，"东夷"的称呼才逐步有了贬义，如《后汉书·东夷列传》中的东夷，指的是经济文化落后的外民族概念，且往往是与当时华夏民族不同或者不完全相同的少数民族、外族。如后世明朝人称东北的满族人为"东夷"或"东虏"就具有贬义。当然，即使秦汉以后的"夷""东夷"，也有不同的含义，只有进行深入研究，才能发现历史的事实。

2. 东夷文化的受众面偏窄，影响力薄弱

在笔者对"东夷文化"了解程度的调查统计中，在对"东夷"和"东夷文化"的了解程度选项中，选择"完全不了解""只听说过""不是很了解"占所有调查对象的比例高达92.6%；"有一定了解的"占所有调查对象的4.8%；"很了解"或"有一定研究"只占所有调查对象的2.6%。究其原因，

主要是东夷文化的影响力局限于学术领域，对其感兴趣的多为文史类有关专家和学者。

虽然潍坊的东夷文化遗迹众多且具有较高的学术价值，但是对普通民众来说，此类遗迹的价值和地位只局限于学术领域，基本上没有娱乐属性及休闲属性，对普通民众缺乏吸引力，同时，由于此类遗迹大多处于边远地区，周边配套设施极不完善，客流量较少，如诸城市呈子古村落遗址，作为距今 5000 多年的诸城市境内最早的古文化遗址，考古价值和学术意义巨大，但远离市区，周边环境一般。又如寿光双王城遗址周围为盐碱地，除了文化部门和考古专家过来考察外，普通民众寥寥无几。如果一种文化的受众范围长期局限于少部分群体，而不被民众所接受，那么此种文化即使在过去有再高的地位也难逃被民众忽视的结局。

（三）东夷文化的展示与宣传不到位，有关部门重视程度不够，财政、政策支持力度不足

从联合国对"非物质文化遗产"的描述中可以看出，一种文化要传承和发展，就必须借助于"工具、实物、工艺品和文化场所"等物质载体，通过外在物质形态而"固化"才能得以表现和展示。潍坊弘扬东夷文化，必须有精品的东夷文化产品做支撑。就潍坊地区而言，虽然有潍坊博物馆、青州东夷文化广场等东夷文化展示区，但从总体来看，潍坊东夷文化公益设施数量不足，亮点不多。反观其他城市，在这方面有值得潍坊学习的地方。如临沂市倾力打造以东夷文化为依托的城市休闲名片，对东夷文化的宣传展示等方面加大财政、政策支持力度，2015 年临沂市建成了全国首个以东夷文化为主题的历史博物馆，集文物收藏、社会教育、考古研究、游览休闲于一体，全面展现了东夷文化的辉煌成就与发展脉络。同年，临沂市将皇山东夷文化园打造成了国家 AAAA 级旅游景区，成为集文化艺术体验、绿色游憩空间于一体的城市旅游目的地。

（四）东夷文化产品开发乏力，东夷文化产业尚处于空起步阶段

文化是无形的，但无形的文化也需要通过文化产品展示和体现。目前，潍坊东夷文化的保护与传承，大多由政府投资，属于公益性质，潍坊的东夷

文化产品如果没有吸引力，尤其在市场经济条件下，单靠政府财政投入来"输血续命"，给城市带来的经济效益和社会效益就是有限的，与潍坊市前期做出的努力相比甚至是产出没有投入大，最终会导致东夷文化传承与发展难以为继。

目前，潍坊地区没有形成品牌效应的东夷文化产品，没有能让游客流连其中的文化参与项目，没有体现东夷文化的精美纪念品，也没有成熟的东夷文化旅游线路，更没有成形的东夷文化产业。与省内临沂、日照等城市相比，东夷文化的市场开发与文化产业的培育力度明显偏弱，潍坊的东夷文化产品开发明显滞后且创新不足，没有将潍坊的地域、风俗特色与潍坊东夷文化有机结合，自然也就没有精品的东夷文化产品出现。从这层意义上来讲，潍坊相关文化企业对于东夷文化内涵研究不足、挖掘不透，离"文化品牌"的成功打造相去甚远。

而反观国内其他城市，如日照，东夷文化产品的开发和东夷文化产业发展明显领先于潍坊。东夷小镇项目是日照为传承与发展东夷文化而打造的重点旅游项目。该小镇占地约 243 亩，建筑面积约 10.3 万平方米，共分为四岛、前区广场及景观大道等几个部分。四岛按功能分区，分别以渔文化、民俗文化、异域风情、娱乐休闲为主题。小镇重点突出展现了东夷文化与海洋文化主题，将北方的传统建筑和渔家民俗院落与旅游度假进行了完美融合。东夷小镇的建设完全遵循市场规律，在宣传日照东夷文化的同时，也将带来可观的经济效益，实现经济效益和社会效益的有机统一。东夷小镇也成为日照新的旅游名片，在重现宣传和传承东夷文化的同时，也全面提升了城市品位和形象。

五　深入挖掘宣传和开发利用东夷文化的相关策略

（一）加强对东夷文化诠释权与主导权的掌握，多措并举，将潍坊打造成为东夷文化研究的区域中心与基地

由于东夷文化源远流长，随着时代的变迁和行政区划的不断变化，在某些时候，东夷文化在某个或某几个地区较为繁荣是可能的，学术界针对某种观点

存在一定程度的争议是正常也是合理的，但潍坊地区，尤其是潍坊地区的青州是东夷文化核心区域是毋庸置疑的，如众多的历史典籍、出土的考古实物，其在学术界也得到了广泛认可。面对其他地区对东夷文化起源地等的争论，应在以下几方面采取措施。

第一，抓住"东夷文化"研究热潮，尽快建立潍坊东夷文化研究协会，参与建设"东夷学"研究基地。2014年，山东省决定"实施东夷文化溯源工程"。2017年，我国首次从国家战略层面颁布了《关于实施中华优秀传统文化传承发展工程的意见》总体目标，2017年9月18日至19日，由中国先秦史学会、山东社会科学院、山东省旅游发展委员会联合主办，山东社会科学院承办的"第五届东夷文化论坛"在济南隆重召开。来自国内各大研究机构和高等院校的顶级专家、学者近100人参加了论坛。与会专家一致认为丰富深厚的东夷文化遗产不仅具有高度的历史价值、艺术价值、科学价值和文化价值，同时也具有较高的开发利用价值。建立"东夷学"学科体系的条件已经基本成熟。在"东夷学"学科体系建设过程中，潍坊要利用地域优势以及本地东夷文化研究队伍不断壮大、研究走向深入的有利局面，尽早建立潍坊东夷文化研究协会并在此基础上，依托潍坊学院科研力量，筹备建设潍坊东夷文化研究基地。同时，与省内、国内知名大学和科研院所如山东大学、北京大学、山东社会科学院、中国社会科学院等建立长效合作机制，力争在"东夷学"学科建设工程取得一席之地，防止潍坊东夷文化诠释权和主导权的弱化甚至旁落。

第二，在国家和山东省重视优秀传统文化传承的大背景下，依托潍坊"文化名市"建设的有利局面，潍坊有关政府部门应坚持"内引外联、内外合作"的原则，以东夷文化品牌建设为核心，倾力提升潍坊的文化软实力，"文化软实力虽然没有硬实力那样具有明显和直接的力量，但有更加持久的渗透力"①。因此，潍坊相关部门一方面重视与潍坊学院、潍坊博物馆等本地高校和科研院所的联系，充分挖掘潍坊当地专家和学者的科研潜力，采取各种有力措施，创造有利于本地专家和学者深入研究东夷文化的宏观氛围；另一方面，有计划、有步骤地聘请国内外学者和专家加入政府"文化

---

① 涂可国：《试论中国文化软实力发展的现状、问题及其对策》，《山东经济》2008年第6期。

名市"建设智囊团，系统研究并广泛宣传潍坊地区的东夷文化。同时，定期举办潍坊东夷文化研讨会，打破"酒香不怕巷子深"的自我封闭状态，扩大与国内外文化研究机构的交流与学习，真正占领东夷文化研究的学术高地。

第三，潍坊各级宣传部门应因势利导，拨出专门科研经费，每年以重大课题和课题招标的形式，面向国内外各大高校和科研院所发布潍坊东夷文化研究项目，支持学术界以"潍坊东夷文化"现象作为研究课题，鼓励专家和学者以潍坊东夷文化为研究对象发表高质量的学术论文，争取在学术界造成广泛的影响，为潍坊东夷文化研究产业开发创造良好的学术氛围和学术导向，将潍坊打造成为东夷文化研究的区域性学术中心和研究基地。

（二）广泛发动各界力量，对民众进行东夷文化宣传普及与科学引导

事实上，东夷文化落后论与东夷文化认知度不够是一个问题的两个方面，二者相互制约，互相掣肘。一方面，由于社会大众普遍认为"东夷"是贬义词，东夷文化落后，所以对东夷文化没有兴趣了解和研究；另一方面，正是由于没有深入理解和认知东夷文化，才会对东夷文化有错误的认知和错误观点。上述两个方面问题的产生，追根溯源，是由于相关部门对东夷文化的宣传力度欠缺、普及面过窄，民众缺乏对东夷文化最起码的认知和了解，因此，应采取如下措施。

第一，潍坊有关部门应积极有效地开展东夷文化相关群众性活动，提高群众的文化参与度，强化东夷文化产业在群众中间的凝聚力与亲和力，更好地推动建设"东夷文化"品牌的目标。为了更好地使文化资源有更广泛的受众群体，政府应该继续实施广受好评的基层文化人才培训工程和广场文化、社区文化活动，活跃群众文化生活。坚持丰富多彩的群众广场文化宣传以增强群众的参与性。

第二，注重主流新媒体和主流宣传媒介"议程设置"的宣传力量，增加东夷文化的宣传力度，扩大东夷文化的受众范围。美国学者麦库姆斯和肖合作，首次概括了"议程设置功能"理论，该理论认为大众传播可以通过信息供给和议题设置来影响和左右大众的注意力。在东夷文化宣传与普及方面，潍

坊主流媒体及相关传媒机构具有强大的生命力，具有组织正式、运营规范、公信力强、影响力大等优势，因此，主流媒体及相关传媒机构应主动设立与东夷文化有关的"议程"，借此引导大众关注和重视东夷文化相关内容，营造全社会参与东夷文化建设的氛围。依托潍坊"文化名市"建设的有利局面，各级宣传部门应该经常性地在电视、报纸、网络等媒体方面进行东夷文化的有奖参与、写作、展示活动；通过具体广泛的民间活动，增强东夷文化在市民心中的地位与影响，为将潍坊"东夷文化"的品牌推向更广阔的市场争取最广泛的民间支持。

第三，在对东夷文化的宣传与普及过程中，也应顺应形势和年青一代的文化消费习惯，充分发挥新媒体传播迅速、受众面广、去中心化的优势，构建立体的传播渠道，对新媒体的用户尤其是年轻用户进行东夷文化知识的输送，从而让更多的新媒体用户和消费者能够积极主动地传承和保护东夷文化。新媒体能够以最低的成本、最快捷的方式实现东夷文化的推广与普及。当然，重视新媒体不代表抛弃旧媒体，在东夷文化传播和宣传中，新媒体与传统媒体应取长补短、通力合作，构建立体传播渠道，共同对接、宣传、助力东夷文化保护、传承与开发工作，使东夷文化得到更多人的关注和喜爱，真正服务广大人民群众。

第四，国内外众多研究发现，一种文化的宣传与传播要想成功，一方面有赖于各级政府部门的支持，另一方面也离不开社会团体、社会组织、社会大众的帮助。东夷文化产业参与、开发、运营主体均广泛分布于社会民众中。因此，不仅需要各级政府，还需要社会公众高度关注并积极参与。将学术界、研究机构、大专院校、企事业单位、民间团体等社会团体、社会组织动员起来不是权宜之计而是东夷文化传承与发展的必由之路。我们应该清醒地认识到，社会团体、社会组织也是东夷文化产业发展不可或缺的推动力量。与政府相比，相关民间协会和民间组织更贴近社会和群众，是承担东夷文化产业重任的生力军。潍坊有关部门应该广泛建立东夷文化的协会组织，积极吸收文化爱好者、高校、科研院所及有专业背景的专家和学者加入东夷文化相关民间协会和民间组织，为潍坊市东夷文化发展决策提供更加科学、公正、合理的智力支持与工作配合。

（三）避免政府"责任过载"，加快形成"政府搭台，企业唱戏，市场是舞台"的东夷文化产业发展新局面

美国、日本、韩国等发达国家文化产业发展的成功经验告诉我们，政府"办"文化不是主流，而应由社会或者经济组织来"办"文化。潍坊各级政府没必要也不可能对东夷文化资金全额兜底，潍坊前期通过财政投入、政策支持等方式为潍坊东夷文化投入了大量的资金，这对于培育、示范和引导潍坊地区东夷文化传承与发展至关重要，但也暴露出了一定弊端，在潍坊地区东夷文化的具体开发过程中，社会各部门、各单位过度依赖政府扶持。如果潍坊东夷文化的保护与传承的责任和义务也几乎完全由政府承担，潍坊市委市政府的义务和责任就会被过度渲染和加大，导致政府"责任过载"，这实质上也是我国文化产业发展普遍存在的弊端。文化产业领域，"政府万能论"无论在理论还是在实践中都是行不通的。"作为一种文化形态，无论是人的传承还是技艺的传承，主要依靠自身产生的效益来保障自己适应时代变迁。"① 在市场经济条件下具体承担潍坊文化产业化重任的应该是权责利统一、自负盈亏的相关企业。

第一，政府应该对其自身职能和作用进行科学界定，顺应市场经济规律，将政府与企业关系正常化，使政府的角色由文化产业的主导者变为推动者和监管者。营造政府与企业各司其职的市场运行机制。政府行为应该体现在科学规划、政策支持、投资引导等方面。政府的作用应该更多地体现在综合运用政治、经济、法律政策等方面，加强引导和规范，完善产业发展规划，推动文化产业布局优化、资源整合。为潍坊东夷文化开发提供稳定、科学的宏观氛围和政策预期，健康有序地推进潍坊地区东夷文化产业发展。

第二，潍坊有关部门应坚持市场经济理念，将企业和社会资本作为东夷文化产业发展的主体和生力军。一般来讲，相关文化企业在市场经济中能坚持自主经营，自负盈亏，考虑市场实际需要，有效依托潍坊地区的东夷文化资源开发有市场需求的文化产品，同时在激烈的市场竞争中优胜劣汰，促进资源向优势企业集中，进而形成一批规模较大、效益较好的企业。只要政府引导得力，

---

① 吕庆华：《略论无形文化遗产的产业开发——以泉州为例》，《泉州师范学院学报》（社会科学版）2008 年第 3 期。

企业就会对东夷文化资源自觉加以重视和传承，成为传承东夷文化的平台和实施主体。

第三，实施"龙头带动"战略，扶持和培育东夷文化产业发展的"龙头企业"。随着我国文化产业的蓬勃发展吸引了资本市场的注意，众多类型的资本形式正谋求或已经进入文化产业领域。潍坊东夷文化产业的发展也应抓住这一有利契机，将具体参与权交给企业。纵观国内外文化产业发展历史，文化产业的繁荣和发展离不开文化企业的发展和壮大，这是增强一个地区文化产业竞争力的重要途径。潍坊有关部门应该坚持政府引导、市场运作、科学规划、合理布局，选择一批发展前景好、成长性高、竞争力强的文化类企业、旅游类企业进军东夷文化产业领域，相关文化企业也应抓住有利时机，依托优惠政策，借力资本市场，"我国文化传媒产业是新兴产业，由于是新兴产业，因此更需要依托适应其要求的资本市场才能成长壮大"[1]。借力资本市场，为文化产业的发展与转型提供充足资金，通过一批规模较大、效益较好的文化企业的示范引领作用，吸引社会资本和外来投资的进入，真正实现潍坊东夷文化的快速发展。

（四）创新文化产品开发理念，注重文化产业的内涵提升和内核建设

无形的文化资源只有经过开发变成优质文化产品，才会容易被大众所接受和了解，文化消费者在欣赏、使用文化产品时才会加深对文化本身的欣赏和重视，与此同时，文化产品开发者也会获得相应的经济回报，从而进行下一阶段的文化产品生产，因此，文化产品的改良与创新，对于弘扬和普及无形的文化尤其重要。

1. 文化产品的创新

注重世界文化潮流，将潜在的文化资源转变为现实的文化产品。消费者总是对新鲜的事物充满好奇，对好奇的事物充满兴趣，很多时候产品本身没变，只是在表现形式上稍做变化，就能带给消费者耳目一新的感觉，激起消费者的

---

[1] 李然忠：《资本市场的深化拓展与文化传媒企业的变革转型》，《山东社会科学》2015 年第 12 期。

购买兴趣。针对国内外市场的激烈竞争，在国内市场，东夷文化产品应该根据时代特征与消费者喜好，创新产品外包装与内容，生产出既具有潍坊区域文化基因，又符合当代人文化品位和消费心理的文化产品，唯有如此，才能扩大东夷文化的影响力和受众范围。

2. 产品定位的创新

在市场经济条件下，在对东夷文化资源进行开发过程中，文化产品的制作过程势必引入现代化生产技术和科学生产管理模式，这部分文化产品在具有效率高、规模化等优势的同时，也具有同质化、工业化等人文缺憾。由于现代生产技术的广泛应用，现代化文化产品不仅在生产效率和经济效益方面，超越了手工方式生产的产品，甚至在精细度和质量上也超越了传统手工制品。这就与以手工生产方式为主的传统文化产品产生了矛盾，如不能协调好其中矛盾，现代生产方式甚至会危及传统手工技艺，进而影响到传统东夷文化的传承与发展。如东夷文化中的代表性文化产品"蛋壳陶"堪称新石器时代制陶艺术的巅峰之作，其制作技艺之高超，堪称盖世一绝。诸城著名陶艺师马新义继承和发展了先人的研制成果，复原了"舜陶蛋壳杯"传统技艺，让"蛋壳黑陶高柄杯"重现于世。但随着科技的进步，日照、济南等地均有蛋壳黑陶的工艺品厂进行大批量仿制和生产批发，虽然可能在品质方面比起手工制品略有差距，但胜在价格便宜，生产效率高，因此，颇受文化消费者的欢迎，这对历尽千辛万苦复原蛋壳陶的传承艺人影响颇大。虽然有一部分文化消费者看重原汁原味的手工技艺，愿意用高价格购买手工蛋壳陶制品，但大部分文化消费者图实惠，购买机器生产的蛋壳陶工艺品，这就在无形中挤压了传统技艺生产的空间。

实质上，产业化生产方式与传统生产方式各有所长，二者也并不是绝对的水火不容。如果在将不同方式的技艺生产出来的制成品推向市场的过程中，做好自身定位，坚持差异化的市场定位，二者就可以相辅相成、共同发展。两种生产方式生产出来的产品在被推向市场进行销售后，从性质上来讲都属于商品，都需要通过商品交换获取利益回报，这是毋庸置疑的，但在被推向市场后，一定要针对不同的消费人群和市场特点，对市场定位进行严格的细分。

3. 营销定位策略的创新

在学者克尔·波特在《竞争战略》首创"差异化竞争"概念后，这一战略思想已经被广泛应用于产品营销。这一思想强调产品和服务必须具备特质，从而使其能具备独特的优势以实施差异化营销和精准营销。将这一战略思想具体运用到潍坊东夷文化产业领域，面对有较高文化素养且经济较宽裕的人群，在生产和营销时应强调原创性、本真性、手工性、文化性，用高品质的原料、精湛的手工艺，融入历史文化内涵，强调其中蕴含的历史因素和人文价值，在包装、外观等层面也应注意优雅化、精致化。而对于规模化、流水线生产的蛋壳陶则应定位于质优价廉的商品，强调效率、投入产出比，目标群体应定位于普通民众。两种文化产品的使用价值并不会大相径庭，但由于高端文化产品附着了更多的精神基因和文化属性，因此可以通过差异定位的策略，使两种生产方式生产出来的产品并行不悖，在不同的目标市场分区中相互促进。

B.24
山东出版传媒股份有限公司
成功上市的经验启示

薛忠文 *

摘 要： 山东出版传媒股份有限公司在资源整合、品牌优化、市场配置、政策改革、产权优构、机制创新等方面迈出了关键性的一步，于 2017 年成功上市，为整个山东文化传媒企业再添生机与活力。该公司坚持转企改制，依靠科技创新，适时调整公司产品结构、业务渠道、营销策略、产品价格，加快内容创新与信息化网络建设，重视培养团队强烈的责任心和团队精神，精心建立营销网络系统、信息化服务系统及教育云平台项目，这些对于山东出版行业的发展具有重要的示范引领意义。

关键词： 山东出版 文化产业 传媒产业 上市公司

　　山东出版传媒股份有限公司（以下简称"山东出版"）于 2017 年 11 月 22 日在上海交易所主板上市，标志着山东出版正式登陆资本市场。

　　山东出版作为山东最具实力的出版企业和山东省规模最大的文化企业，首次实现整体规范股改重组，并成功建立现代企业管理制度，构建完善的法人治理结构。成功上市标志着其在新时代、新思维、新形势下，在资源整合、品牌优化、市场配置、政策改革、产权优构、机制创新等方面迈出了关键性的一步，在山东出版行业具有重要的示范引领意义，将为山东出版行业的发展创造新的辉煌，为整个山东文化传媒企业再添生机与活力。

---

　* 薛忠文，山东社会科学院文化研究所副研究员。

一 成功改制——飞跃发展的企业集团

山东出版的前身是 1951 年成立的山东出版集团，历经 60 多年风风雨雨的发展，其业务范围由图书出版发行逐步扩展到出版行业的投资，出版资产经营与管理以及出版物版权代理；同时从事印刷物资销售、仓储及第三方物流跟踪、信息服务，是集印刷、发行、物资供应、内外贸易于一体的综合性文化产业集团。

其在成长的整个过程中，历经两次重大转变：第一次是在 1987 年 9 月，山东出版集团从政府行政机关向事业单位的跨越转变，实现了公司性质首次从旱涝保收的"铁饭碗"到自主经营的"泥饭碗"的转变；第二次是在 2008 年底，实现从事业单位成功转型成企业，成为名副其实的自负盈亏的企业集团。虽然公司已有 60 多年漫长历史，但真正的巨变发生在近年。随着经济大潮的风起云涌，市场经济的充分普及，短短十几年的发展，集团每年纳税总额都超过 3 亿元，在保证坚持党的正确路线前提下，一举成为山东省新闻出版行业纳税大户，实现了物质文明、精神文明双丰收，在全国同行业中名列前茅，并连续多年被评为"中国文化企业 30 强"。

随着山东省新闻出版行业在"十一五"规划期间的"体制机制改革"和"产业事业发展壮大"的政策开展，山东出版先后进行了下属单位规范改制、"三类人员"精算、股改方案制定、现代企业制度建立及公司治理结构完善等一系列任务，制定了独具特色的经营战略，业务定位准确，抓住机遇及时，顺应时代发展潮流，为山东出版行业发展壮大锦上添花，并取得了良好的业绩。

山东出版按照股权多元化的原则，完成增资扩股，吸纳中国新闻出版传媒集团有限公司、山东出版集团有限公司、中国文化产业投资基金、中国信达资产管理股份有限公司、中国教育出版传媒集团有限公司、新华出版社等 8 家战略投资者作为股东，其资本实力进一步扩大，市场份额进一步增加。

二 回眸峥嵘——成功上市的经验启示

近年来，山东出版一直在探索中前行，成绩斐然，也走过一些弯路，但其成功上市与其坚持的经营策略和指导思想是分不开的，值得深刻总结，以资未来获得更良性的发展。

（一）坚持解放思想，坚持改革创新

山东出版坚持解放思想、实事求是、转变观念，并开拓思路、努力创新，树立和落实新的文化发展观，消除体制机制性障碍，解放和发展出版生产力，给出版传媒行业增添新的生机与活力。牢固树立新的文化发展观，努力克服畏难情绪和观望心理，克服安于现状、求稳惧变的心态，不断冲破不合时宜的观念、做法和体制的束缚，以思想的不断解放推动改革的不断突破，切实增强加快改革的主动性和紧迫性。

同时积极推进经营性出版单位转企改制和股份制改造，以建立完善的现代企业制度为目标，通过法人治理结构和资本运行机制的构建，尽快形成具有核心竞争力的出版行业市场主体。深入推进公益性出版单位内部管理机制的改革，推进人事制度及劳动制度的创新和发展，健全考核、激励和约束机制，着力改善服务、增强活力。

（二）坚持制度改革，依靠科技创新

长期以来，社会上片面强调文化对维护意识形态的作用和教化功能，造成文化领域的改革相对滞后，顾虑颇多，也成为既得利益者阻碍改革的口实。据此，山东出版坚持进行深入全面文化体制改革，不仅仅以政策推动，还以实践推行，使改革主体充满主动性、创造性。

在互联网和信息技术日新月异的时代大背景下，山东出版把握时机，紧紧结合科技进步和创新，实现传统产业的升级和新兴产业的崛起，实现生产流程和技术手段的高效再造，把握新兴业态和新时代的消费者，保持强势竞争力不被市场淘汰。

（三）业务经营独具匠心

在国家倡导大力发展文化产业、部分文化传媒公司寻求转型的社会背景下[①]，

---

① 徐建勇：《2016年山东省新闻出版业发展分析报告》，载涂可国主编《山东文化发展报告（2016）》，社会科学文献出版社，2016，第186~187页。

山东出版密切关注国家对传媒出版的监管、扶持政策及国家考试制度的改革和创新，适时调整公司产品结构、业务渠道、营销策略、产品价格等，使公司的营业收入和经营业绩一直处于稳定上升状态，并建立发展了强有力的组织架构。山东出版积极推动策划服务业务，积极拓展教辅图书业务的补充形式，全力打造品牌效应，为市场扩大和业务深化创造最佳环境和竞争优势，在向出版社提供图书内容、图书风格等服务方向上突出重点，各有千秋。公司抓住技术创新和国家政策扶持的大好时机，强化员工学习意识，最大化实现公司经营效益，实现自身经济利益。同时充分利用现代网络信息技术，推动教育在出版行业的全面改革，已形成以图书策划与出版发行为主、以内容数字化传播等线上服务为补充的整体网络业务体系，有效提高了图书经营及图书应用的科学性、准确性、预测性、前瞻性，拓宽并加深了图书服务的广度和深度，提高公司图书品牌的市场占有率，为读者、为社会提供更全面、更优质的服务。加快教育资源挖掘与内容创新，建设共享平台，促进教学方式与学习方式的变革与发展，为教育优先化、教育信息化及教育普及化建立了坚实的基础保障并提供有力的支撑平台，不断完善教育信息化的整体性规划与建设，努力打造教育"公共服务平台"品牌效应。

（四）战略布局决策优化

山东出版抓住机遇，加快内容创新与信息化网络建设，重视培养团队强烈的责任心和团队精神，培养团队良好的决策能力、执行能力和沟通能力，确保图书内容和特点适合社会发展需要，其精心建立的营销网络系统、信息化服务系统及教育云平台项目，均为与公司主营业务密切相关的关键性投资项目，其发展趋势符合公司未来的发展规划，具有决策优化的战略布局，如在稳定公司主营业务即内容策划与图书发行项目的前提下，进一步推出精品图书系列，力推公司的品牌形象，建立公司的品牌效应，在市场上形成良性循环；进一步优化公司营销体系，打造营销网络平台，构建多元化、立体化、垂直化、市场化、全员化的营销体系，从而进一步提升公司的销售能力，增加公司的销售业绩；充分利用信息化与互联网手段整合公司业务链，创建自上而下的整体性、系统性、组织性的信息化系统项目，为公司的营销渠道、编纂创作、经营管理、产品模式创新等提供信息化平台，从而进一步提高各个环节的效率，保障主营业务的运营效果和经济效益，为推动整个社会教育及社会进步提供精神支柱和极大的技术支持。

三 登高望远——面向未来的宏伟蓝图

山东出版以公司上市为契机和动力，夯实已有的发展基础，进一步规划未来的发展，构筑未来发展蓝图，全面加强企业管理和规范化运作，以提升企业的效益和质量为途径，增强大局意识，培养社会责任和社会服务使命感，为中国传媒出版业的繁荣发展和行业进步做出了自己应有的贡献。山东出版力求内外兼修、更大更强，朝着既定方向、目标推进。

1. 发展速度进一步加快

党的十九大报告提出，"坚定文化自信，推动社会主义文化繁荣兴盛"，这是对国家发展文化实力的精准描述和未来发展的美好展望，山东出版坚定不移地执行党和国家的方针路线，其发展速度将高于同期全省国内生产总值增长速度。随着山东出版登陆资本市场，其将进入快速扩张阶段，企业规模会迅速膨胀，跨地域、跨行业合作普遍进行，产业链延长，企业收益迅速增加。同时，科技带动作用进一步增强，新兴业态成长迅速，新的盈利模式形成，收益来源更加多元化。

2. 形成科学合理的产业结构

通过进一步深入研究国家教育考试改革方向，把握教育理论和实践的前沿动态，挖掘教育消费者的新需求，以培养有生命力的教育观、建立有生命力的教育范式体系为目标，持续打造精品图书，建立自上而下的产品结构框架，丰富产品内容及形态，提升产品整体质量和品牌效益；在山东传统新闻出版产业已完成数字化升级转型的前提下，新兴产业形成良好经营模式并组建良好的信息化服务平台，科技创新将成为推动新闻出版业发展的主要动力，推动传统出版业的整体现代化转型。

3. 形成一批具有鲜明齐鲁特色、广泛影响，在国内外市场占有较大份额的出版知名品牌

发挥网络营销的经济性优势，巩固已有的新华书店和民营代理商等传统营销渠道，拓展电子商务平台等销售模式，准确定位多方面、多层次资源方向，在市场全球化背景下，实现规模的稳定快速扩张和品牌效应的持续提升，不断提高产品、企业或服务的影响力、吸引力。

4. 形成国际市场的较强竞争实力

在齐鲁文化"走出去"社会发展背景下，山东出版要紧紧跟随政府导向，积极推动实施山东出版品牌产品"走出去"战略，积极扩大区域性的品牌文化影响力，积极推动山东出版品牌产品在国际传播中发挥重要作用。山东出版发展从依靠投资拉动到促进投资、促进消费及促进产品出口，是中国传统文化走出去的必然路径。山东出版推动区域文化"走出去"战略将得到重视，企业产品出口或对外直接投资将不断扩大。

5. 高度重视业务数字化转型及"互联网＋出版"这一出版业发展大趋势

山东出版在发展战略、业务流程，以及产品等方面积极推进数字化。公司强化"三种思维"的发展战略：首先是强化互联网思维，创新出版、发行工作，创新发展定位，优化产品结构，重塑品牌形象；其次是强化跨界融媒思维，推进传统媒体与新媒体、线上与线下融合，实现"一个内容多种创意、一个创意多次开发、一次开发多种产品、一种产品多个形态、一次销售多条渠道、一次投入多次产出、一次产出多次增值"；最后是强化学习创新思维，学习新技术和新观念，不断创新内容制作方式、服务提供方式和市场运营方式①。

6. 力推新技术、新业态，实现能源整合

充分运用资本资源，以诚实、诚信为原则，多方采取参股、控股、并购等手段，整合新兴互联网或信息技术企业的资源，力推新技术、新业态，通过新能源整合，促进企业跨越式成长，实现社会效益的倍数增长，同时注重培育危机意识，重视市场冲击力的影响及国家政策的变化，顺应社会生活发展需要，在大浪淘沙的社会快速发展中，树立行业中流砥柱式的先锋模范。

山东出版作为国内重要的出版传媒企业，将以国家和全省文化产业发展战略为基本点，以"守正出新，止于至善"为核心价值观，坚持改革、创新、规范，按照新思路、新定位、新布局、新路径的要求，充分利用互联网思维、融合发展思维和主动出击思维，以"弘扬优秀文化，创造卓越价值"为使命，以出版主业和现有发行体系作为依托，全面提升核心竞争力，实现向新业态、新模式的转型升级，打造国内一流、国际知名的现代文化传媒企业品牌，为成为传媒出版行业重要的战略投资者努力奋斗。

---

① 见《山东出版传媒招股说明书》。

B.25
山东影视传媒集团文化产业
深度开发的机遇和挑战
——以星工坊·飞尔姆乐园为例

贺 剑*

摘 要： 作为山东文化国企的龙头之一，山东影视传媒集团多年来一直遵循轻资产影视剧为核心产业的发展模式。依托"山影品牌、鲁剧品质"的金字招牌，山东影视传媒集团与中国重汽集团签约，打造"星工坊"影视文化产业园项目，为谋求复制山影品牌影响力，探索进行转型发展。"星工坊"极大地发挥了山东影视传媒集团的内容优势，有效地延长了影视产业链条，也为山东在国际化背景下传承齐鲁文脉、传播山东文明理念搭建了平台。基建改造、管理人员变动及品牌推广乏力仍是制约"星工坊"发展的主要因素。下一步，"星工坊"需在团队打造、品牌推广上着力，充分利用特有的影视文化资源，不断增强核心竞争力，扮演好山东影视传媒集团赋予其的文化产业"深改"角色。

关键词： 山东影视传媒集团 星工坊 文化产业 主题公园

在党的十九大报告中，用了较大篇幅强调了"坚定文化自信，推动社会主义文化繁荣兴盛"的重要性，其中，对"推动文化事业和文化产业发展"

---

* 贺剑，山东社会科学院智库研究中心副编审。

做了重大部署。从经济社会发展的角度来看，文化产业也是供给侧结构性改革、转变经济增长方式的重要探索。山东省自党的十八大以来，一直强调文化产业在供给侧结构性改革中的重要地位，为保证山东在全面建成小康社会进程中走在前列做出贡献。山东影视传媒集团重点打造的星工坊·飞尔姆乐园依托母集团的影视优势，应运而生。

一　星工坊·飞尔姆乐园建园的背景

"十三五"期间，山东影视传媒集团的定位是向全内容领域和全产业链渗透的综合性影视文化集团进发，目标是形成"影视收入"和"产业收入"各占半壁江山的盈利格局。在此主旨下，该集团动作频出。2017 年 2 月，山东山影文化产业投资公司成立，以"影视 + 地产、影视 + 艺术、影视 + 科技"为主要发展方向，力争打造成为全国文化投资领域的航母企业。2017～2018年，该集团推动山影股份的骨干员工持股，并加快在创业板或新三板的上市步伐。星工坊·飞尔姆乐园立项于 2015 年 5 月，是山东影视传媒集团和中国重汽集团两大国企共同开启文化产业合作之旅的发轫之作，从立项之初，就被省市区各级政府寄予厚望。

（一）山东文化"深改"亟须产业创新

自党的十八大以来，尤其是 2014 年"深改"元年以来，山东根据中央部署安排，推动文化"深改"，制定实施了《山东省深化文化体制改革实施方案》等一系列文件，为文化"深改"明晰了路径。目前，我省已经基本搭建起"四梁八柱"式的文化体制改革制度框架，文化领域供给侧结构性改革、文化行政审批制度改革、文化市场综合执法改革和文化领域行业组织建设等改革不断推进，为文化产业发展创建了良好的体制机制环境，进一步解放和发展了文化生产力。在经济下行的巨大压力下，山东文化产业整体发展表现出良好的上升趋势。从 2013 年到 2016 年，山东省文化产业增加值由 2015 亿元增加到了近 2700 亿元，不但实现了连年增长，年均增长率还均为两位数。文化产业增加值在山东省 GDP 的占比也连年增长，截至 2015 年底已经提升到3.94%，与全国文化产业增加值占 GDP 的比重差距不断缩小。

2017年3月，《山东省文化领域供给侧结构性改革实施方案》出台，2018年1月初，山东省文化厅印发了《山东省文化产业园区转型升级实施方案》。以上两个方案中部署了抓住优化供给、投资拉动、深化改革、补齐短板、降本增效、转型升级六项重点任务，以期推动山东文化改革发展整体水平走在全国前列。方案均指出，到2020年山东省要扶持发展100个重点文化产业项目，每年遴选10个左右列入省重点建设项目。在这个文化产业向国民经济支柱性产业转换的关键时刻，探索新兴产业模式，寻求经济转型新动力就成为目前山东省文化产业的重中之重。

（二）山东影视传媒集团借力转型升级

山东影视传媒集团前身是山东电影电视剧制作中心，成立于1986年，是我国较早和较有影响力的影视剧生产机构之一，2012年转企改制为省管国有大型文化集团。该集团以影视剧制作、发行为核心，同时兼营艺人经纪、电子音像出版、电视节目供片、影视基地开发、文化产业投资等，旗下拥有山东影视制作有限公司、齐鲁电子音像出版社、青岛电影电视摄制基地等多家子公司，在品牌影响、生产规模、产业布局等多方面均居全国影视行业领先地位。经过30多年的打造，山东影视传媒集团成功创下了"山影品牌、鲁剧品质"的金字招牌。

随着国家及山东省文化"深改"的推进，山东影视传媒集团作为一家转企改制还未完成的国有企业，资产少、底子薄、体量小、主营业务狭窄等现实壁垒越来越明显。在"十三五"期间，该集团把培育文化产业项目作为推动集团发展的新引擎，逐渐推出齐鲁音像出版社从传统出版向数字出版的转型升级、青岛影视基地改扩建、青岛西海岸文化产业园、呼雷汤文化产业园等项目。

2015年5月，山东影视传媒集团与中国重汽集团举行签约仪式，正式敲定"星工坊·飞尔姆乐园"影视文化产业园项目，出资额为5000万元，其中山影集团占股60%，重汽集团占股40%。"星工坊·飞尔姆乐园"影视文化产业园项目位于济南市市中区英雄山路165号，以改造原重汽技术中心老厂区工业遗迹为基础，意欲打造亚洲领先、中国最高端、山东唯一的工厂式儿童文化产业园区。相对于其他文化产业的转型升级，星工坊·飞尔姆乐园更具有新兴文化产业的特征——既具备创意设计、现代科技、时代元素等一般文化产业的特点，又没有脱离山东影视传媒集团独有的影视文化内核，所有自营和引进项目紧紧围绕"儿童"这一主题，填补了山东儿童文化产业的空白。

二 星工坊·飞尔姆乐园基本概况

自2015年5月山东影视传媒集团与中国重汽集团正式签约起，"星工坊·飞尔姆乐园"影视文化产业园已有近3年的建设时间，2017年12月，该产业园的一期正式开园。在这期园区中同时开放的项目有星工坊豹纹龙文化产业孵化中心、中国工业艺术馆、山影星工坊·演艺星学院和国际艺术家驻留中心。

（一）星工坊·飞尔姆乐园建设情况

在园区建设方面，星工坊·飞尔姆乐园秉承"起步与世界同步"的理念，面向全球进行设计招标，最后选择了德国包豪斯设计学院的李乾安团队，六易其稿，形成了以"越老越有味道"和"历史感、工业风、艺术范、时尚味"为理念的设计风格。目前各项改造工程正在进行。项目招商进展非常顺利，截至2017年12月，招商面积超过80%，签约项目36个，业态涵盖特色教育、才艺培训、文化演艺、传媒动漫、儿童娱乐、体育健身、儿童购物、文创开发、时尚餐饮等，美国凯斯国际幼儿园、德国自主动漫形象福来堡乐园、德国奔驰交通安全训练营、韩国美动全息剧场、星美国际影院、拳尊体育俱乐部、国际艺术家驻留中心、中国工业艺术馆等国际化高端项目相继落成。

（二）星工坊·飞尔姆乐园的主要特点

1. 项目定位高端化

该园区坚持高端文化产业定位，所引进企业和项目70%以上为高端文化产业和国际高端项目，严格区别于地产概念和低端租赁模式，全面发力都市产业。

2. 项目营运公益化

"星工坊·飞尔姆乐园"从创建之初，就强调"儿童"主题，严守儿童教育阵地，将社会效益放在首位，努力传承中华文脉、传播文明理念，以国际化为背景讲述中国故事。

3. 业态设置专业化

严格控制业态布局，重要主题项目自持或合营。贯穿儿童教育和儿童娱乐两条主线，打造"儿童＋影视＋造星"商业模式，打造儿童成长全产业链。

4. 资源整合科学化

巧妙嫁接山东影视传媒集团和中国重汽集团资源优势，充分利用山东广电综艺和影视资源提供产业出口，打造文化产业跨界融合新案例。

5. 融资建设国际化

项目利好被广发银行济南分行等银行充分认可，以预期收入为抵押取得综合授信，创新产业融资模式。

6. 基础建设城市化

作为老厂房转型为高端文化产业园区的又一经典案例，积极参与城市建设，打造亮丽都市风景。

三 星工坊·飞尔姆乐园业态优势及发展机遇

（一）山东省同类型同规模项目空缺

目前在山东及济南地域，小型室内简易乐园及大型户外游乐园明显处于过剩状态，竞争激烈，现有项目大多属于纯粹娱乐项目，缺少以儿童为主题的文化产业综合体。星工坊·飞尔姆乐园结合周边商业环境和区域氛围，明确了"一园四区"的商业概念和以儿童产业为核心的商业定位。在星工坊这一个综合园区内，将配置影视文化产业孵化、儿童娱乐、儿童教育、影视节目制作体验四大板块，辅助特色餐饮、儿童购物等关联产业。

星工坊模式是国内影视基地、艺术工厂和文创产业园的升级版本，它从低端租赁、旅游观光、娱乐体验直接跃升到4.0的产业开发，以两大国企的力量介入儿童产业领域，全产业链覆盖儿童娱乐、儿童才艺培训、儿童教育、儿童影视、儿童购物等相关环节，将成为国内唯一一个以儿童为核心的文化产业园。

（二）济南成为国家级试验区试点带来机遇

2016 年 5 月，经党中央、国务院同意，济南、南昌、唐山、漳州、东莞、防城港市，以及浦东新区、两江新区、西咸新区、大连金浦新区、武汉城市圈、苏州工业园 12 个城市、区域被列为国家开展构建开放型经济新体制综合试点实验区。这是从国家层面为建设开放型经济新体制而推出的一项重大举措，济南成为山东唯一入选的城市。

随着济南进入这一国家级试验区，"星工坊影视文化综合体项目"也成为济南试验区"探索形成各类开放载体协同发展新格局"中的试点项目。中共济南市委办公厅（2016）第 34 号文件明确：要"推广政府支持、企业运营的山东影视传媒集团有限公司'星工坊影视文化产业园'模式"。这意味着星工坊确立的以影视为主题，以儿童娱乐和儿童教育为产业核心的模式得到了济南市的认可，其要承担起机制创新、模式创新的历史性重任。

（三）现阶段儿童文化消费存在巨大缺口

庞大人口基数及区域经济增长，是以儿童为主题的文化产业园区的增长基础。亚太地区目前有近 40 亿的庞大人口基数，是当今世界最具经济活力的地区，也是全球最大的儿童乐园消费市场。2014 年亚太市场规模达到了 41.9 亿美元，占同期全球市场规模总量的 29.0%；北美市场规模为 37.5 亿美元，占比为 26.0%；欧洲市场规模为 36.3 亿美元，占比为 25.1%。[①] 在亚太地区中，中国儿童的文化消费和需求更是逐年递增。2015 年 12 月，中国儿童文化产业发展论坛发布一组数据，主办方通过 2015 年 0 ~ 12 岁儿童消费结构与 2013 年的对比分析，发现儿童消费领域正发生着结构性调整：一是培训费用支出占教育支出的比重显著增加，从 2013 年的 17.9% 增加到 2015 年的 26.7%；二是娱乐支出占比显著增加，从 2013 年的 9% 增加到 2015 年的 15.6%。

山东地区二孩的高出生率，对区域内儿童文化产业发展提出了更为迫切的要求。自 2016 年 1 月 1 日全面放开二胎政策以来，中国迈入了新一轮生育高

---

① 《2015—2020 年中国儿童乐园产业专项研究及前景预测报告》，中国产业信息网，http：//www.chyxx.com/research/201506/324093.html。

峰，预计 2020 年 10 岁以下的儿童将达到 2.6 亿人。山东则成为"最敢生"的省份之一，2016 年全年，山东人口出生数量达到 177 万人，同比增加 53 万人，增幅为 42.7%，其中二孩出生占比 63.3%，增幅为 69.9%。这些儿童的父母均为"70 后""80 后"，随之而来的还将有"90 后"父母。这部分人群文化程度高、教育意识强、有良好的消费能力，寓教于乐的教育理念和重视质量的消费观念将引爆市场新需求。就消费空间而言，很多家长趋于希望能在一个空间内，满足家庭中儿童、父母等不同客群的消费业态体验。这些需求对以儿童为主题的文化产业园区建设均提出了更高的要求。

四　星工坊·飞尔姆乐园面临的挑战

（一）项目基建进展相对缓慢

从 2015 年立项起至 2017 年 12 月，星工坊·飞尔姆乐园一直在对原重汽技术中心老厂区工业遗迹进行基础改造。其间受到济南市顺河高架南延等市政改造工程的影响，基础改建工程进展缓慢。目前有星工坊产业综合大楼（原主科研楼）的基改和软装完成，"飞尔姆国际电影城"（原零部件车间及检测中心）、凯斯国际幼儿园（原检测中心及试制车间）、汽车乐园及全息剧场（原试制北车间）的基改完成，其他 4 个厂房改造尚待时日。

（二）人员团队变动较大

为了推进星工坊·飞尔姆乐园项目进程，山东影视传媒集团专门成立了山东（济南）星工坊影视文化有限公司，抽调集团原有部分中层领导和员工负责，其中不乏集团的精英才干。但在创建到正式开园的 2 年多时间里，职能部门团队中层和普通员工变动较大，对基础建设、品牌推广、招商、市场营销都产生了一定的影响。

（三）品牌推广创新乏力

在 2 年多的筹备期间，星工坊·飞尔姆乐园曾推出过"园区摄影大赛""演艺星学院选拔""国际少儿时装周海选"等活动，借以推动园区的品牌宣传，扩大园区的吸引度和知名度。但由于开园日期一再推迟，活动频率松散，缺少创新性，手机客户端等精准媒体有所缺失，在目标群体里的知名度尚未打开。

五　山东影视传媒集团打造星工坊·飞尔姆乐园的对策建议

作为山东影视传媒集团投下重注的文化产业园区，星工坊·飞尔姆乐园项目殊荣不断。该园区被山东省发改委列入"十三五"规划，并获得"山东省重点文化产业项目""山东省影视产业重点园区""济南市 2016 年度市级重点项目""济南市 2017 年度市级重点项目""济南市重点文化产业园区""济南市构建开放型经济新体制综合试点实验园区"等认证。2017 年 8 月，星工坊·飞尔姆乐园又被列入《济南市千亿产业振兴发展计划》重点文化项目。该园区如何扮演好山东影视传媒集团赋予的文化产业"深改"角色，如何珍惜特有的影视文化资源，创新产业技术，不断增强核心竞争力，将是开园之后需要认真思考并实践的命题。

（一）以影视内容资源为优势，不断延长产业链条

星工坊·飞尔姆乐园应该牢牢抓住山东影视传媒集团的影视资源，紧紧围绕影视少儿人才培训、影视作品制作、影视作品演出、影视作品发行、影视产品研发等行业全链条招商引资，并充分利用巩俐、靳东、黄渤、黄晓明、范冰冰、张雨绮、夏雨等山东籍影视明星的效应、人脉资源，聘请他们担任培训特教，合作影视项目，甚至引进部分明星工作室，为星工坊站台助阵，扩大乐园在全国的知名度和影响力。

（二）积极融合多种业态，探索"影视+"发展模式

深度开发文化产业园区项目和旅游、会展、信息服务相结合的业态，使星工坊·飞尔姆乐园呈立体式发展，产业结构更加丰富。目前国内一些影视城如无锡影视城、横店影视城、象山影视城、车墩影视基地、冯小刚电影公社等，均成为当地旅游胜地，吸引了来自全国甚至全世界的游客，凸显了深

度旅游的观赏性、知识性和参与性，开辟了影视城及其周边地区新的商业空间，扩宽盈利收益渠道。星工坊·飞尔姆乐园可以从这些成熟文化产业基地上取真经。

（三）创新利用新兴媒体，放大山东影视品牌效应

在互联网时代，星工坊·飞尔姆乐园对自身的宣传推广应紧紧利用线上线下的互动性做文章。在做好园区项目丰富创新的基础上，除了常规性的平台宣传推广外，还要充分利用网络的互动性、几何倍数增长的传播性，打造双微公众号、VR影像体验馆等，强化文化产业的分享特质，迅速扩大园区在目标消费群体里的知名度。

文化大事记

Cultural Events

B.26
2017年山东文化大事记

张 勇*

1月

5日 2017年山东文化惠民服务群众"三问于民"意见建议征集活动结束，省委宣传部、省财政厅、省文化厅、省新闻出版广电局等部门，把来自网络、报社、热线等渠道的群众"心声"，梳理汇总成2017年"文化惠民 服务群众"实事，年终向社会公开发布落实情况。从2012年起，类似的征集活动和新闻发布活动每年都会举办，这项旨在丰富群众文化生活的民生工程，覆盖范围越来越大、受益人群越来越多，实实在在改善了我省基层文化产品和服务供给，成为推进文化强省建设"供给侧改革"的助推器，使文化强省建设所释放的"文化福利"真正为人民群众所共享。

---

* 张勇，山东社会科学院政策研究室助理研究员。

由山东省互联网信息办公室与新华网共同主办的"中国网事·感动山东"2016年度网络人物颁奖典礼在济南举行。"大脚战士"焦磊、"火场蜘蛛侠"四人组（李世增、姜长民、刘春明、朱德贵）、"王牌连队"武警成武县中队、"扶贫能人"张修存、"最美村支书"徐林收、"孤儿母亲"郑忠燕、"无腿少年"高志宇、"援非仁医"乔丽、"高空舞者"王胜利、"好司机"李立民10位（组）当选"感动山东"2016年度网络人物。

7日 省教育厅、省委组织部、省财政厅和省人社厅联合发布通知，确定山东师范大学生物学科和青岛科技大学化学工程与技术学科为泰山学者优势特色学科。《泰山学者优势特色学科人才团队支持计划实施细则》规定，省财政给予每个学科3000万元的资助经费，按照项目引进、团队引进、中期考核三个阶段拨付，主要用于引进团队领军人才及团队核心成员的薪酬和科研补助、研发攻关、平台建设等。领军人才每年薪酬最高不超过100万元。

12日 山东省文联所属山东省书法家协会第六次代表大会、山东省曲艺家协会第七次代表大会在济南召开，选举产生了新一届领导机构。顾亚龙、慈建国分别当选新一届省书协、省曲协主席。

13日 "同心共筑中国梦·长城梅地亚之夜"2017年新春音乐会在山东会堂奏响。本次音乐会完全出自全体艺术家的义务奉献，演奏曲目全部为民族管弦乐精品。民族管弦乐合奏《泰山颂》《齐国韶乐风韵》《祖国颂》，朗诵《孔子》等富有山东元素、齐鲁特色的精品节目让观众耳目一新。

14日 全国第三届"牛郎织女传说"学术研讨会在沂源召开。

山东省文联所属山东省舞蹈家协会第七次代表大会、山东省民间文艺家协会第七次代表大会在济南召开，选举产生了两个协会新一届领导机构。孙晓茹、赵屹分别当选省舞协、省民协主席。

15日 由省委宣传部主办的2017年山东省文化科技卫生"三下乡"活动在临沂市费县马庄镇道德广场启动。

由济宁市委宣传部、邹城市委、中国孟子研究院、中国孟子学会联合主办的《孟子》七篇解读的当代价值研讨暨《孟子》七篇解读活动收官仪式在邹城举行。省政协原副主席、中国孟子研究院特聘院长王志民宣布此次《孟子》七篇解读活动圆满收官。

山东省文联所属山东省电影家协会第六次代表大会、山东省电视艺术家协会第五次代表大会在济南召开，选举产生了新的领导机构。于海丰、晋亮分别当选省影协、省视协主席。

17 日 省"见义勇为模范"颁奖晚会在济南举行，晚会为邢兆峰、朱德贵等43名省见义勇为模范和模范群体颁奖。

18 日 "一方水土一方人"2017年山东省非物质文化遗产月系列活动在济南正式启动。省政协副主席郭爱玲出席启动仪式。

2月

9 日 英国剑桥大学、山东大学和青岛市政府在青岛签署合作备忘录，三方将在创新转化领域开展具备引领性的深度合作，联手开拓技术创新和转化落地相关领域的新兴学科体系和多种类型的教育项目，共建创新转化学院和国际创新转化实践基地，力争将青岛市打造为国际创新转化之都。

16 日 山东省公安文学艺术联合会召开成立大会，省公安厅党委委员、政治部主任修春清当选山东省公安文学艺术联合会第一届理事会主席。

21 日 省委宣传部、团省委、大众报业集团、山东广播电视台、省青联、省学联联合印发通知，启动"践行社会主义核心价值观，争做'齐鲁最美青年'"主题活动，在全省范围内寻找向上向善的身边好青年。活动时间为2月至10月，包括动员推荐、投票评审、命名表彰、分享交流四个阶段。重点从全省各行各业特别是基层一线，年龄在14~45周岁（截至2016年12月31日）的青年中推选爱岗敬业、创新创业、诚实守信、崇义友善、孝老爱亲5类优秀典型。省级层面评选、命名10名"齐鲁最美青年"、40名"齐鲁最美青年"提名奖。

省直宣传文化系统召开党风廉政建设警示教育会议，深入贯彻中央和省委关于全面从严治党决策部署，通报严重违纪典型案例，严肃开展警示教育，部署党风廉政建设和反腐败工作。省委常委、宣传部部长孙守刚出席并讲话。

22 日 COSE中华传统文化教师资格认证考试中心揭牌仪式在曲阜孔子文化学院举行，这是省内首家中华传统文化教师资格认证机构。

26 日 山东省文联所属山东省美术家协会第七次代表大会在济南召开。会议总结上届以来工作，规划部署今后五年事业发展蓝图，选举产生了新领导机构，张望当选新一届省美协主席。

3月

7日 省直机关纪念"三八"国际妇女节107周年表彰大会暨家庭道德建设专题讲座在济南南郊宾馆俱乐部礼堂举行。

中国山东文化旅游产品（东京）展示会在日本东京池袋举办，来自全省12个市的71家文化旅游企业参加。

10日 2017年度"泰山学者特聘专家计划"和"泰山学者青年专家计划"申报工作启动。"特聘专家计划"新增加社会科学领域的特聘专家申报；"青年专家计划"仅面向社会科学领域青年人才。

山东省文化体制改革和发展工作领导小组第十四次会议在济南召开。省委常委、宣传部部长、省文化体制改革和发展工作领导小组组长孙守刚出席会议并讲话。

16日 山东首届智库高端人才研修班在济南开班，全省首批100多名智库高端人才入库专家参加。

19日 山东省巾帼乡村旅游扶贫公益行动在济南启动。活动由省妇联、省扶贫办、省旅游发展委、山东广播电视台共同实施，动员社会各界整合优势资源，面向有旅游资源、发展愿望、开发基础、女带头人、省定乡村旅游贫困村，着力实施宣传帮扶、技能帮扶、智力帮扶三大帮扶，引导帮助妇女发展乡村旅游，实现居家创业就业脱贫增收致富。

24日 省政府旅游工作联席会议第二次全体会议在济南召开，总结2016年全省旅游工作，分析面临形势，部署2017年重点工作。为加快推进我省旅游产业转型升级，省旅游发展委联合省发展改革委、省公安厅、省财政厅等27个部门共同签署了14个全域旅游联合推进计划，涉及工业旅游、乡村旅游、文化旅游、海洋旅游、政策扶持等方面共86项事宜。

为加强可移动文物保护工作的专业指导，山东省文物保护委员会聘请周宝中、李化元、吴顺清、马清林、铁付德、潘路、周铁、马涛、吴来明、赵西晨10位全国文物科技保护权威专家，为"山东省文物保护修复咨询专家"。

27日 "齐鲁文化走进东盟"活动一行50人赴泰国、老挝访问，展示山东文化魅力，促进文化交流合作。这次活动的主题是推介儒家文化。活动分为孔子文化展、非物质文化遗产互动演示、书画展览、文艺表演、一带一路与东盟论坛、图书展览六个部分。

省委常委、宣传部部长孙守刚在济南会见发展中国家智库学者考察团一行。发展中国家智库学者考察团由埃塞俄比亚、南非、尼日利亚、塞内加尔、柬埔寨、黎巴嫩6个国家的14位学者组成。

28 日 "山东好人" 2016 年十大年度人物颁奖典礼举行，省委常委、宣传部部长孙守刚会见年度人物并出席颁奖典礼。

31 日 中国肥城第 16 届桃花节在肥城市刘台桃花源景区开幕。

4月

1 日 中华传统文化与两岸社会发展研讨会在曲阜孔子研究院隆重举行。来自海峡两岸的专家学者及社会各界人士约 300 人参加了此次会议。研讨会的主题为 "传统文化与现代教育"，以两岸教育为抓手，共同弘扬中华传统文化、展示其在现代社会的创新发展、增强民众的文化自信、推动中华文化在世界的传播。研讨会期间，先后举办了开幕仪式及儒礼展演、主题演讲、学术会讲等活动。

5 日 山东省暨济南市青少年纪念 "四五" 烈士英勇就义 86 周年活动在济南市槐荫广场举行。

7 日 省纪委在曲阜召开《中华传统八德诠解丛书》出版座谈会，就弘扬优秀传统文化，引导党员干部坚定文化自信，自觉继承传统、廉洁修身进行研讨。该丛书系统阐释了 "孝悌忠信、礼义廉耻" 八德的起源、含义和本质，论述了八德与个人修养、社会和谐和国家治理的关系。这是国内首部以丛书形式诠释传统八德的通俗理论读物。

11 日 2017 年泰山东岳庙会启会。此次东岳庙会以 "逛东岳庙会·祈平安福贵" 为主题，主会场岱庙有 20 余项旅游、文化、民俗、经贸特色活动，首次设立泰山会展中心和林校操场分会场，为东岳庙会注入了新的元素与活力。

12 日 第 26 届菏泽牡丹文化旅游节在曹州牡丹园开幕，千余种牡丹竞相盛开，45 项公益特色文化活动相继举办。

14日 第三届"青岛·东亚版权创意精品展示交易会"在青岛国际会展中心开幕。省政协副主席郭爱玲出席开幕式并致辞。

第七届中国画节、第十届中国（潍坊）文化艺术展示交易会、2017中国青年实验艺术展在潍坊开幕。

15日 第34届潍坊国际风筝会开幕，省委常委、常务副省长李群出席开幕式并致辞，中国奥委会副主席、国际风筝联合会主席冯建中宣布开幕。

16日 第五届中国（临朐）沂山文化节暨丁酉年东镇沂山祀山大典在临朐县沂山风景区东镇庙举行。

22日 山东省首届弘扬中华优秀传统文化经验交流大会在济南召开。

由省委宣传部、省新闻出版广电局、山东出版集团有限公司联合举办的"2017齐鲁阅读季"在山东书城举行启动仪式，"山东全民阅读"官方微信公众号同时上线。

25日 2017孟子故里（邹城）母亲文化节在邹城市开幕。

26日 全省宣传部长座谈会召开。会议深入学习贯彻习近平总书记重要讲话精神，传达学习全国宣传部长座谈会精神，安排部署意识形态领域各项工作。省委常委、宣传部部长孙守刚出席会议并讲话。

5月

1日 "国家优秀传统文化传承发展示范区双创园区"揭牌仪式在邹城市孟子湖新区举行。双创园区作为文化传承发展示范区的核心项目，着力打造文化品牌孵化中心、传播交流中心、文化创意创业中心、文化体验和形象展示中心。

2日 山东省各界青年纪念五四运动98周年暨建团95周年座谈会在山东青年政治学院召开。省委副书记、济南市委书记王文涛出席座谈会并讲话。

7日 全省新任宣传部长培训班举办。省委常委、宣传部部长孙守刚出席开班仪式并讲话。孙守刚指出，全省广大宣传思想文化工作者要深入学习贯彻党的十八大和十八届三中、四中、五中、六中全会精神，深入学习贯彻习近平总书记系列重要讲话精神，认真贯彻中央和省委关于宣传思想文化工作的决策部署，努力开创宣传思想文化工作新局面。

11 日　第十三届中国（深圳）国际文化产业博览交易会在深圳国际会展中心拉开帷幕，山东展团以"科技引领、传承创新，融合发展、转型升级"为主题参展。省委常委、宣传部部长孙守刚到现场参观指导。

14 日　山东省戒毒系统中华优秀传统文化巡讲活动在省鲁中戒毒所、省济东戒毒所、省女子戒毒所、省戒毒监治所举办。活动以"讲座"和"现场课"的形式，为2000 余名警察、戒毒人员进行了8 场文化巡讲、4 节国学公开课授课。

18 日　全省各地举办丰富多彩的活动庆祝第41 个"国际博物馆日"。"文物山东——山东省可移动文物数据库综合管理服务平台"开通。

22 日　全省科学技术奖励大会在济南隆重召开，表彰为我省科技创新和现代化建设做出突出贡献的科技工作者。省委书记刘家义出席会议并为获得2016 年度省科学技术最高奖的胡敦欣院士颁奖。王书坚宣读了《山东省人民政府关于2016 年度山东省科学技术奖励的决定》。其中，胡敦欣院士凭借在海洋科学领域取得的突出成就获省科学技术最高奖。"基于结构调控和光电性能的纸芯片微流控基础研究与传感机制"等2 项成果获省自然科学奖一等奖；"扇贝分子育种技术创建与新品种培育"等5 项成果获省技术发明奖一等奖；"济薯系列专用甘薯新品种培育与加工利用"等18 项成果获省科学技术进步奖一等奖。

23 日　山东省文化体制改革和发展工作领导小组第十五次会议召开。会议传达了习近平总书记在中央全面深化改革领导小组第三十三次会议上的重要讲话和中宣部深化文化体制改革座谈会精神，审议并原则通过了《山东省文联深化改革方案》《山东省作家协会深化改革方案》《山东省新闻工作者协会深化改革方案》。

31 日　"民族歌剧《檀香刑》首演新闻发布会暨主创人员媒体见面会"在山东艺术学院举行。著名作家莫言携《檀香刑》主创团队、演员亮相发布会。民族歌剧《檀香刑》由莫言和山东艺术学院教授李云涛共同编剧，著名导演陈蔚执导，是莫言先生诸多优秀文学作品中首部改编为歌剧的作品。2016年，该剧成功入选国家艺术基金大型舞台剧创作资助项目。

6月

1 日　山东省与日本山口县缔结友好关系35 周年纪念展在山东博物馆开

幕。此次展览由山东博物馆与山口县立萩美术馆·浦上纪念馆共同承办，共展出作品 116 件，主要以风景、人物为主题，是日本近代浮世绘新版画名家作品首次来到中国。

5 日 省委常委、宣传部部长孙守刚到济南大学现场听思想政治课，并召开座谈会。他强调，要深入贯彻落实习近平总书记重要讲话精神，按照全国和全省高校思想政治工作会议安排部署，遵循工作规律，加强队伍建设，牢牢扛起职责使命，建好管好高校意识形态阵地，进一步做好全省高校思想政治工作。

6 日 省委常委、宣传部部长孙守刚到大众报业集团、山东广播电视台调研，并召开座谈会。他指出，全省新闻媒体要切实贯彻落实好习近平总书记对党的新闻舆论工作的要求，始终坚持正确政治方向，牢牢把握正确舆论导向，建好用好融媒体"中央厨房"，打通内部条块分割，再造采编审发流程，突破媒体深度融合难点。要强化党媒责任担当，充分发挥人才优势，对内整合融媒资源，对外讲好山东故事，提升山东媒体的传播力、影响力、引导力、公信力。全省新闻媒体要紧紧围绕省第十一次党代会和党的十九大，唱响主旋律，振奋精气神，大力营造团结奋进的浓厚氛围。要丰富报道内容形式，创新成就、典型和主题报道，宣传解读好会议精神，反映好党代表精神风貌，全媒体、立体式做好省第十一次党代会和迎接党的十九大新闻宣传工作。

7 日 省委宣传部在济南市皮肤病防治院举办"全国学雷锋活动示范点"授牌仪式。全国第三批 50 个学雷锋活动示范点和岗位学雷锋标兵名单公布，山东获得全国第三批学雷锋活动示范点荣誉称号的是济南市皮肤病防治院、淄博市周村区"五老"学雷锋志愿服务团，获得岗位学雷锋标兵荣誉称号的是青岛市市北区姜东经济纠纷调解工作室主任姜东、枣庄市滕州火车站客运车间主任值班员索建民。

9 日 山东省第九届残疾人艺术会演在潍坊市举行。

10 日 "文化和自然遗产日"山东主场活动在济南市章丘区焦家遗址考古工地举行，山东大学校长张荣出席活动并为我省首个"公众考古基地"揭牌。焦家遗址是我省又一重大考古新发现，由山东大学于 2016 年和 2017 年进行了两次大规模的考古发掘，初步确定该遗址是距今 5000 年前后鲁北地区的经济文化中心。

26日 由中国墨子学会、山东建筑大学、滕州市联合举办的第三届鲁班文化节在滕州开幕。本届文化节以"传承鲁班文化，弘扬工匠精神"为主题，精心策划了鲁班文化学术研讨会、优秀工匠评选表彰、鲁班锁拆解大赛、职工职业技能大赛、柳琴戏《墨子与鲁班》文化惠民演出等8项主题活动。

30日 省委书记刘家义一行来到省老干部活动中心，观看"党旗正红——庆祝建党96周年、喜迎十九大"老干部文艺演出，同老同志一起庆祝党的96华诞。省里的老同志赵志浩、陆懋曾，省委常委、组织部部长杨东奇，省委常委、秘书长胡文容参加活动。

"践行社会主义核心价值观主题创作展"在济南美术馆开幕。省委常委、宣传部部长孙守刚出席开幕式。

7月

3日 山东社会科学院、山东智库联盟举行全省社科院系统学习贯彻省第十一次党代会精神暨加快推进新旧动能转换座谈会，专题研讨智库专家推进新旧动能转换。

由省政府新闻办、中国日报社共同举办的"亚洲媒体聚焦山东"采访活动启动。采访团由哈萨克斯坦、乌兹别克斯坦、巴基斯坦、马来西亚、斯里兰卡、泰国等"一带一路"沿线国家的境外媒体记者组成，通过5天的采访行程，以外国人的视角讲述山东故事，将"好品山东""好客山东"等品牌推向世界。

5日 第五届尼山论坛筹备工作会议召开，全国人大常委会原副委员长、尼山论坛组委会主席许嘉璐主持并讲话，山东省委常委、宣传部部长孙守刚出席。会议听取了论坛秘书处工作汇报，围绕第五届尼山论坛主题进行了深入研讨。第五届尼山世界文明论坛拟于2018年5月在曲阜举行，会议主题为"世界大变局与人类文明共同体"。同时围绕"女性赋权与全球发展"举办分论坛——第二届尼山世界女性论坛。尼山论坛组委会成员和中国人民外交学会、中国联合国协会、中国国际友好联络会、中华宗教文化交流协会、孔子学院总部、中国人民大学、北京师范大学、山东大学、中华文化学院、中国文化院等主办单位代表出席会议。

6 日 山东省"厚道鲁商"品牌形象榜发布仪式在济南举行。省委常委、宣传部部长孙守刚出席并为发布仪式揭幕。为弘扬鲁商诚信守法优秀品质，创造一流营商环境，我省于 2014 年启动了"厚道鲁商"倡树行动。本次品牌形象榜的发布，旨在展示和宣传一批在守法诚信经营、人本和谐管理、履行社会责任和创新企业文化方面做出突出成绩的优秀企业，打造具有中国特色、齐鲁风格、时代特征的新鲁商文化品牌。

9 日 山东省社会科学成果展开展暨社会科学数据中心启用仪式在省社科联举行。省委常委、宣传部部长、省社科联主席孙守刚出席活动。

11 日 首届山东文化惠民消费季动员部署会议召开。会议深入贯彻落实省第十一次党代会精神和省委、省政府关于实施新旧动能转换重大工程的战略部署，对举办首届山东文化惠民消费季做出安排。

18 日 第八届中国少年儿童合唱节开幕式在日照市会展中心举行，合唱节期间举办了系列展演活动，日照市是山东省首个承办该节的城市，文化部党组副书记、副部长杨志今出席开幕式。

20 日 首届山东文化惠民消费季开幕式暨"乐动齐鲁"民族音乐会在省会大剧院音乐厅上演。

21 日 曲阜优秀传统文化传承发展示范区与爱奇艺公司战略合作协议签署暨爱奇艺优秀传统文化双创示范基地揭牌仪式举行。双方就签订战略合作协议、挂牌成立爱奇艺优秀传统文化双创示范基地等具体事宜达成初步共识。省委常委、宣传部部长孙守刚出席签约仪式。

22 日 山东省中华文化促进协会成立，来自全省的 120 余名会员代表参加成立大会。山东省中华文化促进协会经省民政厅批准成立，由省社科联主管，是我省唯一的全省性文化类综合性社会团体组织。协会以传承和弘扬中华优秀传统文化特别是齐鲁优秀传统文化为己任，在为我省经济文化强省建设提供文化保证、舆论支持和精神动力方面发挥积极作用。

24 日 全省文化产业发展推进会在青岛召开。会议认真贯彻落实省第十一次党代会精神和省委、省政府关于实施新旧动能转换重大工程的部署要求，总结工作，交流情况，分析形势，研究部署下一步工作。

28 日 由省委宣传部、省新闻出版广电局、省贸促会、山东出版集团有限公司联合主办的"齐鲁书香节暨 2017 山东书展"开幕。

8月

1 日 全省宣传部长专题工作会议召开，学习贯彻习近平总书记在省部级主要领导干部专题研讨班上重要讲话精神。省委常委、宣传部部长孙守刚出席会议并讲话，他强调宣传文化系统要深入学习领会习近平总书记重要讲话精神，深刻认识讲话的重大政治意义、理论意义、实践意义，全面准确把握讲话的丰富内涵和精髓要义，把思想和行动统一到讲话精神上来。要把学习宣传贯彻习近平总书记重要讲话精神作为首要政治任务，以高度的政治责任感、使命感，认真组织好学习研讨、宣传报道、研究阐释、宣讲普及工作，纳入"两学一做"学习教育，营造学习宣传贯彻的浓厚氛围。要以讲话精神为指导，深化习近平总书记系列重要讲话精神和治国理政新理念新思想新战略的学习宣传，充分展示党的十八大以来党和国家事业发生的历史性变革，精心组织主题宣传教育和文化活动，迅速兴起迎接党的十九大宣传热潮，以优异成绩迎接党的十九大胜利召开。

2 日 第十三届全国运动会山东省代表团出席成立大会在济南举行，全省共有862名运动员获得第十三届全运会决赛资格，参加29个大项、295个小项的比赛，参赛人数、项数均创历史新高。

3 日 省直宣传文化系统党建工作座谈会召开，学习贯彻习近平总书记在省部级主要领导干部专题研讨班上重要讲话精神，贯彻落实中央和省委全面从严治党的部署要求。15个部门单位主要负责同志汇报了2017年上半年党建工作情况。省委常委、宣传部部长孙守刚出席会议并讲话。

8 日 第五届世界摄影大会在山东开幕。此次大会由国际摄影艺术联合会、省旅游发展委、省文化厅联合主办，同时举行"好客山东"推介活动、大会开幕式、大会闭幕式暨颁奖典礼、展览开幕式及颁奖仪式、"世界摄影基地"泰山授牌仪式、丝路国家摄影组织峰会等活动。本次世界摄影大会是中国首次获得世界摄影大会的主办权，有来自42个国家和地区的300余人参与。

10 日 由山东省、青岛市和西藏日喀则市联合举办的日喀则市第十五届珠峰文化旅游节暨山东活动周青岛分会场活动在青岛举行。本次活动旨在深化鲁藏友谊，促进经济合作和民族团结，提升对口支援工作水平，创造新的合作机遇，实现合作共赢。

11 日 第九届全国残疾人艺术会演（东部片区）比赛在济南拉开帷幕。

12 日 由大众报业集团、中国人寿山东省分公司主办，山东新闻书画院承办的"中国人寿杯"山东省第十三届少儿书画大赛颁奖典礼暨获奖作品展开幕式在山东新闻美术馆举办。

13 日 "新现实主义水墨艺术研究展"在聊城开幕。这是继济南、临沂、潍坊、东营四站展出后奉献的收官展。

16 日 第十届全国优秀儿童文学奖评选揭晓，山东省作家张炜的长篇小说《寻找鱼王》获奖。《寻找鱼王》为读者呈现了富有中华传统文化魅力的传奇世界，在充满民俗韵味和地域风情的故事中，带领读者体味爱与生命的深远况味，鼓励人们探索崭新的人生意义。

24 日 省委常委、宣传部部长孙守刚到第 24 届北京国际图书博览会山东展馆巡馆。他指出，山东近年来出版了一大批精品图书，荣获了中国出版政府奖、中华优秀出版物奖、"五个一"工程奖等国家级图书奖项 200 余种。"走出去"步伐不断加快，2017 年以来图书版权输出 270 余种，比 2016 年同期增长两倍多。他强调，要继续努力打造"鲁版图书"品牌，借助"尼山书屋'走出去'工程"入选"国家文化出口重点项目"的契机，持续加大"走出去"力度，向世界讲好山东故事，不断提升齐鲁文化国际影响力。

28 日 山东省和复旦大学省校文化传媒座谈会召开，双方就文化传媒领域深化省校合作进行研讨交流。省委常委、宣传部部长孙守刚，复旦大学党委书记焦扬出席会议并讲话。

9月

1 日 首届山东国际小剧场话剧演出季在省会大剧院开幕。省委常委、宣传部部长孙守刚，省委常委、省纪委书记陈辐宽出席活动并观看开幕式演出《大清相国》。

全省考古工作会议在济南召开，国家文物局党组副书记、副局长顾玉才出席会议并讲话。

3 日 第十六届电影表演艺术学会奖——金凤凰奖颁奖典礼在青岛西海岸

新区灵山湾影视文化产业区影视产业园举行。作为两年一度的影视界盛会，唐国强、葛优、马思纯等100多位观众熟悉和喜爱的老中青影视演员参加了颁奖仪式。

6日 第十六届山东省广告节在淄博开幕，本届广告节为期5天，主题是"蝶变·共翔"。

作为中国馆11个省区市活动周的收官之作，以"丝路筑梦·绿色山东"为主题的山东活动周在阿斯塔纳世博会拉开帷幕。

第十七届中国（淄博）国际陶瓷博览会开幕。

7日 第三十一届泰山国际登山比赛正式启动。本届比赛共有来自21个国家的3366名选手报名参加，不论是参赛人数还是参赛国家数量，都比2016年有所增加。最终，坦桑尼亚选手庞加约瑟夫·蒂奥菲尔以58分10秒的成绩夺得玉皇顶国际男子组冠军，埃塞俄比亚选手洛娃·泽图娜·哈森以1小时13分10秒的成绩夺得玉皇顶国际女子组冠军。

11日 "齐鲁大地·珠峰神韵"第十五届珠峰文化旅游节"山东活动周"开幕式暨文艺演出在省文化馆举行。大型民族歌舞晚会《吉祥日喀则》在济南上演。

12日 第十四届齐文化节在淄博临淄开幕，本届齐文化节以"泱泱齐风"为主题，围绕"祭姜、蹴鞠、寻古、探宝、招商、闻韶、惠民"七大主题板块，策划组织了第十四届齐文化节开幕式、2017齐文化与稷下学高峰论坛、姜太公诞辰3156周年祭礼、齐文化博览会暨民间收藏展等为期一个多月的丰富多彩的文化活动，活动内容之丰富、活动形式之多样均创历届之最。

17日 第二届中华学子青春国学荟优秀国学成果颁奖礼在曲阜举行。团中央书记处书记傅振邦出席活动。

16日 中国杂技界规格最高的赛事——第十届中国杂技金菊奖全国杂技比赛在蓬莱拉开帷幕。来自国内各省份28支顶尖杂技团队的500多名选手，携30个杂技节目齐聚人间仙境，在"八仙过海"之地各显神通角逐金菊奖。

19日 曾子研究会在曲阜举办了揭牌仪式。清华大学国学研究院院长、中国哲学史学会会长陈来，新加坡"新中友好协会"副会长、曲阜儒学新院院长曾繁如共同为曾子研究会揭牌。

20日 第八届世界儒学大会在曲阜举行。300多位中外专家学者汇聚一堂，交流切磋儒学研究最新成果，共话传统文化传承发展。文化部部长雒树刚做主旨演讲，中国艺术研究院院长连辑出席，山东省委常委、宣传部部长孙守刚主持。

26 日 "书于竹帛——中国简帛文化展"在山东博物馆开展，国家文物局副局长刘曙光出席活动。

27 日 2017 中国（曲阜）国际孔子文化节开幕式暨第十二届联合国教科文组织孔子教育奖颁奖典礼在曲阜举行。全国政协副主席王家瑞宣布孔子文化节开幕，省委副书记、省长龚正出席并致辞。次日，丁酉年公祭孔子大典在曲阜孔庙举行，联合国教科文组织官员，第十二届孔子教育奖获奖者代表，国际友好城市代表，儒学机构及儒学专家代表，国际友人代表，孔氏后裔代表，社会各界以及济宁市、曲阜市代表等敬献花篮。

由山东牵头其他九省市发起的中国研学旅游推广联盟在曲阜成立。国家旅游局副局长魏洪涛出席成立大会并致辞。

2017 中国大舜文化节在舜帝故里诸城开幕。

28 日 2017 中国（日照）太阳文化国际研讨会在日照开幕，来自希腊、埃及、印度、秘鲁等世界太阳文化崇拜地城市的代表，以及国内太阳文化研究专家、学者等 200 余人参加了研讨会。

29 日 "第十届山东省'泰山文艺奖'颁奖典礼暨首届秧歌会"在济南举行。

10月

6 日 全省文化领域政策措施落实情况和专项资金绩效管理审计调查启动。本次审计调查涉及省本级、17 市及部分县（市、区）、乡（镇、街道）财政、宣传、文化、文物、体育、新闻出版、广播影视等部门，涵盖地方公共文化服务体系建设政策及专项资金、宣传文化发展专项资金、文化产业发展领域专项资金、文物保护专项资金等。

8 日 省旅游发展委、省统计局联合统计调查测算，2017 年国庆中秋假期，山东省共接待游客 7065.5 万人次，同比增长 14.0%；实现旅游消费总额559.6 亿元，同比增长 16.1%。据统计调查，全省纳入监测的百家景区共接待游客 1502.1 万人次，同比增长 12.3%；实现门票收入 5.85 亿元，同比增长 13.8%。

12 日 第五届中国非物质文化遗产博览会第一次筹备协调会在济南召开。

由省委宣传部、省直机关工委、省文化厅、省文联、山东广播电视台主办的"党旗颂·中国梦"山东省喜迎党的十九大群众交响合唱音乐会，在省会大剧院音乐厅举行。

15 日 胶东革命历史题材电影《天福山起义》在济南万达影城举行首映式。影片以打响胶东武装抗日第一枪的天福山起义为背景，生动讲述了以理琪、于得水等为代表的胶东人民血性抗日、保家卫国的历史故事。爆发于 1937 年 12 月 24 日的天福山起义，打响了胶东武装抗日的第一枪，缔造了"山东人民抗日救国军第三军"这支英勇的部队。这支部队从天福山出发，一路转战南北，发展壮大成为 27 军、31 军、32 军、41 军四个集团军，在抗日战争、解放战争中立下了赫赫战功，留下了无数可歌可泣的英雄事迹。

17 日 由省工商联、省美协、省书协主办的"大海杯·民营企业家喜迎十九大书画作品展"开幕式在济南举行。

20 日 2017（济南）国际文物保护装备博览会在济南开幕。本届国际文物保护装备博览会以"科技装备，让古老遗产融入现代生活"为主题，由装备技术产品、文创产品、文物成就展示、论坛、供需发布五大板块构成，共有国内外 210 家企业和单位参会，展会总面积 1.3 万平方米。其中，故宫博物院在近 200 平方米的展区内，集中展销 10 多个系列近 400 种特色文创产品，这是故宫博物院文创产品首次亮相山东。

23 日 第二届"世界足球文化高峰论坛"在英国曼彻斯特的英格兰国家足球博物馆举行，主题为"中国蹴鞠与英国足球"。此次论坛的举办，对传承蹴鞠薪火、推动足球发展、深化文化交流起到推动作用。从淄博运至该馆 20 多件特色工艺品，包括琉璃蹴鞠图、刻盘蹴鞠画等在博物馆显要位置展出，中方系列蹴鞠元素藏品落户英国国家足球博物馆后，逐渐成为曼彻斯特市的旅游新亮点。

27 日 省委宣传部理论中心组举行集体学习，原原本本地传达学习党的十九大精神，交流学习体会。省委常委、宣传部部长孙守刚主持并讲话，他强调党的十九大是在全面建成小康社会决胜阶段、中国特色社会主义进入新时代的关键时期召开的一次十分重要的大会，要把学习宣传贯彻党的十九大精神作为全省宣传思想文化战线的首要政治任务，以高度的政治责任感和使命感，集中力量、全力以赴做好学习宣传贯彻工作，迅速兴起学习宣传贯彻热潮，推动党的十九大精神深入人心、落地生根。要更加旗帜鲜明讲政治，牢固树立"四个意识"，增强"四个自信"，坚决维护以习近平同志为核心的党中央权威和集中统一领导，在政治立场、政治方向、政治原则、政治道路上同党中央保持高度一致。要坚持用习近平新时代中国特色社会主义思想武装头脑、指导实践、推动工作，以实际行动贯彻落实党的十九大精神，自觉担负起推动文化繁荣发展的历史使命，不断展现新气象新作为，谱写文化强省新篇章。

31日 首届山东文化惠民消费季闭幕式暨大型交响音乐会在济南举办，标志着首届山东文化惠民消费季圆满落幕。省委常委、宣传部部长孙守刚，省政协副主席赵家军出席活动。

山东师范大学新闻与传媒学院成立暨山东省高校影视传媒联盟成立大会，在山东师范大学千佛山校区举行。山东师范大学新闻与传媒学院在原传媒学院和文学院相关专业基础上成立，学院专业门类齐全，设有广播电视编导、戏剧影视文学、新闻学等六个本科专业和数字媒体艺术、动漫艺术方向。

11月

2日 全省宣传部长会议在济南召开，省委常委、宣传部部长孙守刚出席会议并讲话，强调全省宣传思想文化战线要把学习宣传贯彻党的十九大精神作为首要政治任务，以学习好、宣传好、贯彻好习近平新时代中国特色社会主义思想为主线，全面兴起学习宣传贯彻热潮。孙守刚强调，要充分认识党的十九大的重大意义，深入学习领会党的十九大精神的思想精髓、核心要义，着力在学懂弄通做实上下功夫，引导广大干部群众把思想和行动统一到党的十九大精神上来。要全力以赴做好党的十九大精神宣传工作，突出昂扬向上、平实务实的鲜明基调，精心组织新闻宣传，深入开展集中宣讲，切实抓好学习研究，大力加强网上宣传，广泛开展社会宣传，营造浓厚思想舆论氛围，推动党的十九大精神深入人心、落地生根。要以习近平新时代中国特色社会主义思想为指引，牢固树立"四个意识"，坚定"四个自信"，更好担负起新的文化使命，不断开创文化强省建设新局面。

3 日 全省高校学习党的十九大精神视频会召开，认真学习贯彻党的十九大精神，传达学习省委十一届二次全会精神，对高校学习宣传贯彻工作做出部署，省委常委、宣传部部长孙守刚出席会议并讲话。

4 日 由省政协文史资料委员会、山东大学、中国孔子基金会、临沂市政协、联合日报社主办，山东大学儒学高等研究院和兰陵县委、县政府承办的"荀子思想与治国理政"学术研讨会在济南开幕。

5 日 为深入学习宣传贯彻党的十九大精神，提高我省理论骨干宣讲水平，迅速兴起学习宣传热潮，省委宣传部、省委讲师团在济南举办全省学习贯彻党的十九大精神理论宣讲骨干培训班。培训班传达学习了中宣部学习贯彻党的十九大精神研讨班精神，对我省宣讲工作做出安排部署。全体学员参加了中央宣讲团党的十九大精神报告会，参加了山东省学习贯彻党的十九大精神宣讲团成立暨宣讲工作动员会。

8 日 省政府公布第三届山东省文化创新奖获奖项目名单，"临沂文化精准扶贫'3＋7'行动"等30项创新成果榜上有名。

9 日 第六届全国道德模范及提名奖获得者名单发布。山东省有三人当选全国道德模范，他们是威海市残疾人就业服务中心主任刘长城、莱芜市茶业口镇崖下村村民房公训、中车青岛四方机车车辆股份有限公司高级技师宁允展。

山东省新闻奖颁奖报告会召开，全省新闻工作者代表欢聚一堂，隆重庆祝第十八个中国记者节，并表彰优秀新闻工作者。省委常委、宣传部部长孙守刚出席报告会并讲话。

2017海峡两岸（嘉祥）曾子思想暨礼孝文化研讨会在宗圣曾子故里嘉祥县举办，来自海峡两岸的专家学者、曾氏宗亲对曾子思想进行了深入研讨。

16 日 由中国孔子基金会组织发起的"孔子学堂"正式落户山东省监狱。设立"孔子学堂"，旨在引入高端教育平台和资源，全方位、多层次加强对服刑人员的教育改造工作，为实现治本安全、创建安全文明现代化监狱提供文化支撑。

17 日 中央文明委发布新一届全国文明城市，文明村镇，文明单位，文明校园，未成年人思想道德建设工作先进城市、先进单位、先进工作者和全国道德模范。在第五届全国文明城市评选中，济南市，日照市和莱芜市2个地级市，胶州市、寿光市、莱州市、荣成市、乳山市、龙口市 6 个县级市当选全国文明城市。其中，济南市在省会城市序列中排名第一，日照市在 30 个地级市中排名第二，胶州市在 50 个县级市中排名第一。青岛市、烟台市、淄博市、威海市、潍坊市、东营市 6 市经复查确认继续保留全国文明城市荣誉称号。其中，烟台市第五次荣获全国文明城市，是全省唯一的"五连冠"地级城市、全国仅有的两个"五连冠"地级城市之一。在第五届全国文明村镇评选中，我省济南市长清区万德街道马套村等 82 个村镇入选。在第五届全国文明单位评选中，我省济南市财政局等 76 个单位当选。全国各行业系统中，山东有 17 个单位当选全国文明单位。

在第一届全国文明校园评选中，山东师范大学等 28 所学校当选，内含 2 所大学、9 所中学、17 所小学。同时，我省刘长城等 3 人当选第六届全国道德模范，逄秋香等 7 人获第六届全国道德模范提名奖。威海市当选全国未成年人思想道德建设工作先进城市，山东省济南外国语学校等 10 个单位当选全国未成年人思想道德建设工作先进单位，张淑红等 6 人当选全国未成年人思想道德建设工作先进工作者。

25 日　全国第五届弘扬中华优秀传统文化经验交流大会在济南开幕，全国政协文史和学习委员会副主任孙庆聚出席会议并做辅导报告，省政协副主席孙继业出席活动。

26 日　由山东社会科学院、韩国国立安东大学共同主办的第四届中韩儒学交流大会在济南举行。

12月

5 日　全国首个探矿博物馆——山东探矿博物馆在济南开馆。

13 日　"山东文化惠民消费季品牌榜"名单公布。评审活动于 10 月启动，经主管部门初核、评审小组初评、媒体展示、网络投票、专家评委综合评审，最终评选出朔之乡剪纸等 11 个"最受欢迎的文化创意品牌"，威海华夏城等 12 家"最受欢迎的文化旅游景区"，中国现代黑陶艺术馆等 20 家"最受欢迎的文化消费地标"，舞台剧《沂蒙组歌》等 10 个"最受欢迎的艺术精品"，文惠购等 5 家"最受欢迎的数字文化新秀"，山东大众报业（集团）发行有限公司等20家"最受欢迎的文化消费企业"和梁銮文等"百名文化消费先锋"。

12日 全省学习宣传贯彻党的十九大精神先进典型座谈会召开，深入学习宣传贯彻十九大精神，充分发挥先进典型的示范引领作用，推动习近平新时代中国特色社会主义思想在基层落地生根、开花结果。17位来自全省各行各业、各条战线的先进典型代表参加会议。

13日 省旅游发展委对外公示10家国家4A级旅游景区，包括济南方特东方神画主题乐园、青岛百果山森林公园、青岛西海岸生态观光园、淄博齐山风景区、淄博市博山陶瓷琉璃艺术中心、潍坊欢乐海沙滩景区、威海荣成市那香海景区、日照五莲县大青山风景区、临沂临沭县苍马山·冠山旅游区、滨州魏集古镇旅游区。

14日 省委宣传部举办党的十九大精神专题培训班，推动全省新闻舆论战线全面理解、深刻把握、学深悟透党的十九大精神和习近平新时代中国特色社会主义思想，加强马克思主义新闻观教育，切实整顿作风，规范新闻秩序，提高新闻履职能力，进一步加强和改进新闻舆论工作。省委常委、宣传部部长王清宪做开班动员讲话。

15日 全省社会主义核心价值观四德工程建设推进会召开，会议深入学习贯彻党的十九大精神和习近平新时代中国特色社会主义思想，总结交流全省社会主义核心价值观四德工程建设经验，研究部署工作，进一步把我省社会主义核心价值观和四德工程建设引向深入。

"百万图书大漂流"启动仪式在济南举行。活动由山东省新闻出版广电局、山东广播电视台主办，山东音乐台动感991联合16家出版社承办。活动将前期出版社、爱心企业、热心市民等捐赠的书籍集结起来，在街头、商超、餐厅等地点随机"放漂"，市民可以随意选取图书并带走，读完再放回公共场所，使其继续参与漂流，惠及下一位阅读者。同时，市民也捐出自己闲置的图书参与漂流。

20日 山东省第十二届精神文明建设"文艺精品工程"表彰座谈会召开。会议深入学习贯彻习近平新时代中国特色社会主义思想和党的十九大精神，传达学习习近平总书记关于精神文明建设"五个一工程"的重要指示，表彰我省第十四届"五个一工程"、第十二届"文艺精品工程"和第十届"泰山文艺奖"获奖单位、个人和优秀作品,安排部署今后一个时期文艺精品创作生产。省委常委、宣传部部长王清宪出席会议并讲话。

26日 全省百姓宣讲工作座谈会在青岛胶州市召开。这是我省第一次围绕百姓宣讲工作召开专题工作会议,旨在进一步总结百姓宣讲工作成功经验,推广先进典型,研究部署深化党的十九大精神百姓宣讲工作。

28日 纪念孔孚先生座谈会暨孔孚与中华文化艺术精神学术研讨会在济南举办。来自京、津、辽和省内50多位专家学者,就孔孚诗与书艺、书道等展开研讨,并对孔孚"走出去"等话题提出建议。有专家说,孔孚有强烈的文化自信,汲取优秀传统文化,用自己的智慧和强烈的生命力引燃他人,写出了独领风骚的山水诗。

参考文献

肖锋:《非物质文化遗产的保护与产品研发》,人民日报出版社,2016,第103~117页,第15页。

《"互联网+非遗"还需火候》,《光明日报》2017年7月18日第12版。

《王军:"非遗"保护"伤不起"》,中国经济网,http://www.ce.cn/culture/gd/201707/21/t20170721_24363984.shtml,2017年7月21日。

李颖:《生产性保护视角下非遗传承与创新发展的思考》,《人文天下》2016年第17期。

❖ 皮书起源 ❖

"皮书"起源于十七、十八世纪的英国，主要指官方或社会组织正式发表的重要文件或报告，多以"白皮书"命名。在中国，"皮书"这一概念被社会广泛接受，并被成功运作、发展成为一种全新的出版形态，则源于中国社会科学院社会科学文献出版社。

❖ 皮书定义 ❖

皮书是对中国与世界发展状况和热点问题进行年度监测，以专业的角度、专家的视野和实证研究方法，针对某一领域或区域现状与发展态势展开分析和预测，具备原创性、实证性、专业性、连续性、前沿性、时效性等特点的公开出版物，由一系列权威研究报告组成。

❖ 皮书作者 ❖

皮书系列的作者以中国社会科学院、著名高校、地方社会科学院的研究人员为主，多为国内一流研究机构的权威专家学者，他们的看法和观点代表了学界对中国与世界的现实和未来最高水平的解读与分析。

❖ 皮书荣誉 ❖

皮书系列已成为社会科学义献出版社的著名图书品牌和中国社会科学院的知名学术品牌。2016 年，皮书系列正式列入"十三五"国家重点出版规划项目；2013~2018 年，重点皮书列入中国社会科学院承担的国家哲学社会科学创新工程项目；2018 年，59 种院外皮书使用"中国社会科学院创新工程学术出版项目"标识。

权威报告·一手数据·特色资源

皮书数据库
ANNUAL REPORT(YEARBOOK) DATABASE

当代中国经济与社会发展高端智库平台

所获荣誉

- 2016年，入选"'十三五'国家重点电子出版物出版规划骨干工程"
- 2015年，荣获"搜索中国正能量 点赞2015""创新中国科技创新奖"
- 2013年，荣获"中国出版政府奖·网络出版物奖"提名奖
- 连续多年荣获中国数字出版博览会"数字出版·优秀品牌"奖

成为会员

通过网址www.pishu.com.cn访问皮书数据库网站或下载皮书数据库APP，进行手机号码验证或邮箱验证即可成为皮书数据库会员。

会员福利

- 使用手机号码首次注册的会员，账号自动充值100元体验金，可直接购买和查看数据库内容（仅限PC端）。
- 已注册用户购书后可免费获赠100元皮书数据库充值卡。刮开充值卡涂层获取充值密码，登录并进入"会员中心"—"在线充值"—"充值卡充值"，充值成功后即可购买和查看数据库内容（仅限PC端）。
- 会员福利最终解释权归社会科学文献出版社所有。

社会科学文献出版社 SOCIAL SCIENCES ACADEMIC PRESS (CHINA) 皮书系列

卡号：932282816779
密码：

数据库服务热线：400-008-6695
数据库服务QQ：2475522410
数据库服务邮箱：database@ssap.cn
图书销售热线：010-59367070/7028
图书服务QQ：1265056568
图书服务邮箱：duzhe@ssap.cn

S 基本子库
UB DATABASE

中国社会发展数据库（下设 12 个子库）

全面整合国内外中国社会发展研究成果，汇聚独家统计数据、深度分析报告，涉及社会、人口、政治、教育、法律等 12 个领域，为了解中国社会发展动态、跟踪社会核心热点、分析社会发展趋势提供一站式资源搜索和数据分析与挖掘服务。

中国经济发展数据库（下设 12 个子库）

基于"皮书系列"中涉及中国经济发展的研究资料构建，内容涵盖宏观经济、农业经济、工业经济、产业经济等 12 个重点经济领域，为实时掌控经济运行态势、把握经济发展规律、洞察经济形势、进行经济决策提供参考和依据。

中国行业发展数据库（下设 17 个子库）

以中国国民经济行业分类为依据，覆盖金融业、旅游、医疗卫生、交通运输、能源矿产等 100 多个行业，跟踪分析国民经济相关行业市场运行状况和政策导向，汇集行业发展前沿资讯，为投资、从业及各种经济决策提供理论基础和实践指导。

中国区域发展数据库（下设 6 个子库）

对中国特定区域内的经济、社会、文化等领域现状与发展情况进行深度分析和预测，研究层级至县及县以下行政区，涉及地区、区域经济体、城市、农村等不同维度。为地方经济社会宏观态势研究、发展经验研究、案例分析提供数据服务。

中国文化传媒数据库（下设 18 个子库）

汇聚文化传媒领域专家观点、热点资讯，梳理国内外中国文化发展相关学术研究成果、一手统计数据，涵盖文化产业、新闻传播、电影娱乐、文学艺术、群众文化等 18 个重点研究领域。为文化传媒研究提供相关数据、研究报告和综合分析服务。

世界经济与国际关系数据库（下设 6 个子库）

立足"皮书系列"世界经济、国际关系相关学术资源，整合世界经济、国际政治、世界文化与科技、全球性问题、国际组织与国际法、区域研究 6 大领域研究成果，为世界经济与国际关系研究提供全方位数据分析，为决策和形势研判提供参考。

法律声明

"皮书系列"（含蓝皮书、绿皮书、黄皮书）之品牌由社会科学文献出版社最早使用并持续至今，现已被中国图书市场所熟知。"皮书系列"的相关商标已在中华人民共和国国家工商行政管理总局商标局注册，如 LOGO（）、皮书、Pishu、经济蓝皮书、社会蓝皮书等。"皮书系列"图书的注册商标专用权及封面设计、版式设计的著作权均为社会科学文献出版社所有。未经社会科学文献出版社书面授权许可，任何使用与"皮书系列"图书注册商标、封面设计、版式设计相同或者近似的文字、图形或其组合的行为均系侵权行为。

经作者授权，本书的专有出版权及信息网络传播权等为社会科学文献出版社享有。未经社会科学文献出版社书面授权许可，任何就本书内容的复制、发行或以数字形式进行网络传播的行为均系侵权行为。

社会科学文献出版社将通过法律途径追究上述侵权行为的法律责任，维护自身合法权益。

欢迎社会各界人士对侵犯社会科学文献出版社上述权利的侵权行为进行举报。电话：010-59367121，电子邮箱：fawubu@ssap.cn。

社会科学文献出版社

社长致辞

蓦然回首，皮书的专业化历程已经走过了二十年。20年来从一个出版社的学术产品名称到媒体热词再到智库成果研创及传播平台，皮书以专业化为主线，进行了系列化、市场化、品牌化、数字化、国际化、平台化的运作，实现了跨越式的发展。特别是在党的十八大以后，以习近平总书记为核心的党中央高度重视新型智库建设，皮书也迎来了长足的发展，总品种达到600余种，经过专业评审机制、淘汰机制遴选，目前，每年稳定出版近400个品种。"皮书"已经成为中国新型智库建设的抓手，成为国际国内社会各界快速、便捷地了解真实中国的最佳窗口。

20年孜孜以求，"皮书"始终将自己的研究视野与经济社会发展中的前沿热点问题紧密相连。600个研究领域，3万多位分布于800余个研究机构的专家学者参与了研创写作。皮书数据库中共收录了15万篇专业报告，50余万张数据图表，合计30亿字，每年报告下载量近80万次。皮书为中国学术与社会发展实践的结合提供了一个激荡智力、传播思想的入口，皮书作者们用学术的话语、客观翔实的数据谱写出了中国故事壮丽的篇章。

20年跬步千里，"皮书"始终将自己的发展与时代赋予的使命与责任紧紧相连。每年百余场新闻发布会，10万余次中外媒体报道，中、英、俄、日、韩等12个语种共同出版。皮书所具有的凝聚力正在形成一种无形的力量，吸引着社会各界关注中国的发展，参与中国的发展，它是我们向世界传递中国声音、总结中国经验、争取中国国际话语权最主要的平台。

皮书这一系列成就的取得，得益于中国改革开放的伟大时代，离不开来自中国社会科学院、新闻出版广电总局、全国哲学社会科学规划办公室等主管部门的大力支持和帮助，也离不开皮书研创者和出版者的共同努力。他们与皮书的故事创造了皮书的历史，他们对皮书的拳拳之心将继续谱写皮书的未来！

现在，"皮书"品牌已经进入了快速成长的青壮年时期。全方位进行规范化管理，树立中国的学术出版标准；不断提升皮书的内容质量和影响力，搭建起中国智库产品和智库建设的交流服务平台和国际传播平台；发布各类皮书指数，并使之成为中国指数，让中国智库的声音响彻世界舞台，为人类的发展做出中国的贡献——这是皮书未来发展的图景。作为"皮书"这个概念的提出者，"皮书"从一般图书到系列图书和品牌图书，最终成为智库研究和社会科学应用对策研究的知识服务和成果推广平台这整个过程的操盘者，我相信，这也是每一位皮书人执着追求的目标。

"当代中国正经历着我国历史上最为广泛而深刻的社会变革，也正在进行着人类历史上最为宏大而独特的实践创新。这种前无古人的伟大实践，必将给理论创造、学术繁荣提供强大动力和广阔空间。"

在这个需要思想而且一定能够产生思想的时代，皮书的研创出版一定能创造出新的更大的辉煌！

社会科学文献出版社社长
中国社会学会秘书长

2017年11月

1

社会科学文献出版社简介

社会科学文献出版社（以下简称"社科文献出版社"）成立于1985年，是直属于中国社会科学院的人文社会科学学术出版机构。成立至今，社科文献出版社始终依托中国社会科学院和国内外人文社会科学界丰厚的学术出版和专家学者资源，坚持"创社科经典，出传世文献"的出版理念、"权威、前沿、原创"的产品定位以及学术成果和智库成果出版的专业化、数字化、国际化、市场化的经营道路。

社科文献出版社是中国新闻出版业转型与文化体制改革的先行者。积极探索文化体制改革的先进方向和现代企业经营决策机制，社科文献出版社先后荣获"全国文化体制改革工作先进单位"、中国出版政府奖·先进出版单位奖、中国社会科学院先进集体、全国科普工作先进集体等荣誉称号。多人次荣获"第十届韬奋出版奖""全国新闻出版行业领军人才""数字出版先进人物""北京市新闻出版广电行业领军人才"等称号。

社科文献出版社是中国人文社会科学学术出版的大社名社，也是以皮书为代表的智库成果出版的专业强社。年出版图书2000余种，其中皮书400余种，出版新书字数5.5亿字，承印与发行中国社科院院属期刊72种，先后创立了皮书系列、列国志、中国史话、社科文献学术译库、社科文献学术文库、甲骨文书系等一大批既有学术影响又有市场价值的品牌，确立了在社会学、近代史、苏东问题研究等专业学科及领域出版的领先地位。图书多次荣获中国出版政府奖、"三个一百"原创图书出版工程、"五个'一'工程奖"、"大众喜爱的50种图书"等奖项，在中央国家机关"强素质·做表率"读书活动中，入选图书品种数位居各大出版社之首。

社科文献出版社是中国学术出版规范与标准的倡议者与制定者，代表全国50多家出版社发起实施学术著作出版规范的倡议，承担学术著作规范国家标准的起草工作，率先编撰完成《皮书手册》对皮书品牌进行规范化管理，并在此基础上推出中国版芝加哥手册——《社科文献出版社学术出版手册》。

社科文献出版社是中国数字出版的引领者，拥有皮书数据库、列国志数据库、"一带一路"数据库、减贫数据库、集刊数据库等4大产品线11个数据库产品，机构用户达1300余家，海外用户百余家，荣获"数字出版转型示范单位""新闻出版标准化先进单位""专业数字内容资源知识服务模式试点企业标准化示范单位"等称号。

社科文献出版社是中国学术出版走出去的践行者。社科文献出版社海外图书出版与学术合作业务遍及全球40余个国家和地区，并于2016年成立俄罗斯分社，累计输出图书500余种，涉及近20个语种，累计获得国家社科基金中华学术外译项目资助76种、"丝路书香工程"项目资助60种、中国图书对外推广计划项目资助71种以及经典中国国际出版工程资助28种，被五部委联合认定为"2015~2016年度国家文化出口重点企业"。

如今，社科文献出版社完全靠自身积累拥有固定资产3.6亿元，年收入3亿元，设置了七大出版分社、六大专业部门，成立了皮书研究院和博士后科研工作站，培养了一支近400人的高素质与高效率的编辑、出版、营销和国际推广队伍，为未来成为学术出版的大社、名社、强社，成为文化体制改革与文化企业转型发展的排头兵奠定了坚实的基础。

宏观经济类

经济蓝皮书

2018 年中国经济形势分析与预测

李平 / 主编　2017 年 12 月出版　定价：89.00 元

◆　本书为总理基金项目，由著名经济学家李扬领衔，联合中国社会科学院等数十家科研机构、国家部委和高等院校的专家共同撰写，系统分析了 2017 年的中国经济形势并预测 2018 年中国经济运行情况。

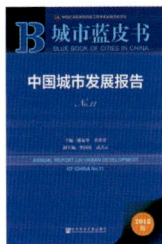

城市蓝皮书

中国城市发展报告 No.11

潘家华　单菁菁 / 主编　2018 年 9 月出版　估价：99.00 元

◆　本书是由中国社会科学院城市发展与环境研究中心编著的，多角度、全方位地立体展示了中国城市的发展状况，并对中国城市的未来发展提出了许多建议。该书有强烈的时代感，对中国城市发展实践有重要的参考价值。

人口与劳动绿皮书

中国人口与劳动问题报告 No.19

张车伟 / 主编　2018 年 10 月出版　估价：99.00 元

◆　本书为中国社会科学院人口与劳动经济研究所主编的年度报告，对当前中国人口与劳动形势做了比较全面和系统的深入讨论，为研究中国人口与劳动问题提供了一个专业性的视角。

中国省域竞争力蓝皮书

中国省域经济综合竞争力发展报告（2017～2018）

李建平　李闽榕　高燕京 / 主编　2018 年 5 月出版　估价：198.00 元

◆　本书融多学科的理论为一体，深入追踪研究了省域经济发展与中国国家竞争力的内在关系，为提升中国省域经济综合竞争力提供有价值的决策依据。

金融蓝皮书

中国金融发展报告（2018）

王国刚 / 主编　2018 年 6 月出版　估价：99.00 元

◆　本书由中国社会科学院金融研究所组织编写，概括和分析了 2017 年中国金融发展和运行中的各方面情况，研讨和评论了 2017 年发生的主要金融事件，有利于读者了解掌握 2017 年中国的金融状况，把握 2018 年中国金融的走势。

区 域 经 济 类

京津冀蓝皮书

京津冀发展报告（2018）

祝合良　叶堂林　张贵祥 / 等著　2018 年 6 月出版　估价：99.00 元

◆　本书遵循问题导向与目标导向相结合、统计数据分析与大数据分析相结合、纵向分析和长期监测与结构分析和综合监测相结合等原则，对京津冀协同发展新形势与新进展进行测度与评价。

社 会 政 法 类

社会蓝皮书

2018 年中国社会形势分析与预测

李培林　陈光金　张翼 / 主编　2017 年 12 月出版　定价：89.00 元

◆　本书由中国社会科学院社会学研究所组织研究机构专家、高校学者和政府研究人员撰写，聚焦当下社会热点，对 2017 年中国社会发展的各个方面内容进行了权威解读，同时对 2018 年社会形势发展趋势进行了预测。

法治蓝皮书

中国法治发展报告 No.16（2018）

李林　田禾 / 主编　2018 年 3 月出版　定价：128.00 元

◆　本年度法治蓝皮书回顾总结了 2017 年度中国法治发展取得的成就和存在的不足，对中国政府、司法、检务透明度进行了跟踪调研，并对 2018 年中国法治发展形势进行了预测和展望。

教育蓝皮书

中国教育发展报告（2018）

杨东平 / 主编　2018 年 3 月出版　定价：89.00 元

◆　本书重点关注了 2017 年教育领域的热点，资料翔实，分析有据，既有专题研究，又有实践案例，从多角度对 2017 年教育改革和实践进行了分析和研究。

社会体制蓝皮书

中国社会体制改革报告 No.6（2018）

龚维斌 / 主编　2018 年 3 月出版　定价：98.00 元

◆　本书由国家行政学院社会治理研究中心和北京师范大学中国社会管理研究院共同组织编写，主要对 2017 年社会体制改革情况进行回顾和总结，对 2018 年的改革走向进行分析，提出相关政策建议。

社会心态蓝皮书

中国社会心态研究报告（2018）

王俊秀　杨宜音 / 主编　2018 年 12 月出版　估价：99.00 元

◆　本书是中国社会科学院社会学研究所社会心理研究中心"社会心态蓝皮书课题组"的年度研究成果，运用社会心理学、社会学、经济学、传播学等多种学科的方法进行了调查和研究，对于目前中国社会心态状况有较广泛和深入的揭示。

华侨华人蓝皮书

华侨华人研究报告（2018）

贾益民 / 主编　2017 年 12 月出版　估价：139.00 元

◆　本书关注华侨华人生产与生活的方方面面。华侨华人是中国建设 21 世纪海上丝绸之路的重要中介者、推动者和参与者。本书旨在全面调研华侨华人，提供最新涉侨动态、理论研究成果和政策建议。

民族发展蓝皮书

中国民族发展报告（2018）

王延中 / 主编　2018 年 10 月出版　估价：188.00 元

◆　本书从民族学人类学视角，研究近年来少数民族和民族地区的发展情况，展示民族地区经济、政治、文化、社会和生态文明"五位一体"建设取得的辉煌成就和面临的困难挑战，为深刻理解中央民族工作会议精神、加快民族地区全面建成小康社会进程提供了实证材料。

产业经济类

房地产蓝皮书

中国房地产发展报告 No.15（2018）

李春华　王业强/主编　2018年5月出版　估价：99.00元

◆ 2018年《房地产蓝皮书》持续追踪中国房地产市场最新动态，深度剖析市场热点，展望2018年发展趋势，积极谋划应对策略。对2017年房地产市场的发展态势进行全面、综合的分析。

新能源汽车蓝皮书

中国新能源汽车产业发展报告（2018）

中国汽车技术研究中心　日产（中国）投资有限公司

东风汽车有限公司/编著　2018年8月出版　估价：99.00元

◆ 本书对中国2017年新能源汽车产业发展进行了全面系统的分析，并介绍了国外的发展经验。有助于相关机构、行业和社会公众等了解中国新能源汽车产业发展的最新动态，为政府部门出台新能源汽车产业相关政策法规、企业制定相关战略规划，提供必要的借鉴和参考。

行业及其他类

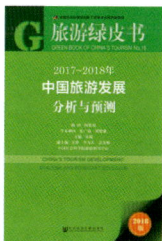

旅游绿皮书

2017～2018年中国旅游发展分析与预测

中国社会科学院旅游研究中心/编　2018年1月出版　定价：99.00元

◆ 本书从政策、产业、市场、社会等多个角度勾画出2017年中国旅游发展全貌，剖析了其中的热点和核心问题，并就未来发展作出预测。

民营医院蓝皮书

中国民营医院发展报告（2018）

薛晓林 / 主编　2018 年 11 月出版　估价：99.00 元

◆　本书在梳理国家对社会办医的各种利好政策的前提下，对我国民营医疗发展现状、我国民营医院竞争力进行了分析，并结合我国医疗体制改革对民营医院的发展趋势、发展策略、战略规划等方面进行了预估。

会展蓝皮书

中外会展业动态评估研究报告（2018）

张敏 / 主编　2018 年 12 月出版　估价：99.00 元

◆　本书回顾了 2017 年的会展业发展动态，结合"供给侧改革"、"互联网 +"、"绿色经济"的新形势分析了我国展会的行业现状，并介绍了国外的发展经验，有助于行业和社会了解最新的展会业动态。

中国上市公司蓝皮书

中国上市公司发展报告（2018）

张平　王宏淼 / 主编　2018 年 9 月出版　估价：99.00 元

◆　本书由中国社会科学院上市公司研究中心组织编写的，着力于全面、真实、客观反映当前中国上市公司财务状况和价值评估的综合性年度报告。本书详尽分析了 2017 年中国上市公司情况，特别是现实中暴露出的制度性、基础性问题，并对资本市场改革进行了探讨。

工业和信息化蓝皮书

人工智能发展报告（2017 ~ 2018）

尹丽波 / 主编　2018 年 6 月出版　估价：99.00 元

◆　本书国家工业信息安全发展研究中心在对 2017 年全球人工智能技术和产业进行全面跟踪研究基础上形成的研究报告。该报告内容翔实、视角独特，具有较强的产业发展前瞻性和预测性，可为相关主管部门、行业协会、企业等全面了解人工智能发展形势以及进行科学决策提供参考。

国际问题与全球治理类

世界经济黄皮书

2018 年世界经济形势分析与预测

张宇燕 / 主编　2018 年 1 月出版　定价：99.00 元

◆　本书由中国社会科学院世界经济与政治研究所的研究团队撰写，分总论、国别与地区、专题、热点、世界经济统计与预测等五个部分，对 2018 年世界经济形势进行了分析。

国际城市蓝皮书

国际城市发展报告（2018）

屠启宇 / 主编　2018 年 2 月出版　定价：89.00 元

◆　本书作者以上海社会科学院从事国际城市研究的学者团队为核心，汇集同济大学、华东师范大学、复旦大学、上海交通大学、南京大学、浙江大学相关城市研究专业学者。立足动态跟踪介绍国际城市发展时间中，最新出现的重大战略、重大理念、重大项目、重大报告和最佳案例。

非洲黄皮书

非洲发展报告 No.20（2017～2018）

张宏明 / 主编　2018 年 7 月出版　估价：99.00 元

◆　本书是由中国社会科学院西亚非洲研究所组织编撰的非洲形势年度报告，比较全面、系统地分析了 2017 年非洲政治形势和热点问题，探讨了非洲经济形势和市场走向，剖析了大国对非洲关系的新动向；此外，还介绍了国内非洲研究的新成果。

国别类

美国蓝皮书
美国研究报告（2018）

郑秉文　黄平 / 主编　2018 年 5 月出版　估价：99.00 元

◆　本书是由中国社会科学院美国研究所主持完成的研究成果，它回顾了美国 2017 年的经济、政治形势与外交战略，对美国内政外交发生的重大事件及重要政策进行了较为全面的回顾和梳理。

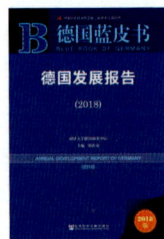

德国蓝皮书
德国发展报告（2018）

郑春荣 / 主编　2018 年 6 月出版　估价：99.00 元

◆　本报告由同济大学德国研究所组织编撰，由该领域的专家学者对德国的政治、经济、社会文化、外交等方面的形势发展情况，进行全面的阐述与分析。

俄罗斯黄皮书
俄罗斯发展报告（2018）

李永全 / 编著　2018 年 6 月出版　估价：99.00 元

◆　本书系统介绍了 2017 年俄罗斯经济政治情况，并对 2016 年该地区发生的焦点、热点问题进行了分析与回顾；在此基础上，对该地区 2018 年的发展前景进行了预测。

文 化 传 媒 类

新媒体蓝皮书

中国新媒体发展报告 No.9（2018）

唐绪军 / 主编　　2018 年 6 月出版　　估价：99.00 元

◆　本书是由中国社会科学院新闻与传播研究所组织编写的关于新媒体发展的最新年度报告，旨在全面分析中国新媒体的发展现状，解读新媒体的发展趋势，探析新媒体的深刻影响。

移动互联网蓝皮书

中国移动互联网发展报告（2018）

余清楚 / 主编　　2018 年 6 月出版　　估价：99.00 元

◆　本书着眼于对 2017 年度中国移动互联网的发展情况做深入解析，对未来发展趋势进行预测，力求从不同视角、不同层面全面剖析中国移动互联网发展的现状、年度突破及热点趋势等。

文化蓝皮书

中国文化消费需求景气评价报告（2018）

王亚南 / 主编　　2018 年 3 月出版　　定价：99.00 元

◆　本书首创全国文化发展量化检测评价体系，也是至今全国唯一的文化民生量化检测评价体系，对于检验全国及各地 " 以人民为中心 " 的文化发展具有首创意义。

地方发展类

北京蓝皮书

北京经济发展报告（2017～2018）

杨松 / 主编　2018 年 6 月出版　估价：99.00 元

◆　本书对 2017 年北京市经济发展的整体形势进行了系统性的分析与回顾，并对 2018 年经济形势走势进行了预测与研判，聚焦北京市经济社会发展中的全局性、战略性和关键领域的重点问题，运用定量和定性分析相结合的方法，对北京市经济社会发展的现状、问题、成因进行了深入分析，提出了可操作性的对策建议。

温州蓝皮书

2018 年温州经济社会形势分析与预测

蒋儒标　王春光　金浩 / 主编　2018 年 6 月出版　估价：99.00 元

◆　本书是中共温州市委党校和中国社会科学院社会学研究所合作推出的第十一本温州蓝皮书，由来自党校、政府部门、科研机构、高校的专家、学者共同撰写的 2017 年温州区域发展形势的最新研究成果。

黑龙江蓝皮书

黑龙江社会发展报告（2018）

王爱丽 / 主编　2018 年 1 月出版　定价：89.00 元

◆　本书以千份随机抽样问卷调查和专题研究为依据，运用社会学理论框架和分析方法，从专家和学者的独特视角，对 2017 年黑龙江省关系民生的问题进行广泛的调研与分析，并对 2017 年黑龙江省诸多社会热点和焦点问题进行了有益的探索。这些研究不仅可以为政府部门更加全面深入了解省情、科学制定决策提供智力支持，同时也可以为广大读者认识、了解、关注黑龙江社会发展提供理性思考。

宏观经济类

城市蓝皮书
中国城市发展报告（No.11）
著(编)者：潘家华 单菁菁
2018年9月出版 / 估价：99.00元
PSN B-2007-091-1/1

城乡一体化蓝皮书
中国城乡一体化发展报告（2018）
著(编)者：付崇兰
2018年9月出版 / 估价：99.00元
PSN B-2011-226-1/2

城镇化蓝皮书
中国新型城镇化健康发展报告（2018）
著(编)者：张占斌
2018年8月出版 / 估价：99.00元
PSN B-2014-396-1/1

创新蓝皮书
创新型国家建设报告（2018~2019）
著(编)者：詹正茂
2018年12月出版 / 估价：99.00元
PSN B-2009-140-1/1

低碳发展蓝皮书
中国低碳发展报告（2018）
著(编)者：张希良 齐晔
2018年6月出版 / 估价：99.00元
PSN B-2011-223-1/1

低碳经济蓝皮书
中国低碳经济发展报告（2018）
著(编)者：薛进军 赵忠秀
2018年11月出版 / 估价：99.00元
PSN B-2011-194-1/1

发展和改革蓝皮书
中国经济发展和体制改革报告No.9
著(编)者：邹东涛 王再文
2018年1月出版 / 估价：99.00元
PSN B-2008-122-1/1

国家创新蓝皮书
中国创新发展报告（2017）
著(编)者：陈劲 2018年5月出版 / 估价：99.00元
PSN B-2014-370-1/1

金融蓝皮书
中国金融发展报告（2018）
著(编)者：王国刚
2018年6月出版 / 估价：99.00元
PSN B-2004-031-1/7

经济蓝皮书
2018年中国经济形势分析与预测
著(编)者：李平 2017年12月出版 / 定价：89.00元
PSN B-1996-001-1/1

经济蓝皮书春季号
2018年中国经济前景分析
著(编)者：李扬 2018年5月出版 / 估价：99.00元
PSN B-1999-008-1/1

经济蓝皮书夏季号
中国经济增长报告（2017~2018）
著(编)者：李扬 2018年9月出版 / 估价：99.00元
PSN B-2010-176-1/1

农村绿皮书
中国农村经济形势分析与预测（2017~2018）
著(编)者：魏后凯 黄秉信
2018年4月出版 / 估价：99.00元
PSN G-1998-003-1/1

人口与劳动绿皮书
中国人口与劳动问题报告No.19
著(编)者：张车伟 2018年11月出版 / 估价：99.00元
PSN G-2000-012-1/1

新型城镇化蓝皮书
新型城镇化发展报告（2017）
著(编)者：李伟 宋敏
2018年3月出版 / 定价：98.00元
PSN B-2005-038-1/1

中国省域竞争力蓝皮书
中国省域经济综合竞争力发展报告（2016~2017）
著(编)者：李建平 李闽榕
2018年2月出版 / 定价：198.00元
PSN B-2007-088-1/1

中小城市绿皮书
中国中小城市发展报告（2018）
著(编)者：中国城市经济学会中小城市经济发展委员会
中国城镇化促进会中小城市发展委员会
《中国中小城市发展报告》编纂委员会
中小城市发展战略研究院
2018年11月出版 / 估价：128.00元
PSN G-2010-161-1/1

区域经济类

东北蓝皮书
中国东北地区发展报告（2018）
著(编)者: 姜晓秋　2018年11月出版 / 估价: 99.00元
PSN B-2006-067-1/1

金融蓝皮书
中国金融中心发展报告（2017～2018）
著(编)者: 王力 黄育华　2018年11月出版 / 估价: 99.00元
PSN B-2011-186-6/7

京津冀蓝皮书
京津冀发展报告（2018）
著(编)者: 祝合良 叶堂林 张贵祥
2018年6月出版 / 估价: 99.00元
PSN B-2012-262-1/1

西北蓝皮书
中国西北发展报告（2018）
著(编)者: 王福生 马廷旭 董秋生
2018年1月出版 / 估价: 99.00元
PSN B-2012-261-1/1

西部蓝皮书
中国西部发展报告（2018）
著(编)者: 璋勇 任保平　2018年8月出版 / 估价: 99.00元
PSN B-2005-039-1/1

长江经济带产业蓝皮书
长江经济带产业发展报告（2018）
著(编)者: 吴传清　2018年11月出版 / 估价: 128.00元
PSN B-2017-666-1/1

长江经济带蓝皮书
长江经济带发展报告（2017～2018）
著(编)者: 王振　2018年11月出版 / 估价: 99.00元
PSN B-2016-575-1/1

长江中游城市群蓝皮书
长江中游城市群新型城镇化与产业协同发展报告（2018）
著(编)者: 杨刚强　2018年11月出版 / 估价: 99.00元
PSN B-2016-578-1/1

长三角蓝皮书
2017年创新融合发展的长三角
著(编)者: 刘飞跃　2018年5月出版 / 估价: 99.00元
PSN B-2005-038-1/1

长株潭城市群蓝皮书
长株潭城市群发展报告（2017）
著(编)者: 张萍 朱有志　2018年6月出版 / 估价: 99.00元
PSN B-2008-109-1/1

特色小镇蓝皮书
特色小镇智慧运营报告（2018）：顶层设计与智慧架构标准
著(编)者: 陈劲　2018年1月出版 / 定价: 79.00元
PSN B-2018-692-1/1

中部竞争力蓝皮书
中国中部经济社会竞争力报告（2018）
著(编)者: 教育部人文社会科学重点研究基地南昌大学中国
　　　　中部经济社会发展研究中心
2018年12月出版 / 估价: 99.00元
PSN B-2012-276-1/1

中部蓝皮书
中国中部地区发展报告（2018）
著(编)者: 宋亚平　2018年12月出版 / 估价: 99.00元
PSN B-2007-089-1/1

区域蓝皮书
中国区域经济发展报告（2017～2018）
著(编)者: 赵弘　2018年5月出版 / 估价: 99.00元
PSN B-2004-034-1/1

中三角蓝皮书
长江中游城市群发展报告（2018）
著(编)者: 秦尊文　2018年9月出版 / 估价: 99.00元
PSN B-2014-417-1/1

中原蓝皮书
中原经济区发展报告（2018）
著(编)者: 李英杰　2018年6月出版 / 估价: 99.00元
PSN B-2011-192-1/1

珠三角流通蓝皮书
珠三角商圈发展研究报告（2018）
著(编)者: 王先庆 林至颖　2018年7月出版 / 估价: 99.00元
PSN B-2012-292-1/1

社会政法类

北京蓝皮书
中国社区发展报告（2017～2018）
著(编)者: 于燕燕　2018年9月出版 / 估价: 99.00元
PSN B-2007-083-5/8

殡葬绿皮书
中国殡葬事业发展报告（2017～2018）
著(编)者: 李伯森　2018年6月出版 / 估价: 158.00元
PSN G-2010-180-1/1

城市管理蓝皮书
中国城市管理报告（2017-2018）
著(编)者: 刘林 刘承水　2018年5月出版 / 估价: 158.00元
PSN B-2013-336-1/1

城市生活质量蓝皮书
中国城市生活质量报告（2017）
著(编)者: 张连城 张平 杨春学 郎丽华
2017年12月出版 / 定价: 89.00元
PSN B-2013-326-1/1

城市政府能力蓝皮书
中国城市政府公共服务能力评估报告（2018）
著(编)者：何艳玲　2018年5月出版 / 估价：99.00元
PSN B-2013-338-1/1

创业蓝皮书
中国创业发展研究报告（2017～2018）
著(编)者：黄群慧 赵卫星 钟宏武
2018年11月出版 / 估价：99.00元
PSN B-2016-577-1/1

慈善蓝皮书
中国慈善发展报告（2018）
著(编)者：杨团　2018年6月出版 / 估价：99.00元
PSN B-2009-142-1/1

党建蓝皮书
党的建设研究报告No.2（2018）
著(编)者：崔建民 陈东平　2018年6月出版 / 估价：99.00元
PSN B-2016-523-1/1

地方法治蓝皮书
中国地方法治发展报告No.3（2018）
著(编)者：李林 田禾　2018年6月出版 / 估价：118.00元
PSN B-2015-442-1/1

电子政务蓝皮书
中国电子政务发展报告（2018）
著(编)者：李季　2018年8月出版 / 估价：99.00元
PSN B-2003-022-1/1

儿童蓝皮书
中国儿童参与状况报告（2017）
著(编)者：苑立新　2017年12月出版 / 定价：89.00元
PSN B-2017-682-1/1

法治蓝皮书
中国法治发展报告No.16（2018）
著(编)者：李林 田禾　2018年3月出版 / 定价：128.00元
PSN B-2004-027-1/3

法治蓝皮书
中国法院信息化发展报告No.2（2018）
著(编)者：李林 田禾　2018年2月出版 / 定价：118.00元
PSN B-2017-604-3/3

法治政府蓝皮书
中国法治政府发展报告（2017）
著(编)者：中国政法大学法治政府研究院
2018年3月出版 / 估价：158.00元
PSN B-2015-502-1/2

法治政府蓝皮书
中国法治政府评估报告（2018）
著(编)者：中国政法大学法治政府研究院
2018年9月出版 / 估价：168.00元
PSN B-2016-576-2/2

反腐倡廉蓝皮书
中国反腐倡廉建设报告No.8
著(编)者：张英伟　2018年12月出版 / 估价：99.00元
PSN B-2012-259-1/1

扶贫蓝皮书
中国扶贫开发报告（2018）
著(编)者：李培林 魏后凯　2018年12月出版 / 估价：128.00元
PSN B-2016-599-1/1

妇女发展蓝皮书
中国妇女发展报告No.6
著(编)者：王金玲　2018年9月出版 / 估价：158.00元
PSN B-2006-069-1/1

妇女教育蓝皮书
中国妇女教育发展报告No.3
著(编)者：张李玺　2018年10月出版 / 估价：99.00元
PSN B-2008-121-1/1

妇女绿皮书
2018年：中国性别平等与妇女发展报告
著(编)者：谭琳　2018年12月出版 / 估价：99.00元
PSN G-2006-073-1/1

公共安全蓝皮书
中国城市公共安全发展报告（2017～2018）
著(编)者：黄育华 杨文明 赵建辉
2018年6月出版 / 估价：99.00元
PSN B-2017-628-1/1

公共服务蓝皮书
中国城市基本公共服务力评价（2018）
著(编)者：钟君 刘志昌 吴正杲
2018年12月出版 / 估价：99.00元
PSN B-2011-214-1/1

公民科学素质蓝皮书
中国公民科学素质报告（2017～2018）
著(编)者：李群 陈雄 马宗文
2017年12月出版 / 定价：89.00元
PSN B-2014-379-1/1

公益蓝皮书
中国公益慈善发展报告（2016）
著(编)者：朱健刚 胡小军　2018年6月出版 / 估价：99.00元
PSN B-2012-283-1/1

国际人才蓝皮书
中国国际移民报告（2018）
著(编)者：王辉耀　2018年6月出版 / 估价：99.00元
PSN B-2012-304-3/4

国际人才蓝皮书
中国留学发展报告（2018）No.7
著(编)者：王辉耀 苗绿　2018年12月出版 / 估价：99.00元
PSN D 2012 244 2/4

海洋社会蓝皮书
中国海洋社会发展报告（2017）
著(编)者：崔凤 宋宁而　2018年3月出版 / 定价：99.00元
PSN B-2015-478-1/1

行政改革蓝皮书
中国行政体制改革报告No.7（2018）
著(编)者：魏礼群　2018年6月出版 / 估价：99.00元
PSN B-2011-231-1/1

华侨华人蓝皮书
华侨华人研究报告（2017）
著(编)者：张禹东 庄国土　2017年12月出版 / 定价：148.00元
PSN B-2011-204-1/1

互联网与国家治理蓝皮书
互联网与国家治理发展报告（2017）
著(编)者：张志安　2018年1月出版 / 定价：98.00元
PSN B-2017-671-1/1

环境管理蓝皮书
中国环境管理发展报告（2017）
著(编)者：李金惠　2017年12月出版 / 定价：98.00元
PSN B-2017-678-1/1

环境竞争力绿皮书
中国省域环境竞争力发展报告（2018）
著(编)者：李建平 李闽榕 王金南
2018年11月出版 / 估价：198.00元
PSN G-2010-165-1/1

环境绿皮书
中国环境发展报告（2017~2018）
著(编)者：李波　2018年6月出版 / 估价：99.00元
PSN G-2006-048-1/1

家庭蓝皮书
中国"创建幸福家庭活动"评估报告（2018）
著(编)者：国务院发展研究中心"创建幸福家庭活动评估"课题组
2018年12月出版 / 估价：99.00元
PSN B-2015-508-1/1

健康城市蓝皮书
中国健康城市建设研究报告（2018）
著(编)者：王鸿春 盛继洪　2018年12月出版 / 估价：99.00元
PSN B-2016-564-2/2

健康中国蓝皮书
社区首诊与健康中国分析报告（2018）
著(编)者：高和荣 杨叔禹 姜杰
2018年6月出版 / 估价：99.00元
PSN B-2017-611-1/1

教师蓝皮书
中国中小学教师发展报告（2017）
著(编)者：曾晓东 鱼霞
2018年6月出版 / 估价：99.00元
PSN B-2012-289-1/1

教育扶贫蓝皮书
中国教育扶贫报告（2018）
著(编)者：司树杰 王文静 李兴洲
2018年12月出版 / 估价：99.00元
PSN B-2016-590-1/1

教育蓝皮书
中国教育发展报告（2018）
著(编)者：杨东平　2018年3月出版 / 定价：89.00元
PSN B-2006-047-1/1

金融法治建设蓝皮书
中国金融法治建设年度报告（2015~2016）
著(编)者：朱小黄　2018年6月出版 / 估价：99.00元
PSN B-2017-633-1/1

京津冀教育蓝皮书
京津冀教育发展研究报告（2017~2018）
著(编)者：方中雄　2018年6月出版 / 估价：99.00元
PSN B-2017-608-1/1

就业蓝皮书
2018年中国本科生就业报告
著(编)者：麦可思研究院　2018年6月出版 / 估价：99.00元
PSN B-2009-146-1/2

就业蓝皮书
2018年中国高职高专生就业报告
著(编)者：麦可思研究院　2018年6月出版 / 估价：99.00元
PSN B-2015-472-2/2

科学教育蓝皮书
中国科学教育发展报告（2018）
著(编)者：王康友　2018年10月出版 / 估价：99.00元
PSN B-2015-487-1/1

劳动保障蓝皮书
中国劳动保障发展报告（2018）
著(编)者：刘燕斌　2018年9月出版 / 估价：158.00元
PSN B-2014-415-1/1

老龄蓝皮书
中国老年宜居环境发展报告（2017）
著(编)者：党俊武 周燕珉　2018年6月出版 / 估价：99.00元
PSN B-2013-320-1/1

连片特困区蓝皮书
中国连片特困区发展报告（2017~2018）
著(编)者：游俊 冷志明 丁建军
2018年6月出版 / 估价：99.00元
PSN B-2013-321-1/1

流动儿童蓝皮书
中国流动儿童教育发展报告（2017）
著(编)者：杨东平　2018年6月出版 / 估价：99.00元
PSN B-2017-600-1/1

民调蓝皮书
中国民生调查报告（2018）
著(编)者：谢耘耕　2018年12月出版 / 估价：99.00元
PSN B-2014-398-1/1

民族发展蓝皮书
中国民族发展报告（2018）
著(编)者：王延中　2018年10月出版 / 估价：188.00元
PSN B-2006-070-1/1

女性生活蓝皮书
中国女性生活状况报告No.12（2018）
著(编)者：韩湘景　2018年7月出版 / 估价：99.00元
PSN B-2006-071-1/1

汽车社会蓝皮书
中国汽车社会发展报告（2017～2018）
著(编)者：王俊秀　2018年6月出版 / 估价：99.00元
PSN B-2011-224-1/1

青年蓝皮书
中国青年发展报告（2018）No.3
著(编)者：廉思　2018年6月出版 / 估价：99.00元
PSN B-2013-333-1/1

青少年蓝皮书
中国未成年人互联网运用报告（2017～2018）
著(编)者：季为民 李文革 沈杰
2018年11月出版 / 估价：99.00元
PSN B-2010-156-1/1

人权蓝皮书
中国人权事业发展报告No.8（2018）
著(编)者：李君如　2018年9月出版 / 估价：99.00元
PSN B-2011-215-1/1

社会保障绿皮书
中国社会保障发展报告No.9（2018）
著(编)者：王延中　2018年6月出版 / 估价：99.00元
PSN G-2001-014-1/1

社会风险评估蓝皮书
风险评估与危机预警报告（2017～2018）
著(编)者：唐钧　2018年8月出版 / 估价：99.00元
PSN B-2012-293-1/1

社会工作蓝皮书
中国社会工作发展报告（2016~2017）
著(编)者：民政部社会工作研究中心
2018年8月出版 / 估价：99.00元
PSN B-2009-141-1/1

社会管理蓝皮书
中国社会管理创新报告No.6
著(编)者：连玉明　2018年11月出版 / 估价：99.00元
PSN B-2012-300-1/1

社会蓝皮书
2018年中国社会形势分析与预测
著(编)者：李培林 陈光金 张翼
2017年12月出版 / 定价：89.00元
PSN B-1998-002-1/1

社会体制蓝皮书
中国社会体制改革报告No.6（2018）
著(编)者：龚维斌　2018年3月出版 / 定价：98.00元
PSN B-2013-330-1/1

社会心态蓝皮书
中国社会心态研究报告（2018）
著(编)者：王俊秀　2018年12月出版 / 估价：99.00元
PSN B-2011-199-1/1

社会组织蓝皮书
中国社会组织报告（2017-2018）
著(编)者：黄晓勇　2018年6月出版 / 估价：99.00元
PSN B-2008-118-1/2

社会组织蓝皮书
中国社会组织评估发展报告（2018）
著(编)者：徐家良　2018年12月出版 / 估价：99.00元
PSN B-2013-366-2/2

生态城市绿皮书
中国生态城市建设发展报告（2018）
著(编)者：刘举科 孙伟平 胡文臻
2018年9月出版 / 估价：158.00元
PSN G-2012-269-1/1

生态文明绿皮书
中国省域生态文明建设评价报告（ECI 2018）
著(编)者：严耕　2018年12月出版 / 估价：99.00元
PSN G-2010-170-1/1

退休生活蓝皮书
中国城市居民退休生活质量指数报告（2017）
著(编)者：杨一帆　2018年6月出版 / 估价：99.00元
PSN B-2017-618-1/1

危机管理蓝皮书
中国危机管理报告（2018）
著(编)者：文学国 范正青
2018年8月出版 / 估价：99.00元
PSN B-2010-171-1/1

学会蓝皮书
2018年中国学会发展报告
著(编)者：麦可思研究院　2018年12月出版 / 估价：99.00元
PSN B-2016-597-1/1

医改蓝皮书
中国医药卫生体制改革报告（2017～2018）
著(编)者：文学国 房志武
2018年11月出版 / 估价：99.00元
PSN B-2014-432-1/1

应急管理蓝皮书
中国应急管理报告（2018）
著(编)者：宋英华　2018年9月出版 / 估价：99.00元
PSN B-2016-562-1/1

政府绩效评估蓝皮书
中国地方政府绩效评估报告 No.2
著(编)者：贠杰　2018年12月出版 / 估价：99.00元
PSN B-2017-672-1/1

政治参与蓝皮书
中国政治参与报告（2018）
著(编)者：房宁　2018年8月出版 / 估价：128.00元
PSN B-2011-200-1/1

政治文化蓝皮书
中国政治文化报告（2018）
著(编)者：邢元敏 魏大鹏 龚克
2018年8月出版 / 估价：128.00元
PSN B-2017-615-1/1

中国传统村落蓝皮书
中国传统村落保护现状报告（2018）
著(编)者：胡彬彬 李向军 王晓波
2018年12月出版 / 估价：99.00元
PSN B-2017-663-1/1

中国农村妇女发展蓝皮书
农村流动女性城市生活发展报告（2018）
著(编)者：谢丽华　2018年12月出版／估价：99.00元
PSN B-2014-434-1/1

宗教蓝皮书
中国宗教报告（2017）
著(编)者：邱永辉　2018年8月出版／估价：99.00元
PSN B-2008-117-1/1

产业经济类

保健蓝皮书
中国保健服务产业发展报告 No.2
著(编)者：中国保健协会　中共中央党校
2018年7月出版／估价：198.00元
PSN B-2012-272-3/3

保健蓝皮书
中国保健食品产业发展报告 No.2
著(编)者：中国保健协会
　　　　　中国社会科学院食品药品产业发展与监管研究中心
2018年8月出版／估价：198.00元
PSN B-2012-271-2/3

保健蓝皮书
中国保健用品产业发展报告 No.2
著(编)者：中国保健协会
　　　　　国务院国有资产监督管理委员会研究中心
2018年6月出版／估价：198.00元
PSN B-2012-270-1/3

保险蓝皮书
中国保险业竞争力报告（2018）
著(编)者：保监会　2018年12月出版／估价：99.00元
PSN B-2013-311-1/1

冰雪蓝皮书
中国冰上运动产业发展报告（2018）
著(编)者：孙承华 杨占武 刘戈 张鸿俊
2018年9月出版／估价：99.00元
PSN B-2017-648-3/3

冰雪蓝皮书
中国滑雪产业发展报告（2018）
著(编)者：孙承华 伍斌 魏庆华 张鸿俊
2018年9月出版／估价：99.00元
PSN B-2016-559-1/3

餐饮产业蓝皮书
中国餐饮产业发展报告（2018）
著(编)者：邢颖
2018年6月出版／估价：99.00元
PSN B-2009-151-1/1

茶业蓝皮书
中国茶产业发展报告（2018）
著(编)者：杨江帆 李闽榕
2018年10月出版／估价：99.00元
PSN B-2010-164-1/1

产业安全蓝皮书
中国文化产业安全报告（2018）
著(编)者：北京印刷学院文化产业安全研究院
2018年12月出版／估价：99.00元
PSN B-2014-378-12/14

产业安全蓝皮书
中国新媒体产业安全报告（2016～2017）
著(编)者：肖丽　2018年6月出版／估价：99.00元
PSN B-2015-500-14/14

产业安全蓝皮书
中国出版传媒产业安全报告（2017～2018）
著(编)者：北京印刷学院文化产业安全研究院
2018年6月出版／估价：99.00元
PSN B-2014-384-13/14

产业蓝皮书
中国产业竞争力报告（2018）No.8
著(编)者：张其仔　2018年12月出版／估价：168.00元
PSN B-2010-175-1/1

动力电池蓝皮书
中国新能源汽车动力电池产业发展报告（2018）
著(编)者：中国汽车技术研究中心
2018年8月出版／估价：99.00元
PSN B-2017-639-1/1

杜仲产业绿皮书
中国杜仲橡胶资源与产业发展报告（2017～2018）
著(编)者：杜红岩 胡文臻 俞锐
2018年6月出版／估价：99.00元
PSN G-2013-350-1/1

房地产蓝皮书
中国房地产发展报告No.15（2018）
著(编)者：李春华 王业强
2018年5月出版／估价：99.00元
PSN B-2004-028-1/1

服务外包蓝皮书
中国服务外包产业发展报告（2017～2018）
著(编)者：王晓红 刘德军
2018年6月出版／估价：99.00元
PSN B-2013-331-2/2

服务外包蓝皮书
中国服务外包竞争力报告（2017～2018）
著(编)者：刘春生 王力 黄育华
2018年12月出版／估价：99.00元
PSN B-2011-216-1/2

工业和信息化蓝皮书
世界信息技术产业发展报告（2017～2018）
著（编）者：尹丽波　2018年6月出版 / 估价：99.00元
PSN B-2015-449-2/6

工业和信息化蓝皮书
战略性新兴产业发展报告（2017～2018）
著（编）者：尹丽波　2018年6月出版 / 估价：99.00元
PSN B-2015-450-3/6

海洋经济蓝皮书
中国海洋经济发展报告（2015～2018）
著（编）者：殷克东　高金田　方胜民
2018年3月出版 / 定价：128.00元
PSN B-2018-697-1/1

康养蓝皮书
中国康养产业发展报告（2017）
著（编）者：何莽　2017年12月出版 / 定价：88.00元
PSN B-2017-685-1/1

客车蓝皮书
中国客车产业发展报告（2017～2018）
著（编）者：姚蔚　2018年10月出版 / 估价：99.00元
PSN B-2013-361-1/1

流通蓝皮书
中国商业发展报告（2018～2019）
著（编）者：王雪峰　林诗慧
2018年7月出版 / 估价：99.00元
PSN B-2009-152-1/2

能源蓝皮书
中国能源发展报告（2018）
著（编）者：崔民选　王军生　陈义和
2018年12月出版 / 估价：99.00元
PSN B-2006-049-1/1

农产品流通蓝皮书
中国农产品流通产业发展报告（2017）
著（编）者：贾敬敦　张东科　张玉玺　张鹏毅　周伟
2018年6月出版 / 估价：99.00元
PSN B-2012-288-1/1

汽车工业蓝皮书
中国汽车工业发展年度报告（2018）
著（编）者：中国汽车工业协会
　　　　　中国汽车技术研究中心
　　　　　丰田汽车公司
2018年5月出版 / 估价：168.00元
PSN B-2015-463-1/2

汽车工业蓝皮书
中国汽车零部件产业发展报告（2017～2018）
著（编）者：中国汽车工业协会
　　　　　中国汽车工程研究院深圳市沃特玛电池有限公司
2018年9月出版 / 估价：99.00元
PSN B-2016-515-2/2

汽车蓝皮书
中国汽车产业发展报告（2018）
著（编）者：中国汽车工程学会
　　　　　大众汽车集团（中国）
2018年11月出版 / 估价：99.00元
PSN B-2008-124-1/1

世界茶业蓝皮书
世界茶业发展报告（2018）
著（编）者：李闽榕　冯廷佺
2018年5月出版 / 估价：168.00元
PSN B-2017-619-1/1

世界能源蓝皮书
世界能源发展报告（2018）
著（编）者：黄晓勇　2018年6月出版 / 估价：168.00元
PSN B-2013-349-1/1

石油蓝皮书
中国石油产业发展报告（2018）
著（编）者：中国石油化工集团公司经济技术研究院
　　　　　中国国际石油化工联合有限责任公司
　　　　　中国社会科学院数量经济与技术经济研究所
2018年2月出版 / 定价：98.00元
PSN B-2018-690-1/1

体育蓝皮书
国家体育产业基地发展报告（2016～2017）
著（编）者：李颖川　2018年6月出版 / 估价：168.00元
PSN B-2017-609-5/5

体育蓝皮书
中国体育产业发展报告（2018）
著（编）者：阮伟　钟秉枢
2018年12月出版 / 估价：99.00元
PSN B-2010-179-1/5

文化金融蓝皮书
中国文化金融发展报告（2018）
著（编）者：杨涛　金巍
2018年6月出版 / 估价：99.00元
PSN B-2017-610-1/1

新能源汽车蓝皮书
中国新能源汽车产业发展报告（2018）
著（编）者：中国汽车技术研究中心
　　　　　日产（中国）投资有限公司
　　　　　东风汽车有限公司
2018年8月出版 / 估价：99.00元
PSN B-2013-347-1/1

薏仁米产业蓝皮书
中国薏仁米产业发展报告No.2（2018）
著（编）者：李发耀　石明　秦礼康
2018年8月出版 / 估价：99.00元
PSN B-2017-645-1/1

邮轮绿皮书
中国邮轮产业发展报告（2018）
著（编）者：汪泓　2018年10月出版 / 估价：99.00元
PSN G-2014-419-1/1

智能养老蓝皮书
中国智能养老产业发展报告（2018）
著（编）者：朱勇　2018年10月出版 / 估价：99.00元
PSN B-2015-488-1/1

中国节能汽车蓝皮书
中国节能汽车发展报告（2017～2018）
著（编）者：中国汽车工程研究院股份有限公司
2018年9月出版 / 估价：99.00元
PSN B-2016-565-1/1

中国陶瓷产业蓝皮书
中国陶瓷产业发展报告（2018）
著(编)者：左和平 黄速建
2018年10月出版 / 估价：99.00元
PSN B-2016-573-1/1

装备制造业蓝皮书
中国装备制造业发展报告（2018）
著(编)者：徐东华
2018年12月出版 / 估价：118.00元
PSN B-2015-505-1/1

行业及其他类

"三农"互联网金融蓝皮书
中国"三农"互联网金融发展报告（2018）
著(编)者：李勇坚 王弢
2018年8月出版 / 估价：99.00元
PSN B-2016-560-1/1

SUV蓝皮书
中国SUV市场发展报告（2017~2018）
著(编)者：靳军 2018年9月出版 / 估价：99.00元
PSN B-2016-571-1/1

冰雪蓝皮书
中国冬季奥运会发展报告（2018）
著(编)者：孙承华 伍斌 魏庆华 张鸿俊
2018年9月出版 / 估价：99.00元
PSN B-2017-647-2/3

彩票蓝皮书
中国彩票发展报告（2018）
著(编)者：益彩基金 2018年6月出版 / 估价：99.00元
PSN B-2015-462-1/1

测绘地理信息蓝皮书
测绘地理信息供给侧结构性改革研究报告（2018）
著(编)者：库热西·买合苏提
2018年12月出版 / 估价：168.00元
PSN B-2009-145-1/1

产权市场蓝皮书
中国产权市场发展报告（2017）
著(编)者：曹和平
2018年5月出版 / 估价：99.00元
PSN B-2009-147-1/1

城投蓝皮书
中国城投行业发展报告（2018）
著(编)者：华景斌
2018年11月出版 / 估价：300.00元
PSN B-2016-514-1/1

城市轨道交通蓝皮书
中国城市轨道交通运营发展报告（2017~2018）
著(编)者：崔学忠 贾文峥
2018年3月出版 / 定价：89.00元
PSN B-2018-694-1/1

大数据蓝皮书
中国大数据发展报告（No.2）
著(编)者：连玉明 2018年5月出版 / 估价：99.00元
PSN B-2017-620-1/1

大数据应用蓝皮书
中国大数据应用发展报告No.2（2018）
著(编)者：陈军君 2018年8月出版 / 估价：99.00元
PSN B-2017-644-1/1

对外投资与风险蓝皮书
中国对外直接投资与国家风险报告（2018）
著(编)者：中债资信评估有限责任公司
中国社会科学院世界经济与政治研究所
2018年6月出版 / 估价：189.00元
PSN B-2017-606-1/1

工业和信息化蓝皮书
人工智能发展报告（2017~2018）
著(编)者：尹丽波 2018年6月出版 / 估价：99.00元
PSN B-2015-448-1/6

工业和信息化蓝皮书
世界智慧城市发展报告（2017~2018）
著(编)者：尹丽波 2018年6月出版 / 估价：99.00元
PSN B-2017-624-6/6

工业和信息化蓝皮书
世界网络安全发展报告（2017~2018）
著(编)者：尹丽波 2018年6月出版 / 估价：99.00元
PSN B-2015-452-5/6

工业和信息化蓝皮书
世界信息化发展报告（2017~2018）
著(编)者：尹丽波 2018年6月出版 / 估价：99.00元
PSN B-2015-451-4/6

工业设计蓝皮书
中国工业设计发展报告（2018）
著(编)者：王晓红 于炜 张立群 2018年9月出版 / 估价：168.00元
PSN B-2014-420-1/1

公共关系蓝皮书
中国公共关系发展报告（2017）
著(编)者：柳斌杰 2018年1月出版 / 定价：89.00元
PSN B-2016-579-1/1

公共关系蓝皮书
中国公共关系发展报告（2018）
著(编)者：柳斌杰　2018年11月出版 / 估价：99.00元
PSN B-2016-579-1/1

管理蓝皮书
中国管理发展报告（2018）
著(编)者：张晓东　2018年10月出版 / 估价：99.00元
PSN B-2014-416-1/1

轨道交通蓝皮书
中国轨道交通行业发展报告（2017）
著(编)者：仲建华 李闽榕
2017年12月出版 / 定价：98.00元
PSN B-2017-674-1/1

海关发展蓝皮书
中国海关发展前沿报告（2018）
著(编)者：干春晖　2018年6月出版 / 估价：99.00元
PSN B-2017-616-1/1

互联网医疗蓝皮书
中国互联网健康医疗发展报告（2018）
著(编)者：芮晓武　2018年6月出版 / 估价：99.00元
PSN B-2016-567-1/1

黄金市场蓝皮书
中国商业银行黄金业务发展报告（2017～2018）
著(编)者：平安银行　2018年6月出版 / 估价：99.00元
PSN B-2016-524-1/1

会展蓝皮书
中外会展业动态评估研究报告（2018）
著(编)者：张敏 任中峰 聂鑫焱 牛盼强
2018年12月出版 / 估价：99.00元
PSN B-2013-327-1/1

基金会蓝皮书
中国基金会发展报告（2017~2018）
著(编)者：中国基金会发展报告课题组
2018年6月出版 / 估价：99.00元
PSN B-2013-368-1/1

基金会绿皮书
中国基金会发展独立研究报告（2018）
著(编)者：基金会中心网　中央民族大学基金会研究中心
2018年6月出版 / 估价：99.00元
PSN G-2011-213-1/1

基金会透明度蓝皮书
中国基金会透明度发展研究报告（2018）
著(编)者：基金会中心网
　　　　　清华大学廉政与治理研究中心
2018年9月出版 / 估价：99.00元
PSN B-2013-339-1/1

建筑装饰蓝皮书
中国建筑装饰行业发展报告（2018）
著(编)者：葛道顺 刘晓一
2018年10月出版 / 估价：198.00元
PSN B-2016-553-1/1

金融监管蓝皮书
中国金融监管报告（2018）
著(编)者：胡滨　2018年3月出版 / 定价：98.00元
PSN B-2012-281-1/1

金融蓝皮书
中国互联网金融行业分析与评估（2018～2019）
著(编)者：黄国平 伍旭川　2018年12月出版 / 估价：99.00元
PSN B-2016-585-7/7

金融科技蓝皮书
中国金融科技发展报告（2018）
著(编)者：李扬 孙国峰　2018年10月出版 / 估价：99.00元
PSN B-2016-374-1/1

金融信息服务蓝皮书
中国金融信息服务发展报告（2018）
著(编)者：李平　2018年5月出版 / 估价：99.00元
PSN B-2017-621-1/1

金蜜蜂企业社会责任蓝皮书
金蜜蜂中国企业社会责任报告研究（2017）
著(编)者：殷格非 于志宏 管竹笋
2018年1月出版 / 定价：99.00元
PSN B-2016-693-1/1

京津冀金融蓝皮书
京津冀金融发展报告（2018）
著(编)者：王爱俭 王璟怡　2018年10月出版 / 估价：99.00元
PSN B-2016-527-1/1

科普蓝皮书
国家科普能力发展报告（2018）
著(编)者：王康友　2018年5月出版 / 估价：138.00元
PSN B-2017-632-4/4

科普蓝皮书
中国基层科普发展报告（2017～2018）
著(编)者：赵立新 陈玲　2018年9月出版 / 估价：99.00元
PSN B-2016-568-3/4

科普蓝皮书
中国科普基础设施发展报告（2017～2018）
著(编)者：任福君　2018年6月出版 / 估价：99.00元
PSN B-2010-174-1/3

科普蓝皮书
中国科普人才发展报告（2017～2018）
著(编)者：郑念 任嵘嵘　2018年7月出版 / 估价：99.00元
PSN B-2016-512-2/4

科普能力蓝皮书
中国科普能力评价报告（2018～2019）
著(编)者：李富强 李群　2018年8月出版 / 估价：99.00元
PSN B-2016-555-1/1

临空经济蓝皮书
中国临空经济发展报告（2018）
著(编)者：连玉明　2018年9月出版 / 估价：99.00元
PSN B-2014-421-1/1

旅游安全蓝皮书
中国旅游安全报告（2018）
著(编)者：郑向敏 谢朝武　　2018年5月出版 / 估价：158.00元
PSN B-2012-280-1/1

旅游绿皮书
2017~2018年中国旅游发展分析与预测
著(编)者：宋瑞　　2018年1月出版 / 定价：99.00元
PSN G-2002-018-1/1

煤炭蓝皮书
中国煤炭工业发展报告（2018）
著(编)者：岳福斌　　2018年12月出版 / 估价：99.00元
PSN B-2008-123-1/1

民营企业社会责任蓝皮书
中国民营企业社会责任报告（2018）
著(编)者：中华全国工商业联合会
2018年12月出版 / 估价：99.00元
PSN B-2015-510-1/1

民营医院蓝皮书
中国民营医院发展报告（2017）
著(编)者：薛晓林　　2017年12月出版 / 定价：89.00元
PSN B-2012-299-1/1

闽商蓝皮书
闽商发展报告（2018）
著(编)者：李闽榕 王日根 林琛
2018年12月出版 / 估价：99.00元
PSN B-2012-298-1/1

农业应对气候变化蓝皮书
中国农业气象灾害及其灾损评估报告（No.3）
著(编)者：矫梅燕　　2018年6月出版 / 估价：118.00元
PSN B-2014-413-1/1

品牌蓝皮书
中国品牌战略发展报告（2018）
著(编)者：汪同三　　2018年10月出版 / 估价：99.00元
PSN B-2016-580-1/1

企业扶贫蓝皮书
中国企业扶贫研究报告（2018）
著(编)者：钟宏武　　2018年12月出版 / 估价：99.00元
PSN B-2016-593-1/1

企业公益蓝皮书
中国企业公益研究报告（2018）
著(编)者：钟宏武 汪杰 黄晓娟
2018年12月出版 / 估价：99.00元
PSN B-2015-501-1/1

企业国际化蓝皮书
中国企业全球化报告（2018）
著(编)者：王辉耀 苗绿　　2018年11月出版 / 估价：99.00元
PSN B-2014-427-1/1

企业蓝皮书
中国企业绿色发展报告No.2（2018）
著(编)者：李红玉 朱光辉
2018年8月出版 / 估价：99.00元
PSN B-2015-481-2/2

企业社会责任蓝皮书
中资企业海外社会责任研究报告（2017~2018）
著(编)者：钟宏武 叶柳红 张蒽
2018年6月出版 / 估价：99.00元
PSN B-2017-603-2/2

企业社会责任蓝皮书
中国企业社会责任研究报告（2018）
著(编)者：黄群慧 钟宏武 张蒽 汪杰
2018年11月出版 / 估价：99.00元
PSN B-2009-149-1/2

汽车安全蓝皮书
中国汽车安全发展报告（2018）
著(编)者：中国汽车技术研究中心
2018年8月出版 / 估价：99.00元
PSN B-2014-385-1/1

汽车电子商务蓝皮书
中国汽车电子商务发展报告（2018）
著(编)者：中华全国工商业联合会汽车经销商商会
　　　　　北方工业大学
　　　　　北京易观智库网络科技有限公司
2018年10月出版 / 估价：158.00元
PSN B-2015-485-1/1

汽车知识产权蓝皮书
中国汽车产业知识产权发展报告（2018）
著(编)者：中国汽车工程研究院股份有限公司
　　　　　中国汽车工程学会
　　　　　重庆长安汽车股份有限公司
2018年12月出版 / 估价：99.00元
PSN B-2016-594-1/1

青少年体育蓝皮书
中国青少年体育发展报告（2017）
著(编)者：刘扶民 杨桦　　2018年6月出版 / 估价：99.00元
PSN B-2015-482-1/1

区块链蓝皮书
中国区块链发展报告（2018）
著(编)者：李伟　　2018年9月出版 / 估价：99.00元
PSN B-2017-649-1/1

群众体育蓝皮书
中国群众体育发展报告（2017）
著(编)者：刘国永 戴健　　2018年5月出版 / 估价：99.00元
PSN B-2014-411-1/3

群众体育蓝皮书
中国社会体育指导员发展报告（2018）
著(编)者：刘国永 王欢　　2018年6月出版 / 估价：99.00元
PSN B-2016-520-3/3

人力资源蓝皮书
中国人力资源发展报告（2018）
著(编)者：余兴安　　2018年11月出版 / 估价：99.00元
PSN B-2012-287-1/1

融资租赁蓝皮书
中国融资租赁业发展报告（2017~2018）
著(编)者：李光荣 王力　　2018年8月出版 / 估价：99.00元
PSN B-2015-443-1/1

商会蓝皮书
中国商会发展报告No.5（2017）
著(编)者：王钦敏　2018年7月出版 / 估价：99.00元
PSN B-2008-125-1/1

商务中心区蓝皮书
中国商务中心区发展报告No.4（2017～2018）
著(编)者：李国红 单菁菁　2018年9月出版 / 估价：99.00元
PSN B-2015-444-1/1

设计产业蓝皮书
中国创新设计发展报告（2018）
著(编)者：王晓红 张立群 于炜
2018年11月出版 / 估价：99.00元
PSN B-2016-581-2/2

社会责任管理蓝皮书
中国上市公司社会责任能力成熟度报告No.4（2018）
著(编)者：肖红军 王晓光 李伟阳
2018年12月出版 / 估价：99.00元
PSN B-2015-507-2/2

社会责任管理蓝皮书
中国企业公众透明度报告No.4（2017～2018）
著(编)者：黄速建 熊梦 王晓光 肖红军
2018年6月出版 / 估价：99.00元
PSN B-2015-440-1/2

食品药品蓝皮书
食品药品安全与监管政策研究报告（2016～2017）
著(编)者：唐民皓　2018年6月出版 / 估价：99.00元
PSN B-2009-129-1/1

输血服务蓝皮书
中国输血行业发展报告（2018）
著(编)者：孙俊　2018年12月出版 / 估价：99.00元
PSN B-2016-582-1/1

水利风景区蓝皮书
中国水利风景区发展报告（2018）
著(编)者：董建文 兰思仁
2018年10月出版 / 估价：99.00元
PSN B-2015-480-1/1

数字经济蓝皮书
全球数字经济竞争力发展报告（2017）
著(编)者：王振　2017年12月出版 / 定价：79.00元
PSN B-2017-673-1/1

私募市场蓝皮书
中国私募股权市场发展报告（2017～2018）
著(编)者：曹和平　2018年12月出版 / 估价：99.00元
PSN B-2010-162-1/1

碳排放权交易蓝皮书
中国碳排放权交易报告（2018）
著(编)者：孙永平　2018年11月出版 / 估价：99.00元
PSN B-2017-652-1/1

碳市场蓝皮书
中国碳市场报告（2018）
著(编)者：定金彪　2018年11月出版 / 估价：99.00元
PSN B-2014-430-1/1

体育蓝皮书
中国公共体育服务发展报告（2018）
著(编)者：戴健　2018年12月出版 / 估价：99.00元
PSN B-2013-367-2/5

土地市场蓝皮书
中国农村土地市场发展报告（2017～2018）
著(编)者：李光荣　2018年6月出版 / 估价：99.00元
PSN B-2016-526-1/1

土地整治蓝皮书
中国土地整治发展研究报告（No.5）
著(编)者：国土资源部土地整治中心
2018年7月出版 / 估价：99.00元
PSN B-2014-401-1/1

土地政策蓝皮书
中国土地政策研究报告（2018）
著(编)者：高延利 张建平 吴次芳
2018年1月出版 / 估价：98.00元
PSN B-2015-506-1/1

网络空间安全蓝皮书
中国网络空间安全发展报告（2018）
著(编)者：惠志斌 覃庆玲
2018年11月出版 / 估价：99.00元
PSN B-2015-466-1/1

文化志愿服务蓝皮书
中国文化志愿服务发展报告（2018）
著(编)者：张永新 良警宇　2018年11月出版 / 估价：128.00元
PSN B-2016-596-1/1

西部金融蓝皮书
中国西部金融发展报告（2017～2018）
著(编)者：李忠民　2018年8月出版 / 估价：99.00元
PSN B-2010-160-1/1

协会商会蓝皮书
中国行业协会商会发展报告（2017）
著(编)者：景朝阳 李勇　2018年6月出版 / 估价：99.00元
PSN B-2015-461-1/1

新三板蓝皮书
中国新三板市场发展报告（2018）
著(编)者：王力　2018年8月出版 / 估价：99.00元
PSN B-2016-533-1/1

信托市场蓝皮书
中国信托业市场报告（2017～2018）
著(编)者：用益金融信托研究院
2018年6月出版 / 估价：198.00元
PSN B-2014-371-1/1

信息化蓝皮书
中国信息化形势分析与预测（2017～2018）
著(编)者：周宏仁　2018年8月出版 / 估价：99.00元
PSN B-2010-168-1/1

信用蓝皮书
中国信用发展报告（2017～2018）
著(编)者：章政 田侃　2018年6月出版 / 估价：99.00元
PSN B-2013-328-1/1

休闲绿皮书
2017~2018年中国休闲发展报告
著(编)者：宋瑞　2018年7月出版 / 估价：99.00元
PSN G-2010-158-1/1

休闲体育蓝皮书
中国休闲体育发展报告（2017~2018）
著(编)者：李相如 钟秉枢
2018年10月出版 / 估价：99.00元
PSN B-2016-516-1/1

养老金融蓝皮书
中国养老金融发展报告（2018）
著(编)者：董克用 姚余栋
2018年9月出版 / 估价：99.00元
PSN B-2016-583-1/1

遥感监测绿皮书
中国可持续发展遥感监测报告（2017）
著(编)者：顾行发 汪克强 潘教峰 李闽榕 徐东华 王琦安
2018年6月出版 / 估价：298.00元
PSN B-2017-629-1/1

药品流通蓝皮书
中国药品流通行业发展报告（2018）
著(编)者：佘鲁林 温再兴
2018年7月出版 / 估价：198.00元
PSN B-2014-429-1/1

医疗器械蓝皮书
中国医疗器械行业发展报告（2018）
著(编)者：王宝亭 耿鸿武
2018年10月出版 / 估价：99.00元
PSN B-2017-661-1/1

医院蓝皮书
中国医院竞争力报告（2017~2018）
著(编)者：庄一强　2018年3月出版 / 定价：108.00元
PSN B-2016-528-1/1

瑜伽蓝皮书
中国瑜伽业发展报告（2017~2018）
著(编)者：张永建 徐华锋 朱泰余
2018年6月出版 / 估价：198.00元
PSN B-2017-625-1/1

债券市场蓝皮书
中国债券市场发展报告（2017~2018）
著(编)者：杨农　2018年10月出版 / 估价：99.00元
PSN B-2016-572-1/1

志愿服务蓝皮书
中国志愿服务发展报告（2018）
著(编)者：中国志愿服务联合会
2018年11月出版 / 估价：99.00元
PSN B-2017-664-1/1

中国上市公司蓝皮书
中国上市公司发展报告（2018）
著(编)者：张鹏 张平 黄胤英
2018年9月出版 / 估价：99.00元
PSN B-2014-414-1/1

中国新三板蓝皮书
中国新三板创新与发展报告（2018）
著(编)者：刘平安 闻召林
2018年8月出版 / 估价：158.00元
PSN B-2017-638-1/1

中国汽车品牌蓝皮书
中国乘用车品牌发展报告（2017）
著(编)者：《中国汽车报》社有限公司
博世（中国）投资有限公司
中国汽车技术研究中心数据资源中心
2018年1月出版 / 估价：89.00元
PSN B-2017-679-1/1

中医文化蓝皮书
北京中医药文化传播发展报告（2018）
著(编)者：毛嘉陵　2018年6月出版 / 估价：99.00元
PSN B-2015-468-1/2

中医文化蓝皮书
中国中医药文化传播发展报告（2018）
著(编)者：毛嘉陵　2018年7月出版 / 估价：99.00元
PSN B-2016-584-2/2

中医药蓝皮书
北京中医药知识产权发展报告No.2
著(编)者：汪洪 屠志涛　2018年6月出版 / 估价：168.00元
PSN B-2017-602-1/1

资本市场蓝皮书
中国场外交易市场发展报告（2016~2017）
著(编)者：高峦　2018年6月出版 / 估价：99.00元
PSN B-2009-153-1/1

资产管理蓝皮书
中国资产管理行业发展报告（2018）
著(编)者：郑智　2018年7月出版 / 估价：99.00元
PSN B-2014-407-2/2

资产证券化蓝皮书
中国资产证券化发展报告（2018）
著(编)者：沈炳熙 曹彤 李哲平
2018年4月出版 / 定价：98.00元
PSN B-2017-660-1/1

自贸区蓝皮书
中国自贸区发展报告（2018）
著(编)者：王力 黄育华
2018年6月出版 / 估价：99.00元
PSN B-2016-558-1/1

国际问题与全球治理类

"一带一路"跨境通道蓝皮书
"一带一路"跨境通道建设研究报（2017~2018）
著(编)者：余鑫 张秋生　2018年1月出版 / 定价：89.00元
PSN B-2016-557-1/1

"一带一路"蓝皮书
"一带一路"建设发展报告（2018）
著(编)者：李永全　2018年3月出版 / 定价：98.00元
PSN B-2016-552-1/1

"一带一路"投资安全蓝皮书
中国"一带一路"投资与安全研究报告（2018）
著(编)者：邹统钎 梁昊光　2018年4月出版 / 定价：98.00元
PSN B-2017-612-1/1

"一带一路"文化交流蓝皮书
中阿文化交流发展报告（2017）
著(编)者：王辉　2017年12月出版 / 定价：89.00元
PSN B-2017-655-1/1

G20国家创新竞争力黄皮书
二十国集团（G20）国家创新竞争力发展报告（2017~2018）
著(编)者：李建平 李闽榕 赵新力 周天勇
2018年7月出版 / 估价：168.00元
PSN Y-2011-229-1/1

阿拉伯黄皮书
阿拉伯发展报告（2016~2017）
著(编)者：罗林　2018年6月出版 / 估价：99.00元
PSN Y-2014-381-1/1

北部湾蓝皮书
泛北部湾合作发展报告（2017~2018）
著(编)者：吕余生　2018年12月出版 / 估价：99.00元
PSN B-2008-114-1/1

北极蓝皮书
北极地区发展报告（2017）
著(编)者：刘惠荣　2018年7月出版 / 估价：99.00元
PSN B-2017-634-1/1

大洋洲蓝皮书
大洋洲发展报告（2017~2018）
著(编)者：喻常森　2018年10月出版 / 估价：99.00元
PSN B-2013-341-1/1

东北亚区域合作蓝皮书
2017年"一带一路"倡议与东北亚区域合作
著(编)者：刘平改 金美花
2018年5月出版 / 估价：99.00元
PSN B-2017-631-1/1

东盟黄皮书
东盟发展报告（2017）
著(编)者：杨晓强 庄国土　2018年6月出版 / 估价：99.00元
PSN Y-2012-303-1/1

东南亚蓝皮书
东南亚地区发展报告（2017~2018）
著(编)者：王勤　2018年12月出版 / 估价：99.00元
PSN B-2012-240-1/1

非洲黄皮书
非洲发展报告No.20（2017~2018）
著(编)者：张宏明　2018年7月出版 / 估价：99.00元
PSN Y-2012-239-1/1

非传统安全蓝皮书
中国非传统安全研究报告（2017~2018）
著(编)者：潇枫 罗中枢　2018年8月出版 / 估价：99.00元
PSN B-2012-273-1/1

国际安全蓝皮书
中国国际安全研究报告（2018）
著(编)者：刘慧　2018年7月出版 / 估价：99.00元
PSN B-2016-521-1/1

国际城市蓝皮书
国际城市发展报告（2018）
著(编)者：屠启宇　2018年2月出版 / 定价：89.00元
PSN B-2012-260-1/1

国际形势黄皮书
全球政治与安全报告（2018）
著(编)者：张宇燕　2018年1月出版 / 定价：99.00元
PSN Y-2001-016-1/1

公共外交蓝皮书
中国公共外交发展报告（2018）
著(编)者：赵启正 雷蔚真　2018年6月出版 / 定价：99.00元
PSN B-2015-457-1/1

海丝蓝皮书
21世纪海上丝绸之路研究报告（2017）
著(编)者：华侨大学海上丝绸之路研究院
2017年12月出版 / 定价：89.00元
PSN B-2017-684-1/1

金砖国家黄皮书
金砖国家综合创新竞争力发展报告（2018）
著(编)者：赵新力 李闽榕 黄茂兴
2018年8月出版 / 定价：128.00元
PSN Y-2017-643-1/1

拉美黄皮书
拉丁美洲和加勒比发展报告（2017~2018）
著(编)者：袁东振　2018年6月出版 / 估价：99.00元
PSN Y-1999-007-1/1

澜湄合作蓝皮书
澜沧江-湄公河合作发展报告（2018）
著(编)者：刘稚　2018年9月出版 / 估价：99.00元
PSN B-2011-196-1/1

欧洲蓝皮书
欧洲发展报告（2017～2018）
著(编)者：黄平 周弘 程卫东
2018年6月出版 / 估价：99.00元
PSN B-1999-009-1/1

葡语国家蓝皮书
葡语国家发展报告（2016～2017）
著(编)者：王成安 张敏 刘金兰
2018年6月出版 / 估价：99.00元
PSN B-2015-503-1/2

葡语国家蓝皮书
中国与葡语国家关系发展报告·巴西（2016）
著(编)者：张曙光
2018年8月出版 / 估价：99.00元
PSN B-2016-563-2/2

气候变化绿皮书
应对气候变化报告（2018）
著(编)者：王伟光 郑国光
2018年11月出版 / 估价：99.00元
PSN G-2009-144-1/1

全球环境竞争力绿皮书
全球环境竞争力报告（2018）
著(编)者：李建平 李闽榕 王金南
2018年12月出版 / 估价：198.00元
PSN G-2013-363-1/1

全球信息社会蓝皮书
全球信息社会发展报告（2018）
著(编)者：丁波涛 唐涛　2018年10月出版 / 估价：99.00元
PSN B-2017-665-1/1

日本经济蓝皮书
日本经济与中日经贸关系研究报告（2018）
著(编)者：张季风　2018年6月出版 / 估价：99.00元
PSN B-2008-102-1/1

上海合作组织黄皮书
上海合作组织发展报告（2018）
著(编)者：李进峰　2018年6月出版 / 估价：99.00元
PSN Y-2009-130-1/1

世界创新竞争力黄皮书
世界创新竞争力发展报告（2017）
著(编)者：李建平 李闽榕 赵新力
2018年6月出版 / 估价：168.00元
PSN Y-2013-318-1/1

世界经济黄皮书
2018年世界经济形势分析与预测
著(编)者：张宇燕　2018年1月出版 / 定价：99.00元
PSN Y-1999-006-1/1

世界能源互联互通蓝皮书
世界能源清洁发展与互联互通评估报告（2017）：欧洲篇
著(编)者：国网能源研究院
2018年1月出版 / 定价：128.00元
PSN B-2018-695-1/1

丝绸之路蓝皮书
丝绸之路经济带发展报告（2018）
著(编)者：任宗哲 白宽犁 谷孟宾
2018年1月出版 / 估价：89.00元
PSN B-2014-410-1/1

新兴经济体蓝皮书
金砖国家发展报告（2018）
著(编)者：林跃勤 周文
2018年8月出版 / 估价：99.00元
PSN B-2011-195-1/1

亚太蓝皮书
亚太地区发展报告（2018）
著(编)者：李向阳　2018年5月出版 / 估价：99.00元
PSN B-2001-015-1/1

印度洋地区蓝皮书
印度洋地区发展报告（2018）
著(编)者：汪戎　2018年6月出版 / 估价：99.00元
PSN B-2013-334-1/1

印度尼西亚经济蓝皮书
印度尼西亚经济发展报告（2017）：增长与机会
著(编)者：左志刚　2017年11月出版 / 定价：89.00元
PSN B-2017-675-1/1

渝新欧蓝皮书
渝新欧沿线国家发展报告（2018）
著(编)者：杨柏 黄森
2018年6月出版 / 估价：99.00元
PSN B-2017-626-1/1

中阿蓝皮书
中国-阿拉伯国家经贸发展报告（2018）
著(编)者：张廉 段庆林 王林聪 杨巧红
2018年12月出版 / 估价：99.00元
PSN B-2016-598-1/1

中东黄皮书
中东发展报告No.20（2017～2018）
著(编)者：杨光　2018年10月出版 / 估价：99.00元
PSN Y-1998-004-1/1

中亚黄皮书
中亚国家发展报告（2018）
著(编)者：孙力
2018年3月出版 / 定价：98.00元
PSN Y-2012-238-1/1

国别类

澳大利亚蓝皮书
澳大利亚发展报告（2017-2018）
著(编)者：孙有中 韩锋　2018年12月出版 / 估价：99.00元
PSN B-2016-587-1/1

巴西黄皮书
巴西发展报告（2017）
著(编)者：刘国枝　2018年5月出版 / 估价：99.00元
PSN Y-2017-614-1/1

德国蓝皮书
德国发展报告（2018）
著(编)者：郑春荣　2018年6月出版 / 估价：99.00元
PSN B-2012-278-1/1

俄罗斯黄皮书
俄罗斯发展报告（2018）
著(编)者：李永全　2018年6月出版 / 估价：99.00元
PSN Y-2006-061-1/1

韩国蓝皮书
韩国发展报告（2017）
著(编)者：牛林杰 刘宝全　2018年6月出版 / 估价：99.00元
PSN B-2010-155-1/1

加拿大蓝皮书
加拿大发展报告（2018）
著(编)者：唐小松　2018年9月出版 / 估价：99.00元
PSN B-2014-389-1/1

美国蓝皮书
美国研究报告（2018）
著(编)者：郑秉文 黄平　2018年5月出版 / 估价：99.00元
PSN B-2011-210-1/1

缅甸蓝皮书
缅甸国情报告（2017）
著(编)者：祝湘辉
2017年11月出版 / 定价：98.00元
PSN B-2013-343-1/1

日本蓝皮书
日本研究报告（2018）
著(编)者：杨伯江　2018年4月出版 / 定价：99.00元
PSN B-2002-020-1/1

土耳其蓝皮书
土耳其发展报告（2018）
著(编)者：郭长刚 刘义　2018年9月出版 / 估价：99.00元
PSN B-2014-412-1/1

伊朗蓝皮书
伊朗发展报告（2017~2018）
著(编)者：冀开运　2018年10月 / 估价：99.00元
PSN B-2016-574-1/1

以色列蓝皮书
以色列发展报告（2018）
著(编)者：张倩红　2018年8月出版 / 估价：99.00元
PSN B-2015-483-1/1

印度蓝皮书
印度国情报告（2017）
著(编)者：吕昭义　2018年6月出版 / 估价：99.00元
PSN B-2012-241-1/1

英国蓝皮书
英国发展报告（2017~2018）
著(编)者：王展鹏　2018年12月出版 / 估价：99.00元
PSN B-2015-486-1/1

越南蓝皮书
越南国情报告（2018）
著(编)者：谢林城　2018年11月出版 / 估价：99.00元
PSN B-2006-056-1/1

泰国蓝皮书
泰国研究报告（2018）
著(编)者：庄国土 张禹东 刘文正
2018年10月出版 / 估价：99.00元
PSN B-2016-556-1/1

文化传媒类

"三农"舆情蓝皮书
中国"三农"网络舆情报告（2017~2018）
著(编)者：农业部信息中心
2018年6月出版 / 估价：99.00元
PSN B-2017-640-1/1

传媒竞争力蓝皮书
中国传媒国际竞争力研究报告（2018）
著(编)者：李本乾 刘强 王大可
2018年8月出版 / 估价：99.00元
PSN B-2013-356-1/1

传媒蓝皮书
中国传媒产业发展报告（2018）
著(编)者：崔保国
2018年5月出版 / 估价：99.00元
PSN B-2005-035-1/1

传媒投资蓝皮书
中国传媒投资发展报告（2018）
著(编)者：张向东 谭云明
2018年6月出版 / 估价：148.00元
PSN B-2015-474-1/1

非物质文化遗产蓝皮书
中国非物质文化遗产发展报告（2018）
著(编)者：陈平　2018年6月出版 / 估价：128.00元
PSN B-2015-469-1/2

非物质文化遗产蓝皮书
中国非物质文化遗产保护发展报告（2018）
著(编)者：宋俊华　2018年10月出版 / 估价：128.00元
PSN B-2016-586-2/2

广电蓝皮书
中国广播电影电视发展报告（2018）
著(编)者：国家新闻出版广电总局发展研究中心
2018年7月出版 / 估价：99.00元
PSN B-2006-072-1/1

广告主蓝皮书
中国广告主营销传播趋势报告No.9
著(编)者：黄升民 杜国清 邵华冬 等
2018年10月出版 / 估价：158.00元
PSN B-2005-041-1/1

国际传播蓝皮书
中国国际传播发展报告（2018）
著(编)者：胡正荣 李继东 姬德强
2018年12月出版 / 估价：99.00元
PSN B-2014-408-1/1

国家形象蓝皮书
中国国家形象传播报告（2017）
著(编)者：张昆　2018年6月出版 / 估价：128.00元
PSN B-2017-605-1/1

互联网治理蓝皮书
中国网络社会治理研究报告（2018）
著(编)者：罗昕 支庭荣
2018年9月出版 / 估价：118.00元
PSN B-2017-653-1/1

纪录片蓝皮书
中国纪录片发展报告（2018）
著(编)者：何苏六　2018年10月出版 / 估价：99.00元
PSN B-2011-222-1/1

科学传播蓝皮书
中国科学传播报告（2016~2017）
著(编)者：詹正茂　2018年6月出版 / 估价：99.00元
PSN B-2008-120-1/1

两岸创意经济蓝皮书
两岸创意经济研究报告（2018）
著(编)者：罗昌智 董泽平
2018年10月出版 / 估价：99.00元
PSN B-2014-437-1/1

媒介与女性蓝皮书
中国媒介与女性发展报告（2017~2018）
著(编)者：刘利群　2018年5月出版 / 估价：99.00元
PSN B-2013-345-1/1

媒体融合蓝皮书
中国媒体融合发展报告（2017~2018）
著(编)者：梅宁华 支庭荣
2017年12月出版 / 定价：98.00元
PSN B-2015-479-1/1

全球传媒蓝皮书
全球传媒发展报告（2017~2018）
著(编)者：胡正荣 李继东　2018年6月出版 / 估价：99.00元
PSN B-2012-237-1/1

少数民族非遗蓝皮书
中国少数民族非物质文化遗产发展报告（2018）
著(编)者：肖远平（彝）柴立（满）
2018年10月出版 / 估价：118.00元
PSN B-2015-467-1/1

视听新媒体蓝皮书
中国视听新媒体发展报告（2018）
著(编)者：国家新闻出版广电总局发展研究中心
2018年7月出版 / 估价：118.00元
PSN B-2011-184-1/1

数字娱乐产业蓝皮书
中国动画产业发展报告（2018）
著(编)者：孙立军 孙平 牛兴侦
2018年10月出版 / 估价：99.00元
PSN B-2011-198-1/2

数字娱乐产业蓝皮书
中国游戏产业发展报告（2018）
著(编)者：孙立军 刘跃军　2018年10月出版 / 估价：99.00元
PSN B-2017-662-2/2

网络视听蓝皮书
中国互联网视听行业发展报告（2018）
著(编)者：陈鹏　2018年2月出版 / 定价：148.00元
PSN B-2018-688-1/1

文化创新蓝皮书
中国文化创新报告（2017·No.8）
著(编)者：傅才武　2018年6月出版 / 估价：99.00元
PSN B-2009-143-1/1

文化建设蓝皮书
中国文化发展报告（2018）
著(编)者：江畅 孙伟平 戴茂堂
2018年5月出版 / 估价：99.00元
PSN B-2014-392-1/1

文化科技蓝皮书
文化科技创新发展报告（2018）
著(编)者：于平 李凤亮　2018年10月出版 / 估价：99.00元
PSN B-2013-342-1/1

文化蓝皮书
中国公共文化服务发展报告（2017~2018）
著(编)者：刘新成 张永新 张旭
2018年12月出版 / 估价：99.00元
PSN B-2007-093-2/10

文化蓝皮书
中国少数民族文化发展报告（2017~2018）
著(编)者：武翠英 张晓明 任乌晶
2018年9月出版 / 估价：99.00元
PSN B-2013-369-9/10

文化蓝皮书
中国文化产业供需协调检测报告（2018）
著(编)者：王亚南　2018年3月出版 / 定价：99.00元
PSN B-2013-323-8/10

文化蓝皮书
中国文化消费需求景气评价报告（2018）
著(编)者：王亚南　2018年3月出版／定价：99.00元
PSN B-2011-236-4/10

文化蓝皮书
中国公共文化投入增长测评报告（2018）
著(编)者：王亚南　2018年3月出版／定价：99.00元
PSN B-2014-435-10/10

文化品牌蓝皮书
中国文化品牌发展报告（2018）
著(编)者：欧阳友权　2018年5月出版／估价：99.00元
PSN B-2012-277-1/1

文化遗产蓝皮书
中国文化遗产事业发展报告（2017～2018）
著(编)者：苏杨 张颖岚 卓杰 白海峰 陈晨 陈叙图
2018年8月出版／估价：99.00元
PSN B-2008-119-1/1

文学蓝皮书
中国文情报告（2017～2018）
著(编)者：白烨　2018年5月出版／估价：99.00元
PSN B-2011-221-1/1

新媒体蓝皮书
中国新媒体发展报告No.9（2018）
著(编)者：唐绪军　2018年7月出版／估价：99.00元
PSN B-2010-169-1/1

新媒体社会责任蓝皮书
中国新媒体社会责任研究报告（2018）
著(编)者：钟瑛　2018年12月出版／估价：99.00元
PSN B-2014-423-1/1

移动互联网蓝皮书
中国移动互联网发展报告（2018）
著(编)者：余清楚　2018年6月出版／估价：99.00元
PSN B-2012-282-1/1

影视蓝皮书
中国影视产业发展报告（2018）
著(编)者：司若 陈鹏 陈锐
2018年6月出版／估价：99.00元
PSN B-2016-529-1/1

舆情蓝皮书
中国社会舆情与危机管理报告（2018）
著(编)者：谢耘耕
2018年9月出版／估价：138.00元
PSN B-2011-235-1/1

中国大运河蓝皮书
中国大运河发展报告（2018）
著(编)者：吴欣　2018年2月出版／估价：128.00元
PSN B-2018-691-1/1

地方发展类-经济

澳门蓝皮书
澳门经济社会发展报告（2017～2018）
著(编)者：吴志良 郝雨凡
2018年7月出版／估价：99.00元
PSN B-2009-138-1/1

澳门绿皮书
澳门旅游休闲发展报告（2017～2018）
著(编)者：郝雨凡 林广志
2018年5月出版／估价：99.00元
PSN G-2017-61/-1/1

北京蓝皮书
北京经济发展报告（2017～2018）
著(编)者：杨松　2018年6月出版／估价：99.00元
PSN B-2006-054-2/8

北京旅游绿皮书
北京旅游发展报告（2018）
著(编)者：北京旅游学会
2018年7月出版／估价：99.00元
PSN G-2012-301-1/1

北京体育蓝皮书
北京体育产业发展报告（2017～2018）
著(编)者：钟秉枢 陈杰 杨铁黎
2018年9月出版／估价：99.00元
PSN B-2015-475-1/1

滨海金融蓝皮书
滨海新区金融发展报告（2017）
著(编)者：王爱俭 李向前　2018年4月出版／估价：99.00元
PSN B-2014-424-1/1

城乡一体化蓝皮书
北京城乡一体化发展报告（2017～2018）
著(编)者：吴宝新 张宝秀 黄序
2018年5月出版／估价：99.00元
PSN B-2012-258-2/2

非公有制企业社会责任蓝皮书
北京非公有制企业社会责任报告（2018）
著(编)者：宋贵伦 冯培
2018年6月出版／估价：99.00元
PSN B-2017-613-1/1

福建旅游蓝皮书
福建省旅游产业发展现状研究（2017~2018）
著(编)者：陈敏华 黄远水　2018年12月出版 / 估价：128.00元
PSN B-2016-591-1/1

福建自贸区蓝皮书
中国(福建)自由贸易试验区发展报告(2017~2018)
著(编)者：黄茂兴　2018年6月出版 / 估价：118.00元
PSN B-2016-531-1/1

甘肃蓝皮书
甘肃经济发展分析与预测（2018）
著(编)者：安文华 罗哲　2018年1月出版 / 定价：99.00元
PSN B-2013-312-1/6

甘肃蓝皮书
甘肃商贸流通发展报告（2018）
著(编)者：张应华 王福生 王晓芳
2018年1月出版 / 定价：99.00元
PSN B-2016-522-6/6

甘肃蓝皮书
甘肃县域和农村发展报告（2018）
著(编)者：包东红 朱智文 王建兵
2018年1月出版 / 定价：99.00元
PSN B-2013-316-5/6

甘肃农业科技绿皮书
甘肃农业科技发展研究报告（2018）
著(编)者：魏胜文 乔德华 张东伟
2018年12月出版 / 估价：198.00元
PSN B-2016-592-1/1

甘肃气象保障蓝皮书
甘肃农业对气候变化的适应与风险评估报告（No.1）
著(编)者：鲍文中 周广胜
2017年12月出版 / 定价：108.00元
PSN B-2017-677-1/1

巩义蓝皮书
巩义经济社会发展报告（2018）
著(编)者：丁同民 朱军　2018年6月出版 / 估价：99.00元
PSN B-2016-532-1/1

广东外经贸蓝皮书
广东对外经济贸易发展研究报告（2017～2018）
著(编)者：陈万灵　2018年6月出版 / 估价：99.00元
PSN B-2012-286-1/1

广西北部湾经济区蓝皮书
广西北部湾经济区开放开发报告（2017～2018）
著(编)者：广西壮族自治区北部湾经济区和东盟开放合作办公室
广西社会科学院
广西北部湾发展研究院
2018年5月出版 / 估价：99.00元
PSN B-2010-181-1/1

广州蓝皮书
广州城市国际化发展报告（2018）
著(编)者：张跃国　2018年8月出版 / 估价：99.00元
PSN B-2012-246-11/14

广州蓝皮书
中国广州城市建设与管理发展报告（2018）
著(编)者：张其学 陈小钢 王宏伟　2018年8月出版 / 估价：99.00元
PSN B-2007-087-4/14

广州蓝皮书
广州创新型城市发展报告（2018）
著(编)者：尹涛　2018年6月出版 / 估价：99.00元
PSN B-2012-247-12/14

广州蓝皮书
广州经济发展报告（2018）
著(编)者：张跃国 尹涛　2018年7月出版 / 估价：99.00元
PSN B-2005-040-1/14

广州蓝皮书
2018年中国广州经济形势分析与预测
著(编)者：魏明海 谢博能 李华
2018年6月出版 / 估价：99.00元
PSN B-2011-185-9/14

广州蓝皮书
中国广州科技创新发展报告（2018）
著(编)者：于欣伟 陈爽 邓佑满　2018年8月出版 / 估价：99.00元
PSN B-2006-065-2/14

广州蓝皮书
广州农村发展报告（2018）
著(编)者：朱名宏　2018年7月出版 / 估价：99.00元
PSN B-2010-167-8/14

广州蓝皮书
广州汽车产业发展报告（2018）
著(编)者：杨再高 冯兴亚　2018年7月出版 / 估价：99.00元
PSN B-2006-066-3/14

广州蓝皮书
广州商贸业发展报告（2018）
著(编)者：张跃国 陈杰 荀振英
2018年7月出版 / 估价：99.00元
PSN B-2012-245-10/14

贵阳蓝皮书
贵阳城市创新发展报告No.3（白云篇）
著(编)者：连玉明　2018年5月出版 / 估价：99.00元
PSN B-2015-491-3/10

贵阳蓝皮书
贵阳城市创新发展报告No.3（观山湖篇）
著(编)者：连玉明　2018年5月出版 / 估价：99.00元
PSN B-2015-497-9/10

贵阳蓝皮书
贵阳城市创新发展报告No.3（花溪篇）
著(编)者：连玉明　2018年5月出版 / 估价：99.00元
PSN B-2015-490-2/10

贵阳蓝皮书
贵阳城市创新发展报告No.3（开阳篇）
著(编)者：连玉明　2018年5月出版 / 估价：99.00元
PSN B-2015-492-4/10

贵阳蓝皮书
贵阳城市创新发展报告No.3（南明篇）
著(编)者：连玉明　2018年5月出版 / 估价：99.00元
PSN B-2015-496-8/10

贵阳蓝皮书
贵阳城市创新发展报告No.3（清镇篇）
著(编)者：连玉明　2018年5月出版 / 估价：99.00元
PSN B-2015-489-1/10

贵阳蓝皮书
贵阳城市创新发展报告No.3（乌当篇）
著(编)者：连玉明　2018年5月出版 / 估价：99.00元
PSN B-2015-495-7/10

贵阳蓝皮书
贵阳城市创新发展报告No.3（息烽篇）
著(编)者：连玉明　2018年5月出版 / 估价：99.00元
PSN B-2015-493-5/10

贵阳蓝皮书
贵阳城市创新发展报告No.3（修文篇）
著(编)者：连玉明　2018年5月出版 / 估价：99.00元
PSN B-2015-494-6/10

贵阳蓝皮书
贵阳城市创新发展报告No.3（云岩篇）
著(编)者：连玉明　2018年5月出版 / 估价：99.00元
PSN B-2015-498-10/10

贵州房地产蓝皮书
贵州房地产发展报告No.5（2018）
著(编)者：武廷方　2018年7月出版 / 估价：99.00元
PSN B-2014-426-1/1

贵州蓝皮书
贵州册亨经济社会发展报告（2018）
著(编)者：黄德林　2018年6月出版 / 估价：99.00元
PSN B-2016-525-8/9

贵州蓝皮书
贵州地理标志产业发展报告（2018）
著(编)者：李发耀 黄其松　2018年8月出版 / 估价：99.00元
PSN B-2017-646-10/10

贵州蓝皮书
贵安新区发展报告（2017~2018）
著(编)者：马长青 吴大华　2018年6月出版 / 估价：99.00元
PSN B-2015-459-4/10

贵州蓝皮书
贵州国家级开放创新平台发展报告（2017~2018）
著(编)者：申晓庆 吴大华 季泓
2018年11月出版 / 估价：99.00元
PSN B-2016-518-7/10

贵州蓝皮书
贵州国有企业社会责任发展报告（2017~2018）
著(编)者：郭丽　2018年12月出版 / 估价：99.00元
PSN B-2015-511-6/10

贵州蓝皮书
贵州民航业发展报告（2017）
著(编)者：申振东 吴大华　2018年6月出版 / 估价：99.00元
PSN B-2015-4/1-5/10

贵州蓝皮书
贵州民营经济发展报告（2017）
著(编)者：杨静 吴大华　2018年6月出版 / 估价：99.00元
PSN B-2016-530-9/9

杭州都市圈蓝皮书
杭州都市圈发展报告（2018）
著(编)者：洪庆华 沈翔　2018年4月出版 / 定价：98.00元
PSN B-2012-302-1/1

河北经济蓝皮书
河北省经济发展报告（2018）
著(编)者：马树强 金浩 张贵　2018年6月出版 / 估价：99.00元
PSN B-2014-380-1/1

河北蓝皮书
河北经济社会发展报告（2018）
著(编)者：康振海　2018年1月出版 / 定价：99.00元
PSN B-2014-372-1/3

河北蓝皮书
京津冀协同发展报告（2018）
著(编)者：陈璐　2017年12月出版 / 定价：79.00元
PSN B-2017-601-2/3

河南经济蓝皮书
2018年河南经济形势分析与预测
著(编)者：王世炎　2018年3月出版 / 定价：89.00元
PSN B-2007-086-1/1

河南蓝皮书
河南城市发展报告（2018）
著(编)者：张占仓 王建国　2018年5月出版 / 估价：99.00元
PSN B-2009-131-3/9

河南蓝皮书
河南工业发展报告（2018）
著(编)者：张占仓　2018年5月出版 / 估价：99.00元
PSN B-2013-317-5/9

河南蓝皮书
河南金融发展报告（2018）
著(编)者：喻新安 谷建全
2018年6月出版 / 估价：99.00元
PSN B-2014-390-7/9

河南蓝皮书
河南经济发展报告（2018）
著(编)者：张占仓 完世伟
2018年6月出版 / 估价：99.00元
PSN B-2010-157-4/9

河南蓝皮书
河南能源发展报告（2018）
著(编)者：国网河南省电力公司经济技术研究院
　　　　河南省社会科学院
2018年6月出版 / 估价：99.00元
PSN B-2017-607-9/9

河南商务蓝皮书
河南商务发展报告（2018）
著(编)者：焦锦淼 穆荣国　2018年5月出版 / 估价：99.00元
PSN B-2014-399-1/1

河南双创蓝皮书
河南创新创业发展报告（2018）
著(编)者：喻新安 杨雪梅
2018年8月出版 / 估价：99.00元
PSN B-2017-641-1/1

黑龙江蓝皮书
黑龙江经济发展报告（2018）
著(编)者：朱宇　2018年1月出版 / 定价：89.00元
PSN B-2011-190-2/2

湖南城市蓝皮书
区域城市群整合
著(编)者：童中贤 韩未名　2018年12月出版 / 估价：99.00元
PSN B-2006-064-1/1

湖南蓝皮书
湖南城乡一体化发展报告（2018）
著(编)者：陈文胜 王文强 陆福兴
2018年8月出版 / 估价：99.00元
PSN B-2015-477-8/8

湖南蓝皮书
2018年湖南电子政务发展报告
著(编)者：梁志峰　2018年5月出版 / 估价：128.00元
PSN B-2014-394-6/8

湖南蓝皮书
2018年湖南经济发展报告
著(编)者：卞鹰　2018年5月出版 / 估价：128.00元
PSN B-2011-207-2/8

湖南蓝皮书
2016年湖南经济展望
著(编)者：梁志峰　2018年5月出版 / 估价：128.00元
PSN B-2011-206-1/8

湖南蓝皮书
2018年湖南县域经济社会发展报告
著(编)者：梁志峰　2018年5月出版 / 估价：128.00元
PSN B-2014-395-7/8

湖南县域绿皮书
湖南县域发展报告（No.5）
著(编)者：袁准 周小毛 黎仁寅
2018年6月出版 / 估价：99.00元
PSN G-2012-274-1/1

沪港蓝皮书
沪港发展报告（2018）
著(编)者：尤安山　2018年9月出版 / 估价：99.00元
PSN B-2013-362-1/1

吉林蓝皮书
2018年吉林经济社会形势分析与预测
著(编)者：邵汉明　2017年12月出版 / 定价：89.00元
PSN B-2013-319-1/1

吉林省城市竞争力蓝皮书
吉林省城市竞争力报告（2017~2018）
著(编)者：崔岳春 张磊
2018年3月出版 / 定价：89.00元
PSN B-2016-513-1/1

济源蓝皮书
济源经济社会发展报告（2018）
著(编)者：喻新安　2018年6月出版 / 估价：99.00元
PSN B-2014-387-1/1

江苏蓝皮书
2018年江苏经济发展分析与展望
著(编)者：王庆五 吴先满
2018年7月出版 / 估价：128.00元
PSN B-2017-635-1/3

江西蓝皮书
江西经济社会发展报告（2018）
著(编)者：陈石俊 龚建文　2018年10月出版 / 估价：128.00元
PSN B-2015-484-1/2

江西蓝皮书
江西设区市发展报告（2018）
著(编)者：姜玮 梁勇
2018年10月出版 / 估价：99.00元
PSN B-2016-517-2/2

经济特区蓝皮书
中国经济特区发展报告（2017）
著(编)者：陶一桃　2018年1月出版 / 估价：99.00元
PSN B-2009-139-1/1

辽宁蓝皮书
2018年辽宁经济社会形势分析与预测
著(编)者：梁启东 魏红江　2018年6月出版 / 估价：99.00元
PSN B-2006-053-1/1

民族经济蓝皮书
中国民族地区经济发展报告（2018）
著(编)者：李曦辉　2018年7月出版 / 估价：99.00元
PSN B-2017-630-1/1

南宁蓝皮书
南宁经济发展报告（2018）
著(编)者：胡建华　2018年9月出版 / 估价：99.00元
PSN B-2016-569-2/3

内蒙古蓝皮书
内蒙古精准扶贫研究报告（2018）
著(编)者：张志华　2018年1月出版 / 定价：89.00元
PSN B-2017-681-2/2

浦东新区蓝皮书
上海浦东经济发展报告（2018）
著(编)者：周小平 徐美芳
2018年1月出版 / 定价：89.00元
PSN B-2011-225-1/1

青海蓝皮书
2018年青海经济社会形势分析与预测
著(编)者：陈玮　2018年1月出版 / 定价：98.00元
PSN B-2012-275-1/2

青海科技绿皮书
青海科技发展报告（2017）
著(编)者：青海省科学技术信息研究所
2018年3月出版 / 定价：98.00元
PSN G-2018-701-1/1

山东蓝皮书
山东经济形势分析与预测（2018）
著(编)者：李广杰　2018年7月出版 / 估价：99.00元
PSN B-2014-404-1/5

山东蓝皮书
山东省普惠金融发展报告（2018）
著(编)者：齐鲁财富网
2018年9月出版 / 估价：99.00元
PSN B2017-676-5/5

山西蓝皮书
山西资源型经济转型发展报告（2018）
著（编）者：李志强　2018年7月出版 / 估价：99.00元
PSN B-2011-197-1/1

陕西蓝皮书
陕西经济发展报告（2018）
著（编）者：任宗哲 白宽犁 裴成荣
2018年1月出版 / 定价：89.00元
PSN B-2009-135-1/6

陕西蓝皮书
陕西精准脱贫研究报告（2018）
著（编）者：任宗哲 白宽犁 王建康
2018年4月出版 / 定价：89.00元
PSN B-2017-623-6/6

上海蓝皮书
上海经济发展报告（2018）
著（编）者：沈开艳　2018年2月出版 / 定价：89.00元
PSN B-2006-057-1/7

上海蓝皮书
上海资源环境发展报告（2018）
著（编）者：周冯琦 胡静　2018年2月出版 / 定价：89.00元
PSN B-2006-060-4/7

上海蓝皮书
上海奉贤经济发展分析与研判（2017～2018）
著（编）者：张兆安 朱平芳　2018年3月出版 / 定价：99.00元
PSN B-2018-698-8/8

上饶蓝皮书
上饶发展报告（2016～2017）
著（编）者：廖其志　2018年6月出版 / 估价：128.00元
PSN B-2014-377-1/1

深圳蓝皮书
深圳经济发展报告（2018）
著（编）者：张骁儒　2018年6月出版 / 估价：99.00元
PSN B-2008-112-3/7

四川蓝皮书
四川城镇化发展报告（2018）
著（编）者：侯水平 陈炜　2018年6月出版 / 估价：99.00元
PSN B-2015-456-7/7

四川蓝皮书
2018年四川经济形势分析与预测
著（编）者：杨钢　2018年1月出版 / 定价：158.00元
PSN B-2007-098-2/7

四川蓝皮书
四川企业社会责任研究报告（2017～2018）
著（编）者：侯水平 盛毅　2018年5月出版 / 估价：99.00元
PSN B-2014-386-4/7

四川蓝皮书
四川生态建设报告（2018）
著（编）者：李晟之　2018年5月出版 / 估价：99.00元
PSN B-2015-455-6/7

四川蓝皮书
四川特色小镇发展报告（2017）
著（编）者：吴志强　2017年11月出版 / 定价：89.00元
PSN B-2017-670-8/8

体育蓝皮书
上海体育产业发展报告（2017～2018）
著（编）者：张林 黄海燕
2018年10月出版 / 估价：99.00元
PSN B-2015-454-4/5

体育蓝皮书
长三角地区体育产业发展报（2017～2018）
著（编）者：张林　2018年6月出版 / 估价：99.00元
PSN B-2015-453-3/5

天津金融蓝皮书
天津金融发展报告（2018）
著（编）者：王爱俭 孔德昌
2018年5月出版 / 估价：99.00元
PSN B-2014-418-1/1

图们江区域合作蓝皮书
图们江区域合作发展报告（2018）
著（编）者：李铁　2018年6月出版 / 估价：99.00元
PSN B-2015-464-1/1

温州蓝皮书
2018年温州经济社会形势分析与预测
著（编）者：蒋儒标 王春光 金浩
2018年6月出版 / 估价：99.00元
PSN B-2008-105-1/1

西咸新区蓝皮书
西咸新区发展报告（2018）
著（编）者：李扬 王军
2018年6月出版 / 估价：99.00元
PSN B-2016-534-1/1

修武蓝皮书
修武经济社会发展报告（2018）
著（编）者：张占仓 袁凯声
2018年10月出版 / 估价：99.00元
PSN B-2017-651-1/1

偃师蓝皮书
偃师经济社会发展报告（2018）
著（编）者：张占仓 袁凯声 何武周
2018年7月出版 / 估价：99.00元
PSN B-2017-627-1/1

扬州蓝皮书
扬州经济社会发展报告（2018）
著（编）者：陈扬
2018年12月出版 / 估价：108.00元
PSN B-2011-191-1/1

长垣蓝皮书
长垣经济社会发展报告（2018）
著（编）者：张占仓 袁凯声 秦保建
2018年10月出版 / 估价：99.00元
PSN B-2017-654-1/1

遵义蓝皮书
遵义发展报告（2018）
著（编）者：邓彦 曾征 龚永育
2018年9月出版 / 估价：99.00元
PSN B-2014-433-1/1

地方发展类-社会

安徽蓝皮书
安徽社会发展报告（2018）
著(编)者：程桦　2018年6月出版 / 估价：99.00元
PSN B-2013-325-1/1

安徽社会建设蓝皮书
安徽社会建设分析报告（2017~2018）
著(编)者：黄家海 蔡宪
2018年11月出版 / 估价：99.00元
PSN B-2013-322-1/1

北京蓝皮书
北京公共服务发展报告（2017~2018）
著(编)者：施昌奎　2018年6月出版 / 估价：99.00元
PSN B-2008-103-7/8

北京蓝皮书
北京社会发展报告（2017~2018）
著(编)者：李伟东
2018年7月出版 / 估价：99.00元
PSN B-2006-055-3/8

北京蓝皮书
北京社会治理发展报告（2017~2018）
著(编)者：殷星辰　2018年7月出版 / 估价：99.00元
PSN B-2014-391-8/8

北京律师蓝皮书
北京律师发展报告No.4（2018）
著(编)者：王隽　2018年12月出版 / 估价：99.00元
PSN B-2011-217-1/1

北京人才蓝皮书
北京人才发展报告（2018）
著(编)者：敏华　2018年12月出版 / 估价：128.00元
PSN B-2011-201-1/1

北京社会心态蓝皮书
北京社会心态分析报告（2017~2018）
北京市社会心理服务促进中心
2018年10月出版 / 估价：99.00元
PSN B-2014-422-1/1

北京社会组织管理蓝皮书
北京社会组织发展与管理（2018）
著(编)者：黄江松
2018年6月出版 / 估价：99.00元
PSN B-2015-446-1/1

北京养老产业蓝皮书
北京居家养老发展报告（2018）
著(编)者：陆杰华 周明明
2018年8月出版 / 估价：99.00元
PSN B-2015-465-1/1

法治蓝皮书
四川依法治省年度报告No.4（2018）
著(编)者：李林 杨天宗 田禾
2018年3月出版 / 定价：118.00元
PSN B-2015-447-2/3

福建妇女发展蓝皮书
福建省妇女发展报告（2018）
著(编)者：刘群英　2018年11月出版 / 估价：99.00元
PSN B-2011-220-1/1

甘肃蓝皮书
甘肃社会发展分析与预测（2018）
著(编)者：安文华 谢增虎 包晓霞
2018年1月出版 / 定价：99.00元
PSN B-2013-313-2/6

广东蓝皮书
广东全面深化改革研究报告（2018）
著(编)者：周林生 涂成林
2018年12月出版 / 估价：99.00元
PSN B-2015-504-3/3

广东蓝皮书
广东社会工作发展报告（2018）
著(编)者：罗观翠　2018年6月出版 / 估价：99.00元
PSN B-2014-402-2/3

广州蓝皮书
广州青年发展报告（2018）
著(编)者：徐柳 张强
2018年8月出版 / 估价：99.00元
PSN B-2013-352-13/14

广州蓝皮书
广州社会保障发展报告（2018）
著(编)者：张跃国　2018年8月出版 / 估价：99.00元
PSN B-2014-425-14/14

广州蓝皮书
2018年中国广州社会形势分析与预测
著(编)者：张强 郭志勇 何镜清
2018年6月出版 / 估价：99.00元
PSN B-2008-110-5/14

贵州蓝皮书
贵州法治发展报告（2018）
著(编)者：吴大华　2018年5月出版 / 估价：99.00元
PSN B-2012-254-2/10

贵州蓝皮书
贵州人才发展报告（2017）
著(编)者：于杰 吴大华
2018年9月出版 / 估价：99.00元
PSN B-2014-382-3/10

贵州蓝皮书
贵州社会发展报告（2018）
著(编)者：王兴骥　2018年6月出版 / 估价：99.00元
PSN B-2010-166-1/10

杭州蓝皮书
杭州妇女发展报告（2018）
著(编)者：魏颖
2018年10月出版 / 估价：99.00元
PSN B-2014-403-1/1

河北蓝皮书
河北法治发展报告（2018）
著(编)者：康振海　2018年6月出版 / 估价：99.00元
PSN B-2017-622-3/3

河北食品药品安全蓝皮书
河北食品药品安全研究报告（2018）
著(编)者：丁锦霞
2018年10月出版 / 估价：99.00元
PSN B-2015-473-1/1

河南蓝皮书
河南法治发展报告（2018）
著(编)者：张林海　2018年7月出版 / 估价：99.00元
PSN B-2014-376-6/9

河南蓝皮书
2018年河南社会形势分析与预测
著(编)者：牛苏林　2018年5月出版 / 估价：99.00元
PSN B-2005-043-1/9

河南民办教育蓝皮书
河南民办教育发展报告（2018）
著(编)者：胡大白　2018年9月出版 / 估价：99.00元
PSN B-2017-642-1/1

黑龙江蓝皮书
黑龙江社会发展报告（2018）
著(编)者：王爱丽　2018年1月出版 / 定价：89.00元
PSN B-2011-189-1/2

湖南蓝皮书
2018年湖南两型社会与生态文明建设报告
著(编)者：卞鹰　2018年5月出版 / 估价：128.00元
PSN B-2011-208-3/8

湖南蓝皮书
2018年湖南社会发展报告
著(编)者：卞鹰　2018年5月出版 / 估价：128.00元
PSN B-2014-393-5/8

健康城市蓝皮书
北京健康城市建设研究报告（2018）
著(编)者：王鸿春 盛继洪
2018年9月出版 / 估价：99.00元
PSN B-2015-460-1/2

江苏法治蓝皮书
江苏法治发展报告No 6（2017）
著(编)者：蔡道通 龚廷泰
2018年8月出版 / 估价：99.00元
PSN B-2012-290-1/1

江苏蓝皮书
2018年江苏社会发展分析与展望
著(编)者：王庆五 刘旺洪
2018年8月出版 / 估价：128.00元
PSN B-2017-636-2/3

民族教育蓝皮书
中国民族教育发展报告（2017·内蒙古卷）
著(编)者：陈中永
2017年12月出版 / 定价：198.00元
PSN B-2017-669-1/1

南宁蓝皮书
南宁法治发展报告（2018）
著(编)者：杨维超　2018年12月出版 / 估价：99.00元
PSN B-2015-509-1/3

南宁蓝皮书
南宁社会发展报告（2018）
著(编)者：胡建华　2018年10月出版 / 估价：99.00元
PSN B-2016-570-3/3

内蒙古蓝皮书
内蒙古反腐倡廉建设报告 No.2
著(编)者：张志华　2018年6月出版 / 估价：99.00元
PSN B-2013-365-1/1

青海蓝皮书
2018年青海人才发展报告
著(编)者：王宇燕　2018年9月出版 / 估价：99.00元
PSN B-2017-650-2/2

青海生态文明建设蓝皮书
青海生态文明建设报告（2018）
著(编)者：张西明 高华　2018年12月出版 / 估价：99.00元
PSN B-2016-595-1/1

人口与健康蓝皮书
深圳人口与健康发展报告（2018）
著(编)者：陆杰华 傅崇辉
2018年11月出版 / 估价：99.00元
PSN B-2011-228-1/1

山东蓝皮书
山东社会形势分析与预测（2018）
著(编)者：李善峰　2018年6月出版 / 估价：99.00元
PSN B-2014-405-2/5

陕西蓝皮书
陕西社会发展报告（2018）
著(编)者：任宗哲 白宽犁 牛昉
2018年1月出版 / 定价：89.00元
PSN B-2009-136-2/6

上海蓝皮书
上海法治发展报告（2018）
著(编)者：叶必丰　2018年9月出版 / 估价：99.00元
PSN B-2012-296-6/7

上海蓝皮书
上海社会发展报告（2018）
著(编)者：杨雄 周海旺
2018年2月出版 / 定价：89.00元
PSN B-2006-058-2/7

社会建设蓝皮书
2018年北京社会建设分析报告
著(编)者：宋贵伦 冯虹　2018年9月出版 / 估价：99.00元
PSN B-2010-173-1/1

深圳蓝皮书
深圳法治发展报告（2018）
著(编)者：张骁儒　2018年6月出版 / 估价：99.00元
PSN B-2015-470-6/7

深圳蓝皮书
深圳劳动关系发展报告（2018）
著(编)者：汤庭芬　2018年8月出版 / 估价：99.00元
PSN B-2007-097-2/7

深圳蓝皮书
深圳社会治理与发展报告（2018）
著(编)者：张骁儒　2018年6月出版 / 估价：99.00元
PSN B-2008-113-4/7

生态安全绿皮书
甘肃国家生态安全屏障建设发展报告（2018）
著(编)者：刘举科 喜文华
2018年10月出版 / 估价：99.00元
PSN G-2017-659-1/1

顺义社会建设蓝皮书
北京市顺义区社会建设发展报告（2018）
著(编)者：王学武　2018年9月出版 / 估价：99.00元
PSN B-2017-658-1/1

四川蓝皮书
四川法治发展报告（2018）
著(编)者：郑泰安　2018年6月出版 / 估价：99.00元
PSN B-2015-441-5/7

四川蓝皮书
四川社会发展报告（2018）
著(编)者：李羚　2018年6月出版 / 估价：99.00元
PSN B-2008-127-3/7

四川社会工作与管理蓝皮书
四川省社会工作人力资源发展报告（2017）
著(编)者：边慧敏　2017年12月出版 / 定价：89.00元
PSN B-2017-683-1/1

云南社会治理蓝皮书
云南社会治理年度报告（2017）
著(编)者：晏雄 韩全芳
2018年5月出版 / 估价：99.00元
PSN B-2017-667-1/1

地方发展类-文化

北京传媒蓝皮书
北京新闻出版广电发展报告（2017~2018）
著(编)者：王志　2018年11月出版 / 估价：99.00元
PSN B-2016-588-1/1

北京蓝皮书
北京文化发展报告（2017~2018）
著(编)者：李建盛　2018年5月出版 / 估价：99.00元
PSN B-2007-082-4/8

创意城市蓝皮书
北京文化创意产业发展报告（2018）
著(编)者：郭万超 张京成　2018年12月出版 / 估价：99.00元
PSN B-2012-263-1/7

创意城市蓝皮书
天津文化创意产业发展报告（2017~2018）
著(编)者：谢思全　2018年6月出版 / 估价：99.00元
PSN B-2016-536-7/7

创意城市蓝皮书
武汉文化创意产业发展报告（2018）
著(编)者：黄永林 陈汉桥　2018年12月出版 / 估价：99.00元
PSN B-2013-354-4/7

创意上海蓝皮书
上海文化创意产业发展报告（2017~2018）
著(编)者：王慧敏 王兴全　2018年8月出版 / 估价：99.00元
PSN B-2016-561-1/1

非物质文化遗产蓝皮书
广州市非物质文化遗产保护发展报告（2018）
著(编)者：宋俊华　2018年12月出版 / 估价：99.00元
PSN B-2016-589-1/1

甘肃蓝皮书
甘肃文化发展分析与预测（2018）
著(编)者：马廷旭 戚晓萍　2018年1月出版 / 定价：99.00元
PSN B-2013-314-3/6

甘肃蓝皮书
甘肃舆情分析与预测（2018）
著(编)者：王俊莲 张谦元　2018年1月出版 / 定价：99.00元
PSN B-2013-315-4/6

广州蓝皮书
中国广州文化发展报告（2018）
著(编)者：屈哨兵 陆志强　2018年6月出版 / 估价：99.00元
PSN B-2009-134-7/14

广州蓝皮书
广州文化创意产业发展报告（2018）
著(编)者：徐咏虹　2018年7月出版 / 估价：99.00元
PSN B-2008-111-6/14

海淀蓝皮书
海淀区文化和科技融合发展报告（2018）
著(编)者：陈名杰 孟景伟　2018年5月出版 / 估价：99.00元
PSN B-2013-329-1/1

河南蓝皮书
河南文化发展报告（2018）
著(编)者：卫绍生　　2018年7月出版 / 估价：99.00元
PSN B-2008-106-2/9

湖北文化产业蓝皮书
湖北省文化产业发展报告（2018）
著(编)者：黄晓华　　2018年9月出版 / 估价：99.00元
PSN B-2017-656-1/1

湖北文化蓝皮书
湖北文化发展报告（2017~2018）
著(编)者：湖北大学高等人文研究院
　　　　　中华文化发展湖北省协同创新中心
2018年10月出版 / 估价：99.00元
PSN B-2016-566-1/1

江苏蓝皮书
2018年江苏文化发展分析与展望
著(编)者：王庆五 樊和平　　2018年9月出版 / 估价：128.00元
PSN B-2017-637-3/3

江西文化蓝皮书
江西非物质文化遗产发展报告（2018）
著(编)者：张圣才 傅安平　　2018年12月出版 / 估价：128.00元
PSN B-2015-499-1/1

洛阳蓝皮书
洛阳文化发展报告（2018）
著(编)者：刘福兴 陈启明　　2018年7月出版 / 估价：99.00元
PSN B-2015-476-1/1

南京蓝皮书
南京文化发展报告（2018）
著(编)者：中共南京市委宣传部
2018年12月出版 / 估价：99.00元
PSN B-2014-439-1/1

宁波文化蓝皮书
宁波"一人一艺"全民艺术普及发展报告（2017）
著(编)者：张爱琴　　2018年11月出版 / 估价：128.00元
PSN B-2017-668-1/1

山东蓝皮书
山东文化发展报告（2018）
著(编)者：涂可国　　2018年5月出版 / 估价：99.00元
PSN B-2014-406-3/5

陕西蓝皮书
陕西文化发展报告（2018）
著(编)者：任宗哲 白宽犁 王长寿
2018年1月出版 / 定价：89.00元
PSN B-2009-137-3/6

上海蓝皮书
上海传媒发展报告（2018）
著(编)者：强荧 焦雨虹　　2018年2月出版 / 定价：89.00元
PSN B-2012-295-5/7

上海蓝皮书
上海文学发展报告（2018）
著(编)者：陈圣来　　2018年6月出版 / 估价：99.00元
PSN B-2012-297-7/7

上海蓝皮书
上海文化发展报告（2018）
著(编)者：荣跃明　　2018年6月出版 / 估价：99.00元
PSN B-2006-059-3/7

深圳蓝皮书
深圳文化发展报告（2018）
著(编)者：张晓儒　　2018年7月出版 / 估价：99.00元
PSN B-2016-554-7/7

四川蓝皮书
四川文化产业发展报告（2018）
著(编)者：向宝云 张立伟　　2018年6月出版 / 估价：99.00元
PSN B-2006-074-1/7

郑州蓝皮书
2018年郑州文化发展报告
著(编)者：王哲　　2018年9月出版 / 估价：99.00元
PSN B-2008-107-1/1

❖ 皮书起源 ❖

"皮书"起源于十七、十八世纪的英国，主要指官方或社会组织正式发表的重要文件或报告，多以"白皮书"命名。在中国，"皮书"这一概念被社会广泛接受，并被成功运作、发展成为一种全新的出版形态，则源于中国社会科学院社会科学文献出版社。

❖ 皮书定义 ❖

皮书是对中国与世界发展状况和热点问题进行年度监测，以专业的角度、专家的视野和实证研究方法，针对某一领域或区域现状与发展态势展开分析和预测，具备原创性、实证性、专业性、连续性、前沿性、时效性等特点的公开出版物，由一系列权威研究报告组成。

❖ 皮书作者 ❖

皮书系列的作者以中国社会科学院、著名高校、地方社会科学院的研究人员为主，多为国内一流研究机构的权威专家学者，他们的看法和观点代表了学界对中国与世界的现实和未来最高水平的解读与分析。

❖ 皮书荣誉 ❖

皮书系列已成为社会科学文献出版社的著名图书品牌和中国社会科学院的知名学术品牌。2016年，皮书系列正式列入"十三五"国家重点出版规划项目；2013~2018年，重点皮书列入中国社会科学院承担的国家哲学社会科学创新工程项目；2018年，59种院外皮书使用"中国社会科学院创新工程学术出版项目"标识。

中国皮书网

（网址：www.pishu.cn）

发布皮书研创资讯，传播皮书精彩内容
引领皮书出版潮流，打造皮书服务平台

栏目设置

关于皮书：何谓皮书、皮书分类、皮书大事记、皮书荣誉、
　　　　　皮书出版第一人、皮书编辑部

最新资讯：通知公告、新闻动态、媒体聚焦、网站专题、视频直播、下载专区

皮书研创：皮书规范、皮书选题、皮书出版、皮书研究、研创团队

皮书评奖评价：指标体系、皮书评价、皮书评奖

互动专区：皮书说、社科数托邦、皮书微博、留言板

所获荣誉

2008 年、2011 年，中国皮书网均在全
国新闻出版业网站荣誉评选中获得"最具商
业价值网站"称号；

2012 年，获得"出版业网站百强"称号。

网库合一

2014 年，中国皮书网与皮书数据库端
口合一，实现资源共享。

权威报告·一手数据·特色资源

皮书数据库
ANNUAL REPORT(YEARBOOK)
DATABASE

当代中国经济与社会发展高端智库平台

所获荣誉

● 2016年，入选"'十三五'国家重点电子出版物出版规划骨干工程"
● 2015年，荣获"搜索中国正能量 点赞2015""创新中国科技创新奖"
● 2013年，荣获"中国出版政府奖·网络出版物奖"提名奖
● 连续多年荣获中国数字出版博览会"数字出版·优秀品牌"奖

成为会员

通过网址www.pishu.com.cn或使用手机扫描二维码进入皮书数据库网站，进行手机号码验证或邮箱验证即可成为皮书数据库会员（建议通过手机号码快速验证注册）。

会员福利

● 使用手机号码首次注册的会员，账号自动充值100元体验金，可直接购买和查看数据库内容（仅限使用手机号码快速注册）。
● 已注册用户购书后可免费获赠100元皮书数据库充值卡。刮开充值卡涂层获取充值密码，登录并进入"会员中心"—"在线充值"—"充值卡充值"，充值成功后即可购买和查看数据库内容。

数据库服务热线：400-008-6695　　　　图书销售热线：010-59367070/7028
数据库服务QQ：2475522410　　　　　　图书服务QQ：1265056568
数据库服务邮箱：database@ssap.cn　　　图书服务邮箱：duzhe@ssap.cn